Métodos Cuantitativos de Investigación

Series de Libros sobre el
CQRM Aplicado

Volumen I

Aplicación de la Simulación de Riesgos de Monte Carlo,
Inteligencia Artificial, Aprendizaje Automático, Análisis
Paramétrico y No Paramétrico, Pronóstico Estocástico,
Datos y Analítica de Decisiones

IIPER Press

Tercera Edición

IIPER
Press

Johnathan Mun, Ph.D.
California, USA

Risk Simulator

RQV BizStats

Este libro está dedicado a Jayden, Emma y Penny.

En un mundo en donde abunda el riesgo y la incertidumbre, Ustedes son las únicas constantes en mi vida.

Dedicado a la memoria amorosa de mi mamá.

Deléitate en el Señor y Él te concederá los deseos de tu corazón.

Salmo 37:4

La Serie de Libros sobre el CQRM Aplicado presenta la manera en que la analítica avanzada, cubierta en el programa de Certificación en Gestión Cuantitativa de Riesgos (CQRM), es aplicable a los problemas de negocios en la vida real. En el Volumen III, explicamos cómo se utiliza el software PEAT de ROV para hacer una evaluación económica de proyectos, simular sus incertidumbres, ejecutar análisis de sensibilidad, y utilizar sus propiedades analíticas para tomar decisiones estratégicas.

Se hace hincapié en las aplicaciones pragmáticas para así desmitificar los elementos inherentes al análisis de riesgos. Una caja negra continuará siendo una caja negra si nadie puede entender los conceptos a pesar de su poder y aplicabilidad. Hasta tanto los métodos de la caja negra no se vuelvan transparentes para que los investigadores puedan entender, aplicar y convencer a otros de sus resultados, valor agregado y aplicabilidad, es que los enfoques recibirán una amplia atención. Esta transparencia se logra a través de las aplicaciones paso-a-paso de la modelación cuantitativa, así como de la presentación de múltiples casos y la discusión sobre las aplicaciones en la vida real.

El presente libro está dirigido a aquellas personas que han completado el programa de certificación CQRM; pero también lo pueden consultar quienes estén familiarizados con los métodos cuantitativos básicos de investigación ¡hay algo para todos! Es un texto igualmente aplicable a nivel de segundo año de un MBA/MS o a nivel introductorio de un PhD. Los ejemplos que aparecen en el libro requieren de un conocimiento previo sobre el tema.

Para obtener información adicional sobre el programa CQRM, diríjase a los siguientes sitios Web:

www.iiper.org

www.realoptionsvaluation.com

www.rovusa.com

El Dr. Johnathan C. Mun es el fundador, presidente y CEO de Real Options Valuation, Inc. (ROV), una firma localizada al norte de Silicon Valley, California y que se enfoca en la consultoría, capacitación y desarrollo de software. Se especializa en opciones reales estratégicas, valoración financiera, simulación de riesgos de Monte Carlo, pronósticos estocásticos, optimización, analítica de decisiones, inteligencia de negocios, analítica de la salud, gestión de riesgos empresariales, gestión de riesgos de proyectos, métodos cuantitativos de investigación y análisis de riesgos. ROV cuenta con aliados alrededor del mundo incluyendo: Argentina, Beijing, Chicago, China, Colombia, Ghana, Hong Kong, India, Italia, Japón, Malasia, Ciudad de México City, Nueva York, Nigeria, Perú, Puerto Rico, Rusia, Arabia Saudita, Shanghái, Singapur, Eslovenia, Sur África, Corea del Sur, España, Reino Unido, Venezuela y Zúrich, entre otros. ROV también tiene una oficina local en Shanghái.

A su vez, El Dr. Mun preside el Instituto Internacional de Educación Profesional e Investigación (IIPER), una organización acreditada mundialmente e integrada por profesores provenientes de importantes universidades alrededor del mundo y que otorga la Certificación en Gestión Cuantitativa de Riesgos (CQRM) y la Certificación en Gestión de Riesgos (CRM), entre otras. El Dr. Mun es el creador de varias herramientas poderosas de software, entre las que se encuentran: Risk Simulator, Real Options SLS Super Lattice Solver, Modeling Toolkit, Project Economics Analysis Tool (PEAT), Credit Market Operational Liquidity Risk (CMOL), Employee Stock Options Valuation, ROV BizStats, ROV Modeler Suite (Basel Credit Modeler, Risk Modeler, Optimizer, and Valuator), ROV Compiler, ROV Extractor and Evaluator, ROV Dashboard, ROV Quantitative Data Miner y otras aplicaciones de software así como el DVD de Capacitación en Análisis de Riesgo de ROV. Realiza seminarios públicos sobre análisis de riesgos y programas de CQRM. Cuenta con más de 21 patentes registradas y hay otras pendientes a nivel mundial. Ha escrito más de 26 libros publicados por John Wiley & Sons, Elsevier Science, IIPER Press, y ROV Press, incluyendo múltiples volúmenes de la Serie de CQRM Aplicado (IIPER Press, 2019-2020),

Modelación de Riesgos, Aplicando la Simulación Monte Carlo, Opciones Reales Estratégicas, Pronósticos Estocásticos, Optimización de Portafolios, Analítica de Datos, Inteligencia de Negocios y Modelación de Decisiones, Primera Edición (Wiley, 2006), Segunda Edición (Wiley, 2010), y Tercera Edición (ROV Press, 2015); *The Banker's Handbook on Credit Risk (2008)* [Manual del Banquero sobre Riesgo Crediticio]; *Advanced Analytical Models* [Modelos Analíticos Avanzados]: *250 Applications from Basel Accord to Wall Street and Beyond (Wiley 2008 y Thomson–Shore 2016)* [250 aplicaciones desde los Acuerdos de Basilea hasta Wall Street y Más Allá]; *Real Options Analysis: Tools and Techniques, First Edition 2003, Second Edition 2005, Third Edition 2016* [Análisis de las Opciones Reales: Técnicas y Herramientas] *Real Options Analysis Course: Business Cases -2003* [Curso de Análisis de Opciones Reales: Estudios de Caso (2003); *Applied Risk Analysis: Moving Beyond Uncertainty 2003* [Análisis Aplicado del Riesgo: Más Allá de la Incertidumbre -2003] *y Valuing Employee Stock Options - 2004* [Valoración de las Opciones sobre las Acciones de los Empleados]. Sus libros y software se utilizan en más de 350 de las mejores universidades del mundo, incluyendo: el Instituto Bern en Alemania, la Universidad Chung-Ang en Corea del Sur, la Universidad de Georgetown, ITESM en México, MIT, Escuela de Postgrados de la Marina Estadounidense, Universidad de Nueva York, Universidad de Estocolmo en Suecia, Universidad de los Andes en Chile, Universidad de Chile, Universidad de Hull, Universidad de Pennsylvania, Escuela Wharton, Universidad de Nueva York en el Reino Unido y la Universidad de Edimburgo en Escocia, entre otras.

En la actualidad, el Dr. Mun se desempeña como profesor de riesgos, finanzas y economía. Ha dictado cursos en gestión financiera, inversiones, opciones reales, economía y estadística a nivel universitario y de postgrado a nivel de Maestrías, Maestría en Administración de Empresas y Doctorados. Enseña y ha enseñado en universidades alrededor del mundo desde la Escuela de Postgrados de la Marina Estadounidense (Monterrey, California) y la Universidad de Ciencia Aplicadas (Suiza y Alemania) como profesor titular, hasta la Universidad de Golden Gate (California) y la Universidad de St. Mary (California). Ha presidido varias tesis de grado en investigación dentro de los MBA y en los comités de disertación de los Doctorados. Igualmente dicta semanalmente cursos públicos en Análisis de Riesgos, Análisis de Opciones Reales y Análisis de Riesgos para Gerentes, en donde los participantes pueden obtener certificaciones de realización del CRM y el CQRM. Es asociado principal del Centro Magellan e integra la Junta de Estándares de la Academia Norteamericana de Gestión Financiera.

Se desempeñó como Vicepresidente de Analítica en Decisioneering, Inc., en donde lideró el desarrollo de productos de software de opciones y analítica financiera, consultoría analítica, capacitación y soporte técnico y en dónde además fue el creador del software *Real Options Analysis Toolkit*, el más antiguo y menos poderoso antecesor del software *Real Options Super Lattice*. Antes de vincularse a Decisioneering, fue Gerente de Consultoría y Economista Financiero del área de Servicios de Valoración y de Finanzas Globales en KPMG Consulting y Gerente del área de Servicios de Consultoría Económica en KPMG LLP.

Cuenta con una amplia experiencia en modelación econométrica, análisis financiero, opciones reales, análisis económico y estadística. Durante su permanencia en Real Options Valuation, Inc., Decisioneering y KPMG Consulting, enseñó y asesoró distintos asuntos relacionados con opciones reales, análisis financiero, pronóstico financiero, gestión de proyectos y valoración financiera a más de 100 compañías multinacionales (entre sus clientes antiguos y actuales se encuentran: 3M, Airbus, Boeing, BP, Chevron Texaco, Financial Accounting Standards Board, Fujitsu, GE, Goodyear, Microsoft, Motorola, Northrop Grumman, Pfizer, Timken, Departamento de Defensa de los Estados Unidos, la Marina de los Estados Unidos y Veritas, entre muchas otros). Antes de vincularse a KPMG traía una experiencia como Director de Planeación Financiera y Análisis en Viking Inc. y en FedEx realizó trabajos de pronósticos financieros, análisis económico e investigación de mercado. Anterior a eso trabajó de manera independiente en planeación y consultoría financiera.

El Dr. Mun tiene un PhD en finanzas y economía de la Universidad de Lehigh en donde sus áreas de investigación e interés académico giraron alrededor de la inversión financiera, la modelación econométrica, las opciones financieras, las finanzas corporativas y la teoría microeconómica. Igualmente tiene un MBA, una Maestría en Ciencias de la Gestión y una Licenciatura en Ciencias (BS) en biología y física. Está certificado en Gestión de Riesgos Financieros, Consultoría Financiera y en Gestión Cuantitativa de Riesgos. Es miembro de American Mensa, *Phi Beta Kappa Honor Society*, y *Golden Key Honor Society,* así como de muchas otras organizaciones profesionales tales como: las Asociaciones Financieras del Este y del Sur, la Asociación Estadounidense de Economía y la Asociación Internacional de Profesionales de Riesgos.

…poderoso conjunto de herramientas para los gerentes de portafolios/programas en la elección racional entre alternativas…
> Contralmirante James Greene (Ret.), Presidente de Adquisiciones de la Escuela Naval de Postgrados (USA)

…imprescindible para cualquier profesional…lógico, concreto y con un enfoque concluyente…
> Jean Louis Vaysse, Vicepresidente, Airbus (Francia)

…enfoque comprobado y revolucionario para cuantificar los riesgos y las oportunidades en un mundo incierto…
> Mike Twyman, Presidente, Mission Solutions,
> Cubic Global Defense, Inc. (USA)

… de lectura obligatoria para cualquiera que trabaje en economía e inversiones…es la mejor manera de cuantificar los riesgos y las opciones estratégicas…
> Mubarak A. Alkhater, Director Ejecutivo, Nuevos Negocios,
> Saudi Electric Co. (Arabia Saudita)

… técnicas de riesgos pragmáticas y poderosas, valiosas perspectivas teóricas y analíticas útiles en la industria…
> Dr. Robert S. Finocchiaro, Director,
> Servicios de I&D Corporativo, 3M (USA)

…las herramientas de riesgos más importantes en un sólo volumen, fuente definitiva en gestión de riesgos con ejemplos claros…
> Dr. Ricardo Valerdi, Sistemas de Ingeniería,
> Massachusetts Institute of Technology (USA)

…conceptos complejos paso-a-paso con inigualable facilidad y claridad… una "lectura obligatoria" para todos los profesionales…
> Dr. Hans Weber, Líder de Desarrollo de Productos,
> Syngenta AG (Suiza)

…claro enfoque paso-a-paso…última tecnología en la toma de decisiones para el mundo real de los negocios…
> Dr. Paul W. Finnegan, Vicepresidente, Alexion Pharmaceuticals (USA)

…claro mapa de ruta y alcance de temas para crear estrategias y opciones dinámicas y ajustadas a los riesgos…
    Jeffrey A. Clark, Vicepresidente de Planeación Estratégica,
    The Timken Company (USA)

…exploración claramente organizada y soportada en herramientas sobre los riesgos, las opciones y estrategias de negocios en la vida real…
    Robert Mack, Vicepresidente, Analista Distinguido,
    Gartner Group (USA)

…gama completa de metodologías que cuantifican y mitigan los riesgos para lograr una gestión empresarial eficaz…
    Raymond Heika, Director de Planeación Estratégica,
    Northrop Grumman Corporation (USA)

…lectura obligatoria para los gerentes de portafolio de productos…captura la exposición al riesgo de las inversiones estratégicas…
    Rafael Gutiérrez, Director Ejecutivo de Planeación de Mercadeo Estratégico, Seagate Technologies (USA)

…temas complejos explicados excepcionalmente…que se pueden entender y poner en práctica…
    Agustín Velázquez, Economista Senior,
    Banco Central de Venezuela (Venezuela)

…fuente permanente de aplicaciones prácticas con la teoría de gestión de riesgos ¡sencillamente excelente!
    Alfredo Roisenzvit, Director Ejecutivo/Profesor,
    Risk-Business Latin America (Argentina)

…el mejor libro de modelación de riesgos es ahora aún mejor…lectura necesaria para todos los ejecutivos…
    David Mercier, Vicepresidente Corporativo Dev.,
    Bonanza Creek Energy [Petróleo & Gas] (USA)

…puente entre la teoría y la práctica, intuitivo con interpretaciones comprensibles…
    Luis Melo, Econometrista Senior,
    Banco de la República de Colombia (Colombia)

…herramientas valiosas para que las compañías le generen valor a sus accionistas y a la sociedad inclusive en tiempos difíciles…
    Dr. Markus Götz Junginger, Socio Principal,
    Gallup (Alemania)

CONTENIDO

MÉTODOS CUANTITATIVOS DE INVESTIGACIÓN EN POCAS PALABRAS

Los campos de la estadística y los métodos cuantitativos están estrechamente relacionados. De manera colectiva, hacen referencia a la compilación, presentación, análisis y utilización de los datos numéricos para sacar conclusiones y tomar decisiones frente a la incertidumbre. La estadística principalmente se utiliza para describir el comportamiento de ciertas variables y para inferir sobre la verdadera naturaleza de las mismas. La estadística descriptiva resume los datos y la estadística inferencial generaliza la población por medio de un conjunto pequeño de muestras para hacer predicciones. El análisis cuantitativo puede ser visto como la aplicación de la estadística que le ayuda a los gerentes o administradores a tomar decisiones informadas. Un ejemplo sencillo demuestra la manera en que la estadística se puede aplicar con el fin de recolectar información sobre el nivel de ingreso promedio de la población en una ciudad específica. Es así como se realiza una encuesta a la población de la ciudad, y se tabulan los ingresos promedio. Posteriormente, se emplean las técnicas de muestreo estadístico para sacar conclusiones sobre los niveles reales de ingreso promedio de la población. Y es aquí en donde después se aplica el análisis cuantitativo para tomar decisiones y saber si se debe construir un centro comercial local en el centro de la ciudad con base en la distribución de la riqueza de los residentes locales.

En general, la mayoría de los métodos estadísticos que se emplean en los métodos cuantitativos y mixtos de investigación requieren del diseño de un experimento, la recolección de datos de muestra, el análisis de los datos recolectados utilizando estadística descriptiva básica, el uso de las pruebas de hipótesis, las estimaciones o predicciones, la ejecución de la bondad de ajuste, y la toma de decisiones tácticas y estratégicas. El resto de este libro abarca tanto la estadística descriptiva como la inferencial. El presente capítulo proporciona una visión general rápida de estos métodos.

El término *variable* hace referencia al elemento de interés que se está estudiando, como el ingreso, peso, edad, y así sucesivamente. El término *muestra* se refiere al subconjunto de la población que se está analizando, y sus resultados tabulados hacen referencia colectivamente a los *estadísticos*. El objetivo principal de la estadística es deducir la naturaleza real y verdadera de la *población* entera, lo que incluye todas las observaciones de interés de una variable, cuyos resultados tabulados se conocen colectivamente como *parámetros*.

ESTADÍSTICA DESCRIPTIVA Y MOMENTOS DE DISTRIBUCIÓN

Las estadísticas descriptivas generalmente se aplican a los datos de investigación recolectados. Con éstas, sencillamente estamos describiendo lo que es o lo que muestran los datos recolectados. Las estadísticas descriptivas se utilizan para presentar las descripciones cuantitativas de manera manejable y simplificada. El análisis puede incluir las representaciones gráficas de los datos en forma de gráficos de barra, gráficos de líneas, gráficos acumulados e histogramas de probabilidad. Adicionalmente, los cálculos estadísticos básicos se pueden emplear para determinar la media, mediana, moda, desviación estándar, varianza, volatilidad, coeficiente de variación, percentiles, intervalos de confianza, y así sucesivamente, de un conjunto de datos. El Gráfico 1.1 describe los métodos.

Un área entre la estadística descriptiva y la inferencial es la aplicación de la teoría de probabilidad y la distribución de la misma. En ocasiones, los datos recolectados pueden venir en forma de proporciones, o posibilidades de que ciertos eventos ocurran, en otras palabras, la probabilidad de un evento. Estas probabilidades se pueden generalizar después para inferir acerca de toda la población. Por ejemplo, las frecuencias relativas se pueden emplear para generar un histograma de probabilidad con el fin de describir los datos recolectados. Las reglas básicas de probabilidad y el Teorema de Bayes aparecen en el Gráfico 1.2, mientras que el Gráfico 1.3 muestra las distribuciones de probabilidad discreta, seguidas de una explicación de las distribuciones de probabilidad continua.

PRUEBAS DE HIPÓTESIS

Las pruebas de hipótesis se basan en varias distribuciones de probabilidad subyacente (Gráfico 1.3). Con las pruebas de hipótesis (Gráfico 1.4), entramos al área de la estadística inferencial, en donde el investigador trata de llegar a unas conclusiones que se extienden más allá de los datos inmediatos únicamente. La estadística inferencial le permite al investigador hacer juicios de probabilidad que muestran diferencias entre dos o más grupos que son seguros y confiables o que pudieron haber ocurrido por azar.

La prueba de hipótesis es un método estadístico utilizado para probar si un conjunto de datos de muestra está lo suficientemente cerca de algún valor hipotético, o si dos o más conjuntos de datos son estadísticamente similares o estadísticamente diferentes. Por ejemplo, supongamos que usted ejecuta una correlación lineal simple utilizando los datos recolectados sobre una actividad diaria sobre las manchas solares y los retornos del mercado bursátil durante los últimos 10 años. En teoría, sería casi imposible obtener una correlación perfecta de cero (p.ej. 0.0000…) cuando existe una conjunto de datos grande. Supongamos que la correlación que se calculó sea de 0.02. ¿Esta correlación está lo suficientemente cerca a cero para decir que la correlación real es realmente cero y que cualquier variación leve se debe al azar? ¿Qué pasaría si la correlación fuese 0.03, o 0.05, o 0.20?

¿En qué punto podemos decir que la correlación está lo suficientemente lejos de cero y que ya no es cero o estadísticamente significativo?

MÉTODOS ESTADÍSTICOS PARA UNA VARIABLE

En el Gráfico 1.5 se aprecian los fundamentos de la prueba de hipótesis en una variable. Esto incluye las pruebas de hipótesis, en donde se hace un supuesto acerca de un parámetro de la población y se prueba utilizando los datos recolectados. Este supuesto puede ser verdadero o no y se puede probar estadísticamente si hay estadísticos disponibles. El término técnico *prueba de hipótesis* se refiere a los procedimientos estadísticos formales y matemáticos que utilizan los estadísticos ya sea para aceptar o rechazar cierta hipótesis. Claramente, la mejor manera de determinar con absoluta certeza, que una hipótesis es verdadera sería examinando la población completa. Usualmente esto resulta poco práctico, así que, los investigadores examinan una muestra más pequeña pero aleatoria de la población. Si las estadísticas calculadas de los datos de muestra no son consistentes con la hipótesis estadística, la hipótesis se rechaza. Algunas veces, se realiza una prueba de hipótesis de una variable para determinar si la media o desviación estándar de cierta variable es algún valor predeterminado (p.ej. sí un coeficiente de correlación es estadísticamente significativo).

MÉTODOS ESTADÍSTICOS PARA DOS O MÁS VARIABLES

Los Gráficos 1.6 y 1.7 tratan sobre pruebas de hipótesis adicionales sobre dos o más variables. La prueba de dos variables, como su nombre lo indica, compara dos conjuntos de datos de muestra entre sí para determinar si existe una diferencia estadísticamente significativa entre las medias de su población, en otras palabras, si un cierto evento o experimento tiene un efecto. Se pueden agregar variables adicionales, y estas variables se pueden probar entre sí de forma simultánea. En el Capítulo 6 encontrará una lista detallada de todos los métodos disponibles en el software ROV BizStats. La descripción general también ahonda en las metodologías más usadas comúnmente, comenzando por las pruebas t-pareadas, pruebas-F pareadas, y ANOVA y continuando con la regresión múltiple y el análisis no paramétrico.

SIMULACIÓN, MODELACIÓN PREDICTIVA, Y OPTIMIZACIÓN

Este libro también abarca los fundamentos de las técnicas avanzadas adicionales que le ayudarán en sus permanentes esfuerzos de investigación. Para información detallada adicional, le sugerimos remitirse al libro del Dr. Johnathan Mun titulado: Métodos Cuantitativos de Investigación *[Quantitative Research Methods]* y Modelando el Riesgo *[Modeling Risk]* (Tercera Edición). Por ejemplo, estos libros ofrecen detalles sobre los pronósticos y la modelación predictiva, en donde se pueden emplear los datos históricos o contemporáneos recolectados para pronosticar o predecir resultados futuros. De igual manera, éstos abordan las técnicas de modelación aplicando la regresión multivariada, en donde usted puede modelar las interacciones y los efectos estadísticos de múltiples variables independientes sobre la variable dependiente, y cuantifica estadísticamente los efectos. Estos libros incluyen la simulación y generación de datos por medio de las distribuciones de probabilidad. Al emplear datos de muestras limitados, se puede generar la distribución de la población empíricamente por medio de las técnicas de simulación. En el caso de los datos limitados, se puede utilizar la simulación para realizar remuestreo no paramétrico y así generar un mayor conjunto de datos para fines de análisis.

MEDIDAS DE MUESTRA DEL RIESGO

Beta (β)
Coeficiente de Variación (CV)
Probabilidad de Fallas
Rendimiento Ajustado al Riesgo de Capital ($RAROC$)
Desviación Estándar (σ)
Valor en Riesgo (VaR)
Varianza (σ^2)
Volatilidad (σ)

PRUEBA DE HIPÓTESIS DE LOS MOMENTOS

El primer momento tiene muchos tipos de pruebas de hipótesis teóricas tales como la prueba-t, la prueba-z, la prueba-F, y otras pruebas paramétricas de importancia o pruebas de diferencias. El segundo momento tiene pruebas teóricas limitadas de importancia y diferencias tales como las pruebas χ^2.

El tercer y cuarto momento requieren únicamente pruebas empíricas no-paramétricas, las cuales también se pueden utilizar para probar los intervalos de confianza, los niveles de precisión, y la importancia estadística del primer y segundo momento.

Segundo Momento

Desviación estándar, varianza, rango, Intervalo de confianza, rango intercuartil, volatilidad, coeficiente de variación
Mide la dispersión de la distribución y la amplitud
Explica el riesgo y la incertidumbre de la variable

Primer Momento

Media, mediana, percentil 50
Mide la tendencia central
Mide la ubicación central
Valor esperado y retornos esperados

MOMENTOS

Cuarto Momento

Coeficiente de Curtosis
Exceso de curtosis de 0 implica colas regulares o normales (mesocúrtica)
Leptocúrtica (colas gordas) con exceso positivo, alto de curtosis implica posibilidades esperadas altas de que ocurran eventos extremos
Distribuciones sin colas (p.ej. la distribución uniforme tiene un min y max) es platicúrtica con exceso negativo de curtosis

Tercer Momento

Coeficiente de Asimetría
Asimetría significa Media $\neq$ Mediana
Asimetría de 0 implica simetría
Normal implica que la asimetría es 0
Asimetría > 0 si la Media > Mediana
Asimetría < 0 si la Mediana > Media
Asimetría es 0 si la Media = Mediana y la distribución se considera simétrica

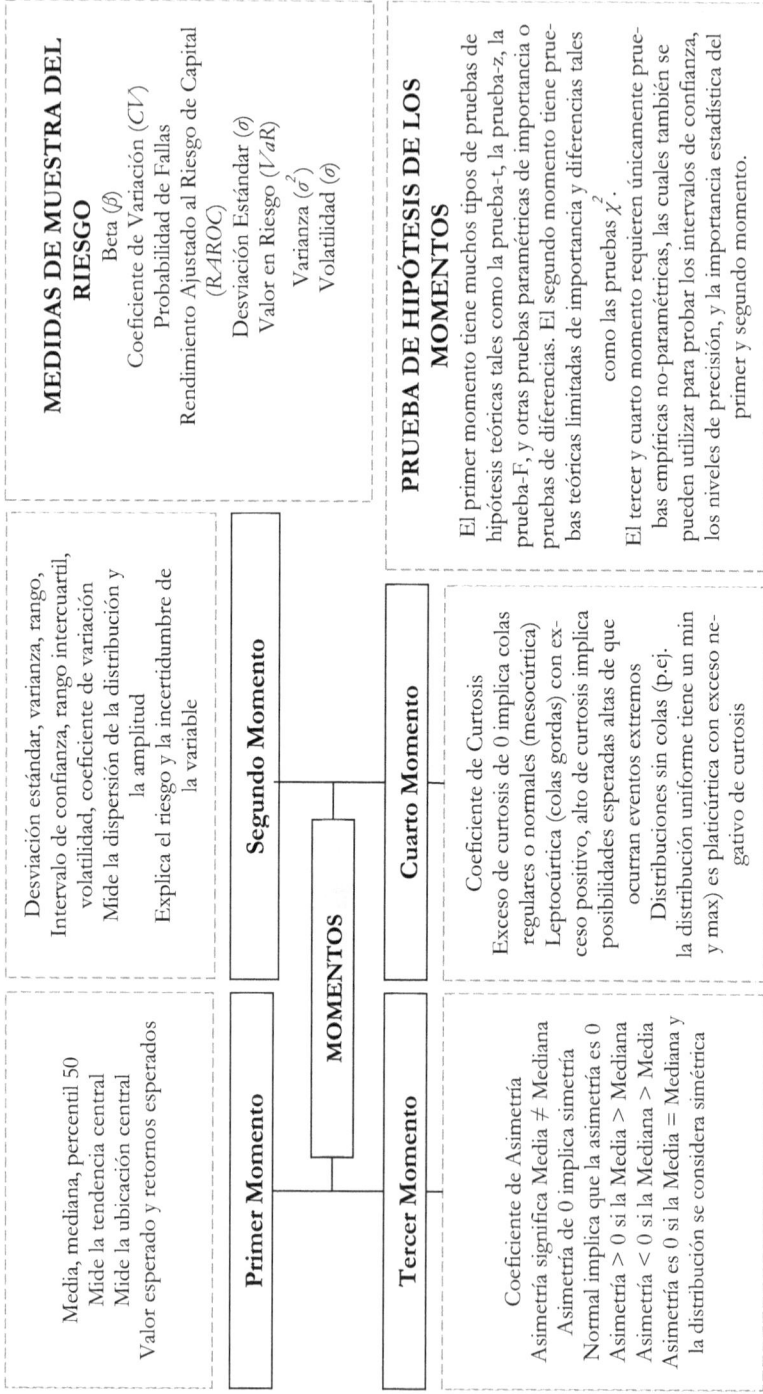

Gráfico 1.1: Momentos de Distribución y Estadísticos Descriptivos

Teorema de Bayes

$$P(A|M) = \frac{P(A \cap M)}{P(M)} = \frac{P(A)P(M|A)}{P(M)} = \frac{P(A)P(M|A)}{P(A \cap M) + P(B \cap M) + P(C \cap M)} = \frac{P(A)P(M|A)}{P(A)P(M|A) + P(B)P(M|B) + P(C)P(M|C)}$$

$$P(X_1|M) = \frac{P(X_1)P(M|X_1)}{P(X_1)P(M|X_1) + P(X_2)P(M|X_2) + P(X_3)P(M|X_3) + ... + P(X_n)P(M|X_n)}$$

Combinaciones y Permutaciones

$$C_x^n = \frac{n!}{x!(n-x)!} \qquad P_x^n = \frac{n!}{(n-x)!}$$

Distribución Binomial

$$P(x) = \frac{n!}{x!(n-x)!} p^x (1-p)^{(n-x)} \quad for\ n > 0;\ x = 0,\ 1,\ 2,\ ...\ n;\ and\ 0 < p < 1$$

Para cada ensayo, sólo son posibles dos resultados que son mutuamente excluyentes. Los ensayos son independientes—lo que ocurre en el primer ensayo no afecta al siguiente ensayo. La probabilidad de ocurrencia de un evento permanece igual ensayo tras ensayo.

Distribución de Poisson

$$P(x) = \frac{e^{-\lambda}\,\lambda^x}{x!}$$

El número de ocurrencias posibles en cualquier intervalo es ilimitado. Las ocurrencias son independientes. El número de ocurrencias en un intervalo no afecta el número de ocurrencias en otros intervalos. El número promedio de ocurrencias debe permanecer igual de intervalo a intervalo. Los valores x y $\lambda > 0$.

Distribución Hipergeométrica

$$P(x) = \frac{\dfrac{(N_x)!}{x!(N_x - x)!}\dfrac{(N - N_x)!}{(N - N_x - n + x)!}}{\dfrac{N!}{n!(N-n)!}} \quad for\ x = Max(n-(N-N_x),0),\ ...\ Min(n,N_x)$$

El número total de *items* o elementos (tamaño de la población) es un número fijo, una población finita. El tamaño de la población debe ser menor que o igual a 1.750. El tamaño de la muestra es el número de ensayos y representa una porción de la población. La probabilidad de éxito inicial conocida en la población cambia después de cada ensayo.

Distribución Normal

$$f(x) = \frac{1}{\sqrt{2\pi}\sigma}e^{\frac{-(x-\mu)^2}{2\sigma^2}} \quad for\ all\ values\ of\ x$$

Cierto valor de la variable incierta es el más probable (la media de la distribución). La variable incierta podría estar por encima de la media como por debajo de la media (simétrica acerca de la media). La variable incierta es más probable que esté en la proximidad de la media que más lejos de la misma.

Gráfico 1.2: Teoría de la Probabilidad y Distribuciones de Probabilidad

TRIANGULAR

Parece un triángulo, valores continuos, las colas terminan en un mínimo y máximo con el valor más probable como su pico. Puede ser asimétrica o simétrica con exceso de curtosis negativa (colas truncadas). Ejemplos: pronósticos de ventas, estimaciones de expertos, supuestos de gestión.

BINOMIAL

Eventos discretos con dos resultados independientes y mutuamente excluyentes con una probabilidad de éxito fija en cada ensayo sucesivo. Es simétrica y se aproxima a la distribución normal con un alto número de ensayos. Ejemplo: lanzar una moneda múltiples veces.

NORMAL

Curva acampanada continúa conocida como distribución Gaussiana, colas infinitas en ambos lados, requiere la media y la desviación estándar como entradas. Es simétrica con asimetría cero y exceso de curtosis cero. Ejemplos: retornos sobre acciones, estatura, peso, IQ (la mayoría normales truncadas con límites).

DISTRIBUCIONES UTILIZADAS COMÚNMENTE

POISSON

Eventos discretos que ocurren independientemente con la misma tasa promedio de repetición, y medidos en el tiempo o el espacio (área). Ejemplos: pronósticos de ventas, estimaciones expertas, supuestos de gestión. Se aproxima a la normal con tasas promedio altas.

UNIFORME

Área plana continua con igual probabilidad de ocurrencia en cualquier punto entre el mínimo y el máximo. Simétrica con asimetría cero y exceso de curtosis negativa (puntos terminales fijos). Ejemplos: pronósticos en los negocios y pronósticos económicos.

PERSONALIZADA

Distribución discreta empíricamente ajustada cuando hay pocos datos disponibles o cuando otras distribuciones teóricas fallan. Apropiada para métodos Delphi; puede ser multimodal o irregular. Ejemplos: estimaciones de expertos, supuestos de gestión y estimaciones cualitativas que se convierten numéricamente.

DISTRIBUCIONES IMPORTANTES, PERO MENOS COMÚNMENTE UTILIZADAS

BERNOULLI

Versión discreta de un solo ensayo de la Binomial (p.ej. simular el éxito o fracaso de los proyectos)

GUMBEL

Valores de simulación extremos de final de cola para resultados continuas (p.ej; desplome de los mercados).

BETA 4

Distribución continua altamente flexible capaz de tomar múltiples formas y escalas

LOGNORMAL

Variables con valores continuos no negativos y distintos de cero (p.ej. precios de las acciones).

UNIFORME DISCRETA

Rango de eventos discretos con igual probabilidad de ocurrencia (p.ej. lanzar un dado de 6 caras).

PRUEBA T DE STUDENT

NORMAL continua con colas gordas o mayor probabilidad de extremos (p.ej. retornos riesgosos).

EXPONENCIAL 2

Alta probabilidad de valores bajos, baja probabilidad de valores continuos altos (p.ej. tiempo de espera).

WEIBULL 3

Tiempo medio continuo antes del fracaso y estimaciones de confiabilidad (p.ej; tiempo medio entre fallas (MTBF) de un motor).

OTRAS DISTRIBUCIONES: Arcoseno, Beta, Beta 3, Cauchy, Chi-cuadrado, Coseno, Doble Log, Erlang, Exponencial, F, Fréchet, Gamma, Geométrica, Gumbel Min, Gumbel Max, Hipergeométrica, Laplace, Logística, Lognormal 3, Binomial Negativa, Parabólica, Pareto Generalizada, Pareto, Pascal, Pearson V, Pearson VI, PERT, Potencia, Potencia 3, Rayleigh, Normal Estándar, T Estándar, Weibull

Gráfico 1.3: Distribuciones de Probabilidad Más Comunes

Las hipótesis probadas son habitualmente:

$H_0: \mu_1 = \mu_2$, es decir, las dos medias de las muestras son estadísticamente similares

$H_a: \mu_1 \neq \mu_2$, es decir, las dos medias de las muestras son estadísticamente diferentes

La hipótesis nula (H_0) generalmente tiene el signo de equivalencia (p.ej.: $=$, $\geq$, $\leq$), mientras que la hipótesis alternativa (H_a) tiene su complemento (p.ej. $\neq$, $<$, $>$). El signo de la hipótesis alternativa apunta a si la prueba es una prueba de dos colas ($\neq$) o de una cola (la cola derecha se indica con $>$, mientras que una cola izquierda utiliza $<$). Como ejemplo, para iniciar una prueba de hipótesis de dos muestras, se coloca un conjunto de datos con algún número de puntos de datos uno al lado del otro para dos variables (con tamaños de muestra n_1 y n_2). Después se calculan sus promedios respectivos de muestra $\bar{x}_1$ y $\bar{x}_2$ y se calculan las desviaciones estándar de muestra s_1 y s_2. Posteriormente se calcula la estadística-t utilizando varias fórmulas se compara con los valores críticos de t. En la mayoría de las situaciones, los valores-p de esta estadística-t calculada son calculados y comparados con algún nivel predefinido de significancia (p.ej. se supondrán a lo largo, los niveles de significancia estándar α de 0.10, 0.05, y 0.01) utilizando la distribución-t con cierto grado de libertad (df). Si el valor-p está por debajo de estos niveles α de significancia, rechazamos la hipótesis nula y aceptamos la hipótesis alternativa.

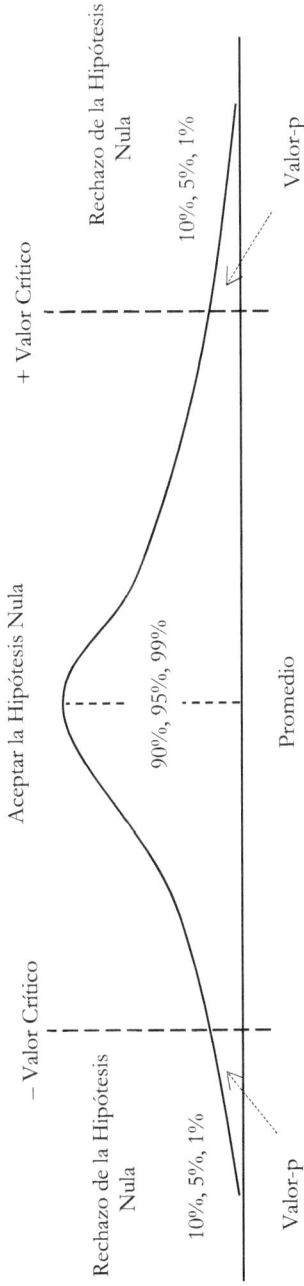

Gráfico 1.4: Fundamentos de la Prueba de Hipótesis

1-Pruebas de Variable

Probando la Población Media μ

σ Conocido
- Supuesto de Normalidad → Prueba- Z $\quad Z = \dfrac{\bar{x} - \mu_{\bar{x}}}{\sigma_{\bar{x}}} = \dfrac{\bar{x} - \mu_{\bar{x}}}{\dfrac{\sigma}{\sqrt{n}}} \qquad \sigma_{\bar{x}} = \dfrac{\sigma}{\sqrt{n}}\left(\sqrt{\dfrac{N-n}{N-1}}\right)$
- Los datos no son Normales
  - $n \geq 30$ → Prueba- Z
  - $n < 30$ → Prueba de Rangos con Signos de Wilcoxon para 1 Variable $\quad W = \Sigma\,(R+)$

σ Desconocido
- Asunción de Normalidad o $n \geq 30$ → Prueba- Z $\quad t = \dfrac{\bar{x} - \mu}{s_{\bar{x}}} = \dfrac{\bar{x} - \mu}{\dfrac{s}{\sqrt{n}}}$
- Los datos no son Normales o $n < 30$ → Prueba de Rangos con Signos de Wilcoxon para 1 Variable $\quad W = \Sigma\,(R+) \qquad$ Probando Medianas

Probando la Población Proporción π

$n\pi \geq 5$ o $n(1-\pi) \geq 5$ → Prueba-Z para Proporciones $\quad Z = \dfrac{p - \pi}{\sigma_p} \qquad \sigma_p = \sqrt{\dfrac{\pi(1-\pi)}{n}}$

Probando Normalidad Φ(N)

- $n \geq 30$ → Kolmogorov-Smirnov, Anderson-Darling, Akaike, Teorema de Bayes $\quad KS = \max_{1 \leq i \leq N}\left| F(Y_i) - \dfrac{i}{N}\right| \qquad \chi^2 = \sum_{i=1}^{k}(O_i - E_i)^2 / E_i$
- $n < 30$ → Prueba de Lilliefors $\quad D = max\,|O_i - CDF_i|$

Probando Aleatoriedad → Ejecuta Prueba

$$z = \frac{T - \left(\dfrac{2n_1 n_2}{n_1 + n_2} + 1\right)}{\sqrt{\dfrac{2n_1 n_2 (2n_1 n_2 - n_1 - n_2)}{(n_1 + n_2)^2 (n_1 + n_2 - 1)}}}$$

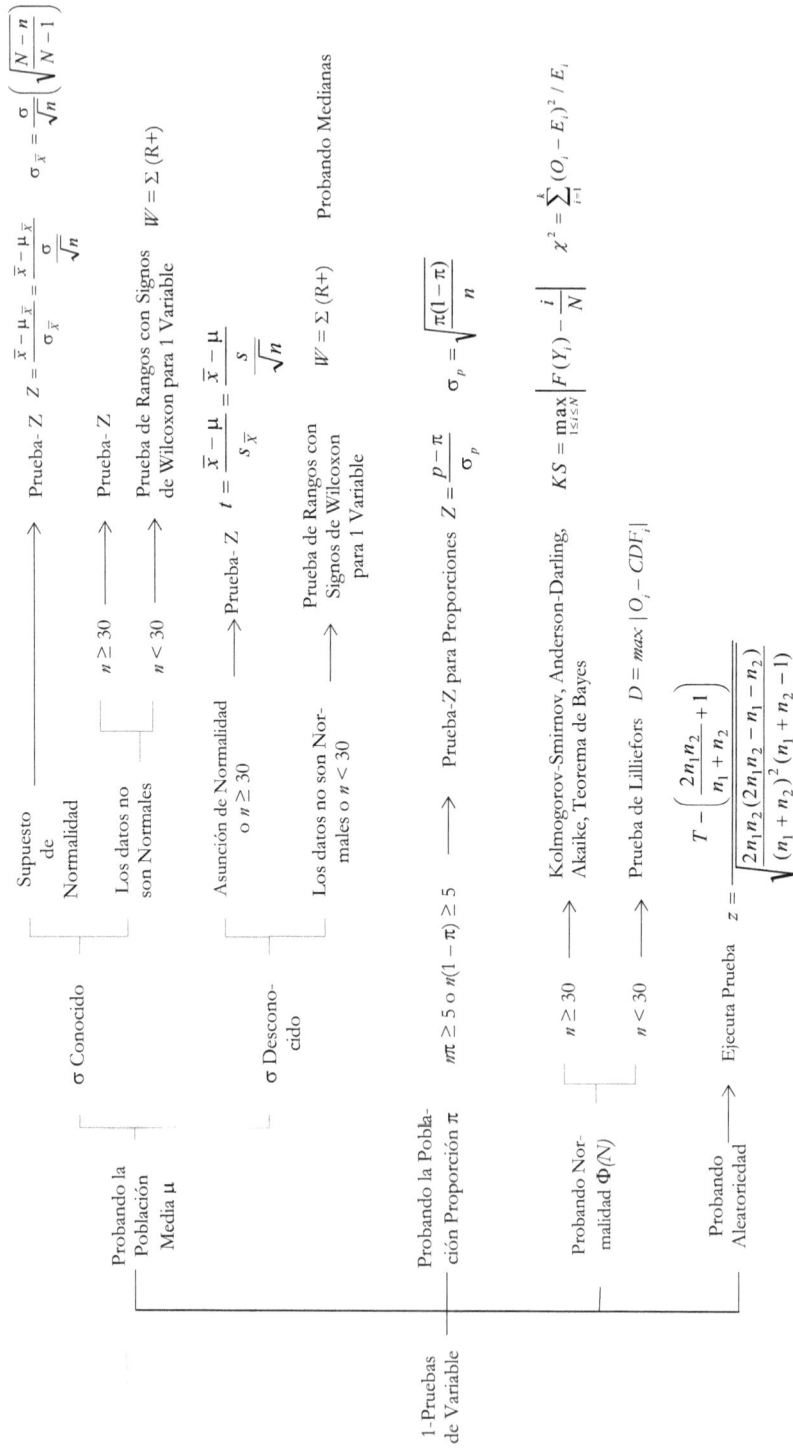

Gráfico 1.5: Métodos Estadísticos para Una Variable

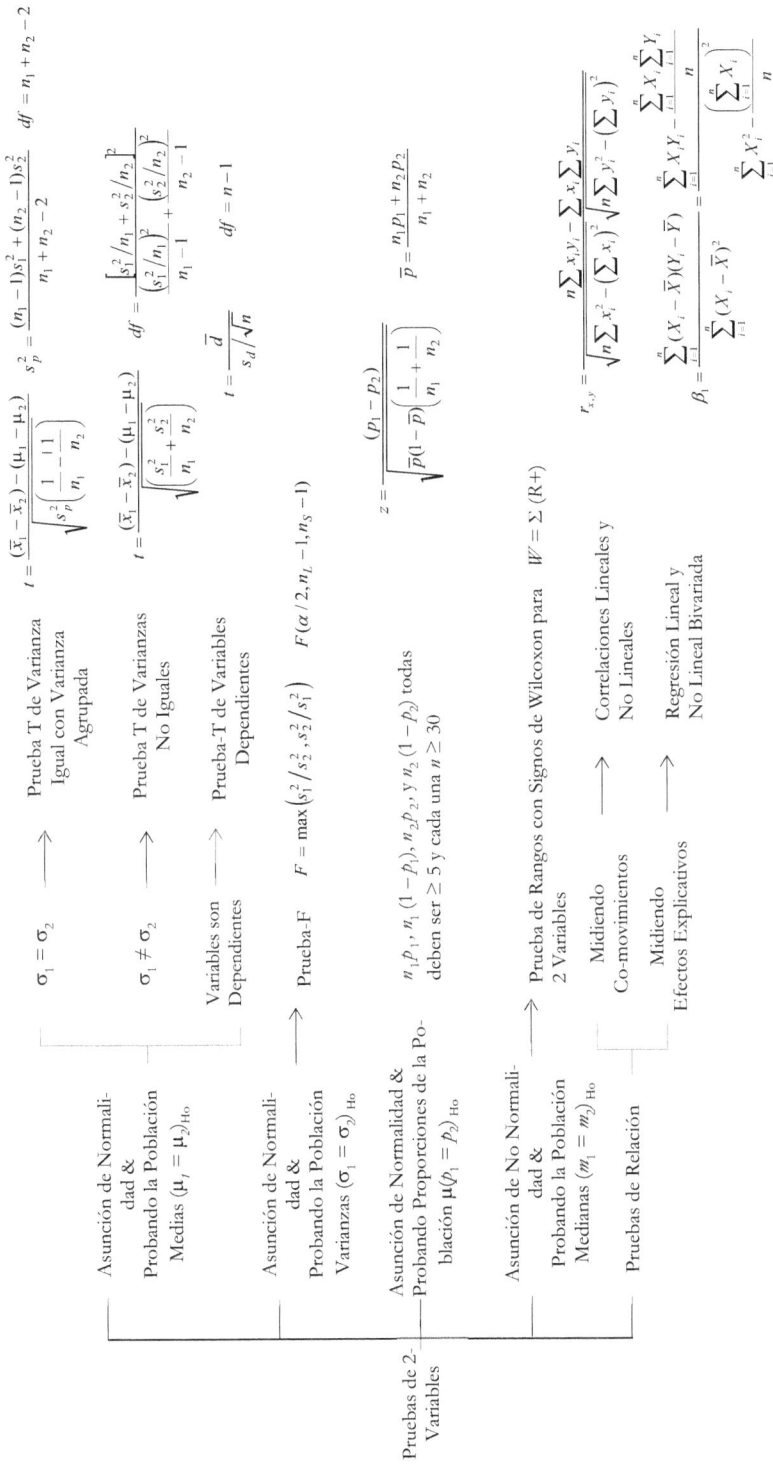

Gráfico 1.6: Métodos Estadísticos para Dos Variables

Pruebas de 2 Variables

Asunción de Normalidad & Probando la Población Medias $(\mu_1 = \mu_2)_{Ho}$

$\sigma_1 = \sigma_2$ → Prueba T de Varianza Igual con Varianza Agrupada

$$t = \frac{(\overline{x}_1 - \overline{x}_2) - (\mu_1 - \mu_2)}{\sqrt{s_p^2\left(\frac{1}{n_1} + \frac{1}{n_2}\right)}} \qquad s_p^2 = \frac{(n_1-1)s_1^2 + (n_2-1)s_2^2}{n_1 + n_2 - 2} \qquad df = n_1 + n_2 - 2$$

$\sigma_1 \neq \sigma_2$ → Prueba T de Varianzas No Iguales

$$t = \frac{(\overline{x}_1 - \overline{x}_2) - (\mu_1 - \mu_2)}{\sqrt{\frac{s_1^2}{n_1} + \frac{s_2^2}{n_2}}} \qquad df = \frac{\left[s_1^2/n_1 + s_2^2/n_2\right]^2}{\frac{\left(s_1^2/n_1\right)^2}{n_1 - 1} + \frac{\left(s_2^2/n_2\right)^2}{n_2 - 1}}$$

Variables son Dependientes → Prueba-T de Variables Dependientes

$$t = \frac{\overline{d}}{s_d/\sqrt{n}} \qquad df = n - 1$$

Asunción de Normalidad & Probando la Población Varianzas $(\sigma_1 = \sigma_2)_{Ho}$

→ Prueba-F

$$F = \max\left(s_1^2/s_2^2, s_2^2/s_1^2\right) \qquad F(\alpha/2, n_L - 1, n_S - 1)$$

Asunción de Normalidad & Probando Proporciones de la Población $\mu(p_1 = p_2)_{Ho}$

$n_1 p_1$, $n_1 (1 - p_1)$, $n_2 p_2$, y $n_2 (1 - p_2)$ todas deben ser ≥ 5 y cada una $n \geq 30$

$$z = \frac{(p_1 - p_2)}{\sqrt{\overline{p}(1 - \overline{p})\left(\frac{1}{n_1} + \frac{1}{n_2}\right)}} \qquad \overline{p} = \frac{n_1 p_1 + n_2 p_2}{n_1 + n_2}$$

Asunción de No Normalidad & Probando la Población Medianas $(m_1 = m_2)_{Ho}$

→ Prueba de Rangos con Signos de Wilcoxon para 2 Variables $\quad W = \Sigma (R+)$

Pruebas de Relación

Midiendo Co-movimientos → Correlaciones Lineales y No Lineales

$$r_{x,y} = \frac{n\sum x_i y_i - \sum x_i \sum y_i}{\sqrt{n\sum x_i^2 - \left(\sum x_i\right)^2}\sqrt{n\sum y_i^2 - \left(\sum y_i\right)^2}}$$

Midiendo Efectos Explicativos → Regresión Lineal y No Lineal Bivariada

$$\beta_1 = \frac{\sum\limits_{i=1}^{n}(X_i - \overline{X})(Y_i - \overline{Y})}{\sum\limits_{i=1}^{n}(X_i - \overline{X})^2} = \frac{\sum\limits_{i=1}^{n} X_i Y_i - \frac{\sum\limits_{i=1}^{n} X_i \sum\limits_{i=1}^{n} Y_i}{n}}{\sum\limits_{i=1}^{n} X_i^2 - \frac{\left(\sum\limits_{i=1}^{n} X_i\right)^2}{n}}$$

$$\beta_0 = \overline{Y} - \beta_1 \overline{X}$$

$$\tilde{x} = \frac{\sum_{j=1}^{t} \sum_{i=1}^{t} x_{ij}}{N}$$

$$SSTR = \sum_{j=1}^{t} n_j (\bar{x}_j - \tilde{x})^2$$

$$SST = \sum_{j=1}^{t} \sum_{i=1}^{n_j} (x_{ij} - \tilde{x})^2$$

$$SSE = \sum_{j=1}^{t} \sum_{i=1}^{n_j} (x_{ij} - \bar{x}_j)^2$$

$$\tilde{x} = \frac{\sum_{j=1}^{t} \sum_{i=1}^{t} x_{ij}}{N}$$

$$SSB = t\sum_{j=1}^{t} (\bar{x}_i - \tilde{x})^2$$

$$SSTR = n\sum_{j=1}^{t} (\bar{x}_j - \tilde{x})^2$$

$$SST = \sum_{j=1}^{t} \sum_{i=1}^{n_j} (x_{ij} - \tilde{x})^2$$

ANOVA de dos vías

$$SSB = ra\sum_{j=1}^{b} (\bar{x}_j - \tilde{x})^2$$

$$SSA = rb\sum_{i=1}^{a} (\bar{x}_i - \tilde{x})^2$$

$$SST = \sum_{i=1}^{a} \sum_{j=1}^{b} \sum_{k=1}^{r} (\bar{x}_{ijk} - \tilde{x})^2$$

$$H = \frac{12}{N(N+1)}\left[\frac{(\Sigma R_1)^2}{n_1} + \frac{(\Sigma R_2)^2}{n_2} + ... + \frac{(\Sigma R_K)^2}{n_K}\right] - 3(N+1)$$

$$F_r = \frac{12}{bt(t+1)}\sum_{j=1}^{t} R_j^2 - 3b(t+1)$$

$$r_{x,y} = \frac{n\sum x_i y_i - \sum x_i \sum y_i}{\sqrt{n\sum x_i^2 - (\sum x_i)^2}\sqrt{n\sum y_i^2 - (\sum y_i)^2}}$$

$$Y = \beta_0 + \beta_1 X_1 + \beta_2 X_2 + \beta_3 X_3 + ... + \beta_k X_k + \varepsilon$$

$$\beta_1 = \frac{\sum_{i=1}^{n}(X_i - \bar{X})(Y_i - \bar{Y})}{\sum_{i=1}^{n}(X_i - \bar{X})^2} = \frac{\sum_{i=1}^{n} X_i Y_i - \dfrac{\sum_{i=1}^{n} X_i \sum_{i=1}^{n} Y_i}{n}}{\sum_{i=1}^{n} X_i^2 - \dfrac{\left(\sum_{i=1}^{n} X_i\right)^2}{n}}$$

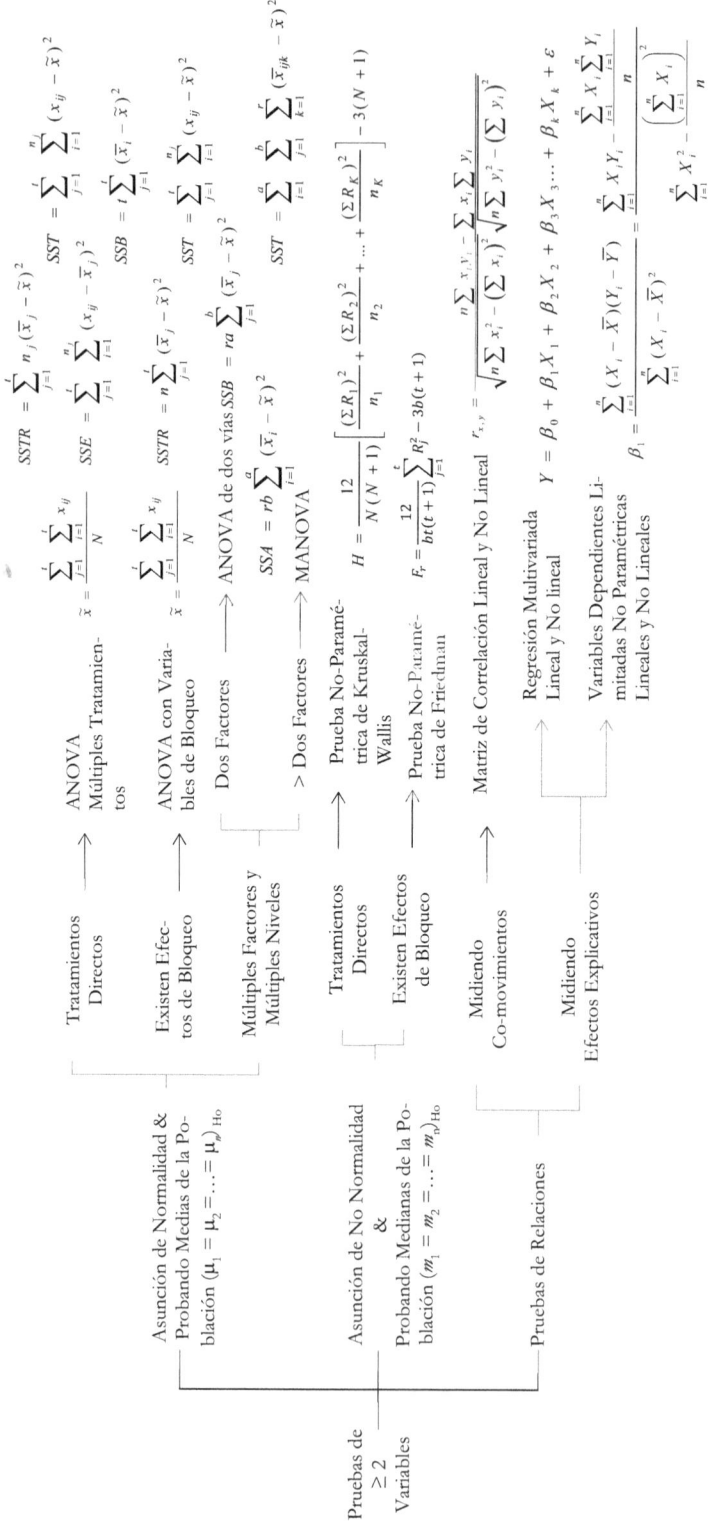

$$\beta_0 = \bar{Y} - \beta_1 \bar{X}$$

Nodos del diagrama:

- ANOVA Múltiples Tratamientos
- ANOVA con Variables de Bloqueo
- Dos Factores
- > Dos Factores → MANOVA
- Prueba No-Paramétrica de Kruskal-Wallis
- Prueba No-Paramétrica de Friedman
- Matriz de Correlación Lineal y No Lineal
- Regresión Multivariada Lineal y No lineal
- Variables Dependientes Limitadas No Paramétricas Lineales y No Lineales

Ramas intermedias:

- Tratamientos Directos
- Existen Efectos de Bloqueo
- Múltiples Factores y Múltiples Niveles
- Tratamientos Directos
- Existen Efectos de Bloqueo
- Midiendo Co-movimientos
- Midiendo Efectos Explicativos

Ramas principales:

- Asunción de Normalidad & Probando Medias de la Población ($\mu_1 = \mu_2 = ... = \mu_n$)$_{H_0}$
- Asunción de No Normalidad & Probando Medianas de la Población ($m_1 = m_2 = ... = m_n$)$_{H_0}$
- Pruebas de Relaciones

Origen: Pruebas de ≥ 2 Variables

Gráfico 1.7: Métodos Estadísticos para Dos o Más Variables

MOMENTOS DE DISTRIBUCIÓN

El estudio de la estadística hace referencia a la recolección, presentación, análisis y utilización de los datos numéricos para inferir y tomar decisiones frente a la incertidumbre, en donde los datos de la población real son desconocidos. Existen dos ramas en el estudio de la estadística: la estadística descriptiva, que resume y describe los datos, y la estadística inferencial, que generaliza la población a través de una muestra aleatoria pequeña, lo que es útil para hacer predicciones o tomar decisiones cuando se desconocen las características de la población.

Podemos definir una *muestra* como un subconjunto de la población que está siendo medida, mientras que la *población* se define como todas las posibles observaciones de interés de una variable. Por ejemplo, si alguien está interesado en las prácticas de votación de todos los votantes registrados en los Estados Unidos, la totalidad de la agrupación de centenares de millones de votantes registrados se considera como la población mientras que una pequeña encuesta de mil votantes registrados tomada en ciudades pequeñas, a lo largo de la nación, es la muestra. Las características calculadas de la muestra (p.ej. media, mediana, desviación estándar) se denominan *estadísticos*, mientras que los parámetros implican que se haya encuestado a la población entera y que los resultados hayan sido tabulados. Por consiguiente, en una investigación, la estadística es de vital importancia al considerar aunque algunas veces se desconoce la totalidad de la población (p.ej. quiénes son todos sus clientes, cuál es el total de participación en el mercado, y así sucesivamente) o porque es muy difícil obtener toda la información relevante sobre la población debido a que sería muy dispendioso en términos de tiempo y oneroso en recursos. A continuación, están los pasos habituales para realizar una investigación en estadística inferencial:

- Diseñar el experimento—esta fase incluye el diseñar las maneras para recolectar todos los datos posibles y relevantes.

  - Recolección de datos de muestra—los datos se recopilan y tabulan.

  - Análisis de los datos—se lleva a cabo un análisis estadístico.

  - Estimación o predicción—se hacen inferencias con base en las estadísticas obtenidas.

  - Prueba de hipótesis—las decisiones se prueban frente a los datos para ver los resultados.

- Determinar la bondad de ajuste—los datos reales se comparan frente a los datos históricos para ver qué tan exacta, válida y confiable puede ser la inferencia.

- Toma de Decisiones—las decisiones se toman con base en el resultado de la inferencia.

MEDICIÓN DEL CENTRO DE LA DISTRIBUCIÓN—EL PRIMER MOMENTO

Los primeros momentos de una distribución de resultados miden la tasa de retorno esperada de un proyecto en particular. Éstos miden la localización de los escenarios del proyecto y el promedio de los posibles resultados. Los estadísticos comunes para el primer momento incluyen la *media* (promedio), la *mediana* (centro de una distribución), y la *moda* (el valor que ocurre más comúnmente). El Gráfico 2.1 muestra el primer momento en donde en este caso, el primer momento de esta distribución se mide por la media (μ) o el valor promedio.

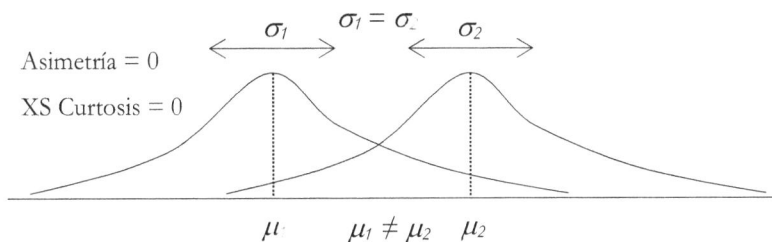

Asimetría = 0
XS Curtosis = 0

σ_1 $\sigma_1 = \sigma_2$ σ_2

μ_1 $\mu_1 \neq \mu_2$ μ_2

Gráfico 2.1: Primer Momento

MEDICIÓN DE LA DISPERSIÓN DE LA DISTRIBUCIÓN—EL SEGUNDO MOMENTO

El segundo momento mide la dispersión de una distribución, que es una medida de riesgo. La dispersión o la amplitud de una distribución indican la variabilidad de una variable, es decir, el potencial de que la variable pueda caer en distintas regiones de la distribución en otras palabras, los escenarios potenciales de los resultados. El Gráfico 2.2 exhibe dos distribuciones con primeros momentos idénticos (medias idénticas) pero con segundos momentos o riesgos, muy diferentes. La visualización es más clara en el Gráfico 2.3. Como ejemplo, supongamos que hay dos acciones y los primeros movimientos de la acción (la línea sólida) con la menor fluctuación se comparan con los movimientos de la segunda acción (línea punteada) con una mayor fluctuación de precio. Claramente un inversionista vería la acción con la fluctuación más descontrolada como riesgosa porque los resultados de la acción más riesgosa son relativamente más desconocidos que la acción menos riesgosa. El eje vertical en el Gráfico 2.3 mide los precios de las acciones; por ende, la acción más riesgosa tiene un rango más amplio de resultados potenciales. Este rango se traslada dentro de la amplitud de la distribución (el eje horizontal) en el Gráfico 2.2, en donde la distribución más amplia representa el activo más riesgoso. Por lo tanto, la amplitud o dispersión de una distribución mide los riesgos de una variable. Cabe anotar que en el Gráfico 2.2, las dos distribuciones tienen primeros momentos o tendencias centrales idénticas, pero claramente las distribuciones son muy diferentes. Esta diferencia es medible en la amplitud de distribución. Matemáticamente y estadísticamente, la amplitud o el riesgo de una variable se pueden medir por medio de diferentes estadísticos, incluyendo el rango, la desviación estándar (σ), la varianza, el coeficiente de variación, el percentil, el rango intercuartílico, el intervalo de confianza, la volatilidad, beta, Valor en Riesgo, y otros.

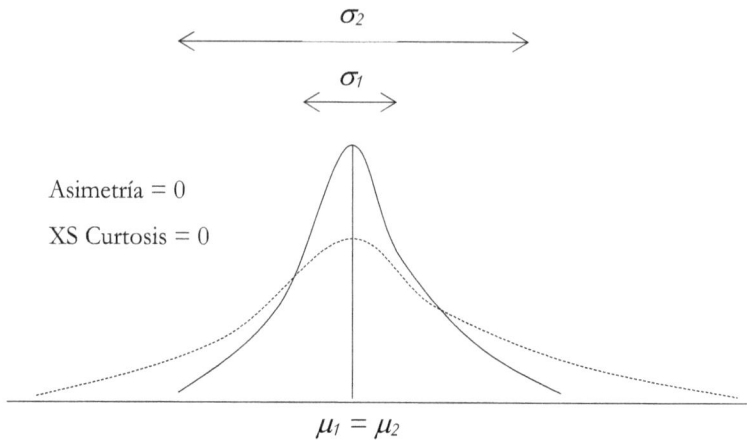

Gráfico 2.2: Segundo Momento

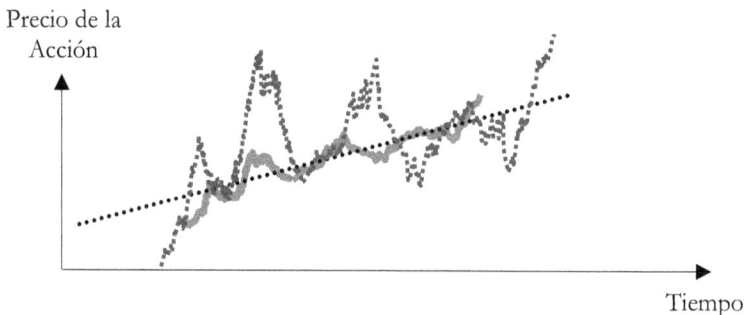

Gráfico 2.3: Fluctuaciones del Precio de la Acción

La varianza y la desviación estándar son dos medidas comunes del segundo momento. La varianza es el promedio del cuadrado de las desviaciones respecto a la media, en unidades al cuadrado:

$$\sigma^2 = \sum_{i=1}^{N} \frac{(x_i - \mu)^2}{N} \quad y \quad s^2 = \sum_{i=1}^{n} \frac{(x_i - \bar{x})^2}{n - 1}$$

La desviación estándar está en unidades originales y, por ende, es útil como un medio directo de comparación de la dispersión y variabilidad medida en las mismas unidades:

$$\sigma = \sqrt{\sum_{i=1}^{N} \frac{(x_i - \mu)^2}{N}} \quad y \quad s = \sqrt{\sum_{i=1}^{n} \frac{(x_i - \bar{x})^2}{n - 1}}$$

Aunque la desviación estándar y la varianza tienen muchos usos, éstos son limitados porque sus medidas están en las mismas unidades y, por lo tanto, se consideran valores absolutos de riesgo, incertidumbre o dispersión. Las letras griegas (μ, σ) y las letras en mayúscula (N) representan la población mientras que los alfabetos latinos estándares y las letras en minúscula (s, n, x) representan la muestra.

El coeficiente de variación *(CV)* no tiene unidades y mide la variabilidad relativa. Por lo tanto, permite la comparación de dos conjuntos de datos para ver cuál tiene mayor variabilidad sin preocuparse acerca de las unidades. En comparación, las desviaciones estándar son medidas absolutas de variabilidad y depende en gran medida de la unidad de medida de los datos.

$$CV = \frac{s}{\bar{x}} \quad or \quad CV = \frac{\sigma}{\mu}$$

EJEMPLO

Estadístico	# en la familia	Gastos de Alimentación ($)
$\bar{x}$	3.23	$110.5
s	1.34	$25.25

¿Cuál tiene más variación, el número de miembros de la familia o los gastos de alimentación?

CV en la familia = 1.34/3.23 = 0.415

CV en los gastos = 25.25/110.25 = 0.229

Los cálculos demuestran que hay más variación en el número de miembros de la familia.

MEDICIÓN DE LA ASIMETRÍA DE LA DISTRIBUCIÓN—EL TERCER MOMENTO

El tercer momento mide la asimetría de la distribución, es decir cómo se hala la distribución hacia un lado o hacia el otro. El Gráfico 2.4 ilustra una asimetría negativa o izquierda (la cola de la distribución apunta a la izquierda) y el Gráfico 2.5 ilustra una asimetría positiva o derecha (la cola de la distribución apunta hacia la derecha). La media siempre está sesgada hacia la cola de la distribución, mientras que la mediana permanece constante. Otra manera de ver esto es que la media se mueve, pero la desviación estándar, varianza, o amplitud pueden permanecer constantes. Si no se tiene en cuenta el tercer momento, y solamente se miran los retornos esperados (media) y el riesgo (desviación estándar) ¡podría escoger incorrectamente un proyecto con asimetría positiva! Por ejemplo, si el eje horizontal representa los ingresos de un proyecto, entonces claramente se puede preferir una distribución sesgada negativamente ya que hay una probabilidad más alta de mayores retornos (Gráfico 2.4) si se comparan con una probabilidad más alta para un menor nivel de retornos (Gráfico 2.5). Por consiguiente, en una distribución sesgada la mediana es una mejor medida de los retornos, ya que las medianas de ambos Gráficos 2.4 y 2.5, son idénticas, los riesgos son idénticos, y por ende es una mejor opción tener un proyecto con una distribución sesgada negativamente. La incapacidad de no tener en cuenta la asimetría de la distribución de un proyecto puede llevar a escoger el proyecto incorrecto (p.ej. dos proyectos pueden tener idénticos primeros y segundos momentos, es decir, que ambos tienen retornos y perfiles de riesgo idénticos, pero sus asimetrías de distribución pueden ser muy diferentes). La asimetría se calcula por:

$$Asimetría = \frac{n}{(n-1)(n-2)} \sum_{i=1}^{n} \left(\frac{x_i - \bar{x}}{s}\right)^3$$

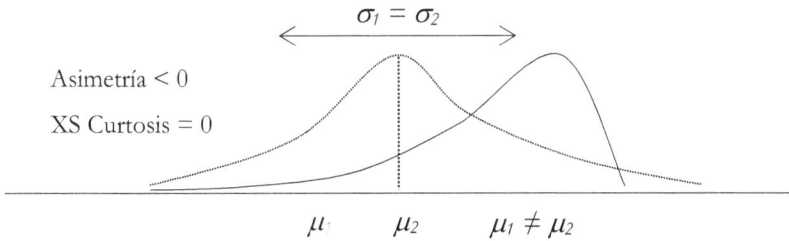

$\sigma_1 = \sigma_2$

Asimetría < 0

XS Curtosis = 0

μ_1　　μ_2　　$\mu_1 \neq \mu_2$

Gráfico 2.4: Tercer Momento (Asimetria Izquierda)

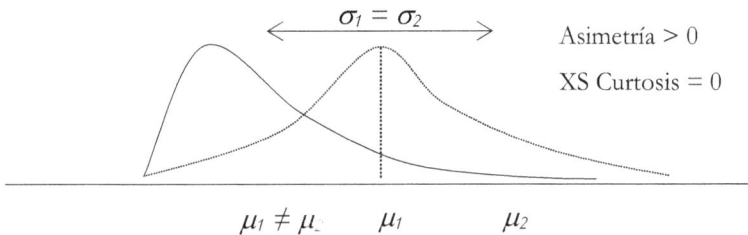

$\sigma_1 = \sigma_2$

Asimetría > 0

XS Curtosis = 0

$\mu_1 \neq \mu_2$　　μ_1　　μ_2

Gráfico 2.5: Tercer Momento (Asimetria Derecha)

MEDICIÓN DE LOS EVENTOS EXTREMOS EN UNA DISTRIBUCIÓN— CUARTO MOMENTO

El cuarto momento, o curtosis, mide el apuntamiento de una distribución. El Gráfico 2.6 ilustra este efecto. El antecedente es una distribución normal con una curtosis de 3.0 o un exceso de curtosis de 0 (el exceso de curtosis se define como la diferencia de curtosis de una distribución normal). La nueva distribución tiene una curtosis más alta, es decir que el área debajo de la curva es más gruesa en las colas con menos área en el cuerpo central. Esta condición tiene mayores impactos en el análisis de la incertidumbre porque para las dos distribuciones en el Gráfico 2.6, los primeros tres momentos (media, desviación estándar, y asimetría) pueden ser idénticos pero el cuarto momento (curtosis) es diferente. Esto significa que, aunque los retornos esperados y las incertidumbres son idénticas, las probabilidades de que ocurran eventos extremos y catastróficos (grandes pérdidas o ganancias potenciales) son mayores para una distribución con una curtosis alta (p.ej. retornos del mercado bursátil son leptocúrticas o tienen una curtosis alta). El ignorar la curtosis de los retornos de un proyecto puede ser perjudicial. Afortunadamente, la herramienta BizStats del software Risk Simulator de ROV le hace automáticamente los cálculos de estos cuatro momentos, tal como lo verá en capítulos posteriores. La curtosis se define como:

$$Curtosis = \frac{n(n+1)}{(n-1)(n-2)(n-3)} \sum_{i=1}^{n} \left(\frac{x_i - \bar{x}}{s}\right)^4 - \frac{3(n-1)^2}{(n-2)(n-3)}$$

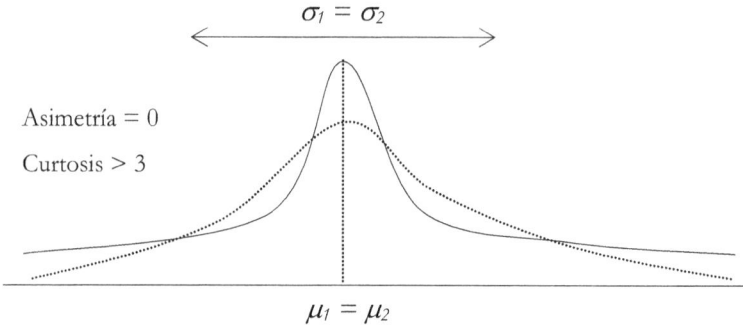

$$\sigma_1 = \sigma_2$$

Asimetría $= 0$

Curtosis > 3

$$\mu_1 = \mu_2$$

Gráfico 2.6: Cuarto Momento

La mayoría de las distribuciones se pueden definir hasta por cuatro momentos. El primer momento describe la ubicación o tendencia central de una distribución (valor esperado); el segundo momento describe su amplitud o dispersión (incertidumbre); el tercer momento, su asimetría direccional (eventos más probables); y el cuarto momento, su apuntamiento o grosor en las colas (eventos de cola extremos, catastróficos). Se deben calcular e interpretar todos los cuatro momentos para proporcionar una visión más integral del proyecto que se está analizando.

Finalmente, el término 'momento' se refiere a la potencia más alta de x en cada una de las ecuaciones de los estadísticos.

PRUEBA DE HIPÓTESIS

Una hipótesis estadística es un supuesto que hacemos acerca del parámetro de una población. Esta suposición puede ser verdadera o no y se puede probar estadísticamente si existen estadísticos disponibles. El termino *prueba de hipótesis* hace referencia a los procedimientos estadísticos y matemáticos formales que utilizan los estadísticos ya sea para aceptar o rechazar una cierta hipótesis o pregunta de investigación. Claramente, la mejor manera de determinar con absoluta certeza la veracidad de una hipótesis seria examinando a la totalidad de la población. Lo anterior es habitualmente poco práctico; por ende, los investigadores examinan una muestra pequeña, pero aleatoria, de la población. Si los estadísticos calculados de los datos de muestra no son consistentes con la hipótesis estadística, la hipótesis es rechazada. Existen dos tipos de hipótesis estadísticas. La Hipótesis Nula, usualmente indicada por el símbolo H_0, es la hipótesis típica en donde las observaciones de las muestras resultan por casualidad. La hipótesis competidora o Hipótesis Alternativa, usualmente indicada por el símbolo H_1 o H_a, es la hipótesis en donde las observaciones muestrales están influenciadas por alguna causa no aleatoria.

Para resumir, la prueba de hipótesis es:

Una conjetura sobre cómo se ve o cómo no se ve el mundo.

- Un prueba de un supuesto utilizando muestras para inferir a la población.

- Se puede resolver por medio de cuatro métodos diferentes pero relacionados:

  - Método Clásico

- Método Estandarizado

- Método del Valor-P

- Método del Intervalo de Confianza

Este capítulo supone que el lector ya está familiarizado y que conoce la estadística básica y las pruebas de hipótesis. Por ejemplo, los siguientes ejemplos saltarán directamente al medio de las pruebas de hipótesis con una distribución normal estándar Z y una distribución t de Student.

Ejemplo: usted es un fabricante de cereal en cajas de 20 oz de Muesli, Nut 'N Honey, y Count Chocula. Tiene en mente el control de calidad y desea probar la hipótesis de que estas cajas de cereal están llenas con 20 oz en promedio. Así, que usted toma una muestra de 100 cajas y encuentra que su promedio $\bar{x}$ es de 20.15 oz. Con alguna variación, en donde su desviación estándar de muestra s es de 0.2 oz., ¿La población de las cajas en promedio μ equivalen a 20 oz? Pruebe este supuesto utilizando un nivel α de 5% de significancia. La pregunta sería entonces: ¿Las 20.15 oz están lo suficientemente lejos de las 20 oz para decir que es estadísticamente diferente, o podría ser que, por azar, las 20.15 oz? ¿Están lo suficientemente cerca para ser proclamadas como estadísticamente idénticas a las 20 oz?

- Paso 1: identifique la hipótesis—H_0: $\mu = 20$ y H_a: $\mu \neq 20$. Así que, esta es una prueba de dos colas.

- Paso 2: utilice la $\bar{x}$ como el estadístico de prueba, con $\alpha = 0.05$. Por lo tanto, esta es una prueba de dos colas. Regla de decisión: si $\bar{x} > x_U$ límite superior, o cuando $\bar{x} < x_L$ límite inferior, rechace H_0 y acepte H_a; de lo contrario, acepte H_0 y rechace H_a.

- Paso 3: Calcule los límites:

  Sabemos que $n = 100$, así que podemos suponer normalidad y utilizar un puntaje-Z (distribución normal estándar). La ecuación para los límites de confianza es: $\mu \pm Z\left(\frac{\sigma}{\sqrt{n}}\right)$

Ya que suponemos normalidad cuando $n > 30$, los límites son: $20 \pm 1.96\left(\frac{0.2}{\sqrt{100}}\right)$ *retorna* 19.96 y 20.04. Por lo tanto, rechace H_0 y acepte H_a. La conclusión es que hay una diferencia estadísticamente significativa.

Cabe anotar que en este ejemplo, utilizamos el estadístico Z o el puntaje-Z, que es otro nombre para la distribución normal estándar, p.ej. una distribución con una media de cero y una desviación estándar de uno, denominada como N *(0,1)*. Adicionalmente, con un nivel de significancia α de 5% para un intervalo de confianza de dos colas, el 5% dividido entre dos, o 2.5% en cada cola. Podemos graficar esto de tres formas diferentes pero equivalentes. En el siguiente gráfico, A1 debe ser 47.5%, A2 debe ser 97.5%, y A3 es 95%, dejando la cola *$\alpha/2$* o 2.5%. Empleando el Gráfico al final de este libro sobre la distribución normal estándar con área parcial, vemos el área A1 de 0.4750, que arroja un valor-Z de 1.96. Igualmente podemos utilizar la distribución acumulada normal estándar y buscar el 0.9750, que también arroja un valor-Z de 1.96. Así mismo, por medio de Excel, usted puede ingresar la función "=NORMSINV (0.975)", la función de distribución acumulada inversa para una distribución normal estándar (p.ej. área A2), la cual también arrojaría 1.96. Utilizando un enfoque similar, se puede fácilmente encontrar el puntaje-Z relevante para cualquier nivel de significanciaα. Cuando *n* < *30*, utilizaríamos una distribución-t en cambio, tal como se aprecia en los ejemplos más adelante. En caso de utilizar la distribución-t, hay que tener en cuenta los grados de libertad.

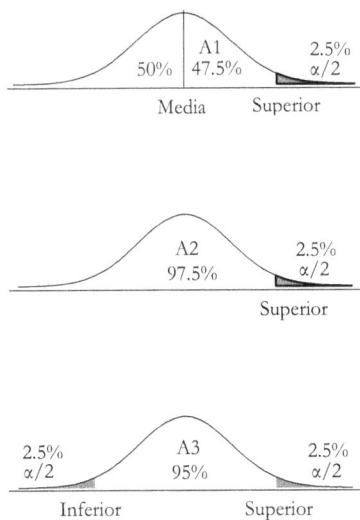

PASOS PARA ESTABLECER
UNA PRUEBA DE HIPÓTESIS

Método Clásico

1. Establezca la hipótesis nula (H_0) y la hipótesis alternativa (H_a).

   a. Siempre establezca la hipótesis alternativa primero, y después la hipótesis nula.

   b. La hipótesis alternativa siempre será bien sea $>$ o $<$ o $\neq$.

   c. La hipótesis nula siempre será bien sea $\geq$ o $\leq$ o $=$.

   Si la hipótesis alternativa es $\neq$, entonces es una prueba de dos colas; si $<$, es de (una) cola izquierda; y si $>$, entonces es (una) prueba de cola derecha.

   d. El signo de la hipótesis alternativa siempre apunta hacia los límites.

2. Dibuje la curva normal e incluya los límites-los extremos de las colas son las áreas de *rechazo*; p.ej. establezca las Reglas de Decisión: si $\bar{x} > x_U$ límite superior, o cuando $\bar{x} < x_L$ límite inferior, rechace H_0 y acepte H_a; de lo contrario, acepte H_0 y rechace H_a.

3. Calcule estos límites cuando $n > 30$ o normal, pero utilice

   $$\mu \pm t\left(\frac{\sigma}{\sqrt{n}}\right)$$

   cuando $n < 30$ en donde los valores Z y t se obtienen de las tablas estadísticas al final de este libro. Debido a un menor tamaño de muestra, utilice un factor de corrección para la muestra finita (ver la sección correspondiente al Teorema del Límite Central para obtener más detalles sobre este factor de corrección) con una corrección para los grados de libertad en donde $df = n - 1$.

4. Si $\bar{x}$ está en el área de rechazo, rechace H_0; si está en el área de aceptación, acepte H_0.

Dos Colas

Rechace H_0
$\alpha/2$
Acepte H_0
Rechace H_0
$\alpha/2$

Inferior   Media   Superior

Una Cola-Derecha

Acepte H_0
Rechace H_0
α

Media   Superior

Una Cola-Izquierda

Rechace H_0
α
Acepte H_0

Inferior   Media

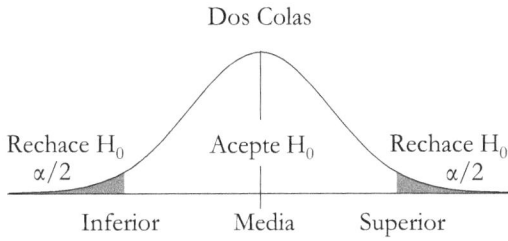

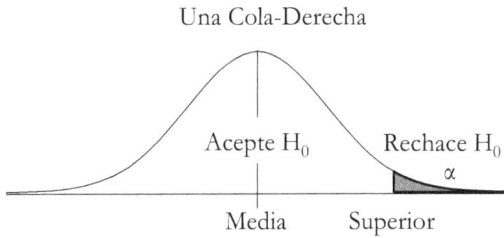

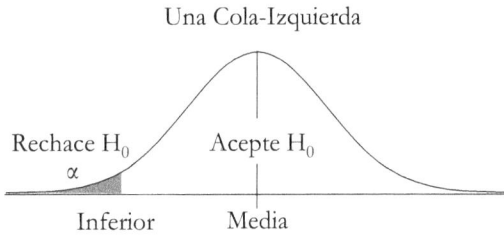

Método Estandarizado

En lugar de cambiar los valores Z a límites superiores e inferiores utilizando

$$\mu \pm Z\left(\frac{\sigma}{\sqrt{n}}\right) \text{ o } \mu \pm t\left(\frac{\sigma}{\sqrt{n}}\right)$$

también podemos sencillamente dejar las unidades ± Z estandarizadas como los límites críticos.

Convierta las unidades $\bar{x}$ en unidades estandarizadas y utilice las mismas reglas de decisión; p.ej., si Z calculada $> Z_U$ al límite superior, o cuando la Z calculada $< Z_L$ al límite inferior, rechace H_0 y acepte H_a; de lo contrario, acepte (no rechace) H_0 y rechace H_a.

- Calcule los valores Z como de costumbre, después obtenga el valor-p aproximado de las tablas. Si no hay coincidencias exactas, utilice un intervalo.

- Si el valor-p calculado de una cola es $< \alpha$ para una prueba de una cola o $2 \times$ el valor-p de una cola $< \alpha$ para una prueba de dos colas, rechace H_0 y acepte H_a.

Método de Intervalo de Confianza

- I.C. $= 1 - \alpha$ o para $\alpha = 0.05$, un I.C. $= 95\%$, y si el valor $\bar{x}$ se encuentra dentro de los límites del intervalo, acepte H_0 y rechace H_a.

- Para una prueba de dos colas, duplique el valor-p calculado, divida en dos el nivel α para cada área de cola, y utilice las tablas estadísticas.

Ejemplos: Prueba de Hipótesis

$$Z = \frac{\bar{x} - \mu_{\bar{x}}}{\sigma_{\bar{x}}} = \frac{\bar{x} - \mu_{\bar{x}}}{\frac{\sigma}{\sqrt{n}}}$$

$$FPC = \sigma_{\bar{x}} = \frac{\sigma}{\sqrt{n}} \sqrt{\frac{N-n}{N-1}} \text{ para } \frac{n}{N} \geq 5\%$$

Ejemplo 1: una compañía fabricante de bombillos (focos, ampolletas, bombillas) quiere probar la hipótesis de que sus bombillos pueden durar, en promedio, 1.000 horas de funcionamiento. Emplea a un estudiante quien actualmente estudia estadística y soborna a su instructor para que le permita a este estudiante hacer este proyecto para la compañía en lugar de su examen final. Entonces, para obtener una A en esta clase (ya que es un problema fácil de resolver): si el gerente selecciona aleatoriamente 100 bombillos de muestra, y encuentra que la media muestral es de 980 horas y la desviación estándar es de 80 horas, a un nivel de significancia del 5%, ¿Cuál es la conclusión?

H_0: $\mu = 1000$ y H_a: $\mu \neq 1000$

Ya que $n > 30$, podemos suponer una normalidad y podemos estimar σ.

Para $\alpha = 0.05$ nivel, $Z = \pm 1.96$ para una prueba de dos colas o $\alpha/2$ = 0.025. Utilice la tabla normal estándar al final de este libro o=NORMSINV (0.975) en Excel para obtener el valor 1.96.

Si los valores calculados están en las colas más allá del valor crítico, rechace H_0.

Clásico—Límites Críticos:

$x_{critical} = \mu \pm Z\left(\frac{s}{\sqrt{n}}\right) = 1000 \pm 1.96\left(\frac{80}{\sqrt{100}}\right)$ tenemos

$X_{superior}$= 1015.68 y $X_{inferior}$= 984.32.

Entonces, $980 < X_{inferior}$ y entonces rechazamos H_0.

Estandarizado:

$$Z = \frac{\bar{x} - \mu_{\bar{x}}}{\frac{s}{\sqrt{n}}} = \frac{980 - 1000}{\frac{80}{\sqrt{100}}} = -2.5$$

$-2.5 < -1.96$ significa que está en la cola y rechazamos H_0.

Valor-P: Para el valor Z calculado de -2.5, tenemos el valor-p = 0.5 – 0.4938 obteniendo un valor-p de 0.0062, el cual es menor que α de 0.05, entonces rechazamos H_0. Utilice la tabla normal estándar al final del este libro o =NORMSDIST (-2.5) en Excel para obtener este valor de 0.0062.

Intervalo de Confianza: el intervalo de confianza ya fue calculado anteriormente por medio del método clásico. De esta manera, el I.C. oscila entre 984.32 y 1015.68, y ya que la medida muestral $\bar{x} = 980$ no se encuentra dentro de esta región, rechazamos H_0.

En todos los casos, los enfoques podrían ser ligeramente diferentes, pero producirían conclusiones similares, es decir, rechace H_0. Por lo tanto, aceptamos H_a argumentado que la media de la población es significativamente diferente a 1000.

Ejemplo 2: una compañía quiere saber con un nivel de confianza del 95% ($\alpha=0.05$) si puede afirmar que las cajas de detergente que vende contienen más de 500g de detergente. Por experiencias anteriores, la compañía sabe que la cantidad de detergente en las cajas se distribuye normalmente. Tomando una muestra aleatoria de $n = 25$, el promedio que se encontró fue de 520g y la desviación estándar de 75g. Realice una prueba de hipótesis.

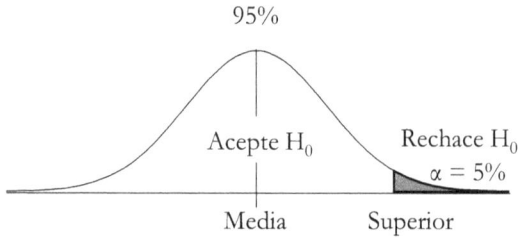

H_0: $\mu \leq 500$ y Ha: $\mu > 500$

Ya que $n = 25$, empleamos una distribución-t.

Valor crítico de t para $df = n - 1 = 25 - 1 = 24$ es 1.711 en $\alpha = 0.05$ para una prueba de una cola. Utilice la tabla-t al final de este libro o en Excel =TINV (0.05*2,24) para obtener este valor de 1.711 (la tabla calcula un aproximado de 1.709 comparado con el valor exacto de Excel de 1.711).

Clásico:

$$x_{critical} = \mu \pm t\left(\frac{s}{\sqrt{n}}\right) = 500 \pm 1.711\left(\frac{75}{\sqrt{25}}\right) = 525.66$$

Ya que 520 < nivel crítico 525.66, aceptamos H_0.

Estandarizado:

$$t = \frac{\bar{x} - \mu_{\bar{x}}}{\frac{s}{\sqrt{n}}} = \frac{520 - 500}{\frac{75}{\sqrt{25}}} = 1.33$$

Ya que cae dentro de la región de aceptación; aceptamos H_0.

Valor-P: con el valor-t calculado de 1.33, para $df = 24$, el valor-p está entre 0.05 y 0.10, lo que significa que vamos a aceptar H_0 ya que α de 0.05 está por encima. La función de Excel correspondiente es =TDIST (1.33, 24,1), arrojando un valor-p exacto de 0.0980.

Intervalo de Confianza: empleando los resultados del método clásico, el I.C. oscila entre 0.00 y 525.66, y debido a que 520 cae dentro de esta región del I.C., aceptamos H_0.

TEOREMA DEL LÍMITE CENTRAL

Debido a que, al intentar medir toda la población, resulta muy costoso, consume tiempo y es difícil, usualmente tomamos una muestra y la utilizamos para hacer inferencias acerca de la población. Por ejemplo, para intentar averiguar cuál es el porcentaje de los votantes a quienes les gusta un cierto político, tendríamos que encuestar a cada votante (N), y hasta varios millones de ellos; por tal motivo, empleamos, en su lugar, una muestra pequeña (n) de mil. Posteriormente necesitamos encontrar una manera de cuantificar estas muestras, y aquí es donde entra la teoría del muestreo. Como ejemplo, supongamos que existe una población con una distribución uniforme, entonces muestreamos $n = 2$ o $N = 4$.

X	$1	2	3	4
$P(x)$	0.25	0.25	0.25	0.25

P(x)

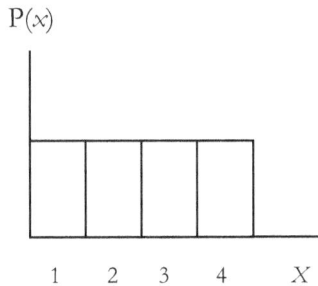

$\quad$ 1 $\quad$ 2 $\quad$ 3 $\quad$ 4 $\quad$ X

Aquí, la población $\mu = \Sigma x P(x) = 1(.25) + 2(.25) + 3(.25) + 4(.25) = \$2.50$.

Igualmente, la población $\sigma^2 = \Sigma(x - \mu)^2 P(x) = \$1.25$.

Si tomamos muestras de $n = 2$, a continuación, vemos todos los conjuntos de muestras posibles que podemos tomar:

1,1	1,2	1,3	1,4
2,2	2,2	2,3	2,4
3,1	3,2	3,3	3,4
4,1	4,2	4,3	4,4

Por tal motivo, todos las medias muestrales posibles de $\bar{x}$ en una distribución de probabilidad son:

X	$1	1.5	2	2.5	3	3.5	4
P(x)	1/16	2/16	3/16	4/16	3/16	2/16	1/16

La distribución muestral no se parece en nada a la distribución uniforme original. De hecho, de acuerdo con el Teorema del Límite Central, todas las distribuciones muestrales dadas tienden hacia una distribución normal, lo que justificaba las veces en las que suponemos una normalidad si el tamaño de nuestra muestra es lo suficientemente amplia, habitualmente cuando $n > 30$.

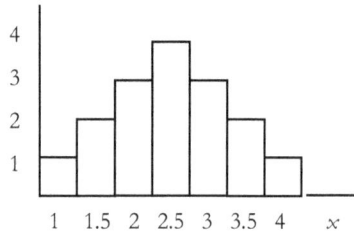

De hecho, aquí el muestreo de la distribución $\mu_{\bar{x}} = \sum \bar{x} P(\bar{x}) =$ 1(1/16) + 1.5 (2/16) +...= \$2.50, que es igual a la media de la población de $\mu = \$2.50$. Así que, la media muestral es un estimador insesgado de la media de la población.

Después, el muestreo de la distribución $\sigma_{\bar{x}}^2 = \sum (\bar{x} - \mu_{\bar{x}}) P(\bar{x}) =$ $(1-0.25)^2(1/16) + (1.5-0.25)^2(2/16) +... = 0.625$ comparado con $\sigma^2 = 1.25$, que es el doble de eso. En general, para las distribuciones muestrales, $\sigma_{\bar{x}}^2 = \dfrac{\sigma^2}{n}$ o similarmente, $\sigma_{\bar{x}} = \dfrac{\sigma}{\sqrt{n}}$. siempre se mantiene. Ya que aquí $n = 2$, por lo tanto, 1.25/2 = 0.625.

De acuerdo con el Teorema del Límite Central, así la población misma no sea normal, para la n suficientemente grande, la media de la variable aleatoria o $\bar{x}$ es aproximadamente normal con la media μ y $\sigma_{\bar{x}} = \frac{\sigma}{\sqrt{n}}$.

En otras palabras, tenemos:

$$Z = \frac{\bar{x} - \mu_{\bar{x}}}{\sigma_{\bar{x}}} = \frac{\bar{x} - \mu_{\bar{x}}}{\frac{\sigma}{\sqrt{n}}}$$

Adicionalmente, de acuerdo con el Factor de Corrección de Población Finita (FPC), cuando la población es muy pequeña, y la muestra es muy grande, luego cuando n es pequeña, el FPC se acerca a la unidad. Este factor FPC aumenta la exactitud de las estimaciones.

$$FPC = \sigma_{\bar{x}} = \frac{\sigma}{\sqrt{n}} \sqrt{\frac{N-n}{N-1}} \text{ para } \frac{n}{N} \geq 5\%$$

Ejemplos: Teoría del Muestreo

Ejemplo 1: seleccionamos a 100 personas aleatoriamente de una población de 550.000 en el área para encuestarles sobre sus ingresos. A partir de la teoría económica, sabemos que los ingresos no están distribuidos de manera normal necesariamente, dependiendo de la estratificación de los ingresos de la población. La muestra revela una media de USD$35.000 y una desviación estándar de USD$5.000. ¿Cuál es la probabilidad de que una persona seleccionada aleatoriamente en el área tenga un ingreso superior a los USD$40.000?

$Z = (40 - 35)/(5/\sqrt{100}) = 10$, así que, $P(x \geq 40,000) = 0.0$. No utilice el puntaje simple de Z en donde $Z = (40 - 35)/5 = 1.0$ con $P(x) = 0.5 - 0.3413 = 0.1587$.

Ejemplo 2: supongamos que una cepa virulenta del virus del Ébola mata a todas las personas de la población arriba mencionada excepto a 1.000 de ellas. Ya que ustedes son unos estadísticos inquebrantables, deciden ignorar las amenazas en contra de sus propias vidas y continúan encuestando a una muestra de 100 personas. La nueva media muestral del ingreso es de USD$5.000 y la desviación estándar es de USD$1.000 (los virus mortales tienden a estropear los asuntos). ¿Cuál es la probabilidad de que una persona seleccionada aleatoriamente tenga un ingreso superior a los USD$5.500?

Debemos emplear el Factor de Corrección de Población Finita (FPC):

FPC corregido $\sigma_{\bar{x}} = (1000/\sqrt{100})([1000 - 100]/[1000 - 1]) = 94.915$ y, de aquí, $Z = (5500 - 5000)/94.915 = 5.26$, y tenemos $P(x \geq 5500) = 0\%$. Cabe anotar: no debemos estar calculando la Z regular $= (5500 - 5000)/(1000) = 0.5$ con una correspondiente $P(x \geq 5500) = 0.5 - 0.1915 = 0.3085$, lo que es incorrecto.

Ejemplo 3: supongamos que tomamos un solo dado con 6 lados y lo lanzamos 100.000 veces. Vemos que la media y la desviación estándar resultantes son teóricamente, 3.50 y 1.71, respectivamente. Sabemos que la media teórica para una distribución uniforme discreta es $rango\left[\frac{n+1}{2}\right] = 3.5th\,rango = 3.5$ y la desviación estándar es $rango\sqrt{\frac{(n-1)(n+1)}{12}} = rango\sqrt{\frac{(6-1)(6+1)}{12}} = rango(1.71) = 1.71$. De hecho, se ejecutó una simulación de Monte Carlo computacional y vemos que los resultados empíricos simulados (3.50 y 1.71, redondeados) coinciden con nuestros resultados teóricos (ver Gráfico 3.1).

Ahora, supongamos que en lugar de lanzar un solo dado 100.000 veces, ahora lanzamos 4 dados al tiempo, 25.000 veces. Esto se parece a lanzar un solo dado 100.000 veces porque registraríamos un total de 100.000 resultados. Los resultados aparecen en el Gráfico 3.2. Vemos la misma media de 3.50, pero ahora la desviación estándar es de 0.85. Este caso es un problema de distribución muestral, en donde cada vez, el tamaño muestral es 4. Acabamos de probar empíricamente que $\frac{1.71}{\sqrt{4}} = 0.85$ (redondeado).

De la misma forma, si lanzáramos 10 dados simultáneamente 10.000 veces, obtenemos los resultados que aparecen en el Gráfico 3.3, en donde la media sigue siendo 3.50 y la desviación estándar es 0.54 (redondeada). Podemos empíricamente probar que $\frac{1.71}{\sqrt{10}} = 0.54$ (redondeado).

Los ejemplos 1, 2, y 3 ilustran el poder del Teorema del Límite Central y el muestreo estadístico. La media muestral se aproxima a la media poblacional, y la desviación estándar muestral se aproxima a la desviación estándar poblacional dividida entre la raíz cuadrada del tamaño muestral.

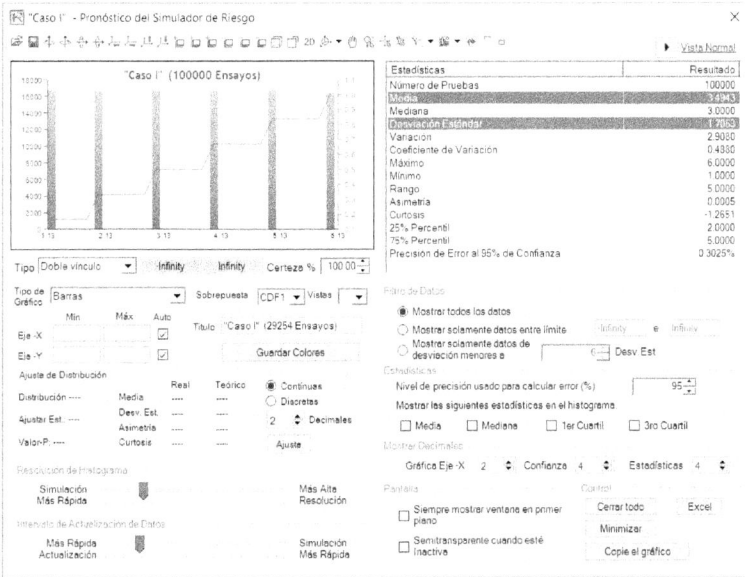

Gráfico 3.1: Lanzar un Solo Dado 100.000 Veces

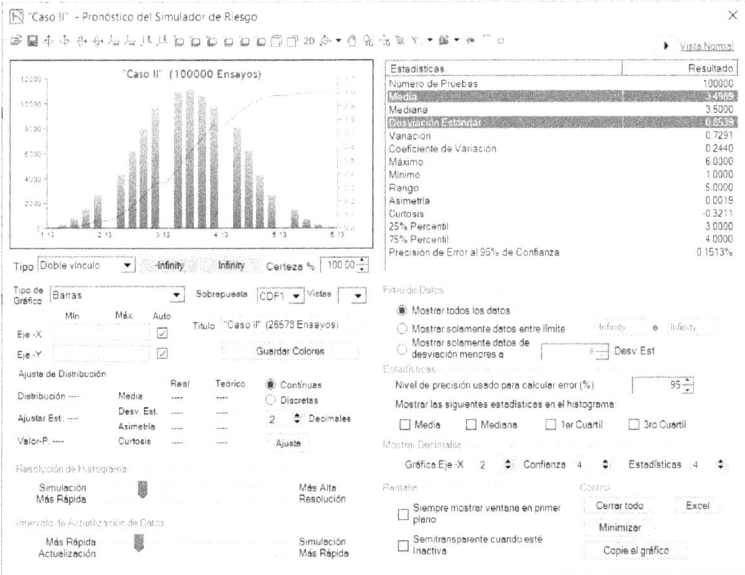

Gráfico 3.2: Lanzar 4 Dados 25.000 Veces

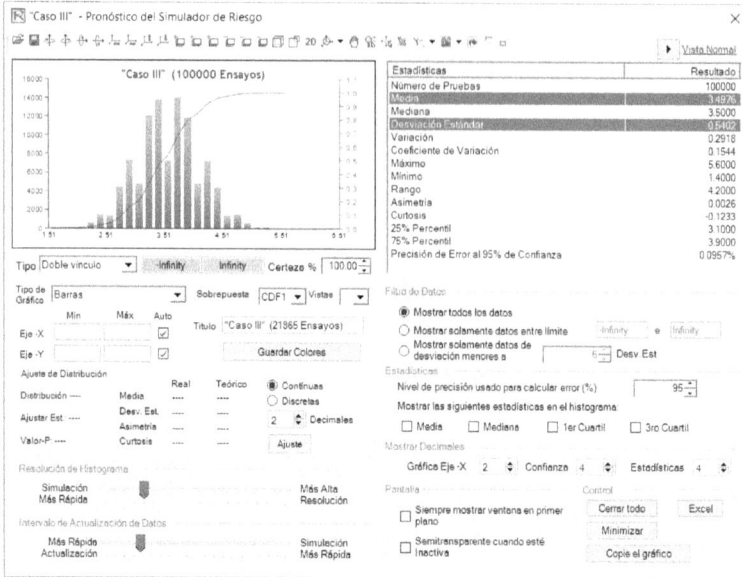

Gráfico 3.3: Lanzar 10 Dados 10.000 Veces

ERRORES TIPO I, TIPO II, TIPO III, Y TIPO IV, Y SESGOS EN EL MUESTREO DE DATOS

Tal como se mencionó previamente, existen hipótesis direccionales de una cola y no-direccionales de dos colas. Rechazaríamos la hipótesis nula cuando el valor-p calculado es menor que o igual a cierto nivel α de significancia preespecificado, habitualmente establecido en 0.01, 0.05, o 0.10. Pero se requiere un poco más de discusión sobre esta sencilla regla.

La pregunta es, ¿Por qué empleamos estas reglas para rechazar la hipótesis nula? ¿Por qué no establecer una regla para aceptar la hipótesis nula, en cambio? El asunto es una pregunta clave en la filosofía de la ciencia. Por ejemplo, digamos que deseamos probar la existencia de vida extraterrestre (microorganismos extraterrestres, no los súper humanos verdes con naves espaciales interestelares avanzadas). La hipótesis nula sería que no existe vida extraterrestre fuera de la Tierra, y la hipótesis alternativa sería que si existe vida fuera de la Tierra. Con el fin de rechazar la hipótesis nula, todo lo que uno debe hacer es encontrar una sola ocurrencia o evidencia de vida fuera de la Tierra. Sin embargo, para "aceptar" verdadera y completamente la hipótesis nula, tendríamos que escarbar de por vida en cada rincón y grieta de todo el universo conocido y probar que no hay vida. Por lo consiguiente, es casi siempre más sencillo rechazar una hipótesis nula que aceptarla, y habitualmente decimos que nosotros "no rechazamos la nula", en lugar de aceptar la nula por completo. El no rechazar no significa que la aceptamos automáticamente como un hecho, sino que hasta ahora, la evidencia empírica a partir de la muestra, nos indica que es más probable que la aceptación de la nula sea lo correcto, en lugar de un rechazo. Otro ejemplo simple sería que recibimos una caja por correo que contiene 1.000 cajas selladas de cartones con huevos. Cada caja de cartón contiene una docena de huevos. Abrimos varias cajas de estas y encontramos que no hay ningún huevo roto. Dado que abrimos suficientes cajas de cartón para probar (tamaño de muestra suficiente) y todos los huevos están intactos, podemos decir que lo más probable es que no haya huevos rotos en las 1.000 cajas de cartón (la hipótesis nula). Claramente, esto no se puede confirmar con una certeza del 100% (p.ej. difícil de "aceptar" la hipótesis nula con completa certeza) salvo que se abran todas las cajas de cartón y se revisen todos los huevos.

Otro asunto relacionado para tener en cuenta son los errores Tipo I–IV. El nivel de significancia α es realmente un control para el error Tipo I, conocido también como el *error alfa* o *falsos positivos*. El error Tipo I es la probabilidad de que usted vaya a *rechazar la hipótesis nula cuando sea verdadera*. Por supuesto que queremos que esto sea bajo. Se comete este error cuando rechazamos la nula cuando realmente es verdadera y no se debe rechazar. Dicho de otra manera, decimos que hay un efecto cuando realmente no existe ningún efecto. Podemos explicar este concepto mejor con una analogía sencilla. Estamos de acuerdo en que, para una sociedad civilizada, es mejor dejar libre a un hombre culpable en lugar de encarcelar a un hombre inocente. Por lo tanto, si suponemos que la inocencia es verdadera, la hipótesis nula es la inocencia o la existencia de cero culpas. Entonces, si rechazamos esta hipótesis nula, rechazamos la inocencia y cero de culpa, lo que significa que usted envía a la cárcel a un hombre inocente. Esto crea un falso positivo (*falso* porque él es inocente, pero decimos que él es culpable; y *positivo* porque lo encontramos culpable). Por ende, en esta situación, usted preferiría que este error falso positivo fuese pequeño, es decir, un alfa bajo, el cual tradicionalmente está establecido en 1%, 5%, o 10%.

Los errores Tipo II ocurren *cuando aceptamos una hipótesis nula que es falsa.* Aquí utilizamos el término "aceptar" de manera intercambiable con "no rechazar", tal como se comentó anteriormente. Este error también se conoce como un *error beta* o *falso negativo.* El aceptar o no rechazar la hipótesis nula cuando es falsa, significa que pasamos por alto o ignoramos un efecto cuando éste en realidad existe. Una sencilla analogía sería la de la alarma contra incendios en su vivienda. Supongamos una condición binaria en donde la alarma podría activarse o no. Asimismo, esta condición binaria también incluye si hay un incendio en la vivienda o no lo hay. La hipótesis nula es que hay cero casos de incendio. En este caso, un error Tipo I significa que usted rechaza cuando la hipótesis nula es verdadera (p.ej. la alarma se activa cuando no hay incendio, no habría problema, porque esto sólo lo despierta y usted se molesta). Sin embargo, un error Tipo II es un asunto más importante porque significa que usted acepta la hipótesis nula cuando ésta es falsa (p.ej. la alarma no se activa cuando realmente hay un incendio). En este ejemplo, quisiéramos minimizar el error beta, o maximizar su complemento $1 - \beta$. Otro nombre para este complemento es el *poder de una prueba* (Potencia = $1 - \beta$).

La matriz a continuación resume los primeros dos tipos de errores:

Hipótesis Nula	Verdadero	Falso
Aceptar	Verdadero Negativo $(1 - \alpha)$	Tipo II (β) Falso Negativo
Rechazar	Tipo I (α) Falso Positivo	Potencia $(1 - \beta)$ Verdadero Positivo

También existen aquellos errores menos conocidos como son los Tipo III y Tipo IV. El error Tipo III ocurre cuando se llega a la conclusión correcta, pero por la razón equivocada. Por ejemplo, usted utilizó incorrectamente una hipótesis de una cola en lugar de una hipótesis de dos colas, o viceversa, o se formuló una pregunta equivocada, o se formuló incorrectamente una hipótesis. El error Tipo IV ocurre cuando existen sesgos de agregación de datos, errores al interpretar los resultados, o usted correctamente rechazó la hipótesis nula, pero el conjunto de datos tiene problemas de multicolinealidad o sesgos en la recolección de datos.

Los errores Tipo IV son más difíciles de medir cuantitativamente. El capítulo acerca de la modelación de regresión y el diagnóstico de datos explica cómo probar algunos de estos sesgos, mientras que, el capítulo acerca de la prueba de hipótesis abarca algunos ejemplos al utilizar el modelo del Índice de Diversidad de Shannon, la Prueba de Grubbs para valores atípicos, el modelo de Runs para aleatoriedad, y otros. A continuación, hay una lista de los ejemplos más comunes y auto explicativos sobre los sesgos en los datos y el muestreo que pueden producir un error Tipo IV:

Sesgo de Deserción
Sesgo de Variables de Confusión
Sesgo de Exclusión
Sesgo de Habituación
Sesgo de Maduración
Sesgo de No-respuesta
Sesgo de Atípicos
Sesgo de Orden en las Preguntas
Sesgo de Recuerdo
Sesgo del Investigador
Sesgo del Encuestado
Sesgo Muestral
Sesgo de Autoselección
Sesgo de Patrocinio
Sesgo de Supervivencia

Sesgo de Confirmación
Sesgo Cultural
Sesgo de Aquiescencia
Sesgo de Inclusión
Sesgo de Medición
Sesgo del Observador
Sobre y Subajuste
Sesgo o prejuicio cognitivo
Sesgo de Información
Científica
Sesgo de Respuesta
Sesgo de Selección
Sesgo de Deseabilidad
Social

GUÍA DE INICIO DE ROV BIZSTATS

La herramienta ROV BizStats es un módulo muy potente y rápido en el software Risk Simulator que se utiliza para ejecutar más de 200 estadísticas de negocios y modelos analíticos en sus datos. A continuación, encontrará unos pasos rápidos de inicio para ejecutar el módulo y los detalles de cada uno de los elementos en el software. Siga estos pasos para ejecutar ROV BizStats (ver Gráficos 4.1-4.4 con pantallazos y las ubicaciones de ciertos elementos), suponiendo que usted ya tiene instalado el Risk Simulator o ROV BizStats.

- Inicie ROV BizStats dentro de Risk Simulator en *Risk Simulator | ROV BizStats* o directamente inicie el software independiente de ROV BizStats desde el ícono del escritorio, y después siga los pasos a continuación:

  - Paso 1. Para iniciar el aprendizaje de la herramienta, haga clic en el botón [A] de *Ejemplo* para cargar los datos de muestra predeterminados y modele el perfil o digite sus datos o *Copie/Pegue* sus propios datos en la cuadrícula de datos [B] de Excel u otro software (Gráfico 4.1). Puede agregar sus propias notas o nombres de variables en la primera fila de *Notas* [C].

  - Paso 2. Seleccione el modelo relevante [D] para ejecutar e ingrese las variables apropiadas [G]. Observe el área [F] para algunos ejemplos de entradas del modelo seleccionado, así como unas descripciones cortas. Separe las variables para el mismo parámetro con puntos y comas y utilice una nueva línea (pulse *Enter* para crear una línea nueva) para diferentes parámetros. (Haga clic en cualquiera de los modelos guardados en el Paso 4 [J] para ver algunos ejemplos de modelos predefinidos y sus entradas de sus usuarios).

- Paso 3. Haga clic en *Ejecutar* [K] para calcular los resultados [L]. Usted puede ver cualquiera de los *Resultados Estadísticos* analíticos relevantes o las *Tablas* a partir de las dos pestañas [M].

- Paso 4. Si lo requiere, puede nombrar un modelo [H] para *Agregar* [I] el modelo dentro del perfil. Se pueden guardar múltiples modelos [J] en el mismo perfil único. Los modelos existentes se pueden editar o eliminar [I] y reorganizarse en orden de aparición [N], y todos los cambios se pueden guardar dentro de un perfil único con la extensión de archivo *.bizstats. El perfil se puede guardar utilizando el menú *Archivo | Guardar* o *Archivo | Guardar Como* [O].

Notas Adicionales y Recordatorios

- Guardar. Cabe anotar que el comando [O] del menú *Archivo | Guardar* guarda la totalidad del conjunto de datos, configuraciones, notas y modelos y cálculos creados dentro de un archivo único *.bizstats. Como ejemplo, esto es similar a guardar un archivo Excel *.xlsx. Sin embargo, también están las funciones *Agregar, Editar,* y *Eliminar* [I] en el Paso 4 de la interfaz de usuario para guardar los modelos individuales, variables de entrada, notas, y configuraciones. Piense en estos modelos guardados [J] como distintas pestañas de hojas de cálculo en Microsoft Excel. Así, que usted aún necesita guardar la totalidad del archivo *.bizstats una vez termine de agregar todos estos modelos. Es decir, agregar múltiples hojas de cálculo en Excel está bien, pero debe acordarse de guardar la totalidad del archivo *.xlsx una vez termine.

- Maximizar la Interfaz de Usuario. Usted puede maximizar la interfaz de usuario para tener vistas más amplias de la cuadrícula de datos, los resultados, y tablas o utilizar la vista de tamaño estándar para tener una manipulación más fácil del software. Para cambiar entre las vistas maximizadas o estandarizadas haga clic en los botones de formato de Windows correspondientes en la parte superior derecha del software.

- Pegar Datos. Cuando copie y pegue sus datos dentro de la cuadrícula de datos [B] en ROV BizStats, asegúrese de hacer clic y seleccionar la correcta y única ubicación de la celda antes de pegarlos (haga clic en y seleccione la ubicación, después pulse *CTRL+V* o haga clic derecho y seleccione *Pegar Datos)*. Asegúrese de seleccionar una celda en la cuadricula de datos (esta es la esquina superior izquierda de los datos para pegar) ya sea comenzando a partir de las filas de datos (FILA 1) o de la fila de NOTAS si sus datos copiados tienen encabezados.

- Tamaño de la Cuadrícula. El tamaño de la cuadrícula de datos se puede establecer en el menú y ésta puede acomodar hasta 1.000 columnas de variables con 1 millón de filas de datos por variable. El menú también le permite cambiar las configuraciones de idioma y decimales para sus datos. Finalmente, los *Datos | Columnas de Auto Ajuste* [O] le permiten auto ajustar la totalidad de la cuadrícula de datos al mismo tiempo.

- Cargar el Ejemplo. Para iniciar, siempre es una buena idea cargar el archivo de ejemplos [A] que viene completo con algunos datos y modelos pre-creados [J]. Usted puede hacer doble clic en cualquiera de estos modelos para ejecutarlos y los resultados aparecen en el área de reporte [L], la cual puede ser algunas veces una tabla o un modelo estadístico [M o U]. Por medio de este archivo de ejemplo, usted puede ver cómo los parámetros de entrada [G] se ingresan con base en la descripción del modelo [F], y así puede proceder a crear sus propios modelos personalizados.

- Auto Ajuste. Si una celda tiene un gran valor que no se visualiza completamente, haga clic y desplace su mouse sobre esa celda y verá que aparece un comentario que muestra el valor total, o sencillamente cambie el tamaño de la columna de variables (arrastre la columna para ampliarla, haga doble clic en el borde de la columna para auto ajustarla o haga clic derecho en el encabezado de la columna y seleccione auto ajustar). También puede utilizar el elemento del menú [O]

Datos | Columnas Auto Ajustadas para auto ajustar toda la cuadrícula de datos al mismo tiempo.

- Navegación. Utilice las flechas hacia arriba, abajo, izquierda y derecha para moverse alrededor de la cuadrícula, o utilice los cursores en el teclado de *Inicio* y *Fin* para ir a la extrema izquierda y extrema derecha de una fila. También puede utilizar una combinación de cursores tales como *Ctrl+Home* para saltar a la parte superior izquierda de la celda *Ctrl+End*, para saltar a la celda inferior derecha, *Shift+Up/Down,* para seleccionar un área específica, y así sucesivamente

- Agregar Notas. Puede escribir notas cortas para cada variable en la fila de *Notas* [C]. Trate de que sus notas sean breves y sencillas.

- Íconos de Tablas. Pruebe los distintos iconos de las tablas en la pestaña de *Visualizar* [S] para cambiar el aspecto y estilo de las tablas (p.ej. rotar, cambiar, ampliar, cambiar de colores, agregar texto y así sucesivamente).

- Botones de Copiado. El botón de *Copiar* [R] se utiliza para copiar las pestañas de *Resultados, Tablas,* y *Estadísticas* en el *Paso 3* después de ejecutar un modelo. Si no se ejecutan los modelos, entonces la función de copiar sólo copiará una página en blanco.

- Botones de Reporte. El botón de *Reportar* [R] sólo se ejecutará si hay modelos guardados en el *Paso 4* o si hay datos en la cuadrícula, de lo contrario el reporte generado estará vacío. También necesitará instalar Microsoft Excel para ejecutar la extracción de datos y los reportes de resultados, además de disponer de Microsoft PowerPoint para ejecutar los reportes de las tablas. Si tiene un gran número de modelos guardados, el reporte puede tomar unos pocos minutos en finalizar.

- Botón de Cargar Ejemplos. Cuando surjan dudas sobre cómo ejecutar un modelo específico o un método estadístico, inicie el perfil del *Ejemplo* [A] y revise cómo están configurados los datos en el *Paso 1* o cómo se ingresan los parámetros de entrada en el *Paso 2*. Puede utilizar lo anterior como guías y plantillas de inicio para sus propios datos y modelos.

- Idiomas. Existe la manera de cambiar el idioma en el menú de *Idioma* [O]. Cabe anotar que el software tiene 12 idiomas disponibles y tendrá más en el futuro. Sin embargo, algunas veces ciertos resultados limitados aparecerán en inglés.

- Lista para Ver Modelos. Puede cambiar la manera en que aparece la lista de modelos en el *Paso 2* al cambiar la lista desplegable de *Vista* [E]. Puede enumerar los modelos alfabéticamente, por varias categorías de modelos, y por medio de los requisitos de entrada de datos-cabe anotar que en ciertos idiomas Unicode (p.ej. chino, japonés y coreano), no hay un orden alfabético y, por ende, la primera opción no estará disponible.

- Decimales. El software puede manejar distintas configuraciones regionales tanto numéricas como decimales (p.ej. mil dólares con cincuenta centavos se pueden escribir como 1,000.50 o 1.000,50 o 1'000,50 y así sucesivamente). Las configuraciones decimales se pueden establecer en el menú *Datos | Configuraciones Decimales* [O] de ROV BizStats. Sin embargo, en caso de duda, se sugiere cambiar las configuraciones regionales del computador a inglés USA y mantener el predeterminado Norteamérica 1,000.50 en ROV BizStats (esta configuración está garantizada de funcionar con ROV BizStats y los ejemplos predeterminados).

- Encabezados de Columna. Haga clic en el encabezado(s) de columna de la cuadrícula de datos para seleccionar toda la columna (s) o variable (s), y una vez seleccionada, usted puede pulsar clic derecho en el encabezado para *Auto Ajustar* la columna, *Cortar*, *Copiar*, *Eliminar*, o *Pegar* datos. Igualmente puede hacer clic y seleccionar múltiples encabezados de columna para seleccionar múltiples variables y dar clic derecho y seleccionar *Visualizar* para ingresar los datos o hacer clic en el botón *Visualizar* [Q] (Gráfico 4.2). De la misma manera puede cambiar diferentes tipos de tablas utilizando la lista desplegable de tablas [T].

- Longitud de los Datos. Si necesita ejecutar modelos con diferentes longitudes de datos del mismo conjunto de datos, recomendamos sencillamente crear columnas adicionales de datos de variables. Esto ayuda a simplificar el seguimiento y auditoría de sus resultados. Alternativamente, puede usar controles de filas de datos entre [K] y [M].

- Visualizar Datos. Hacer clic en los encabezados de variable [P] para seleccionar una o múltiples variables a la vez, y después dar clic derecho para agregar, eliminar, copiar, pegar o visualizar [Q] las variables seleccionadas. Posteriormente puede hacer clic en la pestaña de *Visualizar* [S] para ver la tabla.

- Comando. También se pueden ingresar los modelos utilizando una consola de *Comando* [V/W/X] (Gráfico 4.3) para conocer su funcionamiento, haga doble clic para ejecutar un modelo [J] y vaya a la consola de *Comando* [V]. Puede replicar el modelo o crear uno propio y cuando esté listo haga clic en *Ejecutar Comando* [X]. Cada línea en la consola representa un modelo y sus parámetros correspondientes. Aquí, usted puede ejecutar todos o un comando seleccionado. Guarde los comandos existentes como un archivo separado, o abra los comandos guardados previamente. Los comandos le permiten ejecutar rápidamente y al mismo tiempo, múltiples modelos sin necesidad de hacer clic alrededor de la interfaz de usuario. Los resultados también se pueden anexar a la parte inferior, en donde se ejecutan múltiples modelos en secuencia. Todos los resultados se crearán como un reporte único extenso (ver los dos botones de selección debajo del área M).

- Editor XML. Todo el perfil de *.bizstats (en donde se crean y guardan múltiples datos y modelos) se puede editar directamente en XML [Z] al abrir el *Editor XML* desde el menú de *Archivo* [Y]. Aquí se pueden realizar cambios programáticos al perfil y ser efectivo una vez se guarde el archivo (Gráfico 4.4).

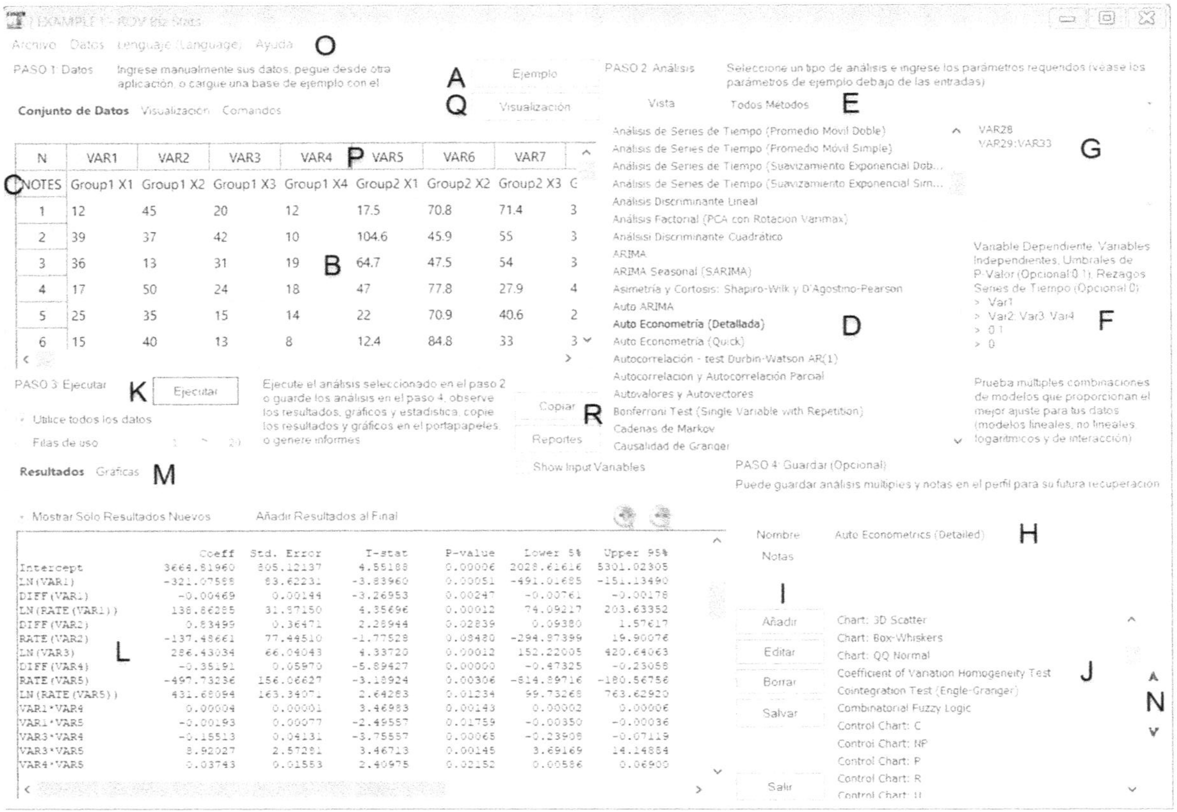

Gráfico 4.1: (Análisis Estadístico) ROV BizStats

EXAMPLE - ROV BizStats

Archivo Datos Lenguaje (Language) Ayuda

PASO 1 Datos — Ingrese manualmente sus datos, pegue desde otra aplicación o cargue una base de ejemplo con el

PASO 2 Análisis — Seleccione un tipo de análisis e ingrese los parámetros requeridos (vea los parámetros de ejemplo debajo de las entradas)

Conjunto de Datos Visualización Comandos — Ejemplo / Visualización **A Q**

Vista Todos Métodos **E**

O

N	VAR1	VAR2	VAR3	VAR4	VAR5	VAR6	VAR7	
NOTES	Group1 X1	Group1 X2	Group1 X3	Group1 X4	Group2 X1	Group2 X2	Group2 X3	C
				B	**P**			
1	12	45	20	12	17.5	70.8	71.4	3
2	39	37	42	10	104.6	45.9	55	3
3	36	13	31	19	64.7	47.5	54	3
4	17	50	24	18	47	77.8	27.9	4
5	25	35	15	14	22	70.9	40.6	2
6	15	40	13	8	12.4	84.8	33	3

Análisis de Series de Tiempo (Promedio Móvil Doble)
Análisis de Series de Tiempo (Promedio Móvil Simple)
Análisis de Series de Tiempo (Suavizamiento Exponencial Dob...
Análisis de Series de Tiempo (Suavizamiento Exponencial Sim...
Análisis Discriminante Lineal
Análisis Factorial (PCA con Rotación Varimax)
Análisis Discriminante Cuadrático
ARIMA
ARIMA Seasonal (SARIMA)
Asimetría y Curtosis: Shapiro-Wilk y D'Agostino-Pearson
Auto ARIMA
Auto Econometría (Detallada) **D**
Auto Econometría (Quick)
Autocorrelación - test Durbin-Watson AR(1)
Autocorrelación y Autocorrelación Parcial
Autovalores y Autovectores
Bonferroni Test (Single Variable with Repetition)
Cadenas de Markov
Causalidad de Granger

VAR28 **G**
VAR29:VAR33

Variable Dependiente: Variables
Independientes; Umbrales de
P Valor (Opcional 0.1); Rezagos
Series de Tiempo (Opcional 0) **F**
> Var1
> Var2 Var3 Var4
> 0.1
> 0

Prueba múltiples combinaciones de modelos que proporcionan el mejor ajuste para tus datos (modelos lineales, no lineales logarítmicos y de interacción)

PASO 3 Ejecutar — Ejecute el análisis seleccionado en el paso 2 o guarde los análisis en el paso 4; observe los resultados, gráficos y estadística; copie los resultados y gráficos en el portapapeles o genere informes

Ejecutar **K**

Copiar / Reportes / Show Input Variables **R**

Ubique todos los datos
Filas de uso [   ] 20

Resultados Gráficas **M**

PASO 4 Guardar (Opcional) — Puede guardar análisis múltiples y notas en el perfil para su futura recuperación

Nombre / Notas **I**   Auto Econometrics (Detailed) **H**

Añadir / Editar / Borrar / Salvar **J**

Chart: 3D Scatter
Chart: Box-Whiskers
Chart: QQ Normal
Coefficient of Variation Homogeneity Test
Cointegration Test (Engle-Granger)
Combinatorial Fuzzy Logic
Control Chart: C
Control Chart: NP
Control Chart: P
Control Chart: R
Control Chart: U

Salir

Resultados Gráficas

Mostrar Solo Resultados Nuevos   Añadir Resultados al Final **L**

	Coeff	Std. Error	t-Stat	P-value	Lower 5%	Upper 95%
Intercept	3664.81960	805.12137	4.55188	0.00000	2028.61616	5301.02305
LN(VAR1)	-321.07585	83.62231	-3.83960	0.00051	-491.04165	-151.13490
DIFF(VAR1)	-0.00469		-3.26953	0.00247		-0.00276
LN(RATE(VAR1))	138.62285	31.97150	4.33696	0.00012	74.99217	203.63352
DIFF(VAR2)	0.43899	0.36971	2.23944	0.02839	0.09380	1.57617
RATE(VAR2)	-137.48661	77.44510	-1.77528	0.08420	-294.97399	19.90076
LN(VAR3)	288.43034	66.04043	4.33700	0.00012	152.22005	420.64063
DIFF(VAR4)	-0.35191	0.05970	-5.89427	0.00000	-0.47325	-0.23058
RATE(VAR5)	-497.73236	156.06227		0.00306	-814.58716	-180.56756
LN(RATE(VAR5))	431.65094	163.3497	2.64283	0.01234	99.73265	763.62920
VAR1*VAR4	-0.00193	0.00077	-2.49557	0.01759	-0.00350	-0.00036
VAR3*VAR4	-0.15513	0.04131	-3.75557	0.00065	-0.23908	-0.07115
VAR3*VAR5	8.92027	2.57281	3.46723	0.00145	3.69169	14.14854
VAR4*VAR5	0.03743	0.01583	2.49975	0.02550	0.05886	0.06900

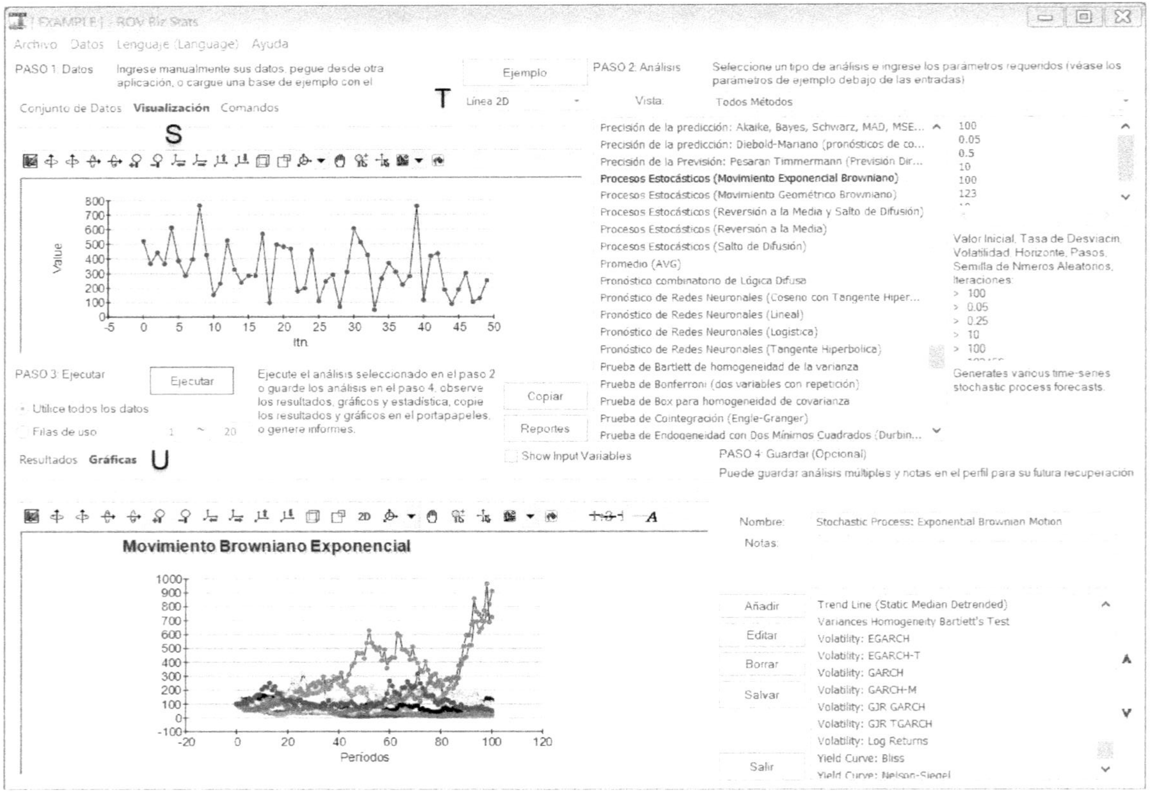

EXAMPLE :: ROV Risk Stats

Archivo   Datos   Lenguaje (Language)   Ayuda

PASO 1 Datos   Ingrese manualmente sus datos, pegue desde otra aplicación, o cargue una base de ejemplo con el   Ejemplo

Conjunto de Datos   **Visualización**   Comandos

Línea 2D

S

PASO 2 Análisis   Seleccione un tipo de análisis e ingrese los parámetros requeridos (véase los parámetros de ejemplo debajo de las entradas)

Vista   Todos Métodos

Precisión de la predicción: Akaike, Bayes, Schwarz, MAD, MSE...   < 100
Precisión de la predicción: Diebold-Mariano (pronósticos de co...   0.05
Precisión de la Previsión: Picaran Timmermann (Previsión Dir...   0.5
Procesos Estocásticos (Movimiento Exponencial Browniano)   10
Procesos Estocásticos (Movimiento Geométrico Browniano)   123
Procesos Estocásticos (Reversión a la Media y Salto de Difusión)
Procesos Estocásticos (Reversión a la Media)   Valor Inicial, Tasa de Desviacm
Promedio (AVG)   Volatilidad, Horizonte, Pasos
Pronóstico combinatorio de Lógica Difusa   Semilla de Números Aleatorios,
Pronóstico de Redes Neuronales (Coseno con Tangente Hiper...   Iteraciones
Pronóstico de Redes Neuronales (Lineal)   > 100
Pronóstico de Redes Neuronales (Logístico)   > 0.05
Pronóstico de Redes Neuronales (Tangente Hiperbólica)   > 0.25
Prueba de Bartlett de homogeneidad de la varianza   > 10
Prueba de Bonferroni (dos variables con repetición)   > 100
Prueba de Box para homogeneidad de covarianza
Prueba de Cointegración (Engle-Granger)
Prueba de Endogeneidad con Dos Mínimos Cuadrados (Durbin...

Copiar   Reportes

Show Input Variables

Generates various time-series stochastic process forecasts.

PASO 3: Ejecutar   Ejecutar   Ejecute el análisis seleccionado en el paso 2 o guarde los análisis en el paso 4, observe los resultados, gráficos y estadística, copie los resultados y gráficos en el portapapeles, o genere informes.

PASO 4 Guardar (Opcional)   Puede guardar análisis múltiples y notas en el perfil para su futura recuperación

- Utilice todos los datos

Filas de uso   1 ~ 20

Resultados   **Graficas**   U

Nombre   Stochastic Process: Exponential Brownian Motion

Notas

Añadir   Trend Line (Static Median Detrended)
Editar   Variances Homogeneity Bartlett's Test
       Volatility: EGARCH
Borrar   Volatility: EGARCH-T
       Volatility: GARCH
Salvar   Volatility: GARCH-M
       Volatility: GJR GARCH
       Volatility: GJR TGARCH
       Volatility: Log Returns
Salir   Yield Curve: Bliss
       Yield Curve: Nelson-Siegel

A

Movimiento Browniano Exponencial

Gráfico 4.2: Visualización de Datos y Tablas de Resultados

Archivo Datos Lenguaje Language Ayuda

PASO 1: Datos   Ingrese manualmente sus datos, pegue desde otra aplicación, o cargue una base de datos de ejemplo con el   Ejemplo

PASO 2: Análisis   Seleccione un tipo de análisis e ingrese los parámetros requeridos (véase los parámetros de ejemplo debajo de las entradas)

Conjunto de Datos Visualización **Comandos** ∨

Ejecutar Todos los Co... Ejecutar la Línea de Comand... Guardar Comandos Abrir Archivo de Coman...

✗

1 AutoEconometriaDetallada (VAR28 # VAR29, VAR30, VAR31, VAR32, VAR33)
2 AutoEconometriaQuick (VAR28 # VAR29, VAR30, VAR31, VAR32, VAR33)
3 RegresiónporPasosHaciaAdelanteAtrás (VAR28 # VAR29, VAR30, VAR31, VAR32, VAR33)
4 ANOVABloquesdeTratamientosMúltiplesAleatorizados (VAR14, VAR15, VAR16, VAR17)
5 ANOVATratamientoSimpledeFactoresMúltiples (VAR19, VAR20, VAR21)
6 Análisisdecomponentesprincipales (VAR29, VAR30, VAR31, VAR32, VAR33)
7 RegresiónMúltipledePoissonPoblaciónyFrecuencia (VAR203 # VAR204 # VAR205, VAR206, VAR207)
8 MultipleRegressionTwoVariableFunctionalFormTests (VAR28 # VAR29)
9

∧∨

PASO 3: Ejecutar   Ejecutar   Ejecute el análisis seleccionado en el paso 2 o guarde los análisis en el paso 4, observe los resultados, gráficos y estadística, copie los resultados y gráficos en el portapapeles, o genere informes   Copiar   Reportes

☐ Utilice todos los datos

Filas de uso: 1 ∼ 20

Show Input Variables

Resultados   Gráficas

☐ Mostrar Sólo Resultados Nuevos   Añadir Resultados al Final

```
Multiple Regression Functional Form Tests

Func. Form     R-Squared    Adj. R-Squared   Indep. P-Value    Akaike
Linear         0.196082     0.169125         0.001762          507.974553
Linear Log     0.202929     0.186324         0.011028          506.928724
Reciprocal     0.069521     0.050136         0.064293          514.666541
Quadratic      0.205854     0.172061         0.254880          506.744907
Log Linear     0.173598     0.145973         0.003647          -52.233035
Log Reciprocal 0.064254     0.041697         0.083120          -43.880047
Log Quadratic  0.214078     0.181469         0.120908          -54.519350
Double Log     0.209158     0.192663         0.000841          -54.456423
Logistic       0.116885     0.098407         0.015096          -559.356294
```

Vista   Todos Métodos

No Paramétrico: Prueba de Mann-Whitney (dos Var)
No Paramétrico: Prueba de Mood de la Mediana Multivaria
No Paramétrico: Prueba de Normalidad D'Agostino-Pearson
No Paramétrico: Prueba de Normalidad de Shapiro-Wilk-Royston
No Paramétrico: Q de Cochran (medidas repetidas binarias)
No paramétrica: Bondad de ajuste Chi-Cuadrado
No-paramétrica: Chi-Cuadrado Varianza poblacional
No-paramétrica: Independencia Chi-Cuadrado
No-paramétrica: Prueba de Friedman
No-paramétrica: Prueba de Kruskal-Wallis
No-paramétrica: Prueba de Lilliefor
No-paramétrica: Prueba de Run
No-paramétrica: Wilcoxon Signed-Rank (Dos Variables)
No-paramétrica: Wilcoxon Signed-Rank (Una variable)
Nominal Data Contingency Analysis (McLlemor's Marginal Hom...
Orden Ascendente
Orden Descendente
Paramétrica: Media de Una Variable (T)
Paramétrica: Media de Una Variable (Z)

PASO 4: Guardar (Opcional)   Puede guardar análisis múltiples y notas en el perfil para su futura recuperación

Nombre   Multiple Regression (2VAR Functional Forms)

Notas

Añadir   Multiple Poisson Regression (Population and Freq)
Editar   Multiple Regression (Deming Regression Known Var)
   Multiple Regression (Linear)
Borrar   Multiple Regression (Nonlinear)
   Multiple Regression (Ordinal Logistic)
Salvar   Multiple Regression (Through Origin)
   Multiple Regression (2VAR Functional Forms)
   Multiple Weighted Regression (Heteroskedasticity)
Salir   Nominal Contingency Table (McLlemor's Homogeneity)

Ejecuta pruebas de regresión bivariada en varias formas funcionales

Dependent Variable, Independent Variable
> Var1
> Var2

VAR28
VAR29

Gráfico 4.3: Consola de Comandos

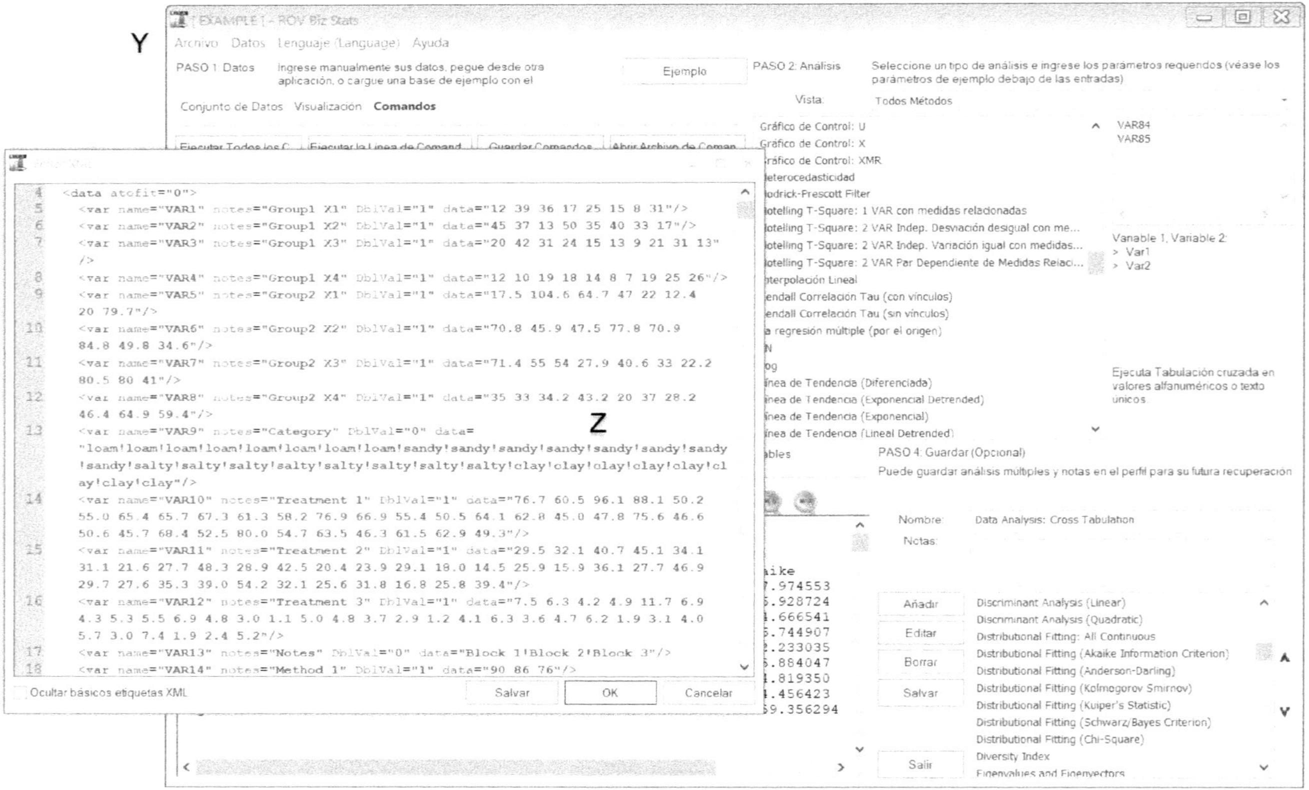

EXAMPLE1 - ROW Biz Stat

Archivo Datos Lenguaje (Language) Ayuda

PASO 1 Datos   Ingrese manualmente sus datos, pegue desde otra aplicación, o cargue una base de ejemplo con el

PASO 2 Análisis   Seleccione un tipo de análisis e ingrese los parámetros requeridos (véase los parámetros de ejemplo debajo de las entradas)

Ejemplo

Conjunto de Datos   Visualización   **Comandos**

Vista   Todos Métodos

Gráfico de Control: U   VAR84
Gráfico de Control: X   VAR85
Gráfico de Control: XMR
Heterocedasticidad
Podrich-Prescott Filter
Hotelling T-Square: 1 VAR con medidas relacionadas
Hotelling T-Square: 2 VAR Indep. Desviación desigual con me...   Variable 1, Variable 2
Hotelling T-Square: 2 VAR Indep. Variación igual con medidas...   > Var1
Hotelling T-Square: 2 VAR Par Dependiente de Medidas Relac...   > Var2
Interpolación Lineal
Kendall Correlación Tau (con vínculos)
Kendall Correlación Tau (sin vínculos)
Regresión múltiple (por el origen)
Log   Ejecuta Tabulación cruzada en valores alfanuméricos o texto
Línea de Tendencia (Diferenciada)   únicos
Línea de Tendencia (Exponencial Decrecida)
Línea de Tendencia (Exponencial)
Línea de Tendencia (Lineal Detrended)
Variables

PASO 4 Guardar (Opcional)
Puede guardar análisis múltiples y notas en el perfil para su futura recuperación

Nombre   Data Analysis: Cross Tabulation
Notas

Añadir   Discriminant Analysis (Linear)
Editar   Discriminant Analysis (Quadratic)
Borrar   Distributional Fitting: All Continuous
Salvar   Distributional Fitting (Akaike Information Criterion)
   Distributional Fitting (Anderson-Darling)
   Distributional Fitting (Kolmogorov-Smirnov)
   Distributional Fitting (Kuper's Statistic)
   Distributional Fitting (Schwarz/Bayes Criterion)
Salir   Distributional Fitting (Chi-Square)
   Diversity Index
   Eigenvalues and Eigenvectors

Akaike
7.974553
5.928724
1.666541
1.744907
1.230035
0.884047
1.819350
1.456423
9.356294

```
<data atofit="0">
  <var name="VAR1"  notes="Group1 X1"  DbiVal="1" data="12 39 36 17 25 15 8 31"/>
  <var name="VAR2"  notes="Group1 X2"  DbiVal="1" data="45 37 13 50 35 40 33 17"/>
  <var name="VAR3"  notes="Group1 X3"  DbiVal="1" data="20 42 31 24 15 13 9 21 31 13"/>
  <var name="VAR4"  notes="Group1 X4"  DbiVal="1" data="12 10 19 18 14 8 7 19 25 26"/>
  <var name="VAR5"  notes="Group2 X1"  DbiVal="1" data="17.5 104.6 64.7 47 22 12.4 20 79.7"/>
  <var name="VAR6"  notes="Group2 X2"  DbiVal="1" data="70.8 45.9 47.5 77.8 70.9 84.8 49.8 34.6"/>
  <var name="VAR7"  notes="Group2 X3"  DbiVal="1" data="71.4 55 54 27.9 40.6 33 22.2 80.5 80 41"/>
  <var name="VAR8"  notes="Group2 X4"  DbiVal="1" data="35 33 34.2 43.2 20 37 28.2 46.4 64.9 59.4"/>
  <var name="VAR9"  notes="Category"   DbiVal="0" data=
    "loam loam loam loam loam loam sandy sandy sandy sandy sandy sandy
     loam salty salty salty salty salty clay clay clay clay clay
     sandy sandy sandy sandy sandy clay clay clay clay clay clay clay
     clay clay clay"/>
  <var name="VAR10" notes="Treatment 1" DbiVal="1" data="76.7 60.5 96.1 88.1 50.2 55.9 65.4 65.7 67.3 61.3 58.2 76.9 66.9 55.4 50.5 54.1 62.9 45.0 47.8 75.6 46.6 50.6 45.7 68.4 52.5 80.0 54.7 63.5 46.3 61.5 62.9 49.3"/>
  <var name="VAR11" notes="Treatment 2" DbiVal="1" data="29.5 32.1 40.7 45.1 34.1 31.1 21.6 27.7 48.3 28.9 42.5 20.4 23.9 29.1 18.0 14.5 25.9 15.9 36.1 27.7 46.9 29.7 27.6 35.3 39.0 54.2 32.1 25.6 31.8 16.8 25.8 39.4"/>
  <var name="VAR12" notes="Treatment 3" DbiVal="1" data="7.5 6.3 4.2 4.9 11.7 6.9 4.3 5.3 5.5 6.9 4.8 3.0 1.1 5.0 4.8 3.7 2.9 1.2 4.1 6.3 3.6 4.7 6.2 1.9 3.1 4.0 5.7 3.0 7.4 1.9 2.4 5.2"/>
  <var name="VAR13" notes="Notas"       DbiVal="0" data="Block 1 Block 1 Block 2 Block 3"/>
  <var name="VAR14" notes="Method 1"    DbiVal="1" data="90 86 76"/>
```

Fuentes Todos los C...   Ejecutar la línea de Comand...   Cargar Comandos   Abrir Archivo de Coman...

Z

Salvar   OK   Cancelar

Ocultar básicos etiquetas XML

Gráfico 4.4: Editor XML

ANALÍTICA MÁS COMÚN

Este capítulo representa el corazón de la porción cuantitativa del presente libro ya que abarca las metodologías analíticas comúnmente utilizadas. Como en la mayoría de los proyectos de investigación, cuando se recolectan datos, éstos se deben analizar. Usualmente, el investigador intenta probar alguna teoría o hipótesis por la cual, si una cierta situación o condición se aplica en un experimento, los datos se recolectan antes y después de dicho experimento y se analizan para ver si la hipótesis se valida o se desmitifica.

Por ejemplo, si un banco está tratando de probar si un nuevo sistema de escaneo para depósito de cheques junto con una capacitación asociada reduciría sus riesgos operacionales (p.ej. los errores que ocurren durante los depósitos), éste podría comenzar recolectando los datos en una sola sucursal bancaria, antes de implementar el nuevo sistema, y continuaría recolectando los mismos datos después de la implementación de la prueba de concepto del sistema, en esa única sucursal. Después, por medio de las pruebas de hipótesis estadística, determinaría si las diferencias vistas en los datos previos y posteriores son atribuibles a la aleatoriedad o son una indicación clara de que el nuevo sistema está funcionando, y por lo tanto, tomaría la decisión de implementar el mismo sistema en todas sus otras sucursales.

Otros ejemplos podrían incluir al ejército estadounidense probando la eficacia de implementar una serie de equipos y servicios de apoyo para aumentar el tiempo medio entre fallos (MTBF); o una compañía farmacéutica evaluando la eficacia de su nuevo medicamento experimental; o un fabricante de automóviles probando un nuevo diseño de ingeniería que mejora la vida del motor comparado al diseño convencional; y similares.

Este capítulo inicia con pruebas-t, -F, y -z sencillas en donde se prueban dos variables simultáneamente para determinar si sus medias y varianzas son significativamente diferentes o similares en términos estadísticos. El presente capítulo continúa con la aplicación de ANOVA o análisis de varianza, en donde se prueban múltiples variables a la vez. Se presentan otras pruebas no paramétricas, en donde no se tiene que suponer ni la normalidad ni los conjuntos de datos grandes, ya que se requieren en pruebas-t y z estándares. Se presentan las pruebas de normalidad, multicolinealidad, y heterocedasticidad, junto con los conceptos básicos de los modelos de regresión multivariados tanto lineales como no lineales.

PRUEBA-T DE DOS MUESTRAS CON VARIANZA IGUAL

Tal como su nombre lo sugiere, la prueba-t de dos muestras con varianza igual, compara dos conjuntos de datos entre sí para determinar si hay una diferencia significativa a nivel estadístico entre las medias poblacionales (μ). En otras palabras, la prueba puede identificar si cierto evento o experimento tienen un efecto. Esta prueba-t supone que las desviaciones estándar (σ) poblacionales desconocidas de ambas muestras son prácticamente iguales, y las poblaciones son distribuidas normalmente. La distribución-t es apropiada aquí ya que las verdaderas desviaciones estándar de las poblaciones son desconocidas, y cuando están disponibles los tamaños más pequeños de las muestras (típicamente < 30). Esta prueba también se conoce como la prueba-t de varianzas-combinadas porque toma las desviaciones estándar de las dos muestras, y les combina en un único parámetro en el modelo.

Las hipótesis probadas son usualmente:

H_0: $\mu_1 = \mu_2$, las medias muestrales son similares estadísticamente

H_a: $\mu_1 \neq \mu_2$, las medias muestrales son diferentes estadísticamente de manera significativa.

Como recordatorio, la hipótesis nula (H_0), generalmente tiene el signo de equivalencia (p.ej. =, $\geq$, $\leq$), mientras que la hipótesis alternativa (H_a) tiene su complemento (i.e., $\neq$, <, >). El signo de la hipótesis alternativa apunta hacia determinar si la prueba es de dos colas ($\neq$) o de una cola (la cola derecha está denotada con >, mientras que la cola izquierda utiliza <).

Para iniciar, hay dos conjuntos de datos con cierto número de puntos de datos (con tamaños de muestras n_1 y n_2) que se colocan uno al lado del otro (ver el Gráfico 5.2). Después se calculan sus correspondientes promedios muestrales ($\bar{x}_1$ y $\bar{x}_2$) y las desviaciones estándar de la muestra (s_1 y s_2). Posteriormente se calcula el estadístico-t utilizando la fórmula que aparece en la parte inferior y se compara con los valores críticos de t. En la mayoría de las situaciones, los valores-p de este estadístico-t calculado se calculan y comparan con algún nivel de significancia predefinido (p.ej. los niveles estándar de significancia α de 0.10, 0.05, y 0.01 se asumirán a lo largo de estos ejemplos) utilizando la distribución-t con un cierto grado de libertad (df). Si el valor-p está por debajo de estos niveles de significancia α, rechazamos la hipótesis nula y aceptamos la hipótesis alternativa (Gráfico 5.1).

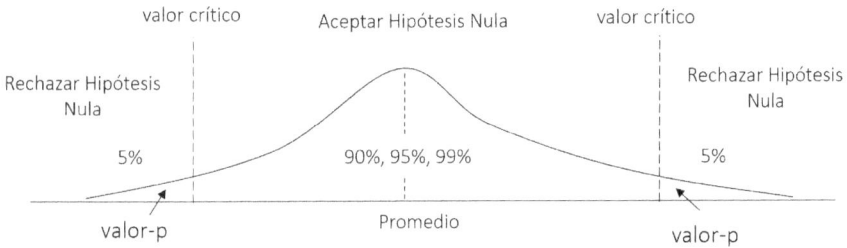

valor crítico	Aceptar Hipótesis Nula	valor crítico
Rechazar Hipótesis Nula		Rechazar Hipótesis Nula
5%	90%, 95%, 99%	5%
valor-p	Promedio	valor-p

Gráfico 5.1: Representación Visual de las Regiones de Aceptación/Rechazo

Las especificaciones formales de la prueba de dos muestras con varianza igual son:

$$t = \frac{(\bar{x}_1 - \bar{x}_2) - (\mu_1 - \mu_2)}{\sqrt{s_p^2\left(\frac{1}{n_1} + \frac{1}{n_2}\right)}} \text{ con } s_p^2 = \frac{(n_1-1)s_1^2 + (n_2-1)s_2^2}{n_1 + n_2 - 2} \text{ y}$$

$$df = n_1 + n_2 - 2$$

Tal como se aprecia en el Gráfico 5.2, el modelo se ejecutó en la Caja de Herramientas para el Análisis de Datos de Microsoft Excel. El estadístico-t se calculó como -1.2273, y el valor-p de dos colas es de 0.2355, correspondiente a un valor-t crítico de dos colas de ±2.1009. Según se explicó en capítulos anteriores, si el estadístico-t calculado excede estos valores-t críticos, rechazamos la hipótesis nula, de lo contrario no rechazaríamos la nula y en síntesis *aceptaríamos* la hipótesis alternativa. Un enfoque alterno, tal vez más sencillo es el de comparar el valor-p calculado con el nivel de significancia α. Si el valor-p es $\leq \alpha$, entonces rechazamos la hipótesis nula.

VAR 1	VAR 2
11	10
8	11
8	9
3	7
7	2
5	11
9	12
5	3
1	6
3	7

Prueba-t: Dos muestras Suponiendo Varianzas Iguales
Resultados del Análisis de Datos Toolpak de Excel

	Variable 1	Variable 2
Media	6.0000	7.8000
Varianza	9.7778	11.7333
Observaciones	10.0000	10.0000
Varianza Combinada	10.7556	
Diferencia Hipotética de la Media	0.0000	
df	18.0000	
t Stat	-1.2273	
P(T<=t) una cola	0.1178	
t Crítica de una cola	1.7341	
P(T<=t) dos colas	0.2355	
t Crítica de dos colas	2.1009	

Gráfico 5.2: Prueba-T de Dos Muestras con Varianza Igual

Con base en los cálculos anteriores, el valor-p sobrepasa los umbrales 0.10, 0.05, 0.01 estándares, lo que significa que no rechazamos la hipótesis nula y concluimos que los dos conjuntos de datos de muestra no son estadísticamente diferentes el uno del otro, y que cualesquiera experimento o tratamiento que se haya aplicado fue ineficaz.

El análisis se puede realizar manualmente (Gráfico 5.3 muestra los cálculos manuales hechos en Excel y usted puede apreciar las ecuaciones de celda correspondientes) por medio de la especificación del modelo que se proporciona anteriormente, o por medio del software de ROV BizStats (Gráfico 5.4).

	A	B	C	D	E	F	G	H	I	J	K	L	M	N	O
1															
2		VAR 1	VAR 2												
3		11	10		Promedio 1		6.0000	=PROMEDIO(B3:B12)							
4		8	11		Promedio 2		7.8000	=PROMEDIO(C3:C12)							
5		8	9		Varianza Muestral 1		9.7778	=VAR(B3:B12)							
6		3	7		Varianza Muestral 2		11.7333	=VAR(C3:C12)							
7		7	2		Varianza Combinada		10.7556	=((COUNT(B3:B12)-1)*G5+(COUNT(C3:C12)-1)*G6)/(COUNT(B3:B12)+COUNT(C3:C12)-2)							
8		5	11		Estadístico T Pareado		-1.2273	=(G3-G4)/SQRT(G7*(1/COUNT(B3:B12)+1/(COUNT(C3:C12))))							
9		9	12		Valor-p Una Cola		0.1178	=TDIST(-G8,COUNT(B3:B12)+COUNT(C3:C12)-2,1)							
10		5	3		Valor-p Dos Colas		0.2355	=TDIST(-G8,COUNT(B3:B12)+COUNT(C3:C12)-2,2)							
11		1	6												
12		3	7												

Gráfico 5.3: Cálculos Manuales

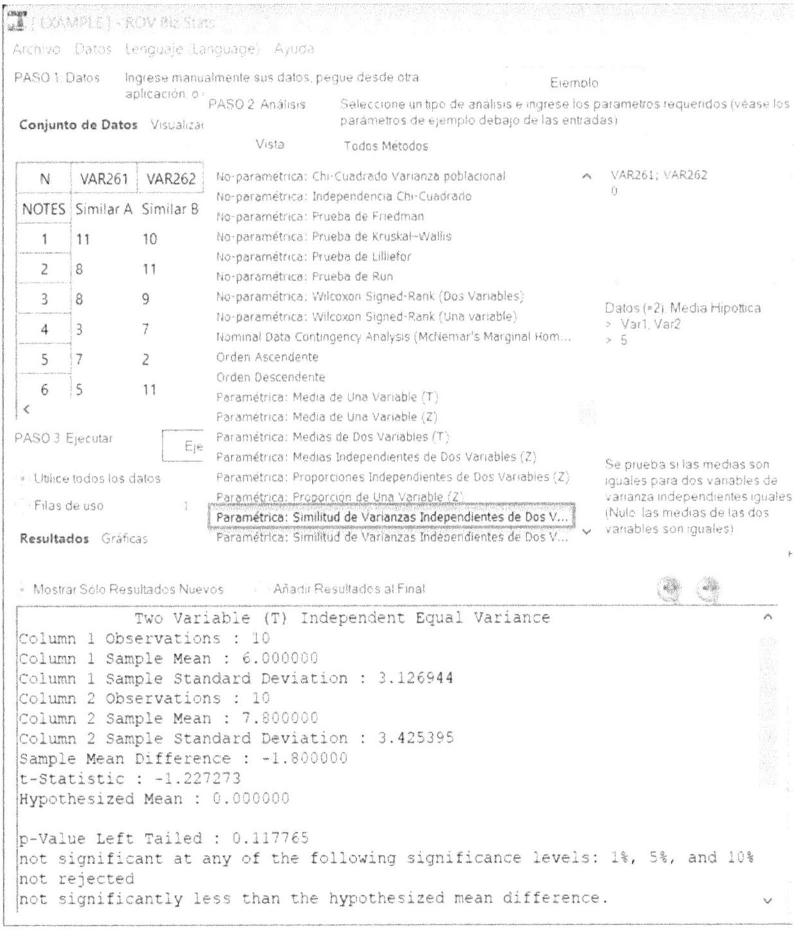

Gráfico 5.4: Cálculos de ROV BizStats

Con el fin de utilizar la herramienta ROV BizStats, asegúrese de tener el ROV Risk Simulator instalado en su computador. Después inicie Excel, haga clic en el menú de *Risk Simulator*, y seleccione *ROV BizStats* de la cinta de opciones. Verá una interfaz de usuario similar a la que aparece en el Gráfico 5.4. En la cuadrícula de datos del Paso 1, puede ingresar manualmente ahora los dos conjuntos de datos o copiar y pegarlos desde otra fuente tal como Microsoft Excel u otra base de datos o archivo de texto. Posteriormente, seleccione el análisis relevante en el Paso 2. En este ejemplo específico, se debe seleccionar la *Prueba Paramétrica (T) para dos variables independientes con varianza igual*. Cuando se selecciona este elemento, usted verá los requisitos de los datos muestrales (p.ej. Datos = 2 Variables, Media Hipotética, y ejemplos VAR1, VAR2). A continuación, ya sea manualmente digite *VAR1; VAR2* separados por un punto y coma, después pulse enter y digite *0* en la casilla de entrada en el Paso 2 para la diferencia hipotética, o sencillamente haga doble clic en el encabezado de la variable (p.ej. VAR1 y después VAR2) para agregar estas variables automáticamente. Siguiente pulse *Ejecutar* para hacer los cálculos. Puede ver que los resultados confirman tanto los cálculos manuales como los resultados de la Caja de Herramientas del Análisis de Datos de Excel (p.ej. el estadístico-t es −1.2273 y el valor -p es 0.2355).

PRUEBA-T DE DOS MUESTRAS CON VARIANZA DESIGUAL

Si las desviaciones estándar de los dos conjuntos de datos muestrales aún son desconocidos pero supuestos a ser diferentes, seria inapropiados combinarlos en una estimación combinada única tal como se ha hecho anteriormente. Por consiguiente, las desviaciones estándar muestrales *(s)* se utilizarán independientemente para estimar las desviaciones estándar (σ) poblacionales. No obstante, la normalidad del conjunto de datos subyacente se supone, aunque este supuesto se vuelve menos importante con conjuntos de datos más grandes. Se requeriría la prueba-t de dos muestras con varianza desigual, y sus especificaciones aparecen a continuación:

$$t = \frac{(\bar{x}_1 - \bar{x}_2) - (\mu_1 - \mu_2)}{\sqrt{\left(\dfrac{s_1^2}{n_1} + \dfrac{s_2^2}{n_2}\right)}} \ Y \ df = \frac{\left[s_1^2/n_1 + s_2^2/n_2\right]^2}{\dfrac{\left(s_1^2/n_1\right)^2}{n_1 - 1} + \dfrac{\left(s_2^2/n_2\right)^2}{n_2 - 1}}$$

Como ejemplo, supongamos que un fabricante de químicos está probando un nuevo aditivo para el aceite de motor y así ver si hay una diferencia significativa en la eficiencia del combustible. El fabricante selecciona aleatoriamente 70 automóviles en la ciudad y prueba su aditivo en la mitad de estos automóviles, dejando la otra mitad sin el aditivo. El Gráfico 5.5 muestra la media y la desviación estándar de los dos conjuntos de datos muestrales. Las hipótesis probadas son la típica prueba de dos colas:

H_0: $\mu_1 = \mu_2$, las dos medias muestrales son estadísticamente similares.

H_a: $\mu_1 \neq \mu_2$, las dos medias son significativamente diferentes a nivel estadístico.

Los Gráficos 5.5 y 5.6 muestran los cálculos. El valor-p de dos colas es 0.0212, él es cual es menor que los niveles de significancia alfa estándar ($\alpha = 0.10, 0.05$), así que podemos concluir que el aditivo para el aceite del motor tiene estadísticamente una diferencia significativa de millas por galón de eficiencia de combustible. Debido a que los tipos de automóviles no se estratificaron ni se preseleccionaron, no sabemos si las varianzas de los dos conjuntos de datos muestrales son idénticas. Por ende, en este caso se emplea la prueba-t de varianza desigual.

PRUEBA T DE DOS MUESTRAS CON MEDIAS DEPENDIENTES

En situaciones en que los dos conjuntos de datos son dependientes entre sí, se utiliza la prueba-t de dos muestras con medias dependientes. Esta prueba también se conoce como la prueba de observaciones pareadas, que significa que el número de observaciones en cada uno de los dos conjuntos de datos tiene que ser el mismo ($n = n_1 = n_2$). Por ejemplo, si el investigador está interesado en probar los efectos previos y posteriores sobre la productividad en la misma muestra de empleados después de un cambio en las horas laborales, los datos se obtienen del mismo conjunto de datos (p.ej. se evalúan los mismos empleados).

La prueba de las medias dependientes utiliza:

$$t = \frac{\overline{d}}{s_d / \sqrt{n}} \text{ y } df = n - 1$$

donde $\bar{d}$ es el promedio de cada diferencia entre dos unidades de prueba, y $d = (x_1 - x_2)$.

El Gráfico 5.7 es un ejemplo del estudio de productividad en donde X_1 se mide después del cambio en las horas laborales, comparada con el cambio previo medido en X_2. Los números indican las horas totales que se toma completar cierta actividad, y cada fila del conjunto de datos representa a una persona. Las hipótesis probadas son las típicas pruebas de una cola:

H_0: $\mu_1 \geq \mu_2$, las medias muestrales son similares estadísticamente.

H_a: $\mu_1 < \mu_2$, la media muestral 1 es significativamente la media de la muestra 2.

Debido a que el valor-p calculado de una cola es 0.0141, rechazamos la hipótesis nula y aceptamos la hipótesis alternativa y concluimos que el cambio en las horas laborales redundará en una mayor productividad (medida por el menor número de horas totales requeridas para completar alguna tarea preespecificada). El Gráfico 5.8 ilustra la implementación del problema en ROV BizStats.

	A	B	C	D	E	F	G	H	I	J	K
1											
2											
3		Media 1	18.2229								
4		Desv St 1	2.6319								
5		Conteo 1	35								
6		Media 2	20.1000								
7		Desv St 2	3.8865								
8		Conteo 2	35								
9											
10		T Calculada	-2.3659	=((C3-C6)-0)/SQRT((C4^2/C5)+(C7^2/C8))							
11		DF Calculada	60	=ROUND(((((C4^2/C5)+(C7^2/C8))^2/((((C4^2/C5)^2/(C5-1))+((C7^2/C8)^2/(C8-1)))),0)							
12		Valor-p	0.0212	2 Colas	=TDIST(C10,C11,2)						
13		T Crítica @ 0.10	1.6706	2 Colas	=TINV(0.1,C11)						
14		T Crítica @ 0.05	2.0003	2 Colas	=TINV(0.05,C11)						
15		T Crítica @ 0.01	2.6603	2 Colas	=TINV(0.01,C11)						
16		Valor-p	0.0106	1 Cola	=TDIST(C10,C11,1)						
17		T Crítica @ 0.10	1.2958	1 Cola	=TINV(0.1*2,C11)						
18		T Crítica @ 0.05	1.6706	1 Cola	=TINV(0.05*2,C11)						
19		T Crítica @ 0.01	2.3901	1 Cola	=TINV(0.01*2,C11)						

Gráfico 5.5: Ejemplos de Cálculos para la Prueba-T de Varianza Desigual

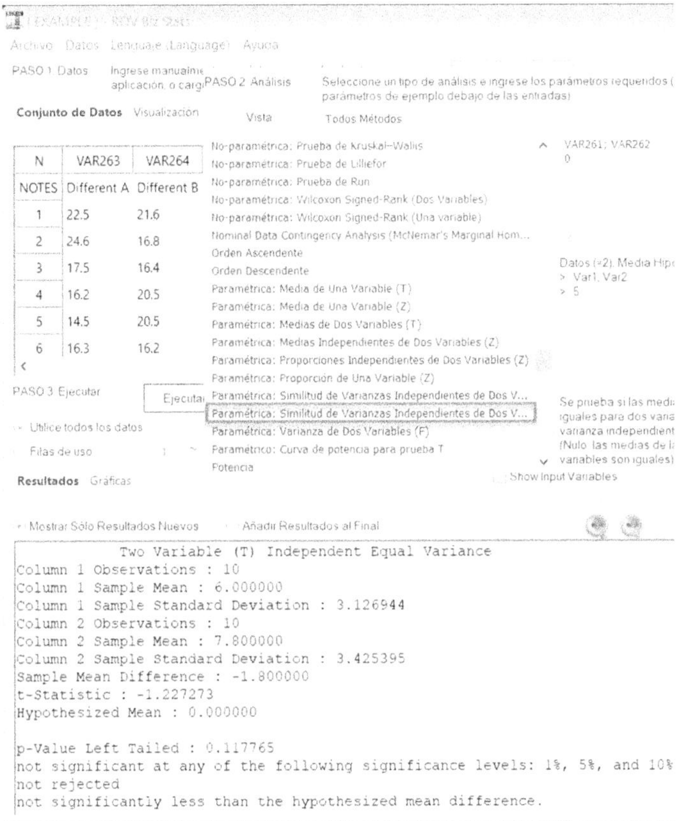

EXAMPLE 1 - ROV BizStats

Archivo   Datos   Lenguaje (Language)   Ayuda

PASO 1 Datos   Ingrese manualme
aplicación. o carg PASO 2 Análisis   Seleccione un tipo de análisis e ingrese los parámetros requeridos (
parámetros de ejemplo debajo de las entradas)

Conjunto de Datos   Visualización   Vista   Todos Métodos

N	VAR263	VAR264
NOTES	Different A	Different B
1	22.5	21.6
2	24.6	16.8
3	17.5	16.4
4	16.2	20.5
5	14.5	20.5
6	16.3	16.2

No-paramétrica: Prueba de Kruskal–Wallis
No-paramétrica: Prueba de Lilliefor
No-paramétrica: Prueba de Run
No-paramétrica: Wilcoxon Signed-Rank (Dos Variables)
No-paramétrica: Wilcoxon Signed-Rank (Una variable)
Nominal Data Contingency Analysis (McNemar's Marginal Hom...
Orden Ascendente
Orden Descendente
Paramétrica: Media de Una Variable (T)
Paramétrica: Media de Una Variable (Z)
Paramétrica: Medias de Dos Variables (T)
Paramétrica: Medias Independientes de Dos Variables (Z)
Paramétrica: Proporciones Independientes de Dos Variables (Z)
Paramétrica: Proporción de Una Variable (Z)

PASO 3 Ejecutar   Ejecutar Paramétrica: Similitud de Varianzas Independientes de Dos V...
Paramétrica: Similitud de Varianzas Independientes de Dos V...
Paramétrica: Varianza de Dos Variables (F)
Utilice todos los datos   Paramétrica: Curva de potencia para prueba T
Filas de uso   Potencia

VAR261; VAR262
0

Datos (×2). Media Hipe
> Var1, Var2
> 5

Se prueba si las medi
iguales para dos varia
varianza independient
(Nulo: las medias de la
variables son iguales)

Resultados   Gráficas   Show Input Variables

Mostrar Sólo Resultados Nuevos   Añadir Resultados al Final

```
            Two Variable (T) Independent Equal Variance
Column 1 Observations : 10
Column 1 Sample Mean : 6.000000
Column 1 Sample Standard Deviation : 3.126944
Column 2 Observations : 10
Column 2 Sample Mean : 7.800000
Column 2 Sample Standard Deviation : 3.425395
Sample Mean Difference : -1.800000
t-Statistic : -1.227273
Hypothesized Mean : 0.000000

p-Value Left Tailed : 0.117765
not significant at any of the following significance levels: 1%, 5%, and 10%
not rejected
not significantly less than the hypothesized mean difference.
```

Gráfico 5.6: Prueba-T con Varianza Desigual en ROV BizStats

	A	B	C	D	E	F	G
1							
2		X1	X2	Diferencia (d)			
3		25.5	43.6	-18.10			
4		59.2	69.9	-10.70			
5		38.4	39.8	-1.40			
6		66.8	73.4	-6.60			
7		44.9	50.2	-5.30			
8		47.4	53.9	-6.50			
9		41.6	40.3	1.30			
10		48.9	58.0	-9.10			
11		60.7	66.9	-6.20			
12		41.0	66.5	-25.50			
13		36.1	27.4	8.70			
14		34.4	33.7	0.70			
15							
16			Promedio	-6.5583	=PROMEDIO(D3:D14)		
17			Desv St	9.0010	=Desv St(D3:D14)		
18			T Calculada	-2.5240	=D16/(D17/SQRT(COUNT(D3:D14)))		
19			DF	11	=CONTEO(D3:D14)-1		
20			Valor-p (2 colas)	0.0283	=TDIST(ABS(D18),COUNT(D3:D14)-1,2)		
21			Valor-p (1 Cola)	0.0141	=TDIST(ABS(D18),COUNT(D3:D14)-1,1)		

Gráfico 5.7: Cálculos para la Prueba T de Observaciones
Pareadas Dependientes

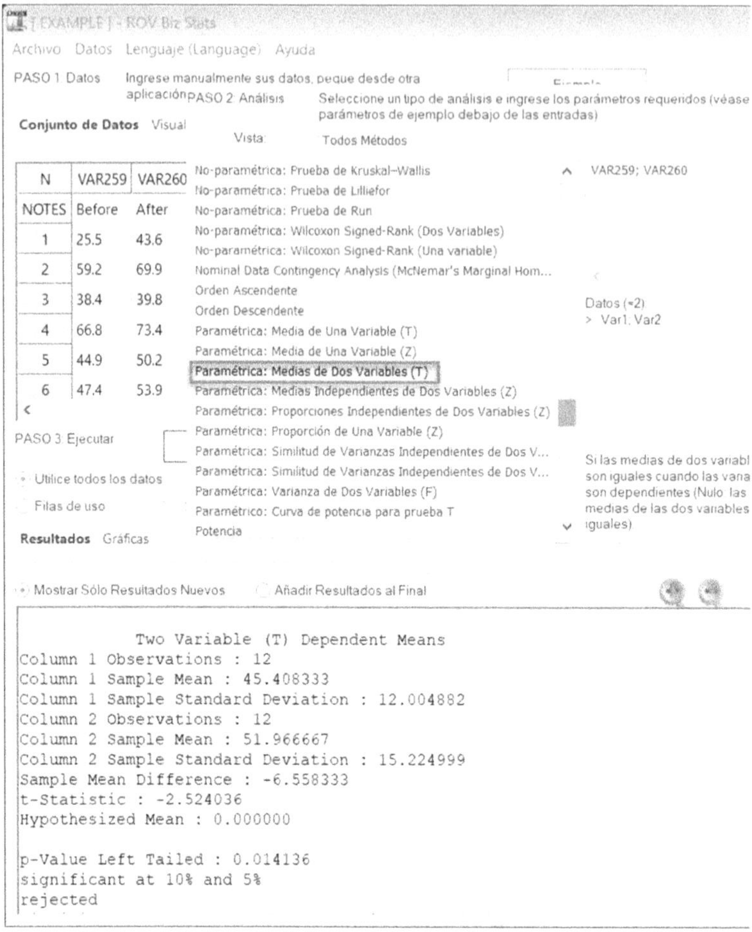
[EXAMPLE] - ROV Biz Stats
Archivo Datos Lenguaje (Language) Ayuda
PASO 1 Datos
Ingrese manualmente sus datos, pegue desde otra aplicación
PASO 2 Análisis
Seleccione un tipo de análisis e ingrese los parámetros requeridos (véase parámetros de ejemplo debajo de las entradas)
Conjunto de Datos Visual
Vista: Todos Métodos
N VAR259 VAR260
NOTES Before After
1 25.5 43.6
2 59.2 69.9
3 38.4 39.8
4 66.8 73.4
5 44.9 50.2
6 47.4 53.9
No-paramétrica: Prueba de Kruskal-Wallis
No-paramétrica: Prueba de Lilliefor
No-paramétrica: Prueba de Run
No-paramétrica: Wilcoxon Signed-Rank (Dos Variables)
No-paramétrica: Wilcoxon Signed-Rank (Una variable)
Nominal Data Contingency Analysis (McNemar's Marginal Hom...
Orden Ascendente
Orden Descendente
Paramétrica: Media de Una Variable (T)
Paramétrica: Media de Una Variable (Z)
Paramétrica: Medias de Dos Variables (T)
Paramétrica: Medias Independientes de Dos Variables (Z)
Paramétrica: Proporciones Independientes de Dos Variables (Z)
Paramétrica: Proporción de Una Variable (Z)
Paramétrica: Similitud de Varianzas Independientes de Dos V...
Paramétrica: Similitud de Varianzas Independientes de Dos V...
Paramétrica: Varianza de Dos Variables (F)
Paramétrico: Curva de potencia para prueba T
Potencia
VAR259; VAR260
Datos (=2)
> Var1; Var2
Si las medias de dos variabl son iguales cuando las varia son dependientes (Nulo: las medias de las dos variables iguales)
PASO 3 Ejecutar
Utilice todos los datos
Filas de uso
Resultados Gráficas
Mostrar Sólo Resultados Nuevos
Añadir Resultados al Final
Two Variable (T) Dependent Means
Column 1 Observations : 12
Column 1 Sample Mean : 45.408333
Column 1 Sample Standard Deviation : 12.004882
Column 2 Observations : 12
Column 2 Sample Mean : 51.966667
Column 2 Sample Standard Deviation : 15.224999
Sample Mean Difference : -6.558333
t-Statistic : -2.524036
Hypothesized Mean : 0.000000
p-Value Left Tailed : 0.014136
significant at 10% and 5%
rejected

Gráfico 5.8: Prueba-T Pareada Dependiente en ROV BizStats

PRUEBA-F DE VARIANZAS DESDE MUESTRAS INDEPENDIENTES

En ocasiones, es posible que necesitemos comparar las varianzas de dos conjuntos de muestras independientes. Por ejemplo, cuando se compara el tiempo medio entre fallas (MTBF) de dos configuraciones de equipos diferentes y se mide la cantidad de variación que existe, podemos determinar cuál es la variación de MTBF mayor, si la del equipo antiguo o la del nuevo. La prueba-F se usa en esta instancia, en donde probamos las siguientes hipótesis:

H_0: $\sigma_1^2 = \sigma_2^2$, no hay diferencia en la variación entre las muestras

H_a: $\sigma_1^2 \neq \sigma_2^2$, existe una diferencia en la variación entre las muestras

La prueba emplea las siguientes especificaciones:

$$F = \max\left(s_1^2/s_2^2, s_2^2/s_1^2\right) \text{ y el valor crítico es: } F(\alpha/2, n_L - 1, n_S - 1)$$

donde los valores $n - 1$ son grados de libertad, n_L es la muestra con la mayor varianza, y n_S es la muestra con la menor varianza.

Ejemplo: supongamos que se implementaron dos conjuntos de equipos cada uno en siete locaciones diferentes y que sus respectivos MTBF se recolectaron en meses. Tal como se aprecia en el Gráfico 5.9, las desviaciones estándar muestrales se calcularon como 0.7091 y 0.5350 para estos dos conjuntos de equipos (ver Gráfico 5.9). El estadístico F se calcula como 1.7571 con un valor-p correspondiente de 0.2552 (una cola) y 0.5104 (dos colas), lo que significa que no rechazamos la hipótesis nula y concluimos que no hay una diferencia estadísticamente significativa en la variación de MTBF. El Gráfico 5.10 muestra cómo implementar el cálculo en ROV BizStats.

	A	B	C	D	E	F	G
1							
2		X1	X2				
3		2.5	5.2				
4		2.6	5.6				
5		3.4	5.4				
6		2.9	5.9				
7		4.3	5.9				
8		4.1	6.2				
9		3.6	6.8				
10							
11	Mean	3.3429	5.8571	=AVERAGE(B3:B9) and =AVERAGE(C3:C9)			
12	Stdev	0.7091	0.5350	=STDEV(B3:B9) and =STDEV(C3:C9)			
13	Count	7	7	=COUNT(B3:B9) and =COUNT(C3:C9)			
14	F Statistic	1.7571	One Tail	=MAX(B12^2/C12^2,C12^2/B12^2)			
15	P-value	0.2552	One Tail	=FDIST(B14,B13-1,C13-1)			

Gráfico 5.9: Prueba-F para Varianzas

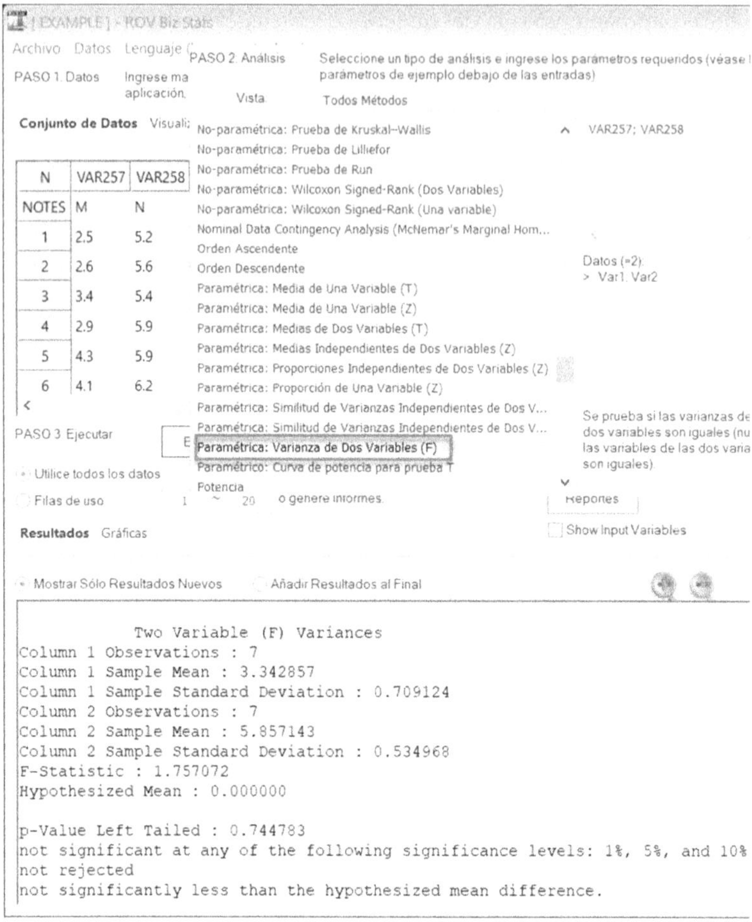

Gráfico 5.10: Prueba-F para Varianzas en ROV BizStats

PRUEBA-Z de PROPORCIONES

En ciertas situaciones, las proporciones (p) se utilizan en lugar de los valores brutos. En dichas situaciones, cuando hay dos conjuntos de datos, las dos proporciones se pueden probar por medio de las siguientes hipótesis:

H_0: $\mu(p_1 - p_2) = 0$, no hay diferencia entre los dos conjuntos de datos

H_a: $\mu(p_1 - p_2) \neq 0$, hay una diferencia entre los dos conjuntos de datos

Se utiliza la prueba-z para dos proporciones independientes, con las siguientes especificaciones:

$$z = \frac{(p_1 - p_2)}{\sqrt{\overline{p}(1 - \overline{p})\left(\dfrac{1}{n_1} + \dfrac{1}{n_2}\right)}} \quad \text{donde } \overline{p} = \frac{n_1 p_1 + n_2 p_2}{n_1 + n_2}$$

Y en donde n_1 y n_2 son los tamaños de muestra, p_1 y p_2 son las proporciones muestrales, y $\overline{p}$ es el estimado combinado de la proporción poblacional tal como se describió anteriormente.

Este enfoque supone que $n_1 p_1$, $n_1(1 - p_1)$, $n_2 p_2$, y $n_2(1 - p_2)$ deben ser todos ≥ 5 y cada $n \geq 30$ para que la distribución binomial subyacente (una proporción es equivalente a una distribución binomial de probabilidad con dos resultados) se aproxime a la distribución normal; de ahí la habilidad para utilizar la prueba-z.

En la prueba para medias independientes, las dos medias muestrales se prueban utilizando:

H_0: $\mu(\overline{x}_1 - \overline{x}_2) = 0$, no hay diferencia entre los dos conjuntos de datos

H_a: $\mu(\overline{x}_1 - \overline{x}_2) \neq 0$, hay una diferencia entre los dos conjuntos de datos

$$z = \frac{(\overline{x}_1 - \overline{x}_2) - (\mu_1 - \mu_2)}{\sqrt{\dfrac{s_1^2}{n_1} + \dfrac{s_2^2}{n_2}}}$$

Ejemplo: supongamos que un experimento médico incluye un total de 3.806 pacientes del corazón, de sexo masculino, que están divididos en dos grupos iguales, cada uno de 1.903 (Gráfico 5.11). En este caso, $n_1 = n_2 = 1.903$, lo que satisface los requisitos de la distribución normal. Al primer grupo se le administró una nueva medicina para el corazón, y se hizo un registro del número de eventos coronarios leves para ambos grupos. En el primer grupo, se registraron 155 eventos coronarios, mientras que hubo 187 eventos en el segundo grupo. De esta manera, calculamos las proporciones en donde $p_1 = 155/1903 = 0.0815$ y $p_2 = 187/1903 = 0.0983$. En este ejemplo, utilizamos la hipótesis de una cola en donde H_0 es $\mu(p_1 - p_2) \geq 0$ y H_a es $\mu(p_1 - p_2) < 0$, lo que indica que el grupo 1 con el nuevo medicamento tiene una menor proporción de eventos coronarios y, por lo tanto, el medicamento tiene un efecto estadísticamente significativo. El Gráfico 5.11 muestra los cálculos manuales en Excel, y el valor-p de una cola es 0.0350. Esto significa que rechazamos la hipótesis nula en el nivel $\alpha = 0.05$, y concluimos que el medicamento no tiene un efecto significativo.

	A	B	C	D	E	F	G	H
1								
2		Proporción 1	0.081450					
3		Proporción 2	0.09827					
4		Conteo 1	1903					
5		Conteo 2	1903					
6								
7		P Combinada	0.08986		=(C4*C2+C5*C3)/(C4+C5)			
8		Puntaje-Z	-1.8138		=(C2-C3)/SQRT(C7*(1-C7)*(1/C4+1/C5))			
9		Valor-P	0.0349	1 Cola	=NORMSDIST(C8)			
10		Valor-P	0.0697	2 Colas	=NORMSDIST(C8)*2			
11		Z Crítica @ 0.10	-1.2816	1 Cola Izquierda	=NORMSINV(0.1)			
12		Z Crítica @ 0.05	-1.6449	1 cola Izquierda	=NORMSINV(0.05)			
13		Z Crítica @ 0.01	-2.3263	1 cola Izquierda	=NORMSINV(0.01)			

Gráfico 5.11: Prueba Z para Proporciones

El Gráfico 5.12 ilustra el uso de ROV BizStats empleando datos reales brutos en donde el 1 representa una reducción y el 0 representa la no reducción. Las proporciones se calculan automáticamente. El valor-p de una cola muestra 0.0349 y la misma interpretación se aplica como en los cálculos manuales.

PRUEBA Z DE PROPORCIONES Y MEDIAS

Similarmente, la prueba-z para medias se puede aplicar utilizando:

$$z = \frac{(\bar{x}_1 - \bar{x}_2) - (\mu_1 - \mu_2)}{\sqrt{\left(\dfrac{s_1^2}{n_1} + \dfrac{s_2^2}{n_2}\right)}}$$

Las hipótesis que se prueban son usualmente:

$H_0: \mu_1 = \mu_2$, las medias muestrales son estadísticamente similares

$H_a: \mu_1 \neq \mu_2$, las medias muestrales con significativamente diferentes en términos estadísticos

Esta prueba es la alternativa para las varianzas desiguales de la prueba-t cuando n_1 y $n_2 \geq 30$. También se puede realizar la prueba por medio de ROV BizStats.

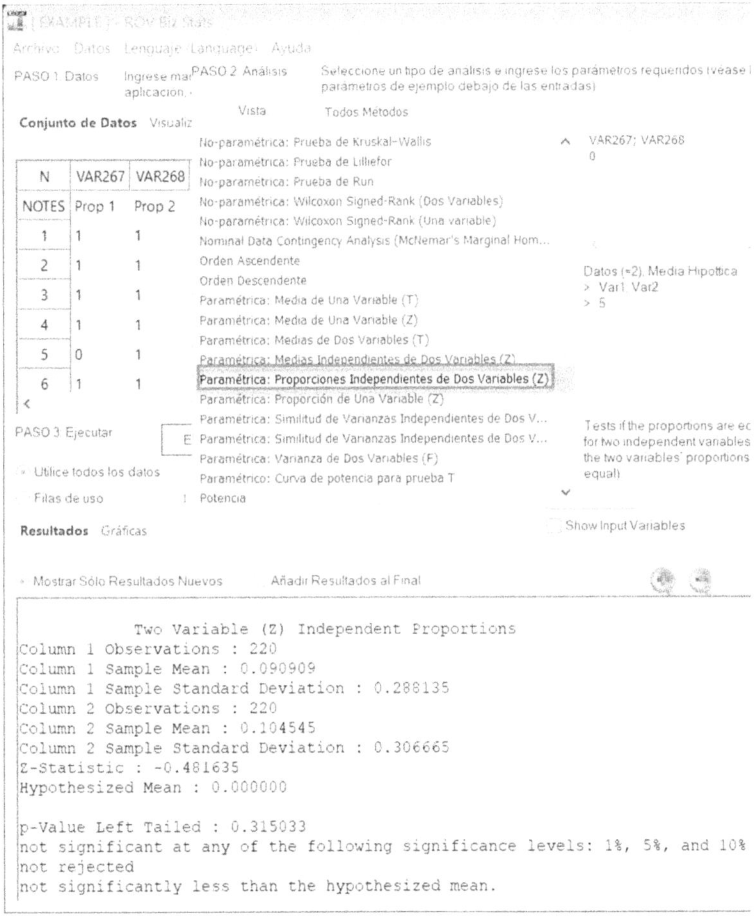

Gráfico 5.12: Prueba-Z para Proporciones de ROV BizStats

ANOVA SIMPLE CON
MÚLTIPLES TRATAMIENTOS

Las pruebas-t, -z, y F anteriormente descritas, se aplican a dos variables a la vez para determinar si sus medias, proporciones o varianzas son significativamente diferentes a nivel estadístico, o si las pequeñas diferencias son atribuibles al azar aleatorio. Cuando dos o más medias muestrales se deben probar al mismo tiempo, acudimos a las pruebas de Análisis de Varianza (ANOVA).

El ANOVA de factor único con múltiples tratamientos prueba una variable independiente categórica (con múltiples niveles, tipos o categorías de tratamientos) y una variable dependiente numérica (asignada aleatoriamente dentro de las múltiples categorías de tratamiento) para determinar si sus medias poblacionales son iguales. Cada columna de datos tendrá tratamientos diferentes (p.ej., un nuevo método de fabricación, un nuevo régimen de entrenamiento, una nueva tecnología empleada). Esta prueba supone que los tratamientos son completa y aleatoriamente asignados a todas las personas en el experimento y los datos subyacentes son distribuidos normalmente con igual varianza. Cabe anotar que el equivalente no paramétrico es la prueba de Kruskal–Wallis, la cual se presenta más adelante en el capítulo.

Ejemplo: nueve funcionarios de una organización fueron dividieron aleatoriamente en tres equipos cada uno de tres personas, y a cada equipo se le dio un tipo de entrenamiento diferente. Estos son tres cursos de entrenamiento o tratamientos distintos en este caso. Al finalizar el curso de entrenamiento, cada persona tenía una tarea que completar y el tiempo que le tomaba terminar la tarea se registraba y mostraba en la cuadrícula de datos. Debido a que la selección es aleatoria, empleamos el ANOVA simple aleatorizado con múltiples tratamientos para probar las siguientes hipótesis:

$H_0: \mu_1 = \mu_2 = \ldots = \mu_t$ para tratamientos 1 a t
$\qquad$ (no hay efecto en los tratamientos)

H_a: las medias poblacionales no son iguales
$\qquad$ (hay un efecto en por lo menos uno de los tratamientos)

El Gráfico 5.13 expone los resultados de la Herramienta de Análisis de Excel, y el Gráfico 5.14 muestra la implementación y los resultados de ROV BizStats.

	Método 1	Método 2	Método 3
Persona 1	15	10	18
Persona 2	20	15	19
Persona 3	19	11	23

ANÁLISIS TOOLPAK DE EXCEL
Anova: Factor Único

RESUMEN

Grupos	Conteo	Suma	Promedio	Varianza
Columna 1	3	54	18	7
Columna 2	3	36	12	7
Columna 3	3	60	20	7

ANOVA

Fuente de Variación	SS	df	MS	F	Valor-p	F crit
Entre Groups	104	2	52	7.4286	0.0238	5.1433
Dentro de los Groups	42	6	7			
Total	146	8				

Gráfico 5.13: ANOVA Simple con Múltiples Tratamientos Aleatorizados

La especificación probada es $x_{i,j} = \mu + \tau_j + \varepsilon_{ij}$ y los cálculos se hacen de la siguiente forma:

El promedio global es $\tilde{x} = \dfrac{\displaystyle\sum_{j=1}^{t} \sum_{i=1}^{t} x_{ij}}{N}$

Suma de los Cuadrados del Tratamiento (Tratamientos SS) es $\displaystyle\sum_{j=1}^{t} n_j (\bar{x}_j - \tilde{x})^2$

Suma de los Cuadrados del Error (Error SS) es $\displaystyle\sum_{j=1}^{t} \sum_{i=1}^{n_j} (x_{ij} - \bar{x}_j)^2$

Suma de los Cuadrados del Total (Total SS) es $\displaystyle\sum_{j=1}^{t} \sum_{i=1}^{n_j} (x_{ij} - \tilde{x})^2$

Cuadrados Medios entre los Tratamientos es

(Tratamiento SS)/ (Número de Tratamientos − 1)

Cuadrados Medios de los Errores o Cuadrados Medios Entre los Tratamientos (Error MS) se calcula como:

(Error SS)/(Observaciones Totales–Número de Tratamientos)

El Estadístico F se calcula como un Tratamiento MS /Error MS

El valor-p del estadístico F tiene un grado de libertad establecido como (Número de Tratamientos – 1) en el numerador y (Observaciones Totales – Número de Tratamientos) en el denominador. El Gráfico 5.15 muestra la implementación de estos cálculos en Excel.

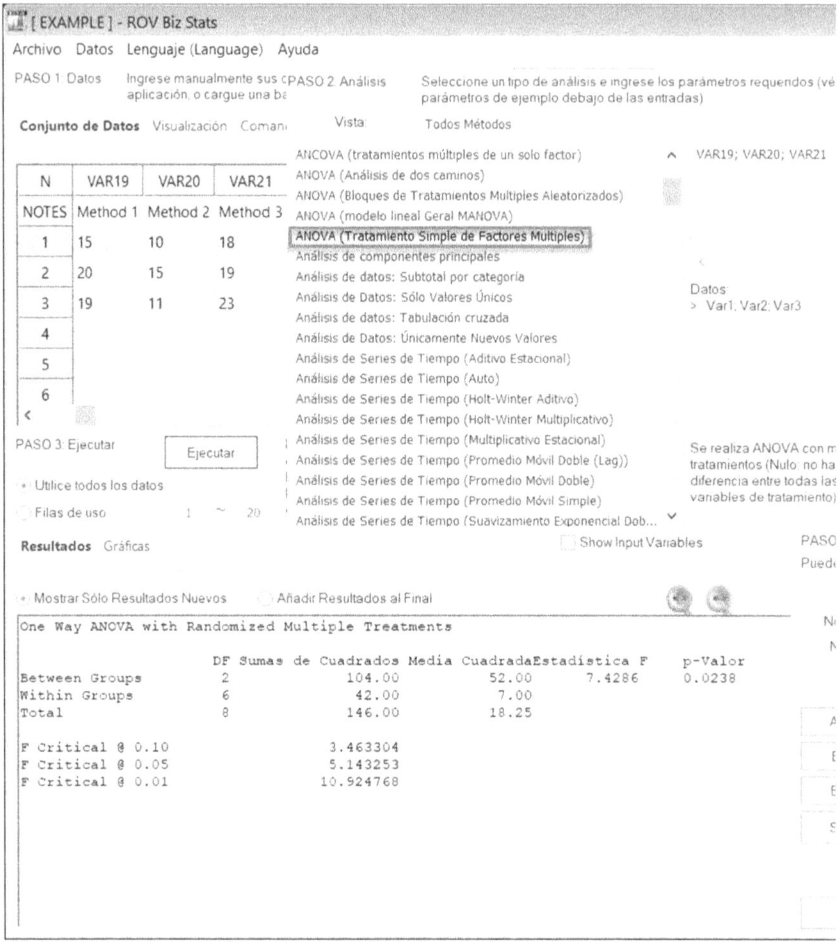

Gráfico 5.14: ANOVA Simple con Múltiples Tratamientos Aleatorizados en ROV BizStats

	A	B	C	D	E	F	G	H	I	J
1		Método 1	Método 2	Método 3						
2	Persona 1	15	10	18						
3	Persona 2	20	15	19						
4	Persona 3	19	11	23						
5										
6	Promedio Variable	18.0000	12.0000	20.0000						
7										
8	Promedio Global	16.6667	=PROMEDIO(B2:D4)							
9	Sumas de Cuadrados	104.0000	=CONTEO(B2:B4)*(B6-B8)^2+COUNT(C2:C4)*(C6-B8)^2+CONTEO(D2:D4)*(D6-B8)^2							
10	Sumas de Cuadrados	42.0000	=(B2-B6)^2+(B3-B6)^2+(B4-B6)^2+(C2-C6)^2+(C3-C6)^2+(C4-C6)^2+(D2-D6)^2+(D3-D6)^2+(D4-D6)^2							
11	Sumas de Cuadrados	146.0000	=B9+B10							
12	Puntos de Datos Totales	9	=CONTEO(B2:D4)							
13	Número de Variables	3	=CONTEO(B1:D1)							
14	DF	2	=B13-1							
15	DF	6	=B12-B13							
16	DF	8	=B14+B15							
17	Mínimos Cuadrados	52.0000	=B9/B14							
18	Mínimos Cuadrados	7.0000	=B10/B15							
19	Mínimos Cuadrados	18.2500	=B11/B16							
20	Estadístico-F Calculado	7.4286	=B17/B18							
21	Valor-P	0.0238	=FDIST(B20,B14,B15)							

Gráfico 5.15: Cálculos Manuales de ANOVA Simple

El Gráfico 5.16 considera los resultados del ANOVA simple. El valor-p se calculó bajo el umbral 0.05, así que concluimos que por lo menos uno de estos tratamientos tiene un efecto estadísticamente significativo. El problema con ANOVA es que no podemos determinar cuál de los tratamientos es eficaz, sólo que por lo menos uno de ellos sería eficaz. Para determinar cuál tratamiento en específico es eficaz, ejecute pruebas-t de pares de todas las posibles combinaciones (AB, AC, BC) o utilice el análisis de regresión multivariada.

Anova: Factor Único

Fuente de Variación	SS	df	MS	F	Valor-p
Entre Groups	98.4	2	49.2	6.3778	0.0265
Dentro de los Groups	54	7	7.7143		
Total	152.4	9			

Gráfico 5.16: Resultados del ANOVA Simple

ANOVA CON PRUEBA DE BLOQUES ALEATORIZADOS

En la anterior prueba de ANOVA simple, el supuesto era que los tratamientos se asignaban a todas las personas en el experimento de manera completa y aleatoria. Este enfoque puede resultar en un sobre o subrepresentación en algunos grupos de tratamiento sencillamente por azar. Si las propiedades o características de los participantes en el experimento tienen una fuerte influencia en las medidas y datos obtenidos, el ANOVA simple puede terminar midiendo los diferenciales dentro de este grupo experimental, en lugar de los efectos de los tratamientos. Para resolver este asunto, se puede utilizar el ANOVA con Bloques Aleatorizados. Cabe anotar que el equivalente no paramétrico es la Prueba de Friedman.

La especificación probada en este ANOVA es $x_{i,j} = \mu + \tau_j + \beta_i + \varepsilon_{ij}$

H_0: $\tau_j = 0$ para tratamientos j = 1 a t

      (no hay efecto en los tratamientos)

H_a: $\tau_j \neq 0$ para al menos un tratamiento j = 1 a t

      (uno o más tratamientos tiene un efecto)

donde τ representa los tratamientos y β es la variable de bloqueo.

Ejemplo: supongamos que se están desarrollando cuatro faros o luces de automóviles. El fabricante desea probar la visibilidad de cada diseño de estos faros midiendo qué tan lejos puede ver alguien utilizando cada uno de estos faros. Ahora supongamos que se seleccionan 12 personas aleatoriamente para participar en este experimento, las cuales se clasifican entre jóvenes (J), de mediana edad (M), y viejos (V). Si aleatorizamos por completo la selección de estos individuos, cada uno de los métodos puede estar sobre o sub representado en términos de grupos etarios, tal como se aprecia en la primera cuadrícula de datos en el Gráfico 5.17. Ahora supongamos también que las propiedades de los participantes (p.ej. edad) influyen en su visión (p.ej. los participantes mayores no pueden ver tan de lejos como los más jóvenes). Por lo tanto, el hecho de aleatorizar a los participantes completamente dentro de estos grupos arrojaría resultados sesgados. El mejor enfoque es *bloquear* esta variable interviniente de edad. La segunda cuadrícula de datos del Gráfico 5.17 ilustra cómo crear un conjunto de datos ANOVA con bloques. En este ejemplo, existen tres bloques y están clasificados por filas.

ANOVA One-Way Randomized Design

	Method 1	Method 2	Method 3	Method 4
Person 1	Y	M	O	Y
Person 2	Y	O	Y	M
Person 3	O	O	M	Y

ANOVA with Blocking Variable

	Method 1	Method 2	Method 3	Method 4
Block 1	Y	Y	Y	Y
Block 2	M	M	M	M
Block 3	O	O	O	O

Gráfico 5.17: Crear un ANOVA con Bloques Aleatorizados

A continuación están los cálculos para los bloques aleatorizados de ANOVA:

El promedio global es $\tilde{x} = \dfrac{\sum\limits_{j=1}^{t} \sum\limits_{i=1}^{t} x_{ij}}{N}$

Suma de los Cuadrados del Tratamiento (Tratamientos SS) es

$n \sum\limits_{j=1}^{t} (\overline{x}_j - \tilde{x})^2$

Suma de los Cuadrados del Error (Error SS) es

Total SS – Tratamiento SS – Bloque SS

Suma de los Cuadrados de los Bloques (Bloque SS) es $t \sum\limits_{j=1}^{t} (\overline{x}_i - \tilde{x})^2$

Suma de los Cuadrados del Total (Total SS) es $\sum\limits_{j=1}^{t} \sum\limits_{i=1}^{n_j} (x_{ij} - \tilde{x})^2$

Cuadrados Medios Entre el Tratamiento (Tratamiento MS) es

(Tratamiento SS)/ (Número de Tratamientos – 1)

los Cuadrados Medios de los Bloques (Bloque MS) se calculan como

(Bloque SS)/ (Observaciones Totales – 1)

los Cuadrados Medios de los Errores o Cuadrados Medios dentro de los Tratamientos (Error MS) se calculan como

(Error SS)/ ((Observaciones Totales – 1) (Número de Tratamientos – 1))

El Estadístico se calcula como

Tratamiento MS / Error MS

El valor-p del estadístico F tiene un grado de libertad establecido en (Número de Tratamientos – 1) en el numerador y (Observaciones Totales – 1) (Número de Tratamientos – 1) en el denominador.

El Gráfico 5.18 ilustra el enfoque paso a paso para calcular este modelo ANOVA.

	A	B	C	D	E	F	G
1		Método 1	Método 2	Método 3	Método 4	Promedio	
2	Bloque 1	90	87	93	85	88.7500	
3	Bloque 2	86	79	87	83	83.7500	
4	Bloque 3	76	74	77	73	75.0000	
5	Promedio	84.0000	80.0000	85.6667	80.3333		
6							
7	Promedio Global	82.5000	¡PROMEDIO(B2:E4)				
8	Número de Filas (Bloques)	3	=CONTEO(B2:B4)				
9	Number of Columns (Treatments)	4	=CONTEO(B2:E2)				
10	Total SS	473.0000	=(B2-B7)^2+(B3-B7)^2+(B4-B7)^2+(C2-B7)^2+(C3-B7)^2+(C4-B7)^2+(D2-B7)^2+(D3-B7)^2+(D4-B7)^2+(E2-B7)^2+(E3-B7)^2+(E4-B7)^2			
11	SS de Bloqueo (Filas)	387.5000	=B9*((F2-B7)^2+(F3-B7)^2+(F4-B7)^2)				
12	Tratamiento SS (Columnas)	69.6667	=B8*((B5-B7)^2+(C5-B7)^2+(D5-B7)^2+(E5-B7)^2)				
13	Errores SS	15.8333	=B10-B12-B11				
14	Bloque MS	193.7500	=B11/B17				
15	Tratamiento MS	23.2222	=B12/B18				
16	Error MS	2.6389	=B13/B19				
17	Bloque DF	2	=B8-1				
18	Tratamiento DF	3	=B9-1				
19	Error DF	6	=B17*B18				
20	Estadístico F (Tratamiento)	8.8000	=B15/B16				
21	Valor-p (Tratamiento)	0.0129	=FDIST(B20,B18,B19)				
22	Estadístico F (Bloqueo)	73.4211	=B14/B16				
23	Valor-p (Bloqueo)	0.0001	=FDIST(B22,B17,B19)				
24	F Crítico (Tratamiento) @ 0.10	3.2888	=FINV(0.1,B18,B19)				
25	F Crítico (Tratamiento) @ 0.05	4.7571	=FINV(0.05,B18,B19)				
26	F Crítico (Tratamiento) @ 0.01	9.7795	=FINV(0.01,B18,B19)				
27	F Crítico (Tratamiento) @ 0.10	3.4633	=FINV(0.1,B17,B19)				
28	F Crítico (Tratamiento) @ 0.05	5.1433	=FINV(0.05,B17,B19)				
29	F Crítico (Tratamiento) @ 0.01	10.9248	=FINV(0.01,B17,B19)				
30	La variable de bloqueo tiene un efecto estadísticamente significativo en Alfa 5% sobre por lo menos uno de los niveles						
31	La variable de tratamiento tiene un efecto estadísticamente significativo en Alfa 1% en por lo menos uno de los niveles						

Gráfico 5.18: Calcular un ANOVA con Bloques Aleatorizados

El Gráfico 5.19 muestra los resultados de ANOVA con bloques aleatorizados utilizando ROV BizStats. La tabla muestra la manera que se pueden implementar los cálculos y las configuraciones correspondientes. El valor-p para el tratamiento es 0.0129 y el valor-p para la variable de bloqueo (edad, en este caso) es 0.0001. Lo anterior indica que existe una diferencia estadísticamente significativa en por lo menos uno de los tratamientos, y que la variable de bloqueo (edad) no ejerce un efecto estadísticamente significativo sobre el conjunto de datos.

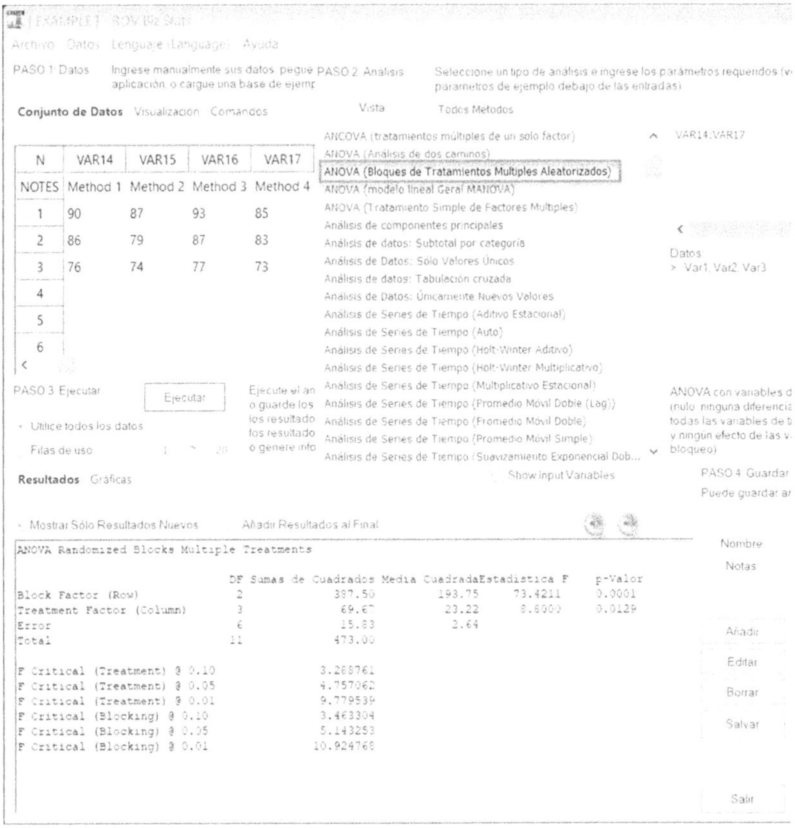

Gráfico 5.19: ANOVA con Resultados de Bloques Aleatorizados en ROV BizStats

Los modelos ANOVA de una vía presentados anteriormente examinan un factor único sobre la variable dependiente. En esta sección, presentamos el ANOVA de dos vías, un método que examina simultáneamente los efectos de *dos* factores (dos variables independientes categóricas) sobre *una* variable dependiente numérica, así como las interacciones de diferentes niveles de los dos factores. Es decir, las asignaciones aleatorias se hacen de tal manera que dos o más participantes están sujetos a cada combinación posible de los niveles de factores. El número de personas o participantes dentro de cada una de estas combinaciones se denomina el *número de repeticiones* (*r*) y *r* tiene que ser ≥ 2.

La especificación en este ANOVA es $x_{i,j} = \mu + \alpha_i + \beta_j + (\alpha\beta)_{ij} + \varepsilon_{ijk}$

Probando el efecto principal, factor A:

H_0: $\alpha_i = 0$ para cada nivel de factor A, para $i = 1$ para *a* (ningún nivel de factor A tiene un efecto)

H_a: $\alpha_i \neq 0$ para al menos un valor de *i*, en donde $i = 1$ para *a* (al menos un nivel tiene un efecto)

Probando el efecto principal, factor B:

H_0: $\beta_j = 0$ para cada nivel de factor B, para $j = 1$ a *b* (ningún nivel de factor B tiene un efecto)

H_a: $\beta_j \neq 0$ para al menos un valor de *j*, en donde $j = 1$ a *b* (al menos un nivel tiene un efecto)

Probando los efectos de interacción, entre niveles de factores A y B:

H_0: $\alpha\beta_{ij} = 0$ para cada combinación de *i* y *j* (no hay efectos de interacción)

H_a: $\alpha\beta_{ij} \neq 0$ para al menos una combinación de *i* y *j* (al menos una combinación tiene efecto)

Ejemplo: supongamos que un fabricante de aviones está probando tres aleaciones diferentes (B1, B2, y B3) para la construcción de las alas en un nuevo avión, y cada tipo de aleación se puede producir en cuatro niveles de espesor diferentes (A1 hasta A4). El número de giros y flexiones se registran hasta detectar una falla por esfuerzo. Posteriormente, los datos se someten a un ANOVA de dos vías tal como aparece en el Gráfico 5.20, que ilustra cómo se configuran los datos. Los cálculos y resultados detallados aparecen en el Gráfico 5.21 y el Gráfico 5.22 explica cómo configurar el modelo en ROV BizStats.

	Factor B1	Factor B2	Factor B3
Factor A1	804	836	804
Factor A1	816	828	808
Factor A2	819	844	807
Factor A2	813	836	819
Factor A3	820	814	819
Factor A3	821	811	829
Factor A4	806	811	827
Factor A4	805	806	835

Las especificaciones del método son:

Suma de los Cuadrados para el Factor A: $SSA = rb \sum_{i=1}^{a} (\bar{x}_i - \tilde{x})^2$

Suma de los Cuadrados para el Factor B: $SSB = ra \sum_{j=1}^{b} (\bar{x}_j - \tilde{x})^2$

Total de la Suma de los Cuadrados: $SST = \sum_{i=1}^{a} \sum_{j=1}^{b} \sum_{k=1}^{r} (\bar{x}_{ijk} - \tilde{x})^2$

Suma de los Cuadrados del Error: $SSE = \sum_{i=1}^{a} \sum_{j=1}^{b} \sum_{k=1}^{r} (x_{ijk} - \bar{x}_{ij})^2$

Los grados de libertad calculados (df) para el factor A es $(a-1)$, factor B es $(b-1)$, Interacción AB es $(a-1)(b-1)$, Error ab es $(r-1)$, y el Total es $(abr-1)$.

Los Cuadrados Medios (MS) para el factor A son $SSA/df(A)$, factor B son $SSB/df(B)$, factor AB son $SSAB/df(AB)$, Error es $SSE/df(E)$.

El Estadístico F calculado para el factor A es MS(A)/MS (E), factor B es MS (B)/MS (E), y la interacción AB es MS (AB)/MS (E).

El Gráfico 5.21 exhibe estos cálculos en más detalle. En esta tabla usted puede ver que la fila del Factor A es significativa en el nivel 0.10, mientras que la columna del Factor B y la interacción AB es estadísticamente significativas en el nivel 0.01. Podemos concluir que por lo menos un nivel de A y B y por lo menos una combinación de A y B tienen un efecto significativo.

	Factor B1	Factor B2	Factor B3	Promedio
Factor A1	804	836	804	
Factor A1	816	828	808	816.0000
Factor A2	819	844	807	
Factor A2	813	836	819	823.0000
Factor A3	820	814	819	
Factor A3	821	811	829	819.0000
Factor A4	806	811	827	
Factor A4	805	806	835	815.0000
Promedio	813.0000	823.2500	818.5000	

Cuidado con la columna E. Promediamos el número de filas con base en
la entrada del usuario de los números de replicaciones/filas que existan

Replicación/Filas (Entrada del Usuario)	2	Esta es una entrada de usu...
Número de Filas	8	=CONTEO(B2:B9)
Factores/Filas	4	=B14/B13
Factores/Filas	3	=CONTEO(B2:D2)
Promedio Global	818.2500	=PROMEDIO(B2:D9)
Total SS	3142.5000	ver ecuación a la derecha
Filas de Factores SS	232.5000	=B13*B16*((E3-B17)^2+(E5-B17)^2+(E7-B17)^2+(E9-B17)^2)
Columnas de Factores SS	421.0000	=B13*B15*((B11-B17)^2+(C11-B17)^2+(D11-B17)^2)
Interacción SS	2155.0000	=B18-B19-B20-B22
Errores SS	334.0000	ver ecuación a la derecha
Filas de Factores MS	77.5000	=B19/(B15-1)
Columnas de Factores MS	210.5000	=B20/(B16-1)
Interacción MS	359.1667	=B21/((B15-1)*(B16-1))
Errores MS	27.8333	=B22/((B15*B16*(B13-1))
Estadístico F para Fila de Factores	2.7844	=B23/B26
Estadístico F para Columna de Factores	7.5629	=B24/B26
Estadístico F para Interacción	12.9042	=B25/B26
Fila de Factores DF	3	=B15-1
Columna de Factores DF	2	=B16-1
Interacción DF	6	=(B15-1)*(B16-1)
Ambos Factores DF	12	=B15*B16*(B13-1)
Valor-p para Fila de Factores	0.0864	=FDIST(B27,B30,B33)
Valor-p para Columna de Factores	0.0075	=FDIST(B28,B30,B33)
Valor-p para Interacción	0.0001	=FDIST(B29,B32,B33)

$$B18=(B2\text{-}\$B\$17)^2+(B3\text{-}\$B\$17)^2+(B4\text{-}\$B\$17)^2+(B5\text{-}\$B\$17)^2+(B6\text{-}\$B\$17)^2+(B7\text{-}\$B\$17)^2+(B8\text{-}\$B\$17)^2+(B9\text{-}\$B\$17)^2+(C2\text{-}$$
$$\$B\$17)^2+(C3\text{-}\$B\$17)^2+(C4\text{-}\$B\$17)^2+(C5\text{-}\$B\$17)^2+(C6\text{-}\$B\$17)^2+(C7\text{-}\$B\$17)^2+(C8\text{-}\$B\$17)^2+(C9\text{-}\$B\$17)^2+(D2\text{-}\$B\$17)^2+(D3\text{-}$$
$$\$B\$17)^2+(D4\text{-}\$B\$17)^2+(D5\text{-}\$B\$17)^2+(D6\text{-}\$B\$17)^2+(D7\text{-}\$B\$17)^2+(D8\text{-}\$B\$17)^2+(D9\text{-}\$B\$17)^2$$

fíjese en esta... el ejemplo tiene 2 replicaciones así que promediamos únicamente dos filas, si la replicación es 5 entonces promedie
todas las 5 filas y saque la diferencia y saque el cuadrado todos los 5 ítems...

$$B22=(B2\text{-PROMEDIO}(B2:B3))^2+(B3\text{-PROMEDIO}(B2:B3))^2 \; + \; (B4\text{-PROMEDIO}(B4:B5))^2+(B5\text{-PROMEDIO}(B4:B5))^2 \; + \; (B6\text{-PROMEDIO}(B6:B7))^2+(B7\text{-PROMEDIO}(B6:B7))^2 \; + \; (B8\text{-PROMEDIO}(B8:B9))^2+(B9\text{-PROMEDIO}(B8:B9))^2 \; + \; (C2\text{-PROMEDIO}(C2:C3))^2+(C3\text{-PROMEDIO}(C2:C3))^2 \; + \; (C4\text{-PROMEDIO}(C4:C5))^2+(C5\text{-PROMEDIO}(C4:C5))^2 \; + \; (C6\text{-PROMEDIO}(C6:C7))^2+(C7\text{-PROMEDIO}(C6:C7))^2 \; + \; (C8\text{-PROMEDIO}(C8:C9))^2+(C9\text{-PROMEDIO}(C8:C9))^2 \; + \; (D2\text{-PROMEDIO}(D2:D3))^2+(D3\text{-PROMEDIO}(D2:D3))^2 \; + \; (D4\text{-PROMEDIO}(D4:D5))^2+(D5\text{-PROMEDIO}(D4:D5))^2 \; + \; (D6\text{-PROMEDIO}(D6:D7))^2+(D7\text{-PROMEDIO}(D6:D7))^2 \; + \; (D8\text{-PROMEDIO}(D8:D9))^2+(D9\text{-PROMEDIO}(D8:D9))^2$$

Resultados del ANOVA de Dos Vías

	DF	SS	MS	F	p
Fila de Factores	3	232.5000	77.5000	2.7844	0.0864
Columna de Factor	2	421.0000	210.5000	7.5629	0.0075
Interacción	6	2155.0000	359.1667	12.9042	0.0001
Error	12	334.0000	27.8333		
Total	23	3142.5000			

Gráfico 5.21: Cálculos de ANOVA de Dos Vías

PASO 1 Datos — Ingrese manualmente sus datos, pegu... aplicación, o cargue una base de ejen

PASO 2 Análisis — Seleccione un tipo de análisis e ingrese los parámetros requeridos (ve parámetros de ejemplo debajo de las entradas)

Conjunto de Datos Visualización Comandos

Vista Todos Métodos

N	VAR22	VAR23	VAR24	VAR25
NOTES	Notes	Factor B1	Factor B2	Factor B3
1	Factor A1	804	836	804
2	Factor A1	816	828	808
3	Factor A2	819	844	807
4	Factor A2	813	836	819
5	Factor A3	820	814	819
6	Factor A3	821	811	829

ANOVA (Análisis de dos caminos)
ANOVA (Bloques de Tratamientos Múltiples Aleatorizados)
ANOVA (modelo lineal Geral MANOVA)
ANOVA (Tratamiento Simple de Factores Múltiples)
Análisis de componentes principales
Análisis de datos: Subtotal por categoría
Análisis de Datos: Sólo Valores Únicos
Análisis de datos: Tabulación cruzada
Análisis de Datos: Únicamente Nuevos Valores
Análisis de Series de Tiempo (Aditivo Estacional)
Análisis de Series de Tiempo (Auto)
Análisis de Series de Tiempo (Holt-Winter Aditivo)
Análisis de Series de Tiempo (Holt-Winter Multiplicativo)
Análisis de Series de Tiempo (Multiplicativo Estacional)
Análisis de Series de Tiempo (Promedio Móvil Doble (Lag))
Análisis de Series de Tiempo (Promedio Móvil Doble)
Análisis de Series de Tiempo (Promedio Móvil Simple)
Análisis de Series de Tiempo (Suavizamiento Exponencial Dob...
Análisis de Series de Tiempo (Suavizamiento Exponencial Sim...

VAR23; VAR24; VAR25
2

Datos Tamaño (>0)
> Var1, Var2, Var3
> 2

PASO 3 Ejecutar [Ejecutar]

Ejecute el a o guarde lo los resultad los resultad o genere in

- Utilice todos los datos
Filas de uso

Resultados Gráficas

ANOVA de dos Factores Múltiples Tratamientos (r hubo diferencia entre las de tratamiento para facto línea y columna e interac

Puede guardar a

- Mostrar Sólo Resultados Nuevos   Añadir Resultados al Final

```
Two Way ANOVA Results

                DF  Sumas de Cuadrados  Media Cuadrada  Estadistica F  p-Valor
Row Factor      3       232.50             77.50          2.7844        0.0864
Column Factor   2       421.00            210.50          7.5625        0.0075
Interaction     6      2155.00            359.17         12.9042        0.0001
Error          12       334.00             27.83
Total          23      3142.50
```

Nombre
Notas

Añadir
Editar
Borrar
Salvar
Salir

Gráfico 5.22: ANOVA Bidireccional en ROV BizStats

ANCOVA, MANOVA, Y MANOVA DE DOS VÍAS

El Análisis Múltiple de Varianza, o MANOVA, amplía el modelo ANOVA de Múltiples Tratamientos de Factor Único. El MANOVA de Dos-Vías es una extensión del modelo ANOVA de Dos-Vías. Observe el Gráfico 5.23 a manera de comparación de estos Modelos Lineales Generales y el Gráfico 5.24 para los ejemplos y la configuración de datos requerida en BizStats.

Como recordatorio de los distintos métodos ANOVA, la variación del modelo *ANOVA de Múltiples Tratamientos de Factor Único* se utiliza para probar las diferencias estadísticas de *una* variable dependiente numérica continua frente a *una* variable independiente categórica (con múltiples subcategorías o tipos de tratamiento). Estos tratamientos se consideran en conjunto como un factor único que se está probando. Como ejemplo, recolectamos y modelamos los puntajes de exámenes de matemáticas de 90 estudiantes (los puntajes de los exámenes de matemáticas son valores continuos y se consideran en conjunto como la variable única dependiente) que se han asignado aleatoriamente dentro de tres diferentes grupos de tratamiento (p.ej., Matemáticas rusas, Matemáticas de Singapur, Matemáticas norteamericanas) para ver si las tres distintas técnicas de enseñanza generan diferencias significativas a nivel estadístico en las aptitudes matemáticas. En este ejemplo, la variable dependiente son los puntajes de los exámenes de matemáticas (valores numéricos entre 0% y 100%), y la variable independiente son las diferentes técnicas de enseñanza de las matemáticas (valores nominales categóricos de las tres técnicas de enseñanza de las matemáticas).

Las *Medidas Repetidas de Factor Único ANOVA* se utilizan cuando el investigador desea probar la validez del instrumento de prueba. Por ejemplo, un grupo de 30 estudiantes está sujeto a tres exámenes de matemáticas en momentos diferentes. Dependiendo de la pregunta en la investigación estos exámenes de matemáticas son similares usualmente (p.ej., idénticos niveles de dificultad, conceptos similares con preguntas ligeramente distintas, preguntas idénticas realizadas un poco diferente, preguntas similares pero ordenadas diferente, etc.) Solamente hay *una* variable dependiente (puntajes del examen de matemáticas) y *una* variable independiente (exámenes de matemáticas, catalogados como primer examen, segundo examen, o tercer examen).

El *ANOVA con Variables de Bloqueo* se utiliza para probar *una* variable dependiente frente a *una* variable independiente, mientras que controla, o *bloquea*, una variable exógena que posiblemente puede impactar a la variable dependiente. Por ejemplo, las tres técnicas de enseñanza de matemáticas (la variable independiente) se prueban en un grupo de estudiantes, pero el tipo de escuela (privada, pública, en el hogar) se controla.

Una aproximación es *ANCOVA*, o *Análisis de Covarianza*, en donde un modelo ANOVA de factor único con tratamientos repetidos (Grupo 1) que remueve los efectos de las covariables del Grupo 2. Los efectos netos después de contabilizar las covariables será probar la hipótesis nula en la que varios de los tratamientos del Grupo 1 son idénticos entre sí. Los efectos de la covariable se utilizan como punto de referencia, o como valores de control del caso base, de los efectos que no son del interés del investigador. Ejemplos de los efectos de las covariables pueden incluir diferentes niveles de riqueza de las familias de los estudiantes o si las escuelas están en áreas urbanas o rurales. El modelo ANCOVA requiere que estos dos grupos de variables tengan el mismo número de variables. Debido a que existen controversias alrededor del uso de los métodos ANCOVA, mejor se podría en cambio aplicar la regresión múltiple

A continuación, el *ANOVA de Dos-Vías* ofrece una extensión para incluir *una* variable dependiente frente a *dos* variables independientes, o factores, y sus interacciones. Por ejemplo, se recopilan los mismos puntajes numéricos de los exámenes de matemáticas (variable dependiente) pero los estudiantes se dividen en un diseño factorial de 3 x 3 con tratamientos de dos factores (variables independientes). Por ejemplo, el Factor A son las diferentes técnicas de enseñanza (Matemáticas rusas, Matemáticas de Singapur, Matemáticas norteamericanas) y el Factor B es la duración al enseñar las técnicas matemáticas (p.ej., 1 mes, 3 meses, 6 meses), para saber si el Factor A, Factor B, o la Interacción de los Factores A & B, ocasionan cualesquiera diferencias estadísticas perceptibles en los puntajes de los exámenes de aptitud en matemáticas.

El *Análisis Múltiple de Varianza*, o modelo *MANOVA*, amplía el ANOVA de Factor Único que permite múltiples variables dependientes a la vez frente a una variable independiente. Por ejemplo, se recopilan múltiples variables numéricas continuas, tales como los puntajes de los exámenes de matemáticas, los puntajes en las encuestas de satisfacción de los estudiantes y las clasificaciones de los profesores, y estas variables dependientes se comparan frente una única variable independiente categórica (p.ej., escuela pública, privada, subvencionada, y enseñanza en el hogar). Se piensa en MANOVA como múltiples ejecuciones simultáneas de ANOVA). Sin embargo, MANOVA tiene unas cuantas ventajas fundamentales sobre ANOVA. Protege frente a los Errores Tipo 1 comparado con ejecutar independientemente múltiples modelos ANOVA. Algunas veces, MANOVA puede revelar potencialmente las diferencias estadísticas que no fueron descubiertas al ejecutar múltiples pruebas independientes de ANOVA. Sin embargo, MANOVA puede ser significativamente más complicado que ANOVA, ocasionando ambigüedad al sacar conclusiones concretas sobre las que la variable independiente puede o no afectar a cada una de las variables dependientes.

El *MANOVA de Dos-Vías* permite probar *múltiples* variables dependientes frente a *dos* variables independientes o factores. Ampliando el ejemplo anterior, similarmente recopilamos múltiples variables numéricas continuas tales como los puntajes de los exámenes de matemáticas, los puntajes de las encuestas de satisfacción de los estudiantes, y las clasificaciones de los profesores, y estas variables dependientes se comparan con dos variables independientes categóricas. El primer factor variable independiente es el tipo de escuela (pública, privada, subvencionada, y enseñanza en el hogar) y la segunda variable independiente es la condición económica en la que se encuentra el distrito escolar (rico, medio, pobre). El Gráfico 5.23 resume los principales métodos ANOVA y MANOVA. Finalmente, en otras situaciones multivariadas, sería más adecuado aplicar modelos de regresión múltiple utilizando variables simuladas en lugar de las variables independientes categóricas.

MODELO LINEAL GENERAL	Variable(s) Dependiente	Variable(s) Independientes	Notas
ANOVA de Factor Único con Múltiples Tratamientos	Una	Una	Un factor con múltiples tipos de tratamiento
ANOVA de Factor Único con Medidas Repetidas	Una	Una	Repetición de pruebas similares para fines de confiabilidad
ANOVA con Variables de Bloqueo	Una	Una	Controles y pruebas para impactos exógenos.
ANOVA de Dos-Vías	Una	Dos	Dos factores con múltiples tipos de tratamiento cada uno, y prueba de sus interacciones
ANCOVA	Una	Una	Controles para las líneas de base utilizando covariables.
MANOVA	Múltiple	Una	ANOVA simultánea al probar, a la misma vez, múltiples variables dependientes.
MANOVA de Dos-Vías	Múltiple	Dos	Dos factores, cada uno con múltiples tipos de tratamiento, y prueba de sus interacciones sobre múltiples variables dependientes, a la vez.

Tabla 5.23: Métodos de Comparación ANOVA y MANOVA

ANOVA para Múltiples Tratamientos de Factor Único

1 Variable Dependiente vs. 1 Variable Independiente (Múltiples Tratamientos de Un Factor)

Participantes	Método 1 Tratamiento	Método 2 Tratamiento	Método 3 Tratamiento
Persona 1	58	80	96
Persona 2	68	82	92
Persona 3	70	88	90
...	...	...	...
...	...	...	...
Persona 30	72	86	88

* Método 1: Matemática Rusa; Método 2: Matemática de Singapur; Método 3: Matemática USA
* Factor Único Probado: Diferentes Técnicas de Enseñanza
* Variable Dependiente =Puntajes de Matemáticas (valores numéricos contínuos en la tabla)
*Variable Independiente = Técnicas de Enseñanza (grupos por columna)

ANOVA para Medidas Repetidas de Factor Único

1 Variable Dependiente vs. 1 Variable Independiente (Pruebas Repetidas)

Participantes	Prueba 1	Prueba 2	Prueba 3
Persona 1	50	52	50
Persona 2	88	90	92
Persona 3	60	62	58
...	...	...	...
...	...	...	...
Persona 30	78	80	80

* Se utiliza el mismo tratamiento pero los participantes se prueban múliples veces
*Variable Dependiente = Puntajes de Matemáticas (valores numéricos continuos en la tabla)
* Los mismos estudiantes son sometidos a múltiples pruebas

ANOVA with Blocking Variable

1 Variable Dependiente vs. 1 Variable Independiente con Variable de Bloqueo

Bloques	Método 1 Tratamiento	Método 2 Tratamiento	Método 3 Tratamiento
Escuela Privada	66	82	94
Escuela Pública	68	84	90
Enseñanza en el Hogar	70	88	90

* Método 1: Matemática Rusa; Método 2: Matemática de Singapur; Método 3: Matemática de USA
* Factor Único Probado: Diferentes Técnicas de Enseñanza
* Variable Dependiente =Puntajes de Matemáticas (valores numéricos continuos en la tabla)
*Variable Independiente = Técnicas de Enseñanza (grupos por columna)
* Variable de Bloqueo = Tipo de escuela (variable a controlar)

ANOVA DE DOS-VÍAS

1 Variable Dependiente vs. 2 Variables Independientes (Múltiples Tratamientos de Un Factor)

Factor B	Method 1 Factor A1	Method 2 Factor A2	Method 3 Factor A3
Factor B1: 1 Mes	68	82	96
Factor B2: 3 Meses	72	84	86
Factor B3: 6 Meses	66	90	92

* Los Dos Factores Probados: Diferentes Técnicas de Enseñanza vs. Duración de la Enseñanza
* Factor A::Matemática Rusa; Método 2: Matemática de Singapur; Método 3: Matemática de USA
* Factor B:: 1 Mes, 3 Meses, 6 Meses
*Variable Dependiente = Puntajes de Matemáticas (valores numéricos contínuos en la tabla)
* Este ejemplo es un Modelo Factorial de 3 x 3

Tabla 5.24: Ejemplos de ANOVA y MANOVA y Configuración de Datos
(continúa)

MANOVA
Múltiples Variables Dependientes vs. 1 Variable Independiente

Var Independiente Escuelas	Var 1 Dependiente Puntajes Matemáticas	Var 2 Dependiente Satisfacción	Var 3 Dependiente Calificación de Profesores
Públicas	76.7	29.5	7.5
Públicas	60.5	32.1	6.3
Públicas	96.1	40.7	4.2
Privadas	76.9	20.4	3.0
Privadas	...	...	...
Privadas	...	...	...
Subvencionada	...	...	...
Subvencionada	...	...	...
Subvencionada	...	...	...
En el hogar	...	...	...
En el hogar	80.0	54.2	4.0
En el hogar	54.7	32.1	5.7

* Múltiples Variables Dependientes = Los valores numéricos en la tabla incluyen
puntajes de examenes, puntaje de la encuesta de satisfacción de los estudiantes, y las calificaciones de los profesores
* Una Variable Independiente = Tipo de Escuela

MANOVA DE DOS-VÍAS
Múltiples Variables Dependientes vs. 2 Variables Independientes

Var Independiente 1 Escuelas	Independent Var 2 Economía	Var Dependiente 1 Puntajes de Matemáticas	Var Dependiente 2 Satisfacción	Var Dependiente 3 Calificaciones de los Profesores
Públicas	Rico	29.50	29.50	7.50
Públicas	Rico	32.10	32.10	6.20
Públicas	Mediano	40.70	40.70	4.20
Públicas	Mediano	29.50	23.80	7.50
Públicas	Pobre	32.10	32.10	6.30
Públicas	Pobre	40.70	41.50	4.20
Privadas	Rico	...	...	...
Privadas	Rico	...	...	...
Privadas	Mediano	...	...	...
Privadas	Mediano	...	...	...
Privadas	Pobre	...	...	...
Privadas	Pobre	...	...	...
En el hogar	Rico	...	...	...
En el hogar	Rico	...	...	...
En el hogar	Mediano	...	...	...
En el hogar	Mediano	39.00	39.00	3.10
En el hogar	Pobre	54.20	55.60	4.00
En el hogar	Pobre	32.10	33.10	5.70

* Múltiples Variables Dependientes = Los valores numéricos en la tabla incluyen
puntajes de examenes, puntaje de la encuesta de satisfacción de los estudiantes, y las calificaciones de los profesores
* Dos Variables Independientes = Tipo de escuela vs. Estatus económico del distrito escolar

Tabla 5.24: Ejemplos de ANOVA y MANOVA y Configuración de Datos
(continúa)

Las Tablas 5.25, 5.26 y 5.27 ilustran los resultados a partir de los modelos MANOVA y MANOVA de Dos-Vías utilizando BizStats. Similar a los modelos ANOVA y ANOVA de Dos-Vías, los resultados indican las distintas sumas de cuadrados, cuadráticos medios, grados de libertad, estadísticos-F, y valores-p para cada una de las variables independientes o factores, así como sus interacciones. Estos resultados se obtienen al ejecutar pruebas entre sujetos, similares a los modelos ANOVA.

Sin embargo, debido a que MANOVA ejecuta múltiples variables dependientes a la vez, para reducir los impactos del Error Tipo I, se deben ajustar los grados de libertad y los estadísticos-F calculados. Los tres ajustes para MANOVA son la Traza de Pillai, Lambda de Wilks y la Traza de Hotelling. Los estadísticos-F y los valores-p calculados se interpretan exactamente igual que sus contrapartes ANOVA.

Tabla 5.25: Resultados MANOVA en BizStats

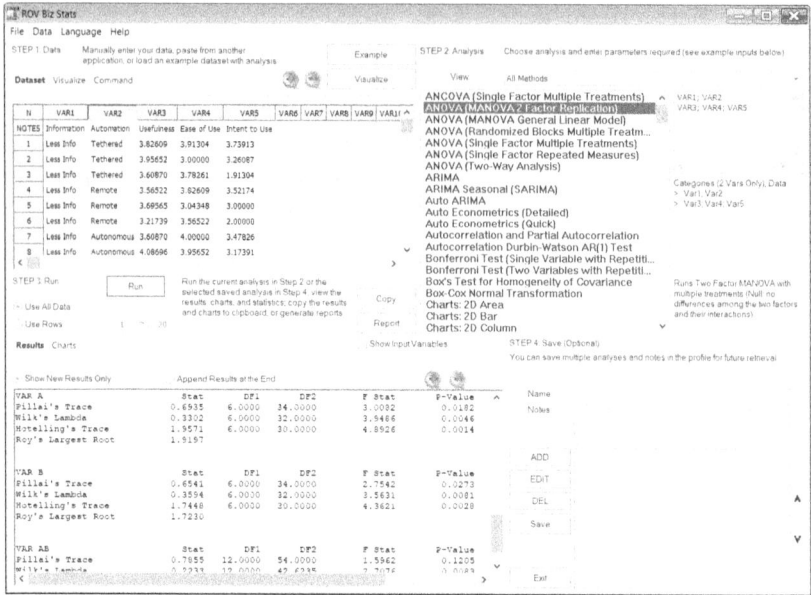

Tabla 5.26: Resultados de MANOVA de Dos-Vías en BizStats

Between Subjects Effects Test

	Sum of Squares	DF	Mean Square	F Stat	P-Value
Variable A on Treatment 1	0.8313	2	0.4157	8.0235	0.0032
Variable A on Treatment 2	1.6406	2	0.8203	7.6865	0.0039
Variable A on Treatment 3	0.6323	2	0.3162	0.2977	0.7461
Variable B on Treatment 1	1.4715	2	0.7357	14.2013	0.0002
Variable B on Treatment 2	0.0287	2	0.0144	0.1346	0.8749
Variable B on Treatment 3	0.6737	2	0.3368	0.3172	0.7322
Interactions AB on Treatment 1	2.6117	4	0.6529	12.6030	0.0000
Interactions AB on Treatment 2	0.6232	4	0.1558	1.4599	0.2556
Interactions AB on Treatment 3	1.8303	4	0.4576	0.4308	0.7845
Errors on Treatment 1	0.9325	18	0.0518		
Errors on Treatment 2	1.9209	18	0.1067		
Errors on Treatment 3	19.1167	18	1.0620		

Multivariate Tests

VAR A	Stat	DF1	DF2	F Stat	P-Value
Pillai's Trace	0.6935	6.0000	34.0000	3.0082	0.0182
Wilk's Lambda	0.3302	6.0000	32.0000	3.9486	0.0046
Hotelling's Trace	1.9571	6.0000	30.0000	4.8926	0.0014
Roy's Largest Root	1.9197				

VAR B	Stat	DF1	DF2	F Stat	P-Value
Pillai's Trace	0.6541	6.0000	34.0000	2.7542	0.0273
Wilk's Lambda	0.3594	6.0000	32.0000	3.5631	0.0081
Hotelling's Trace	1.7448	6.0000	30.0000	4.3621	0.0028
Roy's Largest Root	1.7230				

VAR AB	Stat	DF1	DF2	F Stat	P-Value
Pillai's Trace	0.7855	12.0000	54.0000	1.5962	0.1205
Wilk's Lambda	0.2233	12.0000	42.6235	2.7076	0.0083
Hotelling's Trace	3.4382	12.0000	44.0000	4.2022	0.0002
Roy's Largest Root	3.4266				

Tabla 5.27: Resultados Detallados de MANOVA de
Dos-Vías en BizStats

La distribución Chi Cuadrado se utiliza para modelar tres pruebas:

1. Prueba de Bondad de Ajuste

   H_0: La muestra viene de la distribución especificada.
   H_a: La muestra no viene de la distribución especificada.

2. Prueba de Independencia

   H_0: Las variables son independientes entre sí.
   H_a: Las variables no son independientes entre sí.

3. Comparación de Proporciones de Múltiples Muestras Independientes

   H_0: $\pi_1 = \pi_2 = \ldots = \pi_k$ para la j = poblaciones 1 a k.
   H_a: Al menos uno de los valores π_j difiere de los otros.

Se calculan los tres modelos utilizando ROV BizStats (Gráfico 5.28).

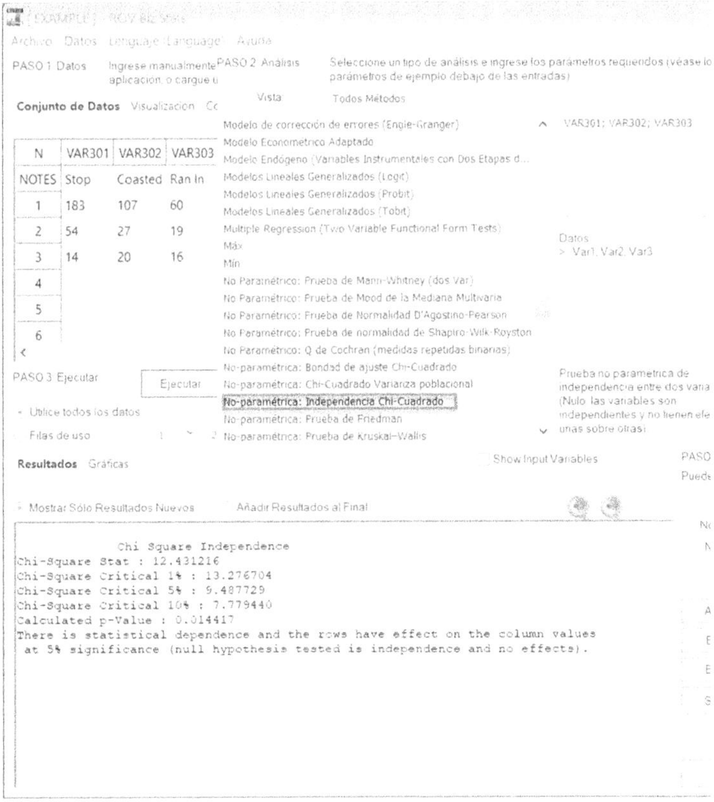

Gráfico 5.28: Pruebas de Chi-Cuadrado en ROV BizStats

El coeficiente de correlación es una medida de la fuerza y dirección de la relación entre dos variables, y puede tomar cualesquiera valores entre –1.0 y +1.0. Es decir, que el coeficiente de correlación se puede descomponer dentro de su signo (relación positiva o negativa entre dos variables) y la magnitud o fuerza de la relación (entre más alto el valor absoluto del coeficiente de correlación, más fuerte la relación).

El coeficiente de correlación se puede calcular de distintas maneras. El primer enfoque es el de calcular la correlación r de dos variables x y y utilizando:

$$r_{x,y} = \frac{n \sum x_i y_i - \sum x_i \sum y_i}{\sqrt{n \sum x_i^2 - (\sum x_i)^2} \sqrt{n \sum y_i^2 - (\sum y_i)^2}}$$

El segundo enfoque es el de utilizar la función *CORREL* de Excel. Por ejemplo, si los 10 puntos de datos para x y y están listados en las celdas A1:B10, entonces la función de Excel que se debe utilizar es *CORREL (A1:A10, B1:B10).*

El tercer enfoque es el de ejecutar *Herramientas Analíticas | Ajuste de Distribución | Multi-Variable,* de Risk Simulator, y la matriz de correlación resultante será calculada y desplegada.

Es importante anotar que la correlación no implica causación. Dos variables aleatorias sin relación alguna pueden mostrar cierta correlación, pero esto no implica ninguna causación entre las dos (p.ej. la actividad de manchas solares y los eventos en la bolsa de valores están correlacionados, pero no hay ninguna causación entre los dos).

Existen dos tipos generales de correlaciones: correlaciones paramétricas y no paramétricas. El coeficiente de correlación producto-momento de Pearson, es la correlación más común y usualmente se conoce sencillamente como el coeficiente de correlación. Sin embargo, la correlación de Pearson es una medida paramétrica, lo que significa que requiere ambas variables correlacionadas para tener una distribución normal subyacente y que la relación entre las variables sea lineal. Cuando se violan estas condiciones, lo que es frecuente en la simulación de Monte Carlo, las contrapartes no paramétricas adquieren más importancia. El coeficiente de correlación de Spearman y la tau de Kendall son dos alternativas paramétricas. La correlación de Spearman se utiliza más comúnmente y es más apropiada cuando se aplica dentro del contexto de la simulación de Monte Carlo-no hay dependencia sobre las distribuciones normales o linealidad, lo que significa que se pueden aplicar las correlaciones entre variables diferentes con distribuciones diferentes. Con el fin de calcular la correlación de Spearman, primero jerarquice todos los valores de las variables x y y, posteriormente aplique los cálculos de la correlación de Pearson.

El Gráfico 5.29 proporciona unos ejemplos visuales de correlaciones paradas entre X y Y. Las correlaciones positivas (A y D) se pueden visualizar como pendientes positivas, mientras que las correlaciones negativas tienen pendientes negativas (B). Una línea plana denota correlación cero. Cuanto más cerca estén los valores a la función lineal, mayor es el valor absoluto de la correlación ($|C| > |B| > |A|$). Las tablas A–D indican correlaciones lineales mientras que la E y G muestran que las correlaciones no lineales tienen mejor ajuste que las correlaciones lineales F y H.

Correlation

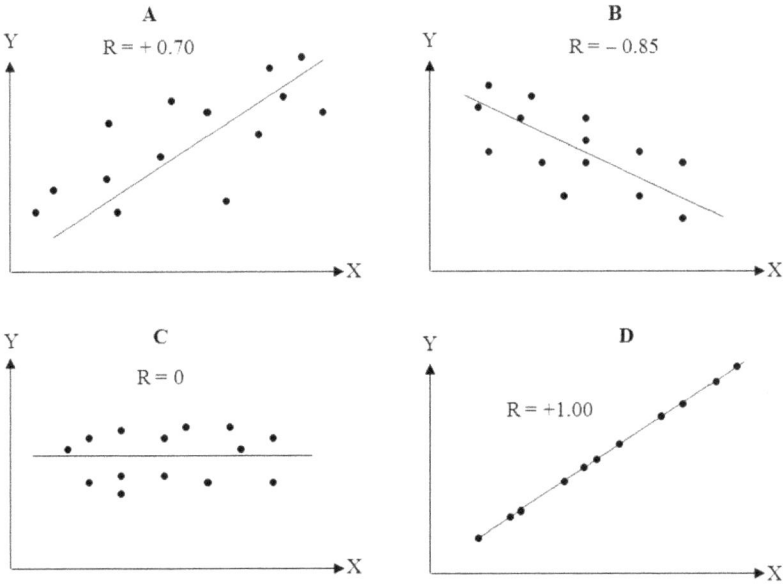

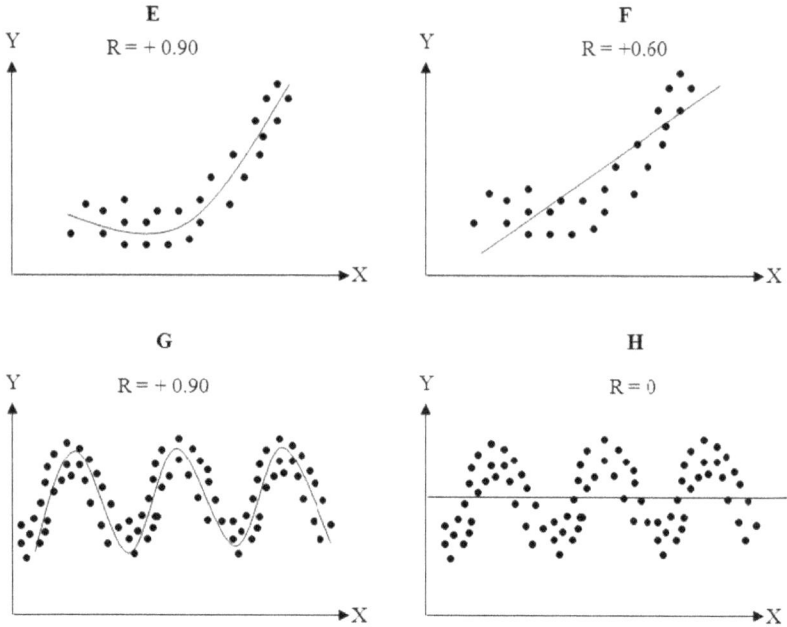

Gráfico 5.29: Correlaciones Lineales y No Lineales

En el caso de Risk Simulator, la correlación que se utiliza es la correlación más robusta de rangos no paramétrica de Spearman. Sin embargo, para simplificar el proceso de simulación, y para ser consistente con la función de correlación en Excel, las entradas de correlación que se requieren son el coeficiente de correlación de Pearson. El Risk Simulator aplicará entonces sus propios algoritmos para convertirlos en la correlación de Spearman, lo que simplifica el proceso. Adicionalmente, para simplificar la interfaz de usuario, le permitimos a los usuarios ingresar la correlación de Pearson más común (p.ej., calculada empleando la función *CORREL* de Excel), mientras que, en los códigos matemáticos, convertimos estas sencillas correlaciones en las correlaciones de Spearman para las simulaciones de distribución.

A continuación, verán algunos efectos fundamentales de la correlación así como unos detalles que serán útiles para la modelación:

- Los coeficientes de correlación están entre –1.00 to +1.00, con 0.00 como un valor posible.

- El coeficiente de correlación consta de dos partes: un signo y un valor. El signo muestra la relación direccional mientras que el valor muestra la magnitud del efecto (cuanto más alto sea el valor, mayor la magnitud, mientras que los valores cero no implican relación). Otra manera de pensar en la magnitud de una correlación es con el inverso del ruido (cuanto menor es el valor, mayor es el ruido).

- La correlación implica dependencia y no causalidad. En otras palabras, si dos variables están correlacionadas, sencillamente significa que ambas variables se mueven juntas en la misma o en la opuesta dirección (correlaciones positivas versus negativas) con cierta fuerza de comovimientos. Sin embargo, no implica que una variable sea la causa de otra. Adicionalmente, uno no puede determinar el impacto exacto de cuánto *causa* que una variable mueva a otra.

- Si hay dos variables independientes entre sí, la correlación será, por definición, cero. Sin embargo, una correlación cero podría no implicar independencia (porque podrían existir algunas relaciones no lineales).

- Las correlaciones se pueden aproximar visualmente en un gráfico X-Y. Si generamos un gráfico X-Y y la línea es plana, la correlación está cerca o igual a cero; si la pendiente es positiva (los datos son ascendentes), entonces la correlación es positiva; si la pendiente es negativa (los datos son descendentes), entonces la correlación es negativa; cuanto más cerca de la línea recta estén los puntos de datos dispersos del gráfico, mayor será el valor de la correlación lineal.

- El coeficiente de correlación poblacional (ρ) se puede definir como la covarianza estandarizada:

  - $\rho_{x,y} = corr(X,Y) = \frac{cov(X,Y)}{\sigma_X \sigma_Y} = \frac{E[(X-\mu_X)(Y-\mu_Y)]}{\sigma_X \sigma_Y}$ en donde X y Y son los datos de dos variables poblacionales. La covarianza mide el promedio o expectativa (E) de los comovimientos de todos los valores de X desde su media (μ_X) multiplicados por los comovimientos de todos los valores Y de su media poblacional (μ_Y). El valor de las covarianzas es entre infinito positivo y negativo, lo que hace que su interpretación sea bastante difícil. Sin embargo, al estandarizar la covarianza, dividiéndola entre la desviación estándar poblacional (σ) de X y, obtenemos el coeficiente de correlación, que está delimitado entre -1.00 y $+1.00$.

- Sin embargo, en la práctica, nosotros usualmente sólo tenemos acceso a los datos muestrales, y el coeficiente de correlación de muestra (r) se puede determinar utilizando los datos muestrales de dos variables x y, sus promedios ($\bar{x}, \bar{y}$), sus desviaciones estándar (s_x, s_y), y el conteo (n) de los pares de datos de x y y:

$$r_{x,y} = \frac{\sum_{i=1}^n x_i y_i - n\bar{x}\bar{y}}{(n-1)s_x s_y} = \frac{\sum_{i=1}^n (x_i - \bar{x})(y_i - \bar{y})}{(n-1)s_x s_y}$$

$$r_{x,y} = \frac{\sum_{i=1}^n (x_i - \bar{x})(y_i - \bar{y})}{\sqrt{\sum_{i=1}^n (x_i - \bar{x})^2 \sum_{i=1}^n (y_i - \bar{y})^2}}$$

$$r_{x,y} = \frac{n\sum_{i=1}^n x_i y_i - \sum_{i=1}^n x_i \sum_{i=1}^n y_i}{\sqrt{n\sum_{i=1}^n x_i^2 - (\sum_{i=1}^n x_i)^2}\sqrt{n\sum_{i=1}^n y_i^2 - (\sum_{i=1}^n y_i)^2}}$$

- Las correlaciones son simétricas. En otras palabras, la $r_{A,B} = r_{B,A}$. Por ende, algunas veces denominamos a los coeficientes de correlación, como correlaciones *pareadas*.

- Si hay n variables, el número total de correlaciones pareadas es: $C_x^n = \frac{n!}{x!(n-x)!}$. Por ejemplo, si hay $n = 3$ variables, A, B, C, el número de combinaciones pareadas ($x = 2$, o se escogen dos elementos a la vez) totalizan $C_2^3 = \frac{3!}{2!(3-2)!} = \frac{3!}{2!1!} = 3$ pares de correlación: $r_{A, B}$, $r_{A, C}$, y $r_{B, C}$.

- Las correlaciones pueden ser lineales o no lineales. El coeficiente de correlación de Pearson se utiliza para modelar las correlaciones lineales, y la correlación de Spearman se utiliza para modelar correlaciones no lineales.

- Las correlaciones lineales (también conocidas como la R de Pearson) se pueden calcular utilizando la función *CORREL* de Excel o por medio de las ecuaciones descritas previamente.

- Las correlaciones no lineales se calculan primero jerarquizando los datos brutos no lineales, y después aplicando la correlación lineal de Pearson. El resultado es una correlación no lineal o R de Spearman. Utilice la versión de correlación (lineal o no lineal) que tenga un mayor valor absoluto.

- La correlación lineal de Pearson también es una correlación paramétrica, con el supuesto subyacente implícito de que los datos son lineales y cercanos a ser distribuidos normalmente. La correlación de Spearman es no paramétrica no depende de que los datos subyacentes sean normales.

- El cuadrado del coeficiente de correlación (R) se llama coeficiente de determinación o R-cuadrado. Este es el mismo R-cuadrado que se utiliza en la modelación de la regresión, e indica la variación del porcentaje en la variable dependiente que se explica dada la variación en la variable (s) independiente.

- El R-cuadrado está limitado para estar entre 0.00 y 1.00, y generalmente aparece como un porcentaje. Específicamente, debido a que R tiene un dominio entre −1.00 y +1.00, elevar al cuadrado ya sea un valor R positivo o negativo siempre arrojará un valor R-cuadrado positivo, y elevar al cuadrado cualquier valor R entre 0.00 y 1.00 siempre arrojará un resultado R-cuadrado entre 0.00 y 1.00. Esto significa que R-cuadrado está localizado entre 0% y 100% por construcción.

- En un modelo simple positivamente relacionado, las correlaciones negativas reducen el riesgo total del portafolio, mientras que las correlaciones positivas aumentan el riesgo total del portafolio. Por otro lado, en un modelo simple relacionado negativamente, las correlaciones negativas aumentan el riesgo total del portafolio, mientras que las correlaciones disminuyen el riesgo total del portafolio.

  - Modelo Positivo (+) con Correlación Positiva (+) = Mayor Riesgo (+).

  - Modelo Positivo (+) con Correlación Negativa (−) = Menor Riesgo (−).

  - Modelo Negativo (−) con Correlación Positiva (+) = Menor Riesgo (−).

- Modelo Negativo (–) con Correlación Negativa (–) = Mayor Riesgo (+).

- Tradicionalmente, la Diversificación del Portafolio implica la siguiente condición: un Modelo Positivo (+) con Correlación Negativa (–) significa un Menor Riesgo (–). Por ejemplo, el riesgo diversificado de los niveles (p) del portafolio se calculan tomando

$$\sigma_P = \sqrt{\sum_{i=1}^{n} \omega_i^2 \sigma_i^2 + \sum_{i=1}^{n} \sum_{j=1}^{m} 2\omega_i \omega_j \rho_{i,j} \sigma_i \sigma_j}$$ donde $\omega_{i,j}$ son las

ponderaciones respectivas o la asignación de capital en cada proyecto; $\rho_{i,j}$ son las correlaciones cruzadas respectivas entre activos, y $\sigma_{i,j}$ son los riesgos de volatilidad. Por ende, si las correlaciones cruzadas con negativas, hay efectos de diversificación del riesgo, y el riesgo del portafolio disminuye.

- Ejemplos sobre un modelo simple relacionado positivamente son un portafolio de inversión (el total de los retornos en un portafolio es la suma de los retornos de cada activo individual, p.ej., A + B + C = D, por consiguiente, el aumentar A o B o C, la D resultante aumentará también, indicando una relación direccional positiva) o el total de ingresos de una compañía, que es la suma de todos los ingresos de los productos individuales. Las correlaciones negativas en dichos modelos significan que si los retornos de un activo disminuyen (pérdidas), los retornos de otros activos aumentarían (utilidades). La dispersión o distribución del total de los retornos netos para la totalidad del portafolio disminuiría (menor riesgo). Por ende, la correlación negativa, *diversificaría* el riesgo del portafolio.

- Alternativamente, un ejemplo de un modelo simple negativamente relacionado es el ingreso menos el costo igual al ingreso neto (p.ej., A – B = C, lo que significa que B aumenta, C disminuiría, indicando una relación negativa). Las variables negativamente correlacionadas en dicho modelo aumentarían la dispersión total de la distribución del ingreso neto.

- En modelos más complejos o más grandes en donde la relación es difícil de determinar (p.ej, en un modelo de flujo de caja descontado en donde tenemos ingresos de un producto agregados a los ingresos de otros productos pero menos los costos para obtener las utilidades brutas, y en donde la depreciación se utiliza como escudos fiscales, después se deducen los impuestos, etc.), y pueden existir tanto correlaciones positivas como negativas entre varios ingresos (p.ej. líneas de productos similares vs líneas de productos que compiten canibalizando sus respectivos ingresos). La única manera de determinar el efecto final es por medio de las simulaciones.

- Usualmente, las correlaciones afectan únicamente al segundo momento (riesgo) de la distribución, dejando al primer momento (media o retornos esperados) relativamente estable. Existe un efecto desconocido en el tercer y cuarto momentos (asimetría y curtosis), y únicamente después de ejecutar una simulación es que se pueden determinar los resultados de manera empírica porque los efectos dependen enteramente del tipo, la asimetría, la curtosis y forma de la distribución. Por ende, en las estimaciones tradicionales de punto único en donde únicamente se puede determinar el primer momento, las correlaciones no afectarán los resultados. Cuando se utilizan los modelos de simulación, se obtiene toda la distribución de probabilidad de los resultados y, por lo tanto, las correlaciones son críticas.

- Las correlaciones se deben emplear en una simulación si hay datos históricos para calcular su valor. Incluso se deben ingresar en situaciones sin datos históricos pero con claras justificaciones teóricas para las correlaciones. De lo contrario, las dispersiones de distribución no serían exactas. Por ejemplo, una curva de demanda, teóricamente tiene una pendiente negativa (correlacionada negativamente), o sea que cuanto más alto el precio, menor la cantidad demandada (debido al ingreso y a los efectos de sustitución) y viceversa. Por consiguiente, si no se ingresan las correlaciones en el modelo, los resultados de la simulación pueden generar aleatoriamente precios altos con altas cantidades demandas, lo que crea ingresos altos extremos, así como precios bajos y cantidades bajas demandadas, creando ingresos bajos extremos. La distribución simulada de probabilidad de ingresos, puede, por lo tanto, tener dispersiones más amplias hacia las colas izquierda y derecha. Estos márgenes más amplios no son representativos de la verdadera naturaleza de la distribución. No obstante, la media o valor esperado de la distribución permanecen relativamente estables. Son únicamente los percentiles y los intervalos de confianza los que aparecen sesgados en el modelo.

- Por consiguiente, incluso sin los datos históricos, si sabemos que las correlaciones no existen a través de la experimentación, la teoría aceptada ampliamente, o sencillamente por lógica y conjeturas, de todas maneras uno debería ingresar las correlaciones aproximadas al modelo de simulación. Este enfoque es aceptable porque el primer momento o los valores esperados de los resultados finales permanecerán inafectados (únicamente se afectarán los riesgos, tal como se mencionó). Usualmente, las siguientes correlaciones aproximadas se pueden aplicar incluso sin los datos históricos:

  - Utilice 0.00 si no hay correlaciones entre variables.

  - Utilice ±0.25 para correlaciones débiles (utilizar el signo apropiado).

  - Utilice ±0.50 para correlaciones medianas (utilizar el signo apropiado).

  - Utilice ±0.75 para correlaciones fuertes (utilizar el signo apropiado).

- Teóricamente es muy difícil, por no decir que imposible, tener grandes conjuntos de datos empíricos provenientes de variables de la vida real que sean perfectamente no correlacionadas (p.ej. una correlación de 0.0000000…y así sucesivamente). Por consiguiente, dados cualesquiera datos aleatorios, el agregar variables adicionales usualmente va a aumentar los valores absolutos totales de los coeficientes de correlación en un portafolio (R-cuadrado siempre aumenta, razón por la cual se presenta el concepto de R-cuadrado Ajustado, que explica el incremento marginal en la correlación total comparado con el número de variables; por ahora piense en R-cuadrado Ajustado como el ajuste a R-cuadrado teniendo en cuenta las correlaciones basura). Por consiguiente, generalmente es importante realizar pruebas estadísticas en los coeficientes de correlación para ver si son estadísticamente significativos o si sus valores se pueden considerar aleatorios e insignificantes. Por ejemplo, sabemos que una correlación de 0.9 probablemente es significativa, pero ¿Qué ocurre con 0.8, o 0.7, o 0.3, y así sucesivamente? Es decir, ¿En qué momento podemos decir estadísticamente que una correlación es insignificantemente diferente de cero; calificaría 0.10, o 0.05, o 0.03, y así sucesivamente?

- La prueba-t con la prueba de hipótesis de $n - 2$ grados de libertad se puede calcular tomando $t = r\sqrt{\frac{n-2}{1-r^2}}$. La hipótesis nula es tal que la correlación de población $\rho = 0$.

- Existen otras medidas de dependencia como la τ de Kendall, la correlación Browniana, el Coeficiente de Dependencia Aleatorizado (RDC), la correlación de entropía, la correlación policórica, la correlación canónica y las medidas de dependencia basadas en cópula. Estas son menos aplicables para la mayoría de datos empíricos y no son tan populares o aplicables en la mayoría de las situaciones.

- Finalmente, a continuación encontrarán algunas notas para aplicar y analizar las correlaciones en Risk Simulator:

  - Risk Simulator utiliza los métodos Normales, T y Cópula Cuasi Normal para simular supuestos de variables correlacionadas. La Cópula Normal está predeterminada, y se puede cambiar dentro de *Risk Simulator | Opciones*. La Cópula T es similar a la Cópula Normal pero permite los valores extremos en las colas (eventos con curtosis más alta), y la Cópula Cuasi-Normal, simula los valores correlacionados entre las Cópulas Normal y T.

  - Después de configurar por lo menos hasta dos o más supuestos, usted puede establecer las correlaciones entre variables pareadas al seleccionar un supuesto existente y utilizando *Risk Simulator | Establecer Supuesto de Entrada-*

  - Alternativamente, se puede utilizar el ítem del menú *Risk Simulator | Herramientas Analíticas | Editar Correlaciones* para ingresar múltiples correlaciones utilizando la matriz de correlación.

- Si existen datos históricos de múltiples variables, por medio del ajuste de distribución utilizando *Risk Simulator | Herramientas Analíticas | Ajuste de Distribución (Multi-Variable),* el reporte automáticamente generará las distribuciones mejor ajustadas con sus correlaciones pareadas calculadas e ingresadas como supuestos de simulación. Más aún, esta herramienta le permite identificar y aislar las correlaciones que se consideran estadísticamente insignificantes utilizando una prueba-t de dos muestras.

PRUEBAS DE NORMALIDAD Y AJUSTE DE DISTRIBUCIÓN

Existen varias pruebas estadísticas para decidir si un conjunto de muestra de datos proviene de una distribución específica. Las más comúnmente utilizadas son las pruebas de Kolmogorov–Smirnov y Chi-cuadrado. Cada prueba tiene sus ventajas y sus desventajas. Las siguientes secciones detallan las particularidades de estas pruebas al ser aplicadas en el ajuste de distribución del análisis de simulación de Monte Carlo. Existen otras pruebas menos poderosas tales como las Jarque–Bera y Shapiro-Wilkes, las cuales no se emplean en el Risk Simulator ya que estas son pruebas paramétricas y su exactitud depende de que el conjunto de datos sea normal o cercano a lo normal. De esta manera, los resultados de estas pruebas a menudo producen sospechas o arrojan resultados inconsistentes.

Prueba Kolmogorov–Smirnov

La prueba Kolmogorov–Smirnov (KS) es una prueba no paramétrica con base en la función de distribución empírica de un conjunto de datos de muestra. Esta característica no paramétrica es la clave para entender la prueba KS, que sencillamente significa que la distribución de la estadística de prueba KS no depende de la función de distribución acumulada subyacente sometida a prueba. No paramétrico sencillamente significa que no se requieren parámetros de distribución predefinidos. En otras palabras, la prueba KS es aplicable a través de una multitud de distribuciones subyacentes. Otra ventaja es que es una prueba exacta si se compara con la prueba de Chi-cuadrado, la cual depende de un tamaño de muestra adecuado para que las aproximaciones sean válidas. A pesar de estas ventajas, la prueba KS tiene varias limitaciones importantes. Sólo aplica a las distribuciones continuas, y tiende a ser más sensible cerca del centro de la distribución que en las colas de la misma. Igualmente, se debe especificar la distribución completamente.

Dados los N puntos de datos ordenados $Y_1, Y_2, \ldots Y_N$, la función de distribución empírica se define como $E_n = n_i / N$ en donde n_i es el número de puntos menor que Y_i en donde Y_i están ordenados del menor al mayor valor. Esta en una función escalonada que aumenta en $1/N$ al valor de cada punto de dato ordenado.

La hipótesis nula indica que el conjunto de datos sigue una distribución especificada, mientras que la hipótesis alternativa significa que el conjunto de datos no sigue la distribución especificada. La hipótesis se prueba utilizando el estadístico KS definido como $KS = \max_{1 \leq i \leq N} \left| F(Y_i) - \frac{i}{N} \right|$, en donde F es la distribución acumulada teórica de la distribución continua que está bajo prueba y que debe estar completamente especificada (p.ej. los parámetros de ubicación, escala, y forma no se pueden estimar a partir de los datos).

La hipótesis con relación a la forma de distribución se rechaza si la prueba del estadístico, *KS*, es mayor que el valor critico obtenido de la tabla que aparece a continuación. *Cabe anotar que 0.03 a 0.05 son los niveles más comunes de los valores críticos (en los niveles de significancia de 1%, 5%, y 10%). Por ende cualquier estadístico KS calculado menores que estos valores críticos implica que no se rechaza la hipótesis nula y que la distribución es un buen ajuste.* Hay diversas variaciones de estas tablas que emplean escalas un tanto diferentes para la estadística de prueba de KS y las regiones críticas. Estas formulaciones alternativas deben ser equivalentes de tal forma que sean consistentes con la manera en que se tabularon los valores críticos. Sin embargo, la regla general es que si una prueba del estadístico KS es menos de 0.03 o 0.05, esto indica que es un buen ajuste.

NIVEL ALFA DE DOS COLAS	KS CRÍTICO
10%	0.03858
5%	0.04301
1%	0.05155

Prueba Chi-Cuadrado

La prueba de bondad de ajuste de Chi-Cuadrado (CS) se aplica a los datos en contenedores (p.ej. los datos colocados en clases), y un rasgo atractivo de la prueba CS es que se puede aplicar a cualquier distribución univariante para la que puede calcular la función de distribución acumulada. Sin embargo, los valores de la estadística de la prueba CS dependen de cómo se agrupan los datos y la prueba requiere un tamaño de muestra suficiente para que la aproximación CS sea válida. Esta prueba es sensible frente a la escogencia de los contenedores. Se puede aplicar a las distribuciones discretas tales como la binomial y la de Poisson, mientras que la prueba KS se limita a las distribuciones continuas.

La hipótesis nula indica que el conjunto de datos sigue una distribución especificada, mientras que la hipótesis alternativa indica que el conjunto de datos no sigue una distribución especificada. La hipótesis se prueba empleando el estadístico CS definido como $\chi^2 = \sum_{i=1}^{k}(O_i - E_i)^2/E_i$, donde O_i es la frecuencia observada para el contenedor i y E_i es la frecuencia esperada para el contenedor i. La frecuencia esperada se calcula por $E_i = N(F(Y_U) - F(Y_L))$, donde F es la función de distribución acumulativa para la distribución que está bajo prueba, Y_U es el límite superior para la clase i, Y_L es el límite inferior para la clase i, y N es el tamaño de la muestra.

La estadística de prueba sigue una distribución CS con $(k - c)$ grados de libertad, donde k es el número de celdas no-vacías y c es el número de parámetros estimados (incluyendo los parámetros de ubicación, escala y forma) para la distribución + 1. Por ejemplo, para una distribución de Weibull de tres parámetros, $c = 4$. Por ende, se rechaza la hipótesis de que los datos provienen de una población con una distribución especificada si $\chi^2 > \chi^2(\alpha, k - c)$ donde $\chi^2(\alpha, k - c)$ es la función de punto porcentual CS con $k - c$ grados de libertad y un nivel de significancia α.

De nuevo, dado que la hipótesis nula indica que los datos siguen alguna distribución especificada, cuando se aplica al ajuste de distribución en Risk Simulator, un valor-p bajo (p.ej. menos de 0.10, 0.05, o 0.01) indica que hay un mal ajuste (se rechaza la hipótesis nula) mientras que un valor-p alto indica un ajuste estadísticamente bueno.

Valores Críticos de la Muestra de la Prueba de Bondad de Ajuste de Chi-Cuadrado.

23 Grados de Libertad

NIVEL ALFA	PUNTO DE CORTE
10%	32.00690
5%	35.17246
1%	1.63840

Criterio de Información de Akaike, Anderson–Darling, Estadístico de Kuiper, y Criterio Schwarz/Bayes

A continuación están los métodos de las pruebas de ajuste de distribución:

- Criterio de Información de Akaike (AIC). Premia la bondad de ajuste, pero también incluye una penalización que es una función creciente del número de parámetros estimados (aunque penaliza el número de parámetros con menos vigor que otros métodos).

- Anderson–Darling (AD). Cuando se aplica para probar si una distribución normal describe adecuadamente un conjunto de datos, es una de las herramientas estadísticas más poderosas para detectar las salidas de normalidad e igualmente poderosa para probar colas normales. Sin embargo, en las distribuciones no normales, esta prueba carece de potencia en comparación con otras.

- Estadístico de Kuiper (K). Relacionado con la prueba KS, lo que la hace tan sensible en las colas como en la mediana además de hacerla invariante bajo transformaciones cíclicas de la variable independiente. Es invaluable en el momento de probar las variaciones cíclicas con el paso de tiempo. En comparación, la prueba AD proporciona igual sensibilidad en las colas como en la mediana, pero no ofrece una invariancia cíclica.

- Criterio de Schwarz/Bayes (SC/BIC). La prueba SC/BIC presenta un término de penalización para el número de parámetros en el modelo, con una mayor penalización que AIC.

La hipótesis nula que está sometida a prueba indica que la distribución ajustada es la misma distribución que la de la población de donde provienen los datos de muestra a ser ajustados. Por ende, si el valor-p calculado es menor que un nivel alfa crítico (típicamente 0.10 o 0.05), entonces la distribución es la equivocada (rechace la hipótesis nula). Por otro lado, cuanto mayor sea el valor-p, mejor se ajustará la distribución a los datos (no rechace la hipótesis nula, lo que significa que la distribución ajustada es la correcta, o la hipótesis nula de H_0: *Error = 0*, en donde el error se define como la diferencia entre los datos empíricos y la distribución teórica). Prácticamente, usted puede pensar en el valor-p como un porcentaje explicado; es decir, por ejemplo, si el valor-p calculado de una distribución normal ajustada es 0.9727, entonces el establecer una distribución normal con la media y la desviación estándar ajustadas explica cerca del 97.27% de la variación en los datos, lo que indica un ajuste especialmente bueno. Tantos los resultados como el reporte muestran la estadística de prueba, el valor-p, la estadística teórica (basada en la distribución seleccionada), la estadística empírica (basada en los datos brutos), los datos originales (para mantener un registro de los datos usados), y los supuestos completos con los parámetros de distribución relevantes (p.ej., si usted seleccionó la opción en Risk Simulator para generar supuestos automáticamente y si ya existe un perfil de simulación). Los resultados también jerarquizan todas las distribuciones seleccionadas y qué tan bien se ajustan a los datos.

Los Gráficos 5.30 y 5.31 ilustran el método de Ajuste de Distribución de Risk Simulator. La hipótesis nula (H_0) que está sometida a prueba indica que la distribución ajustada es la misma distribución de la población de donde provienen los datos de muestra a ser ajustados. Por ende, si el valor-p calculado es menor que el nivel crítico alfa (usualmente 0.10 o 0.05), entonces la distribución es la equivocada. Por otro lado, *cuanto mayor sea el valor-p, mejor se ajustará la distribución a los datos*. Prácticamente, usted puede pensar en el valor-p como un *porcentaje explicado*; es decir, si el valor-p calculado es 0.9996 (Gráfico 5.31), entonces el establecer una distribución normal con una media de 100.67 y una desviación estándar de 10.40 explica cerca del 99.96% de la variación en los datos, lo que indica un ajuste especialmente bueno. Los datos provienen de una simulación de 1.000 pruebas en Risk Simulator con base en una distribución normal con una media de 100 y una desviación estándar de 10. Debido a que únicamente se simularon 1.000 pruebas, la distribución resultante está bastante cercana a los parámetros de distribución especificados y, en este caso, tiene un 99.96% de precisión.

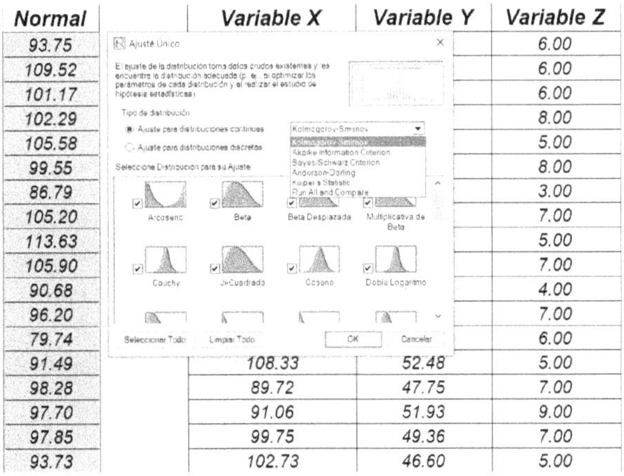

Normal	Variable X	Variable Y	Variable Z
93.75			6.00
109.52			6.00
101.17			6.00
102.29			8.00
105.58			5.00
99.55			8.00
86.79			3.00
105.20			7.00
113.63			5.00
105.90			7.00
90.68			4.00
96.20			7.00
79.74			6.00
91.49	108.33	52.48	5.00
98.28	89.72	47.75	7.00
97.70	91.06	51.93	9.00
97.85	99.75	49.36	7.00
93.73	102.73	46.60	5.00

Gráfico 5.30: Configuración del Ajuste de Distribución en Risk Simulator

Resultado Ajustado de la Distribución

Distribución	Estudio Estadí...	Valor-P	Rango
Normal	0.02	99.96 %	1
Erlang	0.03	98.94 %	2
Gamma	0.03	98.83 %	3
Logarítmica Normal	0.03	98.37 %	4
Lognormal Desplazada	0.03	98.33 %	5
Multiplicativa de Beta	0.03	97.92 %	6
Logística	0.03	97.19 %	7
PERT	0.03	96.65 %	8
PearsonV	0.04	93.12 %	9
Parabólico	0.04	88.55 %	10
Laplace	0.05	76.07 %	11
Gumbel Mínimo	0.05	73.91 %	12
Weibull	0.05	58.36 %	13
Gumbel Máxima	0.05	57.47 %	14
Doble Logaritmo	0.06	44.25 %	15
Cauchy	0.07	28.29 %	16
Triangular	0.08	15.90 %	17
Arcoseno	0.10	4.54 %	18

Resumen Estadístico

Distribución Empírica contra Teórica

Normal
Media = 100.67
Desv Est = 10.40

Kolmogorov-Smirnov Test Statistic
Estudio Estadístico: 0.02
Valor-P: 99.96 %

	Real	Teórico
Promedio	100.61	100.67
Desviación Estándar	10.31	10.40
Asimetría	0.01	0.00
Curtosis	-0.13	0.00

☑ Automáticamente Generar Supuestos   OK   Cancelar

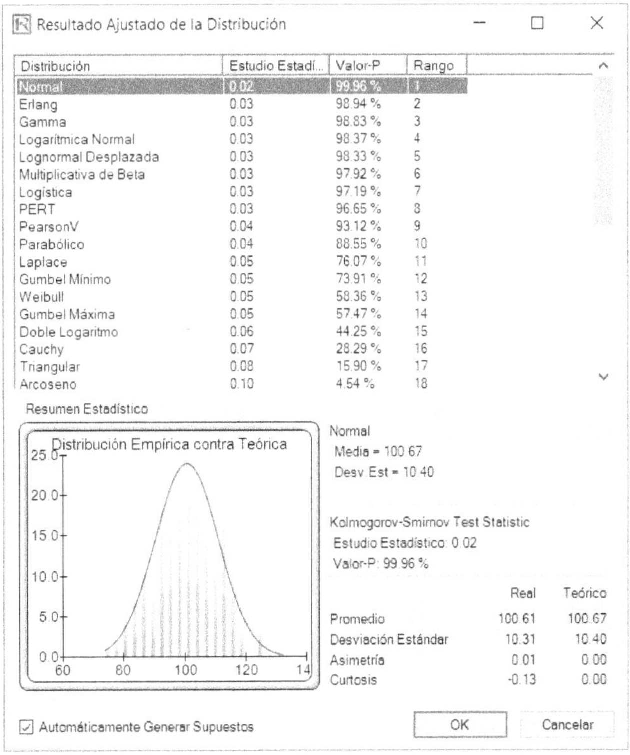

Gráfico 5.31: Resultados del Ajuste de Distribución en Risk Simulator

Existen algunos métodos y pruebas que por naturaleza se consideran no paramétricas. Si se comparan con las pruebas paramétricas (p.ej. prueba-t, prueba-z, prueba-F, ANOVA), las pruebas no paramétricas tienen las siguientes ventajas y una única desventaja:

- Se requieren menos supuestos para la población de datos subyacentes. Específicamente, una prueba no paramétrica no requiere que la población sea distribuida normalmente. De hecho, no requiere ninguna distribución específica, y por lo tanto, en ciertas ocasiones se llama libre de distribución, o pruebas sin parámetros de población específicos (p.ej. no paramétrico).

- Se pueden utilizar tamaños más pequeños de muestra.

- Se pueden probar datos con escalas nominales y ordinales.

- Los métodos no paramétricos tienen menor potencia y utilizan los datos menos eficientemente. En consecuencia, si ya se cumplieron los supuestos, es mejor utilizar las pruebas paramétricas siempre que sea posible.

Algunas de las pruebas no paramétricas más comunes son: la prueba de Corridas para aleatoriedad o Prueba de Runs, la prueba de Wilcoxon, la prueba de Lilliefors, la prueba de Kruskal–Wallis, y la prueba de Friedman.

Prueba de Runs para Aleatoriedad

La prueba de Runs evalúa la aleatoriedad de una serie de observaciones al analizar el número de corridas que contiene. Una corrida es una aparición consecutiva de una o más observaciones que son similares. La hipótesis nula probada indica si la secuencia de datos es aleatoria, versus la hipótesis alternativa que indica si la secuencia de datos no es aleatoria:

H_0: La secuencia es aleatoria

H_a: La secuencia no es aleatoria

Para los datos nominales con dos resultados (p.ej. cara y sello al lanzar una moneda, llegada a un banco de clientes masculinos y femeninos), se captura la serie de eventos, y se calcula el número de corridas. Por ejemplo, en la serie F M M M F F M, habría un total de

4 corridas, o en la serie H H T T T T H H, habría 3 corridas. Para los datos ordinales, de intervalo y de razón, primero se calcula la mediana, y las corridas se convierten en signos de + and – por encima o por debajo de la mediana. Después se calcula un estadístico-z con base en el número de corridas (T) observadas, y el número total de observaciones en cada uno de los tipos (n_1 y n_2):

$$z = \frac{T - \left(\dfrac{2n_1 n_2}{n_1 + n_2} + 1 \right)}{\sqrt{\dfrac{2n_1 n_2 (2n_1 n_2 - n_1 - n_2)}{(n_1 + n_2)^2 (n_1 + n_2 - 1)}}}$$

Después se calcula el valor-p normal estándar, suponiendo, por supuesto, que los tamaños de muestra $n_1 \geq 10$ y $n_2 \geq 10$.

El Gráfico 5.32 ilustra una serie de 30 puntos de datos y las aplicaciones de la prueba de Runs. El estadístico-z calculado es –2.23 y el valor-p de dos colas es 0.0257, lo que significa que rechazamos la hipótesis nula. Concluimos que la serie no es suficientemente aleatoria en un 5% de significancia, ya que el número de corridas observadas sólo fue 10, mientras que el número esperado de corridas que se consideran estadísticamente aleatorias es 16.

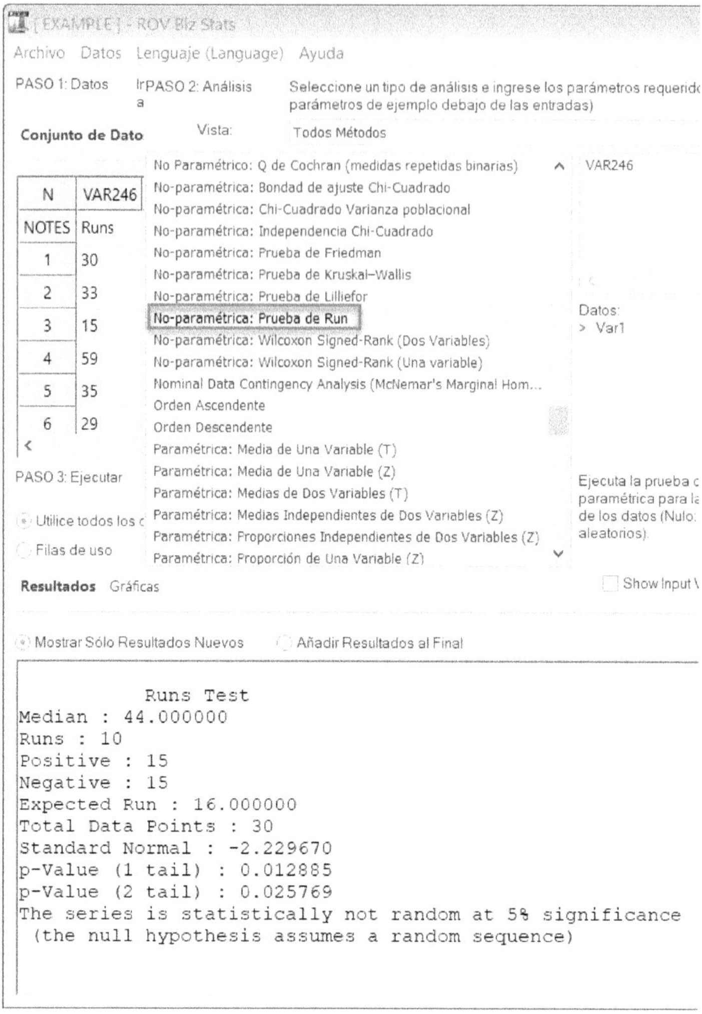

Archivo   Datos   Lenguaje (Language)   Ayuda

PASO 1: Datos   IrPASO 2: Análisis   Seleccione un tipo de análisis e ingrese los parámetros requeridos
                 a   parámetros de ejemplo debajo de las entradas)

Conjunto de Dato   Vista: Todos Métodos

N	VAR246
NOTES	Runs
1	30
2	33
3	15
4	59
5	35
6	29

No Paramétrico: Q de Cochran (medidas repetidas binarias)   VAR246
No-paramétrica: Bondad de ajuste Chi-Cuadrado
No-paramétrica: Chi-Cuadrado Varianza poblacional
No-paramétrica: Independencia Chi-Cuadrado
No-paramétrica: Prueba de Friedman
No-paramétrica: Prueba de Kruskal–Wallis
No-paramétrica: Prueba de Lilliefor
No-paramétrica: Prueba de Run   Datos:
No-paramétrica: Wilcoxon Signed-Rank (Dos Variables)   > Var1
No-paramétrica: Wilcoxon Signed-Rank (Una variable)
Nominal Data Contingency Analysis (McNemar's Marginal Hom...
Orden Ascendente
Orden Descendente
Paramétrica: Media de Una Variable (T)
PASO 3: Ejecutar   Paramétrica: Media de Una Variable (Z)   Ejecuta la prueba c
                      Paramétrica: Medias de Dos Variables (T)   paramétrica para la
○ Utilice todos los c Paramétrica: Medias Independientes de Dos Variables (Z)   de los datos (Nulo:
                      Paramétrica: Proporciones Independientes de Dos Variables (Z)   aleatorios):
○ Filas de uso   Paramétrica: Proporción de Una Variable (Z)

Resultados Gráficas   ☐ Show Input \

○ Mostrar Sólo Resultados Nuevos   ○ Añadir Resultados al Final

```
              Runs Test
Median : 44.000000
Runs : 10
Positive : 15
Negative : 15
Expected Run : 16.000000
Total Data Points : 30
Standard Normal : -2.229670
p-Value (1 tail) : 0.012885
p-Value (2 tail) : 0.025769
The series is statistically not random at 5% significance
 (the null hypothesis assumes a random sequence)
```

Gráfico 5.32: Prueba de Runs No Paramétrica para Aleatoriedad

Cabe anotar que la prueba de Runs es no paramétrica, lo que significa que su poder estadístico es relativamente bajo. Por ejemplo, a continuación hay unos ejemplos de secuencias aleatorias vs no aleatorias.

Caso A: 1, 1, 1, 1, 1, 2, 2, 2, 2, 2. Claramente esta no es aleatoria ya que los valores son iguales y después saltan y se mantienen iguales. BizStats retorna un valor-p de dos colas de 0.0072 lo que nos permite rechazar la hipótesis nula de aleatoriedad y concluir que esta serie no es aleatoria.

Caso B: 1, 3, 1, 3, 1, 3, 1, 3, 1, 3. Claramente esta no es aleatoria porque hay una secuencia predecible en donde sube y baja y la serie se repite. BizStats retorna un valor-p de dos colas de 0.0072 lo que nos permite rechazar la hipótesis nula de aleatoriedad y concluir que esta serie no es aleatoria.

Caso C: 1, 1, 3, 3, 1, 1, 3, 3, 1, 1, 3, 3, 1, 1, 3, 3, 1, 1, 3, 3. Esta debe ser no aleatoria debido a la menor potencia de prueba de la prueba de Runs no paramétrica. El valor-p calculado de dos colas es 0.6458, lo que indica que esta es una serie aleatoria. Por ende, sea particularmente cuidadoso con la prueba de Runs. Igualmente se deben emplear otros métodos alternativos, para revisar la aleatoriedad, incluyendo la Tabla de Control C del proceso estadístico.

Caso D: 1.25, 1.01, 3.99, 3.12, 1.01, 1.95, 3.02, 3.45, 1.11, 1.25, 3.33, 3.96, 1.55, 1.41, 3.15, 3.61, 1.18, 1.36, 3.05, 3.56. En realidad, esta es una secuencia similar al Caso C, pero con decimales adicionales. A primera vista, uno puede brevemente decidir que el Caso C no es aleatorio ya que sigue un patrón discernible, pero el Caso C es aleatorio ya que no hay patrón. Sin embargo, al mirar de cerca, verá que todo lo que hicimos fue agregar decimales a los enteros, pero ocurren las mismas fluctuaciones alrededor de la mediana. De hecho, BizStats calcula el valor-p de la prueba de Runs para ser exactamente el mismo, en 0.6458, lo que nos lleva a concluir que esta serie es aleatoria.

Caso E: 8.44, 15.01, 71.65, 32.68, 26.43, 7.00, 73.79, 49.05, 16.43, 39.05, 84.86, 92.15, 89.75, 49.10, 79.34, 37.82. Esta serie se ve un tanto aleatoria y el valor-p calculado es 0.3006, así que no podemos rechazar la hipótesis nula y concluimos que la serie es aleatoria.

Tal como se comentó, las técnicas no-paramétricas no hacen supuestos acerca de la forma o distribución específica desde donde se extrae la muestra. Esta falta de supuestos es diferente de otras pruebas de hipótesis como ANOVA o las pruebas-t (pruebas paramétricas) en donde se asume que la muestra se extrae de una población que es distribuida normalmente o aproximadamente normal. Si se asume la normalidad, la potencia de la prueba es mayor debido a esta restricción de normalidad. Sin embargo, si se requiere flexibilidad en los requisitos de distribución, entonces las técnicas no paramétricas son superiores.

La prueba de Rangos con Signo de Wilcoxon (WSRT) para una Variable Única mira si un conjunto de datos muestrales se ha podido extraer aleatoriamente de una población en particular cuya *mediana* está siendo hipotética. La prueba paramétrica correspondiente es la prueba-t de una-muestra, que se debe utilizar si se supone que la población subyacente es normal, brindando una mayor potencia a la prueba. En esta prueba de variable única, se prueban las siguientes hipótesis:

H_0: Mediana de la Población $= m$

H_a: Mediana de la Población $\neq m$

Por supuesto que la hipótesis nula puede recibir los signos estándar de igualdad de $=$, $\geq$, o $\leq$, y m puede ser cualquier valor hipotético para probar. La hipótesis alternativa tendrá el signo complementario apropiado de $\neq$, $<$, o $>$.

La WSRT utiliza el estadístico-W, y sus valores críticos correspondientes usualmente son proporcionados en una tabla de estadística (esta será calculada automáticamente en un paquete de software estadístico tal como ROV BizStats). El primer paso para calcular la W es tomar la diferencia $d_i = x_i - m$. Todos los valores $d = 0$ se ignoran. Después, estos valores $|d_i|$ se jerarquizan de menor (rango de 1) a mayor. A todos los rangos empatados se les asigna sus valores promedio. Para todos los rangos que tienen valor positivo o donde $x_i > m$, sumamos todos estos rangos positivos para obtener la W, es decir, $W = \Sigma\ (R+)$.

El Gráfico 5.33 muestra un ejemplo de la WSRT para una variable única. El estadístico W calculado es 13, y los límites críticos de dos colas son 9 y 46 en una significancia de 0.05. El W queda dentro de estos límites críticos, lo que significa que no rechazamos la hipótesis nula y concluimos que la mediana poblacional no es diferente estadísticamente a la mediana hipotética (en este ejemplo está establecida como 40 en ROVBizStats, tal como se aprecia en el Gráfico 5.33).

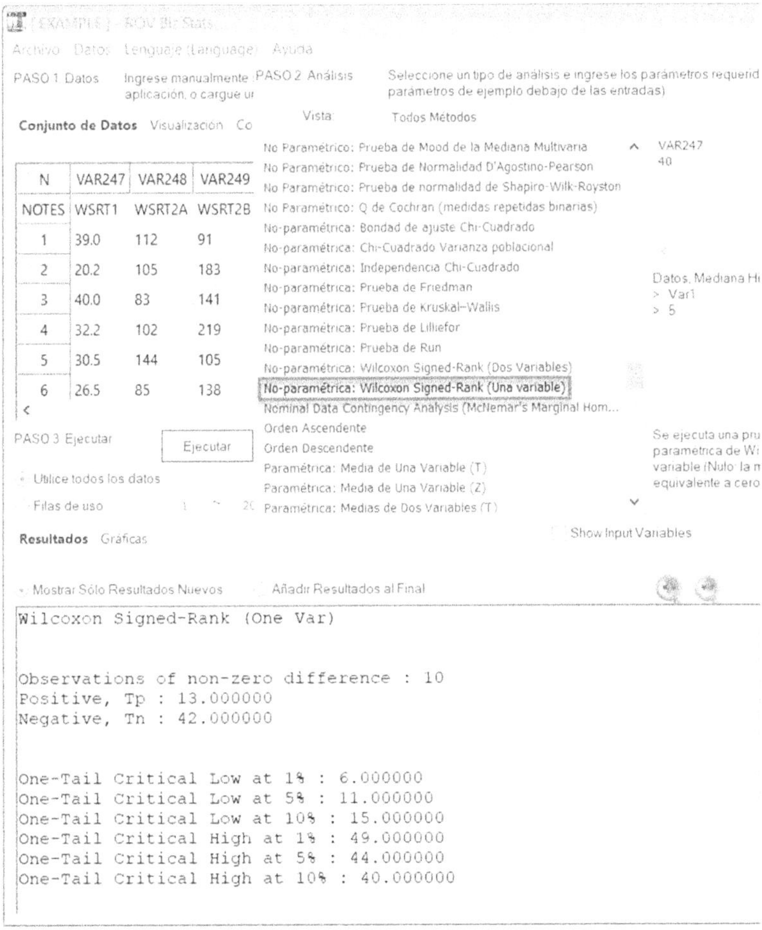

Gráfico 5.33: Prueba de Rangos con Signo de Wilcoxon para Una Variable

En contraste, la WSRT No Paramétrica para Variables Pareadas examina si las *medianas* de las diferencias entre las dos variables pareadas son iguales. Esta prueba se formula específicamente para probar las mismas muestras o similares antes y después de un evento (p.ej. las mediciones tomadas antes de un tratamiento médico se comparan con aquellas mediciones tomadas después del tratamiento para ver si hay una diferencia). La prueba paramétrica correspondiente es la prueba-t de dos muestras con medias dependientes, que se debe utilizar si se supone que la población subyacente es normal, lo que proporciona una mayor potencia a la prueba. En esta prueba de variables pareadas, se prueban las siguientes hipótesis:

H_0: Diferencias entre las Medianas Poblacionales $m_d = 0$

H_a: Diferencias entre las Medianas Poblacionales $m_d \neq 0$

El enfoque es similar a la WSRT de variable-única con la excepción de que la diferencia d se calcula como $d_i = x_i - y_i$ donde x y son las dos variables que están sometidas a prueba. El Gráfico 5.34 ilustra la WSRT para dos variables. La W calculada es 44.5 (denotada como W1) con una diferencia hipotética de 0. Utilizando un 0.10 de nivel de significancia vs el valor-p de 0.07 de dos colas, rechazamos la hipótesis nula y concluimos que las diferencias de las medianas x y son estadísticamente significativas.

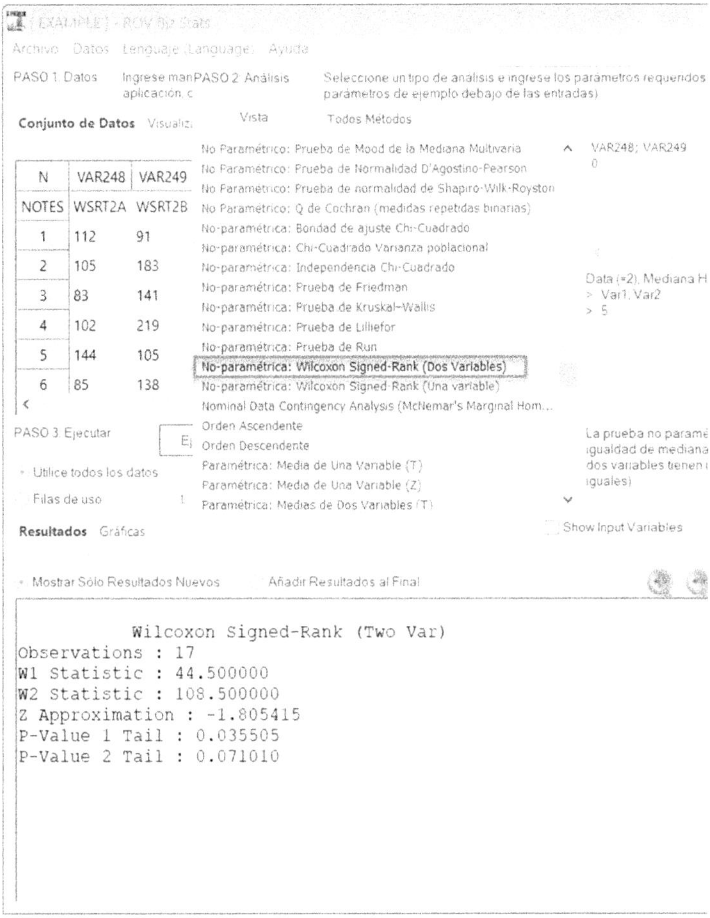

PASO 1. Datos   Ingrese man PASO 2. Análisis   Seleccione un tipo de analisis e ingrese los parámetros requeridos
                   aplicación, c   parámetros de ejemplo debajo de las entradas)

Conjunto de Datos   Visualiz.   Vista   Todos Métodos

N	VAR248	VAR249
NOTES	WSRT2A	WSRT2B
1	112	91
2	105	183
3	83	141
4	102	219
5	144	105
6	85	138

No Paramétrico: Prueba de Mood de la Mediana Multivaria
No Paramétrico: Prueba de Normalidad D'Agostino-Pearson
No Paramétrico: Prueba de normalidad de Shapiro-Wilk-Royston
No Paramétrico: Q de Cochran (medidas repetidas binarias)
No-paramétrica: Bondad de ajuste Chi-Cuadrado
No-paramétrica: Chi-Cuadrado Varianza poblacional
No-paramétrica: Independencia Chi-Cuadrado
No-paramétrica: Prueba de Friedman
No-paramétrica: Prueba de Kruskal-Wallis
No-paramétrica: Prueba de Lilliefor
No-paramétrica: Prueba de Run
No-paramétrica: Wilcoxon Signed-Rank (Dos Variables)
No-paramétrica: Wilcoxon Signed-Rank (Una variable)
Nominal Data Contingency Analysis (McNemar's Marginal Hom...

VAR248; VAR249
0

Data (=2), Mediana H
> Var1, Var2
> 5

PASO 3. Ejecutar   Ej   Orden Ascendente
                               Orden Descendente
• Utilice todos los datos   Paramétrica: Media de Una Variable (T)
                               Paramétrica: Media de Una Variable (Z)
  Filas de uso   Paramétrica: Medias de Dos Variables (T)

La prueba no paramé
igualdad de mediana
dos variables tienen i
iguales)

Resultados   Gráficas

☐ Show Input Variables

• Mostrar Sólo Resultados Nuevos   Añadir Resultados al Final

```
            Wilcoxon Signed-Rank (Two Var)
Observations : 17
W1 Statistic : 44.500000
W2 Statistic : 108.500000
Z Approximation : -1.805415
P-Value 1 Tail : 0.035505
P-Value 2 Tail : 0.071010
```

Gráfico 5.34: Prueba de Rangos con Signo de Wilcoxon
para Dos Variables

Prueba de Lilliefors

La prueba de Lilliefors evalúa la hipótesis nula que indica si los datos muestrales se extrajeron de una población distribuida normalmente, versus una hipótesis alternativa que indica que los datos muestrales no están distribuidos normalmente. Esta prueba se basa en dos frecuencias acumuladas: una derivada del conjunto de datos de muestra y otra de una distribución teórica basada en la media y la desviación estándar de los datos muestrales. Una alternativa para esta prueba es la prueba de Chi-Cuadrado para normalidad. Ésta última requiere más puntos de datos para ejecutarse comparada con la prueba de Lilliefors.

H_0: La muestra proviene de una Distribución Normal

H_a: La muestra no proviene de una Distribución Normal

En esta prueba, primero se organiza en orden el conjunto de datos muestrales, de menor a mayor valor. Se calcula su frecuencia acumulada observada *(O)*, y se calcula una función de distribución acumulada (*CDF*) de la distribución normal con base en la media y la desviación estándar observados del conjunto de datos. Se calculan las diferencias *D* entre *O* y *CDF*, y el estadístico *D* se calcula como $D = max|O_i - CDF_i|$. El Gráfico 5.35 ilustra un conjunto pequeño de muestra de cinco observaciones con la prueba Lilliefors aplicada. La *D* calculada es 0.2782, que es menor que el umbral del nivel de significancia $\alpha = 5\%$ de 0.3370, lo que significa que somos incapaces de rechazar la hipótesis nula y concluimos que el tamaño pequeño de muestra se distribuye normalmente. Cabe anotar que los métodos no paramétricos tienen menor potencia, pero son aplicables en tamaños pequeños de muestra tal como se ilustró en este ejemplo. Sin embargo, si hay disponible un mayor conjunto de datos, siempre es mejor realizar los ajustes de distribución paramétrica tales como los descritos previamente (Kolmogorov–Smirnov, Akaike, Criterio de Bayes, Kuiper, etc.).

Prueba de Kruskal–Wallis

La prueba Kruskal–Wallis es la extensión de la prueba de Rangos con Signo de Wilcoxon al comparar más de dos muestras independientes. La prueba paramétrica correspondiente es la ANOVA de Una-Vía, pero a diferencia de ANOVA, la prueba Kruskal–Wallis no requiere que el conjunto de datos sea muestreado aleatoriamente a partir de poblaciones distribuidas normalmente con varianzas iguales. La prueba Kruskal–Wallis es una prueba de hipótesis de dos colas en donde la hipótesis nula indica que las medianas poblacionales de cada tratamiento son idénticas estadísticamente para el resto del grupo; es decir, que no hay efecto entre los distintos grupos de tratamiento. Similar al método ANOVA, la Kruskal–Wallis prueba las siguientes hipótesis:

H_0: $m_1 = m_2 = \ldots = m_K$ para $i = 1$ a k
(las medianas poblacionales son idénticas).

H_a: Al menos una de las medianas m difiere de las otras.

El método inicia con las variables k que se van a probar. Para cada variable, se jerarquizan los datos de menor a mayor. El menor valor recibe el rango de 1, y a todos los rangos empatados se les asignan sus valores promedios. Posteriormente, se suman todos los rangos para cada variable, lo que arroja una lista de rangos sumados $\Sigma (R_1)$, $\Sigma (R_2),\ldots, \Sigma (R_K)$. Después, el estadístico H se calcula utilizando:

$$H = \frac{12}{N(N+1)}\left[\frac{(\Sigma R_1)^2}{n_1} + \frac{(\Sigma R_2)^2}{n_2} + \ldots + \frac{(\Sigma R_K)^2}{n_K}\right] - 3(N+1)$$

La H calculada se compara con los valores de H críticos calculados por medio de la distribución de Chi-cuadrado con los grados de libertad $df = k - 1$. El Gráfico 5.36 ilustra la prueba Kruskal–Wallis sobre tres variables. El estadístico H calculado está por encima del 10% de nivel de significancia, así que podemos rechazar la hipótesis nula en esta significancia (pero no en 5% o 1% de significancia). Y concluimos que por lo menos una de las medianas es significativamente diferente a nivel estadístico.

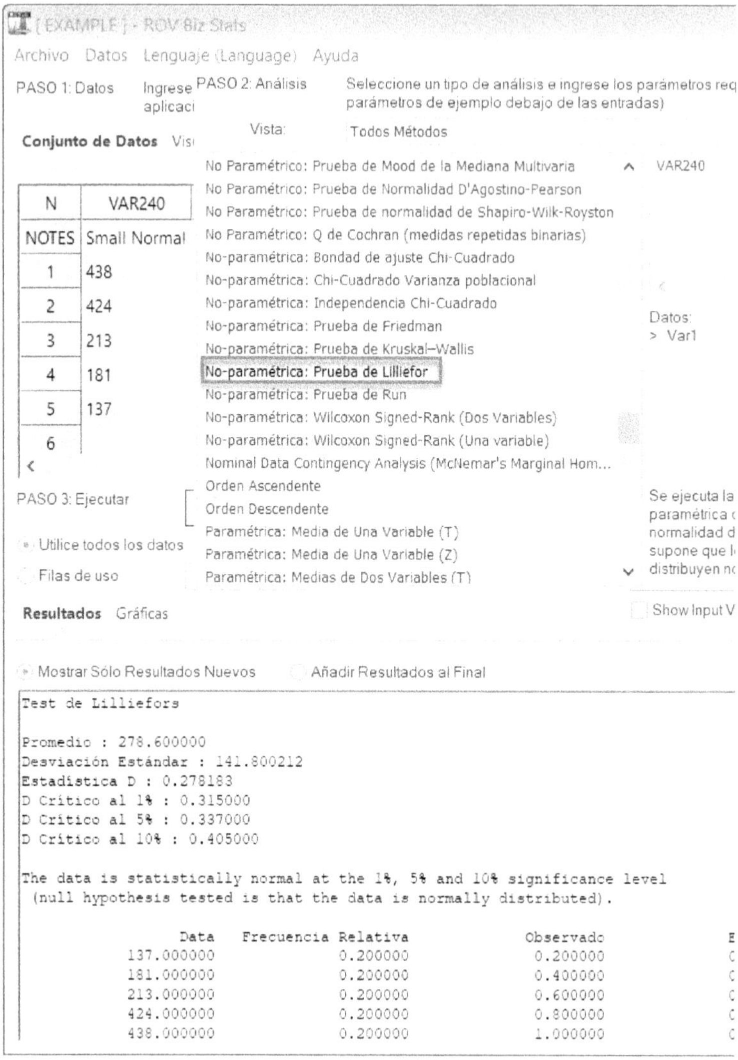

Gráfico 5.35: Prueba de Normalidad de Lilliefors

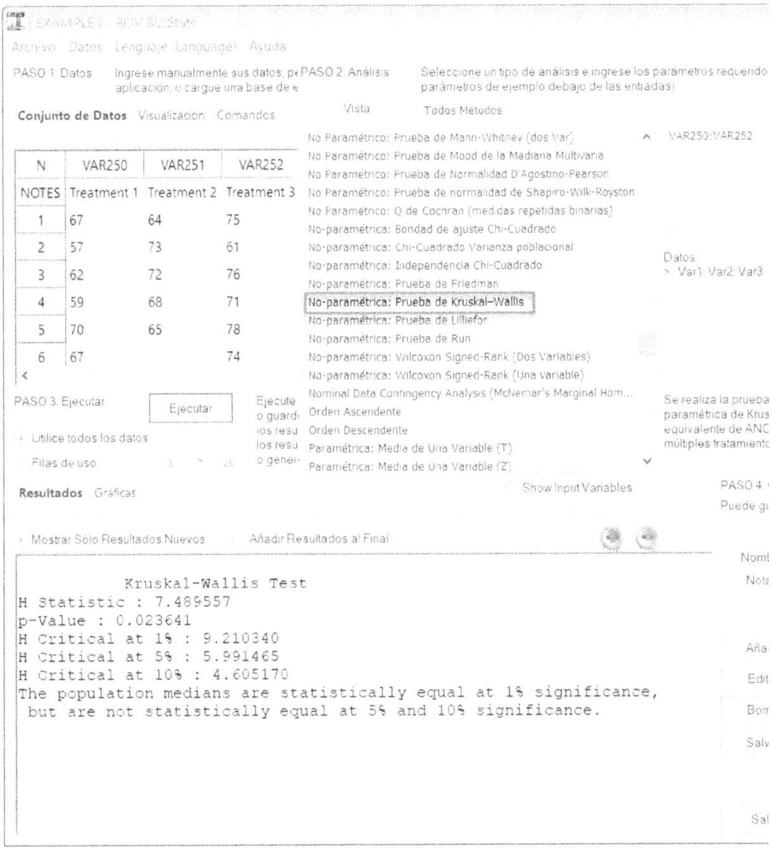

Gráfico 5.36: Prueba de Kruskal–Wallis

Prueba de Friedman

La prueba de Friedman es la extensión de la prueba de Rangos con Signo de Wilcoxon para muestras pareadas. La prueba paramétrica correspondiente es la de Múltiples Tratamientos para Bloques Aleatorizados de ANOVA, pero a diferencia de ANOVA, la prueba de Friedman no requiere que el conjunto de datos sea muestreado aleatoriamente a partir de poblaciones normalmente distribuidas con varianzas iguales. La prueba de Friedmann utiliza una prueba de hipótesis de colas en donde la hipótesis nula indica que las medianas de la población de cada tratamiento son idénticas estadísticamente al resto del grupo; es decir, que no hay efecto entre los diferentes grupos de tratamiento. Similar al método ANOVA, Friedman prueba las siguientes hipótesis:

H$_0$: $m_1 = m_2 = \ldots = m_K$, $i = 1$ to k (medianas poblacionales idénticas)

H$_a$: Al menos una de las medianas m difiere de las otras.

$$F_r = \frac{12}{bt(t+1)} \sum_{j=1}^{t} R_j^2 - 3b(t+1)$$

Similar a ANOVA con Variable de Bloqueo, los datos se deben configurar al estilo $B \times T$, en donde las variables de bloqueo *(B)* se enumeran en filas y los tratamientos *(T)* están en columnas como variables diferentes. El Gráfico 5.37 da un ejemplo con la configuración correcta de datos. Como ejemplo, suponga que una compañía está probando un nuevo líquido para remover las manchas, y ha desarrollado cuatro fórmulas distintas. Estas fórmulas aparecen como los tratamientos, *T*, como distintas variables (columnas). Para cada fórmula o tratamiento, se aplicó el removedor de manchas a varios tipos de manchas (variable de bloqueo, *B*). En el ejemplo, se sometieron a prueba seis tipos de manchas (p.ej. chocolate, vino tinto, café, tinta, pintura, crayón) y estas aparecen en las filas. Cada fila representa un tipo específico de mancha (p.ej. la fila 1 puede representar el vino tinto). Los datos numéricos en la cuadrícula representan un valor entre 1 y 10, con un número alto que indica que se removió la mancha completamente. El estadístico F_r calculado es 8.45, el cual es estadísticamente significativo al 5% del nivel alfa, así que podemos rechazar la hipótesis nula y concluir que por lo menos una de las fórmulas es diferente del resto.

Gráfico 5.37: Prueba de Friedman

CONFIABILIDAD ENTRE EVALUADORES, CONFIABILIDAD INTRA-EVALUADORES, CONSISTENCIA, CREDIBILIDAD, DIVERSIDAD, VALIDEZ INTERNA, VALIDEZ EXTERNA, Y PREVISIBILIDAD

El concepto de confiabilidad de los datos puede ser complicado y adoptar diversas formas. En general, la confiabilidad se puede definir como qué tan exacto son los datos y el nivel de "Consistencia" de los datos recolectados. En otras palabras, la medida en la que un experimento, prueba o procedimiento de medición arroja los mismos resultados en pruebas repetidas es la medida de su confiabilidad. Por ejemplo, si fuésemos a tomar una cinta métrica para averiguar la longitud de una mesa específica, el medir la mesa repetidamente debe arrojar el mismo resultado. Si este es el caso, entonces los datos obtenidos son confiables.

La confiabilidad se puede caracterizar también como entre evaluadores (distintas personas utilizando la misma cinta métrica y midiendo la misma mesa, múltiples veces) versus intra-evaluadores (la misma persona midiendo la misma mesa varias veces, utilizando la misma cinta métrica). Existen pruebas estadísticas que se pueden ejecutar para identificar la confiabilidad y "Consistencia" de los datos.

Confiabilidad Entre-Evaluadores con el Coeficiente Pareado Kappa de Cohen

La prueba Kappa de Cohen se puede aplicar para probar la confiabilidad de dos evaluadores. La hipótesis nula bajo prueba es que ambos conjuntos de juicios concuerdan y sean consistentes. En la siguiente tabla, vemos cuatro casos de ejemplo. En cada situación, hay dos jueces o evaluadores.

En el Caso A, hay 50 pacientes, y el primer evaluador (médico o profesional de la salud) juzga a 15 de ellos de ser psicóticos, 24 de ellos de tener trastorno límite, y 11 ninguno de los dos. En comparación, el segundo evaluador o juez encuentra a 16, 23 y 11 pacientes dentro de estas respectivas categorías. Los pacientes dentro de las mismas categorías de juicio aparecen en la cuadrícula. Ambos jueces coinciden en que 10 son psicóticos, 16 tienen trastorno límite, y 8 no son ninguno de los dos, con un total de 34 hallazgos en concordancia con los 50 casos (esto se puede ver en la diagonal de la cuadrícula de datos). Los resultados de BizStats indican que el Kappa de Cohen = 0.4959 o 49% de concordancia. En el Caso B, vemos que la cuadrícula de datos está igualmente distribuida con 200 pacientes en cada bloque, y el Kappa de Cohen calculado= 0.0000, lo que indica absolutamente ninguna "Consistencia" o confiabilidad dispersa igual entre estos dos evaluadores. En el Caso C, como se puede imaginar, los retornos del Kappa de Cohen= 1.0000. Finalmente, el Caso D, donde la confiabilidad no es sólo cero, sino que en realidad no hay valor entre los pares correspondientes, obtenemos un Kappa de Cohen= −0.50902. Claramente, una medida positiva alta de Kappa de Cohen es deseable para la confiabilidad entre evaluadores.

CASO A	Juez 2 Psicótico (16)	Juez 2 Trastorno Límite (23)	Juez 2 Ninguno (11)
Juez 1 Psicótico (15)	10	4	1
Juez 1 Trastorno Límite (24)	6	16	2
Juez 1 Ninguno (11)	0	3	8

CASO B	Juez 2 Psicótico (600)	Juez 2 Trastorno Límite (600)	Juez 2 Ninguno (600)
Juez 1 Psicótico (600)	200	200	200
Juez 1 Trastorno Límite (600)	200	200	200
Juez 1 Ninguno (600)	200	200	200

CASO C	Juez 2 Psicótico (100)	Juez 2 Trastorno Límite (100)	Juez 2 Ninguno (100)
Juez 1 Psicótico (100)	100	0	0
Juez 1 Trastorno Límite (100)	0	100	0
Juez 1 Ninguno (100)	0	0	100

CASO D	Juez 2 Psicótico (135)	Juez 2 Trastorno Límite (99)	Juez 2 Ninguno (114)
Juez 1 Psicótico (124)	0	55	69
Juez 1 Trastorno Límite (95)	50	0	45
Juez 1 Ninguno (129)	85	44	0

"Consistencia" Interna y Fiabilidad con el Alfa de Cronbach para Datos Binarios

Cuando existen más de dos evaluadores o jueces, podemos emplear el Análisis de Alfa de Cronbach para la "Consistencia" Interna y Fiabilidad. La hipótesis nula para el Alfa de Cronbach es que hay una confiabilidad alfa de cero, y, por ende, no hay una "Consistencia" interna entre los distintos evaluadores. Vemos en el Caso E de la tabla a continuación, que hay 12 personas que responden una encuesta que contiene 11 preguntas diferentes. Cabe anotar que para ejecutar la prueba de Alfa de Cronbach, los datos que se obtienen deben ser binarios. Si observa los datos cuidadosamente por *fila*, vemos que hay encuestados como Albert y Bob quienes tienden a responder con el valor 1 independientemente de la pregunta, mientras que Kim y Larry podrían hacer lo contrario, dando una respuesta de 0. Uno podría pensar que a algunos encuestados son muy perezosos para contestar realmente las preguntas y sencillamente llenan todos los espacios en blanco con respuestas similares. De hecho, el valor-p calculado del Alfa de Cronbach = 0.6659 en BizStats, lo que significa que no podemos rechazar la hipótesis nula y concluimos que en el Caso E, no hay una "Consistencia" interna entre los diferentes encuestados. Los datos de la encuesta no son, por ende, consistentes ni confiables.

Por otra parte, en el Caso F, si observamos cada *columna* pareciera que existe una "Consistencia" entre todos los encuestados. Por ejemplo, en las Preguntas 6 y 7 (Q6 y Q7), casi todos estuvieron de acuerdo en que sería un 0, distinto a Q5, con toda la columna llena de 1s. Q2 y Q3 muestran que los encuestados están dispersos por igual entre 0s y 1s. En este Caso F, el valor-p calculado del Alfa de Cronbach=0.002723 en BizStats, lo que indica que se puede rechazar la nula, y concluimos que existe, de hecho, una fiabilidad estadísticamente significativa del nivel alfa entre los encuestados.

CASO E	Q1	Q2	Q3	Q4	Q5	Q6	Q7	Q8	Q9	Q10	Q11
Albert	1	1	1	1	1	1	1	1	1	1	1
Bob	1	1	1	1	1	1	1	1	0	1	0
Cathy	1	0	1	1	1	1	1	1	1	0	0
Derek	1	1	1	0	1	1	0	1	1	0	0
Eric	1	1	1	1	1	0	0	0	1	0	0
Florence	0	1	1	0	1	1	1	1	0	0	0
Gale	1	1	1	1	0	0	1	0	0	0	0
Henry	1	1	1	1	1	0	0	0	0	0	0
Indi	0	1	0	1	1	0	0	0	0	1	0
Jack	1	0	0	1	0	1	0	0	0	0	0
Kim	1	1	1	0	0	0	0	0	0	0	0
Larry	1	0	0	1	0	0	0	0	0	0	0

CASO F	Q1	Q2	Q3	Q4	Q5	Q6	Q7
Andy	1	1	0	1	1	0	1
Becky	0	1	0	1	1	0	0
Colin	1	1	0	0	1	0	0
Dave	0	1	0	0	1	0	0
Evan	1	1	0	1	1	0	0
Flynn	0	1	0	1	1	0	0
George	1	0	1	0	1	0	0
Hope	0	0	1	0	1	0	0
Isaac	1	0	1	1	1	0	0
John	0	0	1	1	1	0	0
Kern	1	0	1	0	1	0	0
Lisa	0	0	1	0	1	0	0

"Consistencia" Interna y Confiabilidad con Lambda de Guttman

Cuando las respuestas no son binarias sino categóricas, podemos utilizar la prueba Lambda de Guttman para probar la "Consistencia" y fiabilidad entre evaluadores. Una mirada rápida al Caso G en la tabla a continuación indica un problema familiar, en donde las entradas verticales son casi idénticas en cada columna, pero las columnas en sí mismas no son consistentes a lo largo de los evaluadores. Por ejemplo, Alex, podría seleccionar siempre un puntaje bajo independientemente de la pregunta o asunto planteado, mientras que Cory es un optimista y de manera consistente, da un puntaje alto. Los evaluadores en sí mismos podrían ser consistentes con ellos mismos, pero ciertamente no lo son con otros evaluadores. Una Lambda de Guttman= 0.07563 calculada, con un Factor de Corrección de la Correlación Spearman-Brown = 0.07782 utilizando BizStats (cabe anotar que si se presentan múltiples factores de corrección de la correlación, usualmente nos fijamos en la medida más conservadora). Las correcciones para correlaciones bajas y los bajos puntajes de lamba, significan que hay una baja confiabilidad y baja "Consistencia" entre los evaluadores. Cabe anotar que la matriz de datos está invertida en esta prueba, frente a la prueba de Cronbach, en donde mostramos las preguntas como filas y los encuestados o jueces/evaluadores como columnas. En comparación, para el Caso H, la

Lambda de Guttman=0.99004 y el Factor conservador de Corrección de la Correlación Spearman-Brown= 0.9909. Esto indica una muy alta "Consistencia" y fiabilidad de las respuestas. Por ejemplo, la Pregunta A recibió un puntaje muy bajo independientemente del evaluador, mientras que la Pregunta C recibió un puntaje alto consistentemente. Al observar las filas se ve que hay "Consistencia" y confiabilidad en los datos.

Caso G	Alex	Ben	Cory	Dick	Emma	Flo	Ginny	Hale	Izzy	John
Pregunta A	1	4	8	2	7	5	6	2	5	3
Pregunta B	1	4	8	2	7	1	6	3	5	3
Pregunta C	1	4	8	2	7	2	6	2	5	3
Pregunta D	1	5	8	2	7	2	6	3	5	3
Pregunta E	1	4	8	3	7	2	5	2	5	3
Pregunta F	1	4	9	2	8	2	6	3	6	3
Pregunta G	1	4	8	2	8	2	6	2	5	3
Pregunta H	1	5	8	2	7	2	6	3	5	3
Pregunta I	2	4	8	2	7	2	5	2	5	3
Pregunta J	1	4	9	3	7	2	6	3	5	3
Pregunta K	1	4	8	2	7	2	6	2	6	3
Pregunta L	1	4	8	2	7	1	6	3	5	4
Pregunta M	1	4	8	2	7	1	6	2	5	3
Pregunta N	2	4	8	2	7	2	6	3	5	3
Pregunta O	1	4	8	2	7	1	6	2	5	3

Caso H	Arlo	Bex	Cal	Dale	Elsa	Fox	Guy	Ham	Illy	Jay
Pregunta A	1	1	1	1	1	1	1	1	2	1
Pregunta B	4	4	4	5	4	4	4	5	4	4
Pregunta C	8	8	8	8	8	9	8	8	8	9
Pregunta D	2	2	2	2	3	2	2	2	2	3
Pregunta E	7	7	7	7	7	8	8	7	7	7
Pregunta F	5	1	2	2	2	2	2	2	2	2
Pregunta G	6	6	6	6	5	6	6	6	5	6
Pregunta H	2	3	2	3	2	3	2	3	2	3
Pregunta I	5	5	5	5	5	6	5	5	5	5
Pregunta J	3	3	3	3	3	3	3	3	3	3

Si usted desea probar ambas, la fiabilidad entre evaluadores e intra-evaluadores, podemos utilizar la prueba de Correlación Inter-Clase (ICC). Los Casos I y J en las tablas adjuntas muestran algunos datos de ejemplo en donde realizamos una prueba doble-ciego sobre ocho vinos (las botellas de vino se ven idénticas, se les retira la etiqueta, y se reemplazan con una etiqueta genérica que dice Vino 1, Vino 2, etc.). Y supongamos que se les pidiera a cuatro *sommeliers* o jueces expertos en vinos que califiquen los vinos desde el valor de 1 (baja calidad) hasta 10 (alta calidad).

En el Caso I, vemos que para cada uno de diferentes vinos, todos los cuatro jueces calificaron los vinos de manera consistente. Por ejemplo, el Vino 1, es de lejos, el peor, mientras que los vinos 7 y 8 recibieron una muy alta calificación por parte de todos los jueces. Esto indicaría un alto nivel de "Consistencia" y fiabilidad en cada fila. La prueba ICC arroja una Correlación Inter-Clase= 0.9841, el valor-p de la fila= 0.0000, y el valor-p de la columna= 0.8538. Esto significa que hay un alto nivel de "Consistencia", según la medida de ICC, y podemos rechazar la hipótesis nula de tener los mismos valores en las filas y no rechazarla de acuerdo con las columnas. En otras palabras, todos los jueces tienden a ser relativamente consistentes en sus gustos (alto ICC), posiblemente porque todos ellos tienen un criterio similar de juzgamiento o de entrenamiento como *sommeliers*. Adicionalmente, los vinos son diferentes si se comparan entre si (valor-p de 0.0000 para las filas), donde podemos decir con base en los puntajes, con los cuales hemos concluido que son consistentes y confiables, que los vinos son ciertamente de calidad diversa. En contraste, al comparar las columnas (p.ej., comparando entre jueces), tenemos una "Consistencia" y ninguna diferencia estadística en sus calificaciones (alto valor-p de las columnas en 0.8538), o, en otras palabras, los jueces tienen juicios similares.

El Caso J muestra una situación muy diferente. Vemos que el Juez 1 probablemente es un esnob, a quien ningún vino le parece bueno. Por lo tanto, el Juez 1 es internamente consistente con él mismo, o tiene una fiabilidad intra-evaluadores. En cambio, el Juez 4 sencillamente adora el vino y da altos puntajes a cualquiera y a todos los vinos. El Juez 4 también es fiable internamente a sí mismo, pero no con los otros jueces. La Correlación Interclase calculada =

0.00149 (baja "Consistencia" entre evaluadores y baja fiabilidad entre los jueces) con un valor-p de fila de 0.3958 (no podemos rechazar la hipótesis nula y decir que las filas, al tomarlas juntas, son estadísticamente similares entre sí, indicando en este caso, que hay una alta fiabilidad intra-evaluadores) y un valor-p de columna de 0.0000 (rechazamos la hipótesis nula y decimos que existe una diferencia estadísticamente significativa entre las columnas o jueces, lo que significa que no hay una "Consistencia" entre evaluadores y ninguna fiabilidad en los puntajes de los vinos).

Caso I	Juez 1	Juez 2	Juez 3	Juez 4
Vino 1	1	1	1	1
Vino 2	2	3	3	2
Vino 3	3	3	3	3
Vino 4	6	6	6	6
Vino 5	6	5	5	6
Vino 6	2	2	2	2
Vino 7	8	9	9	9
Vino 8	9	9	9	8

Caso J	Juez 1	Juez 2	Juez 3	Juez 4
Vino 1	1	3	5	8
Vino 2	2	3	5	9
Vino 3	3	3	6	9
Vino 4	1	2	6	7
Vino 5	1	2	5	9
Vino 6	1	2	5	9
Vino 7	2	3	4	9
Vino 8	3	1	5	8

Prueba de Fiabilidad a partir de la Medida
de Concordancia Entre Evaluadores de la
W de Kendall (Con y Sin Empates)

Otra prueba para la fiabilidad entre evaluadores es la medida de la W de Kendall, la cual se puede ejecutar con o sin empates. Un empate significa que existen múltiples puntos de datos con el mismo valor, y por lo tanto, debemos partir la diferencia entre estos empates. Independientemente, la hipótesis nula para estas pruebas es que hay cero acuerdo (W=0) entre los jueces.

El Caso K en la siguiente tabla retorna una W de Kendall calculada= 1.1068, una R de Kendall = 1.124646, y un valor-p = 0.0000. Rechazamos la hipótesis nula y concluimos que hay un acuerdo entre los jueces. Por ejemplo, vemos que el Asunto 1 es crítico para todos los jueces, mientras que los Asuntos 3, 7 y 8 tuvieron un menor puntaje. Todas las calificaciones son consistentes entre los jueces.

En el Caso L, la W de Kendall= 0.2261, la R de Kendall= 0.0971, y el valor-p = 0.1352. Esto indica que no podemos rechazar la hipótesis nula y concluimos que no hay una concordancia estadística entre los diferentes encuestados que contestaron las preguntas de la encuesta. Finalmente, en el Caso M, la W de Kendall= 0.0028, la R de Kendall= -0.1633, y el valor-p = 0.9999. Ciertamente esto indica una "Consistencia" y una fiabilidad extremadamente bajas entre los encuestados.

Caso K	Asunto 1	Asunto 2	Asunto 3	Asunto 4	Asunto 5	Asunto 6	Asunto 7	Asunto 8
Juez 1	8	8	2	5	3	5	2	1
Juez 2	8	7	2	6	3	5	1	1
Juez 3	8	7	2	5	3	6	2	1
Juez 4	8	7	3	5	2	5	1	2
Juez 5	8	7	2	6	3	5	1	2
Juez 6	8	8	2	5	3	6	1	2
Juez 7	7	7	3	5	2	5	2	1

Caso L	Q1	Q2	Q3	Q4	Q1	Q2	Q3	Q4
Persona 1	7	8	5	4	1	7	2	1
Persona 2	1	7	10	6	2	6	3	1
Persona 3	3	1	7	10	3	5	10	1
Persona 4	10	3	1	5	4	4	10	2
Persona 5	3	2	1	1	5	3	1	4.5
Persona 6	2	6	7.5	2.5	6	2	5	2.5
Persona 7	6	10	4	8	7	1	6	1

Caso M	Asunto 1	Asunto 2	Asunto 3	Asunto 4	Asunto 5	Asunto 6	Asunto 7	Asunto 8
Juez 1	5	5	5	5	5	5	5	5
Juez 2	8	8	8	8	7	8	7	8
Juez 3	1	1	1	2	2	1	1	1
Juez 4	5	5	5	5	5	5	5	5
Juez 5	6	7	6	7	6	7	6	7
Juez 6	9	9	9	9	9	9	9	9
Juez 7	2	1	2	2	3	2	2	1

Diversidad de Datos con la Prueba de Diversidad y Homogeneidad de Shannon, Brillouin, y Simpson

Otro asunto en relación con la fiabilidad y "Consistencia" de los datos pertenece al muestreo aleatorizado y estratificado que se hace. Por ejemplo, podemos obtener un alto nivel de "Consistencia" y fiabilidad de datos pero si las personas muestreadas provienen del mismo grupo o categoría, entonces los datos podrían no ser totalmente confiables. Como ejemplo, suponga que deseamos medir el sentimiento del votante sobre un asunto en particular en un estado del país. Si todos los votantes seleccionados fuesen Demócratas o predominantemente Republicanos, entonces los datos podrían estar sesgados hacia un lado. Por tal razón, para probar la diversidad de un grupo de muestreo aleatorizado y estratificado, podemos aplicar el modelo de Shannon, Brillouin, y Simpson. En el Caso N, de la tabla adjunta, supongamos que tenemos cinco categorías de votantes autodescritos (muy conservadores, conservadores, moderados, liberales y muy liberales), y la cuadrícula de datos da el número de personas muestreadas dentro de cada categoría.

Caso N	Escenario 1	Escenario 2	Escenario 3	Escenario 4
Categoría A	5	5	1	11
Categoría B	5	8	1	11
Categoría C	5	6	21	1
Categoría D	5	2	1	1
Categoría E	5	4	1	1

A continuación se aprecian los resultados de las cuatro muestras. Cuanto más alto es el índice de diversidad frente al índice máximo, mayor es el nivel de diversidad. Claramente, vemos que el Escenario 1 tiene el mayor puntaje de homogeneidad y el índice de diversidad está más cerca al máximo valor de índice. El Escenario 2 tiene un puntaje de homogeneidad de un 94.71%, mientras que los Escenarios 3 y 4 tienen el índice de diversidad más bajo en relación con el valor máximo.

Resultados Muestra 1	Shannon	Brillouin	Simpson
Índice de Diversidad	1.6094	0.5918	0.2000
Índice Max	1.6094	0.5918	
Homogeneidad	1.0000	1.0000	

Resultados Muestra 2	Shannon	Brillouin	Simpson
Índice de Diversidad	1.5243	0.5587	0.2320
Índice Max	1.6094	0.5918	
Homogeneidad	0.9471	0.9441	

Resultados Muestra 3	Shannon	Brillouin	Simpson
Índice de Diversidad	0.6615	0.2193	0.7120
Índice Max	1.6094	0.5918	
Homogeneidad	0.4110	0.3706	

Resultados Muestra 4	Shannon	Brillouin	Simpson
Índice de Diversidad	1.1087	0.3995	0.3920
Índice Max	1.6094	0.5918	
Homogeneidad	0.6889	0.6751	

Validez Interna

Un asunto relacionado es aquel de la validez del modelo. Cuando nos referimos a la validez de un modelo, usualmente nos referimos a que si el modelo especificado hace lo que está previsto que haga. En otras palabras, ¿El modelo realmente modela lo que pretendemos modelar? Para responder la pregunta, miramos la validez interna de un modelo, así como su validez externa.

La validez interna de un modelo, tal como una regresión multi-variada, busca si las variables independientes utilizadas son estadísticamente significativas; es decir, si los constructos internos del modelo son válidos. Generalmente utilizamos el valor-p de una regresión para medir esta validez interna. La hipótesis nula probada por si cada una de las variables independientes tiene un efecto cero sobre la variable dependiente. De ahí, que los valores-p bajos, en o por debajo del nivel alfa de significancia alfa, implican que son estadísticamente significativos e impactan a la variable dependiente. Por consiguiente, un modelo con sólo variables independientes significativas se considera válido internamente.

	Coef	Error Std.	Estad T	valor-P	Inferior 5%	Superior 95%
Intercepto	57.95550	108.79014	0.53273	0.59690	-161.29661	277.20762
VAR X1	-0.00354	0.00352	-1.00656	0.31965	-0.01064	0.00355
VAR X2	0.46437	0.25353	1.83159	**0.01379**	-0.04659	0.97533
VAR X3	25.23770	14.11723	1.78772	**0.02071**	-3.21371	53.68911
VAR X4	-0.00856	0.10156	-0.08433	0.93317	-0.21325	0.19612
VAR X5	16.55792	14.79957	1.11881	**0.03929**	-13.26866	46.38449

Validez Externa

Un modelo estadísticamente significativo e internamente válido puede tener o no una significancia práctica y aquí es donde aparece la validez externa. Mientras que la validez interna mira los constructos individuales del modelo, la validez externa mira la totalidad del modelo y mide qué tanto puede ese modelo explicar de la variable predictora. Usualmente, la validez externa se mide utilizando una variedad de fórmulas de error. La medida típica es el R-cuadrado y el R-cuadrado ajustado (el coeficiente de determinación y el coeficiente ajustado de determinación). Sencillamente, el R-cuadrado es la correlación lineal (R) entre los valores reales y predictores, al cuadrado. Mientras que R tiene un dominio entre −1.00 y +1.00, su valor cuadrado siempre estará entre 0.00 y 1.00. Por ende, el R-cuadrado es una medida de porcentaje, que demuestra qué tanto de la variación de la variable dependiente se puede explicar simultáneamente por todas las variables independientes en el modelo. Cuánto más alto sea el R-cuadrado, mayor es la validez externa del modelo. Sin embargo, en los modelos multivariados, el adicionar variables exógenas adicionales que podrían o no ser válidas internamente, usualmente aumentarían el valor de R-cuadrado. Aquí es donde entra el R-cuadrado. El R-cuadrado ajustado se ajustará para las variables independientes agregadas y penalizará el R-cuadrado por tener demasiadas variables independientes que estadísticamente no aumentan de manera significativa, el R-cuadrado lo suficiente. Esto significa que con las variables extrañas agregadas, el R-cuadrado ajustado podría declinar, lo que produciría una estimación mejor y más conservadora de la validez externa del modelo.

Adicionalmente, en la misma línea de penalizar las variables agregadas, en donde todo lo demás se mantiene constante, si los poderes predictivos de dos modelos son idénticos, pero uno utiliza menos variables predictoras, entonces gana el modelo más parsimonioso. Con base en la teoría de la parsimonia y penalización de demasiadas variables extrañas, se crearon otras medidas de validez externa, tales como el Criterio de Información de Akaike o el de Bayes-Schwarz. Estas son medidas relativas de los errores de los modelos externos y se utilizan comúnmente para comparar diferentes especificaciones de los modelos con el fin de identificar los errores con menores puntajes. Aquellos marcados con un asterisco * son valores que preferiríamos ver aumentar, versus las medidas restantes de errores donde cuanto menor sea el error, mayor será la validez externa del modelo.

*Máxima Probabilidad
*R-Cuadrado y *R-Cuadrado Ajustado
Criterio de Información de Akaike (AIC)
Criterio de Información de Bayes-Schwarz (BSC)
Criterio de Información Hannan–Quinn (HQC)
Desviación Media Absoluta (MAD)
Error Absoluto Medio (MdAE)
Error Cuadrático Medio (MSE)
Error de Porcentaje Absoluto Mediano (MdAPE)
Error de porcentaje cuadrático medio (RMSPE)
Error de Porcentaje de la Raíz Cuadrada de la Mediana (RMdSPE)
Error Log Cuadrático Medio de Raíz (RMSLE)
Error Porcentual Absoluto Medio (MAPE)
Error Porcentual Absoluto Simétrico Medio (sMAPE)
Estadístico de Calidad Theil U1 y Theil U1
Raíz del Error Cuadrático Medio (RMSE)
Suma de Cuadrados del Error (SSE)

Otros conceptos en los datos y la modelación son la previsibilidad y la exactitud. Se pueden utilizar múltiples métodos para medir la exactitud de un modelo predictivo. Tal como se mencionó anteriormente, en una configuración de regresión multivariada, podemos utilizar el R-cuadrado, el Criterio de Información de Akaike, el Criterio de Información Bayes–Schwarz, y otros. Como ejemplo, supongamos que estamos comparando la exactitud entre dos modelos. Es una manera sencilla de mirar los valores predichos del modelo y compararlos con los reales históricos. La diferencia constituiría los errores de predicción del modelo. A continuación, vemos dos conjuntos errores de ejemplo. Podemos ver que los errores del modelo 2 son mucho menores que los errores del modelo 1. Los resultados calculados utilizando el modelo de Exactitud de Pronóstico en BizStats, muestra que el segundo modelo tiene muchos menos errores y es, por ende, el modelo preferido con un mayor nivel de exactitud.

Errores 1	Errores 2
221.4876	0.112161248
-120.1243	0.535868655
89.7211	0.663950485
88.6704	0.635762518
-162.1336	0.121139129
86.0007	0.432267702
-68.8718	0.200703196
84.3845	0.663499338
234.245	0.004590278
79.2966	0.830036453
117.1991	0.568247701
…………	…………
…………	…………
-202.5301	0.69767782
-174.1671	0.234313273
-36.3149	0.530179776

Corrección de AIC (AICC) 1: 15.593603
Corrección de AIC (AICC) 2: 4.507385
Criterio de Bayes y Schwarz (BSC) 1: 13.118139
Criterio de Bayes y Schwarz (BSC) 2: 2.031920
Criterio de Hannan–Quinn (HQC) 1: 12.999747
Criterio de Hannan–Quinn (HQC) 2: 1.913529
Criterio de Información de Akaike (AIC) 1: 12.926936
Criterio de Información de Akaike (AIC) 2: 1.840718
Desviación Media Absoluta (MAD) 1: 114.467810

Desviación Media Absoluta (MAD) 2: 0.475521
Errores Cuadráticos Medios (MSE) 1: 19713.503554
Errores Cuadrático Medio (MSE) 2: 0.302051
Máxima Verosimilitud Logarítmica 1: -318.173405
Máxima Verosimilitud Logarítmica 2: -41.017947
Raíz del Error Cuadrático Medio (RMSE) 1: 140.404785
Raíz del Error Cuadrático Medio (RMSE) 2: 0.549592

Aunque los dos modelos muestren un nivel diferente de exactitud en el pronóstico, la siguiente pregunta es si los dos pronósticos son significativamente diferentes el uno del otro a nivel estadístico. La Prueba de Diebold–Mariano para Pronosticar Diferencias y la Prueba Harvey, Leybourne, y Newbold nos permite determinar si los errores son estadísticamente significativos. La hipótesis nula probada dice que no hay una diferencia significativa entre los dos pronósticos.

Actual	Pronóstico 1	Pronóstico 2
1.2288	0.9028	0.8945
2.6684	2.4493	2.3214
3.4177	3.2076	2.5208
2.2392	2.4383	1.9081
2.1226	2.7751	0.9508
0.4638	0.5932	-0.6107
-0.5508	0.1085	-1.1155
1.1829	0.8785	1.1116
…	…	…
…	…	…
-0.5781	-0.0840	-0.4644
-0.7687	-0.0731	-0.9785

Prueba Diebold–Mariano para Pronosticar Diferencias
Stat DM: 1.00510
Valor-p: 0.31485
Prueba Harvey, Leybourne, y Newbold
Stat HLN: 1.12373
Valor-p: 0.27512

Finalmente, algunas veces la exactitud correcta del pronóstico no está en duda. Lo que es crítico es la habilidad para predecir el cambio direccional. Pesaran–Timmerman prueba si un modelo puede predecir y rastrear adecuadamente los cambios direccionales en el tiempo. La hipótesis nula probada es que el pronóstico no rastrea los cambios direccionales en los datos.

Actual	Pronóstico
23	14
-2	3
56	45
51	23
...	...
...	...
-6	3
-7	-11
-39	-12
31	24
35	3

Prueba Pesaran–Timmermann
Stat PT: 1.96834
Valor-p: 0.02451

Precisión y Control de Errores

Una herramienta muy poderosa en la simulación de Monte Carlos es la del control de precisión. Por ejemplo, ¿Cuántas pruebas se consideran suficientes de ejecutar en un modelo complejo? El control de precisión elimina las conjeturas al estimar el número de pruebas relevantes permitiéndole a la simulación detenerse si se alcanza el nivel de precisión preespecificada.

La función del control de precisión le permite establecer qué tan preciso quiere que sea su pronóstico. En términos generales, en la medida en que se calculen más pruebas, el intervalo de confianza se estrecha y las estadísticas se vuelven más exactas. La función del control de precisión en Risk Simulator utiliza la característica de los intervalos de confianza para determinar cuándo se ha alcanzado una exactitud especificada de una estadística. Para cada pronóstico, usted puede especificar el intervalo de confianza para el nivel de precisión (Gráfico 14.17). Si se logra la precisión del error dentro del número de pruebas que usted estableció, la simulación se ejecutará como de costumbre, de lo contrario, se le informará que se requieren pruebas de simulación adicionales para cumplir con una precisión del error requerida más rigurosa.

Asegúrese no confundir tres términos muy diferentes: error, precisión y confianza. Aunque suenen muy similares, los conceptos son significativamente diferentes unos de otros. Para ilustrarlo veamos el ejemplo a continuación: supongamos que usted fabrica tortillas para los tacos y tiene interés de conocer cuántas tortillas en promedio se quiebran en una caja de 100 tortillas. Una manera de averiguar es recolectando una muestra de las cajas pre empacadas de 100 tortillas para taco, abrirlas, y contar cuántas de éstas están quebradas realmente. Usted fabrica 1 millón de cajas al año (esta es su *población*), pero aleatoriamente usted únicamente abre 10 cajas (este es el tamaño de su *muestra*, también conocida como su número de *pruebas* en una simulación). El número de tortillas quebradas en cada caja es: 24, 22, 4, 15, 33, 32, 4, 1, 45, y 2. El número promedio calculado de tortillas quebradas es 18.2. Con base en estas 10 muestras o pruebas, el promedio es de 18.2 unidades, mientras que con base en la muestra, el 80% de intervalo de confianza está entre 2 y 33 unidades (es decir, el 80% del tiempo, el número de tortillas quebradas está entre 2 y 33 *con base en este tamaño de muestra o número de pruebas ejecutadas*). Sin embargo, ¿Que tan seguro está de que 18.2 es el promedio correcto? ¿Son suficientes las 10 pruebas para establecer esto?

El intervalo de confianza entre 2 y 33 es muy amplio y muy variable. Supongamos que usted requiere un valor promedio más exacto en donde el error sea de ±2 tortillas y 90% del tiempo- esto significa que si usted abre el *total* de 1 millón de cajas fabricadas en un año, 900.000 de estas cajas tendrán tortillas quebradas en promedio en alguna unidad de media de tacos de ±2. ¿Cuántas cajas más de tortillas de tacos necesitaría muestrear (o ejecutar pruebas) para obtener este nivel de precisión? En este caso, las 2 tortillas es el nivel de error mientras que el 90% es el nivel de precisión. Si se ejecutan suficientes números de pruebas, entonces el 90% de nivel de confianza será idéntico al 90% de nivel de precisión, en donde se obtiene una medida más precisa del promedio, de tal manera que el 90% del tiempo, el error y por ende, la confianza, serán de ±2 tortillas. Como ejemplo, digamos que el promedio son 20 unidades, entonces el 90% del intervalo de confianza estará entre 18 y 22 unidades, en donde este intervalo es preciso el 90% del tiempo, en donde al abrir el total de 1 millón de cajas, 900.000 de ellas tendrán entre 18 y 22 tortillas quebradas. El número de pruebas que se requieren para lograr esta precisión se basa en la ecuación del error de muestreo de

$$\bar{x} \pm Z \frac{s}{\sqrt{n}}$$

donde

$$Z \frac{s}{\sqrt{n}}$$

es el error de 2 tortillas, $\bar{x}$ es el promedio muestral, Z es el puntaje-Z normal estándar obtenido del 90% de nivel de precisión, s es la desviación estándar de muestra, y n es el número de pruebas requeridas para alcanzar este nivel de error con la precisión especificada.

REGRESIÓN MULTIVARIADA LINEAL Y NO LINEAL

Se supone que el usuario es lo suficientemente conocedor acerca de los fundamentos del análisis de regresión. La ecuación general de regresión lineal bivariada toma la forma de $Y = \beta_0 + \beta_1 X + \varepsilon$, donde β_0 es el intercepto, β_1 es la pendiente, y ε es el término de error. Es bivariada ya que sólo hay dos variables, una Y o variable dependiente, y una X o variable independiente, donde la X también se conoce como el regresor (algunas veces una regresión bivariada se conoce como una regresión univariada ya que sólo hay una única variable independiente X). La variable dependiente se le denomina como tal ya que *depende* de la variable independiente; por ejemplo, los ingresos por ventas dependen de la cantidad de costos de mercadeo invertidos en la publicidad y promoción del producto lo que hace que la variable dependiente sea las ventas y la variable independiente sea los costos de mercadeo. Un ejemplo de una regresión bivariada se ve sencillamente al insertar la línea de mejor ajuste a lo largo de un conjunto de puntos de datos en un plano bidimensional, como se aprecia a la izquierda en el Gráfico 5.38. En otros casos, se puede realizar una regresión multivariada, donde hay múltiples o un número k de variables independientes X o regresores, donde la ecuación de regresión general ahora toma la forma de $Y = \beta_0 + \beta_1 X_1 + \beta_2 X_2 + \beta_3 X_3 \ldots + \beta_k X_k + \varepsilon$. En este caso, la línea de mejor ajuste estará dentro de un plano $k + 1$ dimensional.

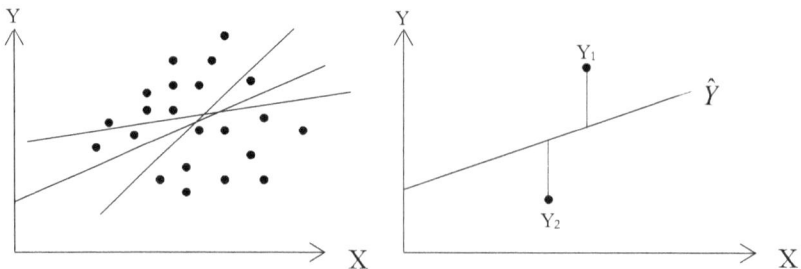

Gráfico 5.38: Regresión Bivariada

Sin embargo, el ajustar una línea a través de un conjunto de puntos de datos en un gráfico disperso, como en el Gráfico 5.38, podría resultar en numerosas líneas posibles. Una línea con el mejor ajuste se define como una sola línea única que minimiza los errores verticales totales, es decir, la suma de las distancias absolutas entre los puntos de datos reales (Y_i) y la línea estimada $(\hat{Y})$, tal como aparece en la parte derecha del Gráfico 5.38. Para encontrar el mejor ajuste de la línea única que minimice errores, se aplica un enfoque más sofisticado, utilizando el análisis de regresión. Dicho análisis encuentra la línea única de mejor ajuste al requerir que sean minimizados todos los errores, o al calcular

$$Min \sum_{i=1}^{n} \left(Y_i - \hat{Y}_i\right)^2$$

donde solamente una única línea minimiza esta suma de errores cuadráticos. Los errores (distancias verticales entre los datos actuales y la línea predictora) se llevan al cuadrado para evitar que los errores negativos cancelen los errores positivos. El resolver este problema de minimización en relación con la pendiente y el intercepto, requiere calcular las primeras derivadas y configurarlas igual a cero:

$$\hat{\beta}_2 = \frac{\sum Y_i X_{2,i} \sum X_{3,i}^2 - \sum Y_i X_{3,i} \sum X_{2,i} X_{3,i}}{\sum X_{2,i}^2 \sum X_{3,i}^2 - \left(\sum X_{2,i} X_{3,i}\right)^2}$$

$$\hat{\beta}_3 = \frac{\sum Y_i X_{3,i} \sum X_{2,i}^2 - \sum Y_i X_{2,i} \sum X_{2,i} X_{3,i}}{\sum X_{2,i}^2 \sum X_{3,i}^2 - \left(\sum X_{2,i} X_{3,i}\right)^2}$$

lo que arroja las ecuaciones de los mínimos cuadrados de la regresión bivariada:

$$\beta_1 = \frac{\sum_{i=1}^{n}(X_i - \bar{X})(Y_i - \bar{Y})}{\sum_{i=1}^{n}(X_i - \bar{X})^2} = \frac{\sum_{i=1}^{n} X_i Y_i - \frac{\sum_{i=1}^{n} X_i \sum_{i=1}^{n} Y_i}{n}}{\sum_{i=1}^{n} X_i^2 - \frac{\left(\sum_{i=1}^{n} X_i\right)^2}{n}}$$

$$\beta_0 = \bar{Y} - \beta_1 \bar{X}$$

Para la regresión multivariada, la analogía se expande para justificar las múltiples variables independientes, donde $= \beta_1 + \beta_2 X_{2,i} + \beta_3 X_{3,i} + \varepsilon_i$ y las pendientes estimadas se pueden calcular por:

$$\hat{\beta}_2 = \frac{\sum Y_i X_{2,i} \sum X_{3,i}^2 - \sum Y_i X_{3,i} \sum X_{2,i} X_{3,i}}{\sum X_{2,i}^2 \sum X_{3,i}^2 - \left(\sum X_{2,i} X_{3,i}\right)^2}$$

$$\hat{\beta}_3 = \frac{\sum Y_i X_{3,i} \sum X_{2,i}^2 - \sum Y_i X_{2,i} \sum X_{2,i} X_{3,i}}{\sum X_{2,i}^2 \sum X_{3,i}^2 - \left(\sum X_{2,i} X_{3,i}\right)^2}$$

Cuando se ejecutan las regresiones multivariadas, se debe tener mucho cuidado al configurar e interpretar los resultados. Por ejemplo, se requiere una buena comprensión de la modelación econométrica (p.ej. identificar las dificultades en la regresión tales como quiebres estructurales, multicolinealidad, heterocedasticidad, auto correlación, pruebas de especificación, no-linealidades y así sucesivamente) antes de poder construir un modelo adecuado.

El Gráfico 5.39 muestra cómo se puede ejecutar una múltiple regresión lineal no lineal en Risk Simulator. En Excel, digite o abra su conjunto de datos existente (el gráfico a continuación utiliza *Risk Simulator | Modelos de Ejemplo | Regresión Múltiple 09* en la carpeta de ejemplos). Revise para estar seguro que los datos están organizados en columnas y seleccione los datos incluyendo los encabezados de las variables y haga clic en *Risk Simulator | Pronóstico | Regresión Múltiple*. Seleccione la variable dependiente y revise las opciones relevantes (rezagos, regresión por pasos, regresión no lineal, y así sucesivamente) y pulse *OK*. El Gráfico 5.40 ilustra un reporte generado con el resultado de una muestra de regresión multivariada. El reporte viene completo con todos los resultados de la regresión, el análisis de los resultados de varianza, la tabla ajustada y los resultados de la prueba de hipótesis.

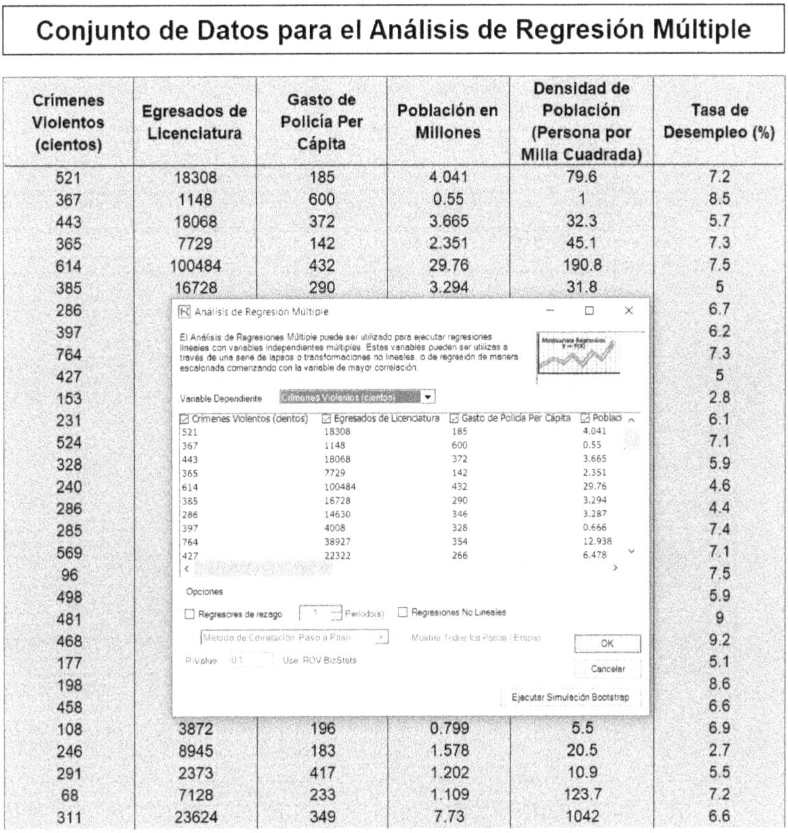

Conjunto de Datos para el Análisis de Regresión Múltiple

Crímenes Violentos (cientos)	Egresados de Licenciatura	Gasto de Policía Per Cápita	Población en Millones	Densidad de Población (Persona por Milla Cuadrada)	Tasa de Desempleo (%)
521	18308	185	4.041	79.6	7.2
367	1148	600	0.55	1	8.5
443	18068	372	3.665	32.3	5.7
365	7729	142	2.351	45.1	7.3
614	100484	432	29.76	190.8	7.5
385	16728	290	3.294	31.8	5
286					6.7
397					6.2
764					7.3
427					5
153					2.8
231					6.1
524					7.1
328					5.9
240					4.6
286					4.4
285					7.4
569					7.1
96					7.5
498					5.9
481					9
468					9.2
177					5.1
198					8.6
458					6.6
108	3872	196	0.799	5.5	6.9
246	8945	183	1.578	20.5	2.7
291	2373	417	1.202	10.9	5.5
68	7128	233	1.109	123.7	7.2
311	23624	349	7.73	1042	6.6

Gráfico 5.39: Regresión en Risk Simulator

Análisis del Reporte de la Regresión

Estadísticas de Regresión

R-Cuadrado (Coeficiente de Determinación)	0.3272	Sum of Squared Errors (SSE)	985675.1902
R-Cuadrado Ajustado	0.2508	Akaike Information Criterion (AIC)	12.7269
R-Múltiple (Coeficiente de Correlación Múltiple)	0.5720	Bayes and Schwarz Criterion (BSC)	13.1964
Error Estándar Estimado (EEy*)	149.6720	Log Likelihood	-318.1734
Observaciones n	50	Hannan-Quinn Criterion (HQC)	13.0543

El valor R-Cuadrado o el Coeficiente de Determinación, indica que el 0.33 de la variación en la variable dependiente puede explicarse y calcularse mediante el análisis de regresión de las variables independientes. Sin embargo, en una regresión múltiple, el R-Cuadrado Ajustado toma en cuenta la existencia de variables independientes adicionales o regresores y ajusta el valor de dicha R-Cuadrada Ajustada para obtener un panorama más exacto del poder intrínseco de la regresión, puesto que determina la variabilidad que es explicada por las variables explicativas o independientes, con respecto a la variable dependiente cuando se introduce una variable adicional al modelo. De ahí que sólo el 0.25 de la variación en la variable dependiente puede ser explicada por las variables independientes cuando se introduce una nueva variable al modelo.

El Coeficiente de Correlación Múltiple (R-Múltiple) mide la correlación entre la verdadera variable dependiente (Y) y la variable estimada o ajustada (Y*) basado en la ecuación de regresión, es decir, establece una medida del grado de asociación lineal entre la variable dependiente y la variable estimada, concretamente entre la variable dependiente y la recta de regresión estimada. Esta correlación también es la raíz cuadrada del Coeficiente de Determinación (R-Cuadrado).

Las estimaciones del Error Estándar (SEy*) describen la dispersión del conjunto de datos por encima y debajo de la línea de regresión lineal o plano. Este valor es utilizado como parte del cálculo para obtener el intervalo de confianza de las estimaciones posteriores.

Resultados de la Regresión

	Intercepto	Egresados de Licenciatura	Gasto de Policía Per Cápita	Población en Millones	Densidad de Población (Persona por Milla Cuadrada)	Tasa de Desempleo (%)
Coeficientes	57.9555	-0.0035	0.4644	25.2377	-0.0086	16.5579
Error Estándar	108.7801	0.0035	0.2535	14.1172	0.1016	14.7996
Estadístico t	0.5327	-1.0066	1.8316	1.7877	-0.0843	1.1188
P-Value	0.5969	0.3192	0.0738	0.0807	0.9332	0.2693
Inferior al 5%	-161.2956	-0.0106	-0.0466	-3.2137	-0.2132	-13.2687
Superior al 95%	277.2076	0.0036	0.9753	53.6891	0.1961	46.3845

Grados de Libertad		Pruebas de Hipótesis	
Grados de Libertad para la Regresión	5	Estadístico t Crítico (99% de confianza con df de 44)	2.6923
Grados de Libertad Residual	44	Estadístico t Crítico (95% de confianza con df de 44)	2.0154
Grados Totales de Libertad	49	Estadístico t Crítico (90% de confianza con df de 44)	1.6802

Los coeficientes proporcionan el intercepto y la pendiente de la regresión estimada. Por ejemplo, los coeficientes son estimaciones de los posibles valores poblacionales b representados en la siguiente ecuación de regresión Y = b0 + b1X1 + b2X2 + ... + bnXn. El Error Estándar mide que tan exactos son los pronósticos de los coeficientes, y el estadístico t es la razón entre el valor correspondiente al coeficiente estimado v su respectivo Error Estándar.

El estadístico t se utiliza en la prueba de hipótesis, donde se establece la hipótesis nula (Ho) de manera que el coeficiente sea cero, y la hipótesis alternativa (Ha) diferente de cero, de manera que el verdadero valor del coeficiente no sea igual a cero. Una prueba t se lleva a cabo cuando el estadístico t se compara con los valores críticos de los Grados de Libertad Residual. La prueba t es muy importante ya que calcula si cada uno de los coeficientes es estadísticamente significativo en presencia de otros regresores. Esto significa que la prueba t comprueba estadísticamente cuando un regresor o una variable independiente debe continuar en la regresión o de lo contrario, debe descartarse.

El coeficiente es estadísticamente significativo si su estadístico t excede el estadístico crítico en los grados de libertad relevantes (df). Los tres principales niveles de confianza utilizados para medir la significancia son 90%, 96% y 99%. Si un estadístico t del coeficiente excede el nivel crítico, se le considera estadísticamente significativo. Alternativamente, el P - Value calcula cada probabilidad de ocurrencia del estadístico t, lo que significa que entre más pequeño sea el P - Value, más significativo será el coeficiente. Los niveles usuales de significancia para el P - Value son 0.01, 0.05, y 0.10, que corresponden a 99%, 95%, y 90% de los niveles de confianza respectivamente.

Los coeficientes con sus P - Value resaltados en azul indican que son estadísticamente significativos al 90% de confianza o 0.10 en nivel alfa, mientras que aquellos resaltados en rojo indican que no son estadísticamente significativos en cualquier otro nivel alfa.

Análisis de Varianza

	Suma de Cuadrados	Suma del Promedio de Cuadrados	Estadístico F	P-Value	Pruebas de Hipótesis	
Regresión	479388.49	95877.70	4.28	0.0029	Estadístico F Crítico (99% de confianza con df de 5 y 44)	3.4651
Residual	985675.19	22401.71			Estadístico F Crítico (95% de confianza con df de 5 y 44)	2.4270
Total	1465063.68				Estadístico F Crítico (90% de confianza con df de 5 y 44)	1.9828

El cuadro de Análisis de Varianza (ANOVA) proporciona una prueba con el estadístico F, apoyado en los resúmenes generales de las estadísticas significativas de los modelos. En lugar de buscar regresores individuales como en la prueba t, la prueba F busca en todas las propiedades estadísticas de los coeficientes. El estadístico F se calcula como la razón de la suma ponderada de cuadrados de la suma explicada por la regresión sobre la suma ponderada de cuadrados de la suma de residuales cuadrados. El numerador mide que tanto de la regresión se explica, mientras que el denominador mide que tanto no se explica. Por lo tanto, mientras más grande sea el estadístico F, más significativo será el modelo. El P - Value correspondiente es calculado para comprobar la hipótesis nula (Ho) en donde todos los coeficientes son simultáneamente iguales a cero, contra la hipótesis alternativa (Ha), en la cual todos son simultáneamente diferentes a cero, indicando un modelo de regresión estadísticamente significativo. Si el P - Value es más pequeño que los niveles de significancia alfa, es decir, 0.01, 0.05, o 0.10, entonces la regresión es significativa. La misma aproximación puede aplicarse comparando el estadístico F con los valores críticos de F en varios niveles de significancia.

Pronóstico

Periodo	Real (Y)	Pronóstico (P)	Error (E)
1	521.0000	299.5124	221.4876
2	367.0000	487.1243	(120.1243)
3	443.0000	353.2789	89.7211
4	365.0000	276.3296	88.6704
5	614.0000	776.1336	(162.1336)
6	385.0000	298.9993	86.0007
7	286.0000	354.8718	(68.8718)
8	397.0000	312.6155	84.3845
9	764.0000	529.7550	234.2450
10	427.0000	347.7034	79.2966
11	153.0000	266.2526	(113.2526)
12	231.0000	264.6375	(33.6375)
13	524.0000	406.8009	117.1991
14	328.0000	272.2226	55.7774
15	240.0000	231.7882	8.2118
16	286.0000	257.8662	28.1138
17	285.0000	314.9521	(29.9521)
18	569.0000	335.3140	233.6860
19	96.0000	282.0356	(186.0356)
20	498.0000	370.2062	127.7938
21	481.0000	340.8742	140.1258
22	468.0000	427.5118	40.4882
23	177.0000	274.5298	(97.5298)
24	198.0000	294.7795	(96.7795)
25	458.0000	295.2180	162.7820
26	108.0000	269.6195	(161.6195)
27	246.0000	195.5955	50.4045
28	291.0000	364.5004	(73.5004)
29	68.0000	287.0426	(219.0426)
30	311.0000	431.7568	(120.7568)
31	606.0000	323.6399	282.3601
32	512.0000	531.4356	(19.4356)
33	426.0000	325.3641	100.6359
34	47.0000	192.3960	(145.3960)

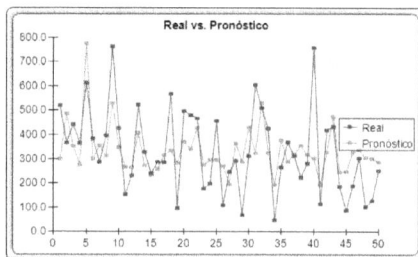

Real vs. Pronóstico

Root Mean Squared Error (RMSE)	140.4048
Mean Squared Error (MSE)	19713.5038
Mean Absolute Deviation (MAD)	114.4678
Mean Absolute Percentage Error (MAPE)	54.8859%
Theil's (U)	0.5741
Symmetrical Mean Absolute Percentage Error (sMAPE)	38.7905%
Median Absolute Error (MdAE)	97.1547
Median Absolute Percentage Error (MdAPE)	26.0338%
Root Mean Square Log Error (RMSLE)	0.5299
Root Mean Square Percentage Error Loss (RMSPE)	0.6977
Root Median Square Percentage Error Loss (RMdSPE)	0.2604
Theil's U1 Accuracy (U1)	0.3760

Gráfico 5.40: Resultados de la Regresión en Risk Simulator

Los modelos de regresión también pueden tomar muchas formas funcionales o especificaciones. Por ejemplo, una regresión lineal tomará la forma de $Y = \beta_0 + \beta_1 X_1 + \beta_2 X_2 \ldots + \beta_n X_n + \varepsilon$ mientras que una regresión no lineal puede tomar la forma estándar de $Y = \beta_0 + \beta_1 ln(X_1) + \beta_2 ln(X_2) \ldots + \beta_n ln(X_n) + \varepsilon$. Sin embargo, existen otras formas funcionales dependiendo de la relación de las variables. Usualmente, para probar las especificaciones de la forma funcional, nos remontamos a utilizar una única variable independiente a la vez. A continuación, están las formas funcionales bivariadas usadas más comúnmente:

Lineal	$Y = \beta_0 + \beta_1 X_1 + \varepsilon$
Logarítmica Lineal	$Y = \beta_0 + \beta_1 ln(X_1) + \varepsilon$
Recíproca	$Y = \beta_0 + \beta_1 (1/X_1) + \varepsilon$
Cuadrática	$Y = \beta_0 + \beta_1 X_1 + \beta_2 X_1^2 + \varepsilon$
Logarítmica Lineal	$ln(Y) = \beta_0 + \beta_1 X_1 + \varepsilon$
Logarítmica Recíproca	$ln(Y) = \beta_0 + \beta_1 (1/X_1) + \varepsilon$
Logarítmica Cuadrática	$ln(Y) = \beta_0 + \beta_1 X_1 + \beta_2 X_1^2 + \varepsilon$
Logarítmica Doble	$ln(Y) = \beta_0 + \beta_1 ln(X_1) + \varepsilon$
Logística	$Y/(1 - Y) = \beta_0 + \beta_1 X_1 + \varepsilon$

Estas formas funcionales se prueban con una variable dependiente y una independiente. En el caso de las regresiones multivariadas, sencillamente ejecute los modelos pareados, tome las formas funcionales resultantes y combínelas dentro de una estructura multivariada más compleja, en el entendido que cuando se combinan diferentes formas funcionales, algunas funciones previas estadísticamente significativas pueden salir del modelo integral e integrarse con otras funciones en el modelo más grande. El Gráfico 5.41 ilustra la manera en que se pueden probar estas formas funcionales en BizStats, mientras que el Gráfico 5.42 exhibe sus representaciones gráficas (preste atención tanto a la forma como a los valores en los ejes).

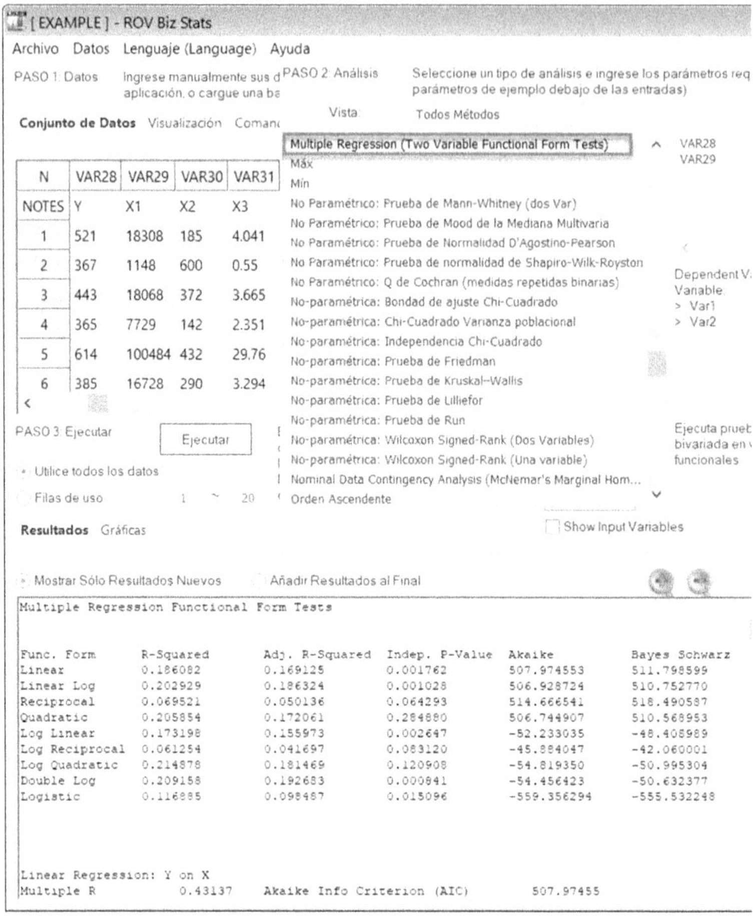

Archivo   Datos   Lenguaje (Language)   Ayuda

PASO 1: Datos   Ingrese manualmente sus d PASO 2: Análisis   Seleccione un tipo de análisis e ingrese los parámetros req
aplicación, o cargue una ba   parámetros de ejemplo debajo de las entradas)

Vista   Todos Métodos

Conjunto de Datos Visualización Coman

N	VAR28	VAR29	VAR30	VAR31
NOTES	Y	X1	X2	X3
1	521	18308	185	4.041
2	367	1148	600	0.55
3	443	18068	372	3.665
4	365	7729	142	2.351
5	614	100484	432	29.76
6	385	16728	290	3.294

Multiple Regression (Two Variable Functional Form Tests)   VAR28
Máx   VAR29
Min
No Paramétrico: Prueba de Mann-Whitney (dos Var)
No Paramétrico: Prueba de Mood de la Mediana Multivaria
No Paramétrico: Prueba de Normalidad D'Agostino-Pearson
No Paramétrico: Prueba de normalidad de Shapiro-Wilk-Royston   Dependent V:
No Paramétrico: Q de Cochran (medidas repetidas binarias)   Variable
No-paramétrica: Bondad de ajuste Chi-Cuadrado   > Var1
No-paramétrica: Chi-Cuadrado Varianza poblacional   > Var2
No-paramétrica: Independencia Chi-Cuadrado
No-paramétrica: Prueba de Friedman
No-paramétrica: Prueba de Kruskal–Wallis
No-paramétrica: Prueba de Lilliefor
No-paramétrica: Prueba de Run   Ejecuta pruet
No-paramétrica: Wilcoxon Signed-Rank (Dos Variables)   bivariada en \
No-paramétrica: Wilcoxon Signed-Rank (Una variable)   funcionales
Nominal Data Contingency Analysis (McNemar's Marginal Hom...
Orden Ascendente

PASO 3: Ejecutar   Ejecutar

· Utilice todos los datos

Filas de uso   1 ~ 20

Resultados Gráficas   Show Input Variables

· Mostrar Sólo Resultados Nuevos   Añadir Resultados al Final

```
Multiple Regression Functional Form Tests


Func. Form    R-Squared      Adj. R-Squared   Indep. P-Value   Akaike        Bayes Schwarz
Linear        0.186082       0.169125         0.001762         507.974553    511.798599
Linear Log    0.202929       0.186324         0.001028         506.928724    510.752770
Reciprocal    0.069521       0.050136         0.064293         514.666541    518.490587
Quadratic     0.205854       0.172061         0.284880         506.744907    510.568953
Log Linear    0.173198       0.155973         0.002647         -52.233035    -48.408989
Log Reciprocal 0.061254      0.041697         0.083120         -45.884047    -42.060001
Log Quadratic 0.214878       0.181469         0.120908         -54.819350    -50.995304
Double Log    0.209158       0.192683         0.000841         -54.456423    -50.632377
Logistic      0.116885       0.098487         0.015096         -559.356294   -555.532248



Linear Regression: Y on X
Multiple R        0.43137    Akaike Info Criterion (AIC)        507.97455
```

Gráfico 5.41: Formas Funcionales Bivariadas

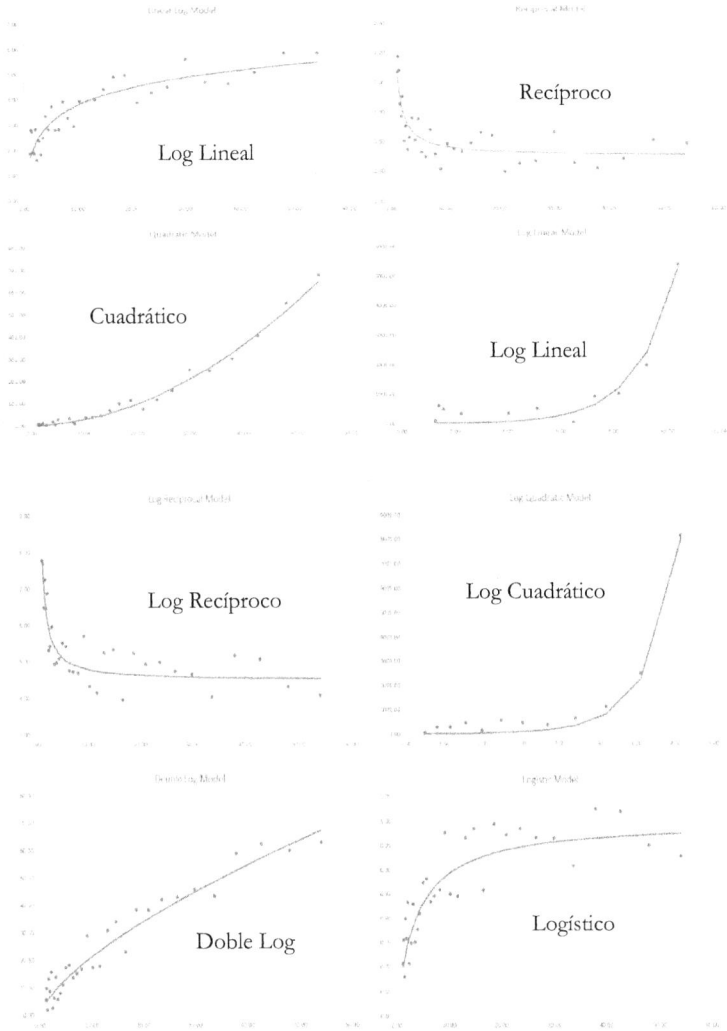

Gráfico 5.42: Representación Gráfica de las Diferentes
Formas Funcionales

PRUEBAS PARA LA MULTICOLINEALIDAD Y HETEROCEDASTICIDAD

Existe la multicolinealidad cuando hay una relación lineal entre las variables independientes. Cuando esto ocurre, la ecuación de regresión no se puede estimar en lo absoluto. En situaciones de cuasi colinealidad, la ecuación de regresión estimada será sesgada y proporcionará resultados inexactos. Esta situación es especialmente cierta cuando se utiliza un enfoque de regresión por pasos, donde las variables independientes estadísticamente significativas se van a sacar del mix de regresión antes de lo esperado, resultando en una ecuación de regresión que no es ni eficaz ni exacta. Como ejemplo, suponga que existe el siguiente análisis de regresión múltiple, donde $Y_i = \beta_1 + \beta_2 X_{2,i} + \beta_3 X_{3,i} + \varepsilon_i$. Entonces las pendientes estimadas se pueden calcular por medio de:

$$\hat{\beta}_2 = \frac{\sum Y_i X_{2,i} \sum X_{3,i}^2 - \sum Y_i X_{3,i} \sum X_{2,i} X_{3,i}}{\sum X_{2,i}^2 \sum X_{3,i}^2 - \left(\sum X_{2,i} X_{3,i}\right)^2}$$

$$\hat{\beta}_3 = \frac{\sum Y_i X_{3,i} \sum X_{2,i}^2 - \sum Y_i X_{2,i} \sum X_{2,i} X_{3,i}}{\sum X_{2,i}^2 \sum X_{3,i}^2 - \left(\sum X_{2,i} X_{3,i}\right)^2}$$

Ahora supongamos que existe una multicolinealidad perfecta, es decir, que hay una relación lineal perfecta entre X_2 y X_3, de tal manera que $X_{3,i} = \lambda X_{2,i}$ para todos los valores positivos de λ. Sustituyendo esta relación lineal dentro de los cálculos de la pendiente para β_2, el resultado es indeterminado. En otras palabras, tenemos

$$\hat{\beta}_2 = \frac{\sum Y_i X_{2,i} \sum \lambda^2 X_{2,i}^2 - \sum Y_i \lambda X_{2,i} \sum \lambda X_{2,i}^2}{\sum X_{2,i}^2 \sum \lambda^2 X_{2,i}^2 - \left(\sum \lambda X_{2,i}^2\right)^2} = \frac{0}{0}$$

El mismo cálculo y los resultados aplican a β_3, lo que significa que el análisis de regresión múltiple se desglosa y no se puede estimar dada una condición de colinealidad perfecta.

Una prueba rápida de la presencia de multicolinealidad en una ecuación de regresión múltiple es que el valor de R-cuadrado es relativamente alto mientras que los estadísticos-t son relativamente bajos. Otra prueba rápida es crear una matriz de correlación entre las variables independientes. Una alta correlación-cruzada indica que hay un potencial para la multicolinealidad. La regla general es que la correlación con un valor absoluto mayor que 0.75 es un indicativo de multicolinealidad severa. Otra prueba para la multicolinealidad es el uso del factor de inflación de la varianza (VIF), que se obtiene al hacer una regresión de cada variable independiente en todas las otras variables independientes, obteniendo el valor R-cuadrado y calculando el VIF de esa variable al estimar

$$VIF_i = \frac{1}{(1 - R_i^2)}$$

Un valor alto de VIF indica un R-cuadrado alto cerca de la unidad. Como regla general, un valor VIF mayor que 10 usualmente es un indicativo de multicolinealidad destructiva.

Otra violación común es la heterocedasticidad, es decir, que la varianza de los errores aumenta en el tiempo. El Gráfico 5.43 ilustra este caso, donde la amplitud de las fluctuaciones verticales de los datos aumenta o se dispersa en el tiempo. En este ejemplo, los puntos de datos se han cambiado para exagerar el efecto. Sin embargo, en la mayoría de los análisis de series de tiempo el revisar la heterocedasticidad es una tarea mucho más difícil. El Gráfico 5.44 exhibe una vista comparativa de la homocedasticidad (igual varianza de errores) versus la heterocedasticidad.

Si la varianza de la variable dependiente no es constante, entonces la varianza del error no será constante. La forma más común de dicha heterocedasticidad en la variable dependiente es que la varianza de la variable dependiente puede aumentar en la medida en que aumenta la media de la variable dependiente para los datos con variables positivas independientes y dependientes.

Salvo que la heterocedasticidad de la variable dependiente se pronuncie, su efecto no será severo: las estimaciones de mínimos cuadrados aun serán insesgadas, y las estimaciones de la pendiente y el intercepto serán distribuidas ya sea normalmente si los errores están distribuidos normalmente, o por lo menos distribuidas normalmente asintóticamente (en la medida en que el número de los puntos de datos va aumentando) si los errores no están distribuidos normalmente. La estimación para la varianza de la pendiente y la varianza en general será inexacta, pero la inexactitud no es probable que sea sustancial si los valores de la variable independiente son simétricos sobre su media.

La heterocedasticidad de la variable dependiente se detecta usualmente de manera informal al examinar el gráfico de dispersión X-Y de los datos antes de realizar la regresión. Si ambas varianzas no lineales y desiguales están presentes, el emplear una transformación de la variable dependiente puede tener el efecto de mejorar simultáneamente la linealidad y de promover la igualdad de las varianzas. De lo contrario, una regresión lineal de mínimos cuadrados ponderados podría ser el método preferido para lidiar con la varianza no constante de la variable dependiente.

Variación no constante: ingresos por ventas y gastos de marketing

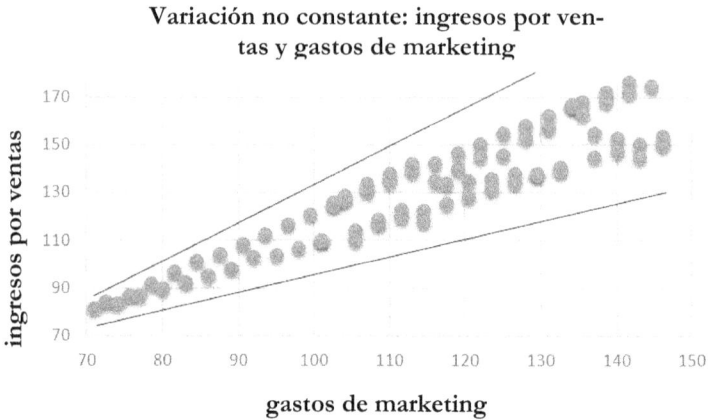

Gráfico 5.43: Diagrama de Dispersión que Exhibe la Heterocedasticidad con Varianza No Constante

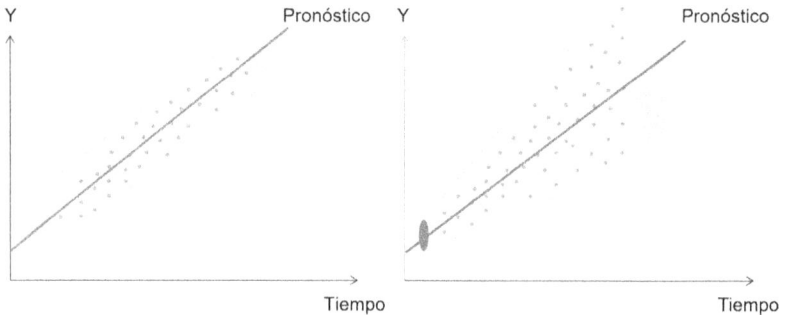

Gráfico 5.44: Homocedasticidad y Heterocedasticidad

Los estadísticos de bondad de ajuste ofrecen un vistazo a la exactitud y confiabilidad del modelo de regresión estimado. Usualmente toman la forma de un estadístico-t, estadístico-F, estadístico de R-cuadrado, estadístico de Durbin-Watson y sus correspondientes probabilidades. (Ver el estadístico-t, estadístico-F, y las tablas críticas de Durbin-Watson al final de este libro para los correspondientes valores críticos utilizados más adelante en este capítulo). Las siguientes secciones explican algunos de los estadísticos de regresión más comunes y sus interpretaciones.

El R-cuadrado (R^2), o coeficiente de determinación, es un error de medición que mira la variación porcentual de la variable dependiente que se puede explicar por la variación en la variable independiente para un análisis de regresión. El coeficiente de determinación se puede calcular por:

$$R \ Cuadrado = \frac{SS_{reg}}{SS_{total}} = 1 - \frac{SS_{error}}{SS_{total}} = 1 - \frac{\sum_{i=1}^{n}(y_i - \hat{y}_i)^2}{\sum_{i=1}^{n}(y_i - \bar{y})^2}$$

en donde el coeficiente de determinación es uno menos la relación de las sumas de cuadrados del error (SSE) a las sumas de cuadrados totales (TSS). En otras palabras, la relación SSE a TSS es la porción no explicada del análisis, por ende, uno menos la relación de SSE a TSS es la porción explicada del análisis de regresión.

El gráfico 5.45 da una explicación gráfica del coeficiente de determinación. La línea de regresión estimada se caracteriza por una serie de valores predictivos ($\hat{Y}$); el valor promedio de los puntos de datos de la variable dependiente se denomina $\bar{Y}$; y los puntos de datos individuales se caracterizan por Y_i. Por ende, la suma total de cuadrados, es decir, la variación total en los datos o la variación total acerca del valor dependiente promedio, es el total de la diferencia entre los valores dependientes individuales y su promedio (visto como la distancia cuadrada total de $Y_i - \bar{Y}$ en el Gráfico 5.45). La suma de cuadrados explicada, la porción que se captura por el análisis de regresión, es el total de la diferencia entre el valor predictivo de la regresión y el promedio del conjunto de datos de la variable dependiente (visto como la distancia cuadrada total de $\hat{Y} - \bar{Y}$ en el Gráfico 5.45). La diferencia entre la variación total (TSS) y la variación explicada (ESS) es la suma de cuadrados no explicada, también conocida como la suma de cuadrados del error (SSE).

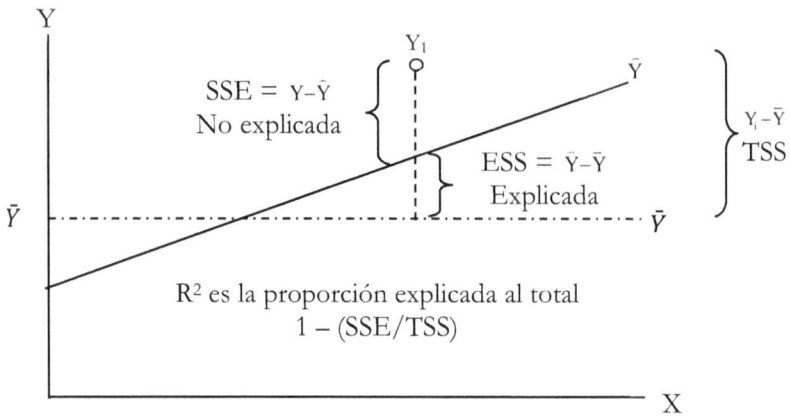

Y

SSE = Y–Ŷ
No explicada

Y_1

Ŷ

ESS = Ŷ–Ȳ
Explicada

$\bar{Y}$

Ŷ

$Y_i - \bar{Y}$
TSS

R^2 es la proporción explicada al total
1 – (SSE/TSS)

X

Gráfico 5.45: Explicación del Coeficiente de Determinación

Otro estadístico relacionado, el coeficiente ajustado de determinación, o R-cuadrado ajustado ($\bar{R}^2$), corrige el número de variables (k) independientes en una regresión multivariada a través de una corrección de grados de libertad para ofrecer una estimación más conservadora.

$$\bar{R}^2 = 1 - \frac{\sum_{i=1}^{n}\left(Y_i - \frac{\hat{Y}_i)^2}{k-2}\right)}{\sum_{i=1}^{n}\left(Y_i - \frac{\bar{Y})^2}{k-1}\right)} = 1 - \frac{\frac{SSE}{k-2}}{\frac{TSS}{k-1}} = 1 - \left[\frac{(1-R^2)(n-1)}{n-k}\right]$$

El R-cuadrado ajustado se debe utilizar en lugar del R-cuadrado regular en regresiones multivariadas porque cada vez que se agrega una variable independiente dentro del análisis de regresión, el R-cuadrado aumentará; indicando que el porcentaje de variación explicado ha aumentado. Este aumento ocurre incluso cuando se agregan regresores sin sentido. El R-cuadrado ajustado, toma en cuenta los regresores agregados y penaliza la regresión en consecuencia, lo que ofrece una mejor estimación de la bondad de ajuste de un modelo de regresión. Después, se requieren el error estándar de la regresión ($SE_{y,x}$) y los errores estándar del intercepto (SE_{b0}) y la pendiente (SE_{b1}) para calcular los estadísticos-t significativos para los coeficientes de regresión:

$$SE_{y,x} = \sqrt{\frac{\sum(y_i - \hat{y})^2}{n - k}}$$

$$SE_{b1} = \frac{SE_{y,x}}{\sqrt{\sum x_i^2 - n(\bar{x})^2}} = \frac{SE_{y,x}}{\sqrt{\sum(x_i - \bar{x})^2}} = \sqrt{\frac{\frac{\sum(y_i - \hat{y}_i)^2}{n - k}}{\sum(x_i - \bar{x})^2}}$$

$$SE_{b0} = SE_{y,x} \sqrt{\frac{1}{n} + \frac{\bar{x}^2}{SS_x}}$$

$$t = \frac{\hat{\beta}_i}{se_b}$$

Otros estadísticos de bondad de ajuste incluyen el estadístico-t y el estadístico-F (Tabla 5.46). El primero se utiliza para probar si *cada* pendiente estimada e intercepto(s) es estadísticamente significativa, es decir, si es significativa a nivel estadístico desde cero (por lo tanto asegurándose que las estimaciones del intercepto y la pendiente son estadísticamente válidos). El segundo aplica los mismos conceptos pero simultáneamente para toda la ecuación de regresión incluyendo el intercepto y la pendiente (s). Utilizando el ejemplo anterior, lo siguiente ilustra la manera en que el estadístico-t y el estadístico-F se pueden utilizar en un análisis de regresión. (Ver las tablas del estadístico-t y estadístico-F al final del libro para sus valores críticos correspondientes). Se supone que el lector está un tanto familiarizado con las pruebas de hipótesis y las pruebas de significancia en la estadística básica.

$$SS_{Reg} = \sum_{i=1}^{n}(\hat{y}_i - \bar{y})^2$$

$$SS_{Error} = \sum_{i=1}^{n}(y_i - \hat{y}_i)^2$$

$$SS_{Total} = \sum_{i=1}^{n}(y_i - \bar{y})^2$$

$$df_{Reg} = k - 1$$

$$df_{Error} = n - k - 1$$

$$df_{Tot} = n - 1$$

$$F_{k-1,n-k-1} = \frac{MS_{Treatment}}{MS_{Error}}$$

ANOVA

	df	SS	MS	F	Significancia F
Regresión	1	7.2014	7.2014	21.9747	0.0054
Residual	5	1.6386	0.3277		
Total	6	8.8400			

	Coeficientes	Error Estándar	Estad t	Valor-P	Inferior 95%	Superior 95%
Intercepto	4.3643	0.5826	7.4911	0.0007	2.8667	5.8619
Variable X 1	0.0845	0.0180	4.6877	0.0054	0.0382	0.1309

Tabla 5.46: ANOVA y Tabla de Bondad de Ajuste

Ejemplo: Dada la información de salida del análisis de regresión en la Tabla 5.46, interprete lo siguiente:

(a) Realice una prueba de hipótesis en la pendiente y el intercepto para ver si son significativos *cada uno* en un alfa de dos colas (α) de 0.05).

La hipótesis nula H_0 es tal que la pendiente $\beta_1 = 0$ y la hipótesis alternativa H_a es tal que $\beta_1 \neq 0$. El estadístico-t calculado es 4.6877, el cual excede el t-crítico (2.9687 obtenido de la tabla del estadístico-t al final de este libro) para un alfa de 0.05 de dos colas y grados de libertad $n - k = 7 - 1 = 6$.[36] Por ende, la hipótesis nula es rechazada, y uno puede decir que la pendiente es significativamente diferente de 0 a nivel estadístico, lo que indica que la estimación de la pendiente de la regresión es estadísticamente significativa. Esta prueba de hipótesis también se puede realizar viendo el valor-p correspondiente (0.0054) del estadístico-t, que es menor que el alfa de 0.05, lo que significa que la hipótesis nula es rechazada. Después se aplica la prueba de hipótesis al intercepto, donde la hipótesis nula H_0 es tal que el intercepto $\beta_0 = 0$ y la hipótesis H_a alternativa es tal que $\beta_0 \neq 0$. El estadístico-t calculado es 7.4911, que excede el valor t crítico de

2.9687 para $n - k$ (7 – 1 = 6) grados de libertad, entonces, la hipótesis nula es rechazada indicando que el intercepto es significativamente diferente de 0 a nivel estadístico, lo que significa que la estimación del intercepto de la regresión es estadísticamente significativo. El valor-p calculado (0.0007) también es menor que el nivel alfa, lo que significa que la hipótesis nula también es rechazada.

(b) Realice una prueba de hipótesis para ver si tanto la pendiente como el intercepto son significativos en su conjunto. En otras palabras, si el modelo estimado es estadísticamente significativo en un alfa (α) de 0.05.

La hipótesis nula simultánea H_0 es tal que $\beta_0 = \beta_1 = 0$ y la hipótesis alternativa H_a es $\beta_0 \neq \beta_1 \neq 0$. El valor-F calculado es 21.9747, el cual excede el valor-F crítico (5.99 obtenido de la tabla que aparece al final de este libro) para k (1) grados de libertad en el numerador y $n - k$ (7 – 1 = 6) grados de libertad para el denominador, así que la hipótesis nula es rechazada lo que indica que tanto la pendiente como el intercepto son significativamente diferentes simultáneamente desde 0 y que el modelo como un todo es estadísticamente significativo. Este resultado se confirma por el valor-p de 0.0054 (significancia de F), el cual es menor que el valor alfa, de esta manera rechazando la hipótesis nula y confirmando que la regresión como un todo es estadísticamente significativa.

(c) Utilizando la salida de regresión de Risk Simulator en la Tabla 5.47, interprete el valor R^2. ¿Cómo se relaciona con el coeficiente de correlación?

El R^2 es 0.8146, lo que significa que el 81.46% de la variación en la variable dependiente se puede explicar por la variación en la variable independiente. El R^2 es sencillamente el cuadrado del coeficiente de correlación, es decir que el coeficiente de correlación entre la variable independiente y la dependiente es 0.9026.

Estadísticas de Regresión	
R-Cuadrado (Coeficiente de Determinación)	0.8146
R-Cuadrado Ajustado	0.7776
R Múltiple (Coeficiente de Correlación Múltiple)	0.9026
Error Estándar de Estimación (SEy)	0.5725
Número de Observaciones	7

Resultados de Regresión

	Intercepto	Tamaño Ad
Coeficientes	4.3643	0.0845
Error Estándar	0.5826	0.0180
Estadístico-t-	7.4911	4.6877
Valor-p	0.0007	0.0054
Inferior 5%	2.8667	0.0382
Superior 95%	5.8619	0.1309

Tabla 5.47: Salida Adicional de Regresión desde Risk Simulator

Cálculos Manuales de la Regresión

Sigamos con un ejemplo de un cálculo manual. Para verdaderamente entender y dejar de lado la mística del análisis de regresión, es importante ver cómo funcionan las matemáticas. La tabla 5.48 muestra un conjunto de datos de ejemplo y los resultados de su correspondiente regresión bivariada en BizStats. Por medio de los resultados de BizStats, podemos ver cómo proceden los cálculos manuales en la Tabla 5.49. Finalmente la Tabla 5.50, muestra cómo se pueden calcular los coeficientes de intercepto y pendiente utilizando una matriz matemática. El uso de una matriz matemática está fuera del ámbito de este libro, pero, brevemente, los coeficientes se pueden calcular utilizando: $B = (X'X)^{-1}X'Y$. Para regresiones con un coeficiente de intercepto, la matriz X requiere una columna de identidades (el valor de 1 se repite por cada fila) antes de los valores x (ver columnas AD y AE en la Tabla 5.50). Esta aproximación se puede implementar en Excel utilizando la siguiente fórmula:

MMULT(MINVERSE(MMULT(TRANSPOSE(*matrizX*), *matrizX*)),MMULT(TRANSPOSE(*matrizX*), *matrizY*))

Tabla 5.48: Regresión Bivariada en BizStats

Cálculos Manuales de Regresión Simple, Coeficientes, Errores Estándar, ANOVA para Regresión, Estad-T, etc.
Schwarz, Hannan Quinn, R-Cuadrado, R-Cuadrado Ajustado, Errores Estándar, Akaike, Bayes,

Estadísticos de la regresión (columnas H / I / J,K,L)

Estadístico	Valor	Fórmula
N (Filas)	50	<< COUNTA(F6:F55)
K (Variables)	2	<< COUNTA(F5:G5)
R Múltiple	0.43137	<< CORREL(F6:F55,N6:N55)
R-Cuadrado	0.18608	<< I8*J8
R-Cuadrado Ajusta	0.16912	<< 1-((1-J9)*(J5-1))/(J5-J6))
Estimaciones S.E.	157.61519	<< SQRT(P3/(J5-J6))
Max Probabilidad	322.93420	<< J5/2*LN(2*PI())-J5/2*LN(P3/J5)-J5/2
Criterio de Akaike	12.99737	<< 2*I13/J5+2*J6/J5
Bayes y Schwarz	13.07385	<< 2*I13/J5+J6*LN(J5)/J5
Hannan-Quinn	13.02649	<< 2*I13/J5+2*J6*LN(LN(J5))/J5
Pendiente B1	0.00340	<< R3/Q3
Pendiente SE	0.00103	<< I11/SQRT(Q3)
Estad-T B1	3.31270	<< I18/I19
Valor-p	0.00176	<< TDIST(I20,J45-J56,2)
IC Inferior B1	0.00134	<< J18-TINV(0.05,J45-J56)*I19
IC Superior B1	0.00547	<< J18+TINV(0.05,J45-J56)*I19
Intercepto	258.14207	<< AVERAGE(E$56:E$55)-I18*AVERAGE(G6:G55)
SE Intercepto Bo	31.50967	<< I11*SQRT(1/J5+(AVERAGE(G6:G55)*AVERAGE(G6:G55)/Q3)
Estad-T Bo	8.19247	<< J25/J26
Valor-p	0.00000	<< TDIST(I27,J45-J56,2)
CI Superior Bo	194.78764	<< J25-TINV(0.05,J45-J56)*I26
CI Superior Bo	321.49651	<< J25+TINV(0.05,J45-J56)*I26
Gl Regresión	1	<< J6-1
Gl Residual	48	<< J5-J6
Gl Total	49	<< J5-1
SC Regresión	272621.43	<< T3
SC Residual	1192442.25	<< P3
SC Total	1465063.68	<< S3
MS Regresión	272621.43	<< J35/J32
MS Residual	24842.55	<< J36/J33
Estadístico-F	10.97397	<< J38/J39
Valor-p	0.00176	<< FDIST(J40,J32,J33)
Eta-Cuadrado	0.18608	<< J35/J37

MATRIZ:

258.14207	<<=MMULT(MINVERSE(MMULT(TRANSPOSE(AD94:AE143),
0.00340	AD94:AE143)),MMULT(TRANSPOSE(AD94:AE143),W94:W143))

Datos y cálculos (columnas E,F y M–S)

SS Error: 1192442.249 = SUM(O6:O55) · SUM(P6:P55)=23513989216.42 · SUM(Q6:Q55)=80065082.16
SS Total: 1465063.68 = SUM(R6:R55) · SS Regresión: 272621.43 = SUM(S6:S55)

Y	X1	Y Pred	Error	Error^2	(X − X Avg)^2	(X − X Avg)(Y − Y Avg)	(Y − Y Avg)^2	(Y Pred − Y Avg)^2
521	18308	320.48	200.52	40207.96	112865009.01	-635221.82	35751.25	130.86
367	1148	262.05	104.95	11014.29	421051521.81	-719825.46	1230.61	4881.68
443	18068	319.66	123.34	15211.87	12956688.21	-399836.90	12338.77	150.22
365	7729	284.46	80.54	6486.80	194282897.33	-461086.90	1094.29	2252.52
614	100484	600.29	13.71	187.97	6212034366.93	222325470.04	79569.13	72022.39
385	16728	315.10	69.90	4885.89	24399055.41	-262190.78	2817.49	282.88
286	14630	307.96	-21.96	482.12	495269969.25	323163.84	2108.65	574.22
397	4008	271.79	125.21	15677.72	311859353.01	-1149282.86	4235.41	3615.70
764	38927	390.69	373.31	139361.53	297888959.49	7457467.48	18693.13	3453.73
427	22322	334.15	92.85	8621.41	428317.89	62226.06	9040.21	4.97
153	3711	270.78	-117.78	13871.66	324437328.77	3212784.14	32012.37	3738.34
231	3136	268.82	-37.82	1430.36	343417974.77	1870203.02	10184.85	3981.59
524	50508	430.12	93.88	8813.13	831772133.01	5539675.56	36894.73	9643.57
240	28886	356.50	-28.50	812.18	52106164.77	-28296.36	15.37	604.12
286	16996	316.01	-76.01	5778.04	21823285.97	429407.96	8449.29	253.02
285	13035	302.53	-16.53	273.12	74520746.85	396406.24	2108.65	863.99
569	12973	302.32	-17.32	299.81	75595025.81	407947.82	2201.49	876.45
96	16309	313.67	255.33	65191.27	28713950.93	-1270402.66	56206.93	332.91
498	5227	275.94	-179.94	32378.40	270291355.49	3878652.20	55658.25	3133.76
481	19235	323.64	174.36	30402.38	5917250.85	-403996.24	27582.57	68.60
468	44487	409.62	71.38	5095.07	520727754.69	3401925.10	22224.85	6037.32
177	44213	408.69	59.31	3518.00	508297766.61	3067986.20	18517.77	5893.21
198	23619	338.56	-161.56	26103.16	3808196.13	-302320.18	24000.21	44.15
458	9106	289.15	-91.15	8307.95	15779228717	1682241.44	17934.57	1829.45
108	24917	342.98	115.02	13228.59	10558990.29	409691.92	15896.17	122.42
246	3872	271.33	-163.33	26675.46	316681243.89	3984777.32	50140.17	3671.61
291	8945	288.60	-42.60	1814.74	161863024.05	1093120.64	738.25	1876.64
68	2373	266.22	24.78	613.94	372279273.81	789532.58	1674.45	4316.21
311	7128	282.41	214.41	45972.89	211398223.41	3837275.40	69653.77	2450.95
606	23624	338.58	-27.58	760.75	3827735.73	-40929.14	437.65	44.38
512	5242	275.99	330.01	108905.89	269798364.29	4501912.00	75119.85	3128.04
222	92629	573.54	-61.54	3787.62	5035528805.33	12778739.72	32428.81	58381.97
280	62184	356.19	69.81	4873.58	50800686.05	670551.44	8851.05	588.98
759	9153	273.42	-226.42	51266.15	295170954.69	4895079.46	81179.41	3422.22
114	14250	424.30	-159.30	25377.31	736116121.73	1815637.30	4478.29	8534.54
	3680	306.04	63.96	4090.86	57768208.29	-289428.56	1450.09	669.77
		301.36	10.64	113.17	80542368.21	178772.84	396.81	933.81
		469.88	-247.88	61443.73	1641583530.93	-4453569.28	12082.41	19032.54
		289.31	-9.31	86.64	156613711.41	649754.92	2695.69	1815.78
		306.66	452.34	204608.50	55019899.65	3167882.98	182397.33	637.90
		270.67	-156.67	24546.26	3235515925.25	3919844.72	47489.13	3751.26

Gráfico 5.49: Cálculos Manuales de la Regresión Bivariada

	W	X	Y	Z	AA	AB	AC	AD	AE
84	MATRIX DE APROXIMACIÒN:								
85	258.14207	<< =MMULT(MINVERSE(MMULT(TRANSPOSE(AD94:AE143),							
86	0.00340	AD94:AE143)),MMULT(TRANSPOSE(AD94:AE143),W94:W143))							
87									
88									
89	*Utilizando Excel:*		0.43137	<< =CORREL(W94:W143,X94:X143)					
90	Correlación R		0.43137	<< =SUM(AA94:AA143)/SQRT(SUM(AB94:AB143)*SUM(AC94:AC143))					
91	R-Cuadrado		0.18608	<< =Y90*Y90					
92									

	Y	Y Pred	Y-Mu	Y Pred - Mu	Product	Sq Y-Mu	Sq Y Pred - Mu	UNIDAD	X
93	Y	Y Pred	Y-Mu	Y Pred - Mu	Product	Sq Y-Mu	Sq Y Pred - Mu	UNIDAD	X
94	521	320.481	189.0800	-11.4392	-2162.93	35751.2	130.8559005	1	18308
95	367	262.051	35.0800	-69.8690	-2451	1230.61	4881.675636	1	1148
96	443	319.664	111.0800	-12.2564	-1361.44	12338.8	150.2199752	1	18068
97	365	284.459	33.0800	-47.4607	-1570	1094.29	2252.517892	1	7729
98	614	600.290	282.0800	268.3699	75701.8	79569.1	72022.38978	1	100484
99	385	315.101	53.0800	-16.8191	-892.759	2817.49	282.8828972	1	16728
100	286	307.957	-45.9200	-23.9628	1100.37	2108.65	574.2161864	1	14630
101	397	271.789	65.0800	-60.1307	-3913.31	4235.41	3615.700518	1	4008
102	764	390.688	432.0800	58.7684	25392.7	186693	3453.727633	1	38927
103	427	334.148	95.0800	2.2284	211.88	9040.21	4.965922002	1	22322
104	153	270.778	-178.9200	-61.1420	10939.5	32012.4	3738.341677	1	3711
105	231	268.820	-100.9200	-63.0999	6368.04	10184.8	3981.5915	1	3136
106	524	430.122	192.0800	98.2017	18862.6	36894.7	9643.57459	1	50508
107	328	356.499	-3.9200	24.5788	-96.3491	15.3664	604.1194055	1	28886
108	240	316.013	-91.9200	-15.9066	1462.13	8449.29	253.0194	1	16996
109	286	302.526	-45.9200	-29.3938	1349.76	2108.65	863.9942987	1	13035
110	285	302.315	-46.9200	-29.6049	1389.06	2201.49	876.4494999	1	12973
111	569	313.674	237.0800	-18.2458	-4325.72	56206.9	332.9098398	1	16309
112	96	275.940	-235.9200	-55.9800	13206.8	55658.2	3133.760731	1	5227
113	498	323.637	166.0800	-8.2828	-1375.61	27582.6	68.6046667	1	19235
114	481	409.620	149.0800	77.7002	11583.5	22224.8	6037.322896	1	44487
115	468	408.687	136.0800	76.7672	10446.5	18517.8	5893.209488	1	44213
116	177	338.565	-154.9200	6.6447	-1029.4	24000.2	44.15226477	1	23619
117	198	289.148	-133.9200	-42.7720	5728.03	17934.6	1829.445386	1	9106
118	458	342.984	126.0800	11.0644	1395	15896.2	122.4210411	1	24917
119	108	271.326	-223.9200	-60.5938	13568.2	50140.2	3671.60557	1	3872
120	246	288.600	-85.9200	-43.3202	3722.07	7382.25	1876.641551	1	8945
121	291	266.222	-40.9200	-65.6979	2688.36	1674.45	4316.209696	1	2373
122	68	282.413	-263.9200	-49.5071	13065.9	69653.8	2450.953157	1	7128
123	311	338.582	-20.9200	6.6617	-139.364	437.646	44.37880709	1	23624
124	606	275.991	274.0800	-55.9289	-15329	75119.8	3128.044986	1	5242
125	512	573.544	180.0800	241.6236	43511.6	32428.8	58381.9723	1	92629
126	426	356.189	94.0800	24.2690	2283.23	8851.05	588.983672	1	28795
127	47	273.420	-284.9200	-58.4997	16667.7	81179.4	3422.215058	1	4487
128	265	424.303	-66.9200	92.3826	-6182.24	4478.29	8534.53782	1	48799
129	370	306.040	38.0800	-25.8798	-985.504	1450.09	669.7651958	1	14067
130	312	301.362	-19.9200	-30.5583	608.721	396.806	933.8090381	1	12693
131	222	469.878	-109.9200	137.9585	-15164.4	12082.4	19032.53619	1	62184
132	280	289.308	-51.9200	-42.6120	2212.41	2695.69	1815.780967	1	9153
133	759	306.663	427.0800	-25.2567	-10786.6	182397	637.9012775	1	14250
134	114	270.672	-217.9200	-61.2475	13347.1	47489.1	3751.260494	1	3680
135	419	319.647	87.0800	-12.2735	-1068.77	7582.93	150.6375961	1	18063
136	435	479.848	103.0800	147.9283	15248.4	10625.5	21882.77953	1	65112
137	186	296.755	-145.9200	-35.1653	5131.31	21292.6	1236.594895	1	11340
138	87	273.645	-244.9200	-58.2750	14272.7	59985.8	3395.972302	1	4553
139	188	356.751	-143.9200	24.8308	-3573.65	20713	616.5691474	1	28960
140	303	323.521	-28.9200	-8.3986	242.886	836.366	70.53586613	1	19201
141	102	283.792	-229.9200	-48.1281	11065.6	52863.2	2316.311889	1	7533
142	127	347.840	-204.9200	15.9199	-3262.31	41992.2	253.4442073	1	26343
143	251	263.730	-80.9200	-68.1903	5517.96	6548.05	4649.920445	1	1641

Tabla 5.50: Regresión Utilizando Matriz Matemática

Aparte de la regresión multivariada estándar y de las regresiones bi-variadas (y sus formas funcionales correspondientes), existen otras variaciones de regresión y métodos relacionados con la regresión. A continuación hay un resumen de los modelos relacionados que se pueden ejecutar en BizStats.

- **Prueba de Cointegración o Prueba de Cointegración de Engle–Granger.** La prueba Engle-Granger se utiliza para identificar si existe alguna cointegración de dos variables de series de tiempo no estacionarias. En primer lugar, las dos variables deben ser no estacionarias, de lo contrario una simple correlación lineal o no lineal sería suficiente para identificar si hay una relación de comovimientos entre ellas. Si dos variables de series de tiempo no son estacionarias de primer orden, I (1), y si una combinación lineal de estas dos series es estacionaria en I (0), entonces, por definición, estas dos variables son cointegradas. Muchos datos macroeconómicos son I (1), y los métodos convencionales de pronóstico y modelación no aplican debido a las propiedades no estándar de los procesos de raíz unitaria I (1). Esta prueba de cointegración se puede aplicar para identificar la presencia de cointegración y si se confirma su existencia, se puede utilizar un Modelo de Corrección de Errores posterior para pronosticar las variables de series de tiempo.

- **Regresión de Cox.** El modelo de riesgos proporcionales de Cox para el tiempo de supervivencia se utiliza para probar el efecto de distintas variables en un momento en el que va a ocurrir un evento especificado. Por ejemplo, en investigación médica, podemos usar el modelo de Cox para investigar la asociación entre el tiempo de supervivencia de los pacientes usando una o más variables predictoras.

- **Análisis Discriminante (Lineal y No Lineal).** Un análisis discriminante se relaciona con ANOVA y el análisis de regresión multivariada, ya que intenta modelar una variable dependiente como una combinación lineal y no lineal de otras variables independientes. Un Análisis Discriminante tiene variables independientes continuas y una variable categórica dependiente. Piense en el análisis discriminante como un análisis estadístico que utiliza una función discriminante lineal y no lineal para asignar los datos a una o más categorías o grupos.

- **Prueba de Endogeneidad con Mínimos Cuadrados de Dos Etapas (Durbin–Wu–Hausman).** Esto prueba si un regresor es endógeno utilizando el método de mínimos cuadrados en dos etapas (2SLS) y aplicando la prueba Durbin–Wu–Hausman. Tanto un Modelo Estructural como un Modelo Reducido (2SLS) se calculan en un paradigma 2SLS, y una prueba Hausman se administra para probar si una de las variables es endógena.

- **Modelo Endógeno (Variables Instrumentales con Mínimos Cuadrados en Dos Etapas).** Si el regresor es endógeno, podemos aplicar los mínimos cuadrados en dos etapas (2SLS) con variables instrumentales (IV) en un modelo bivariado para estimar el modelo.

- **Modelo de Corrección de Errores (Engle–Granger).** También conocido como el Modelo de Corrección de Errores donde suponemos que las variables exhiben cointegración. Es decir, si dos variables de series de tiempo son no-estacionarias en el primer orden, I (1), y cuando ambas variables aparecen cointegradas (la relación I (0) es estacionaria), podemos ejecutar un modelo de corrección de errores para estimar los efectos a corto y largo plazo de una serie de tiempo sobre otra. La corrección del error proviene de la desviación de periodos anteriores de un equilibrio a largo plazo, en donde el error influye en sus dinámicas de corto plazo.

- **Causalidad de Granger.** Esta prueba se aplica para ver si una variable de Granger es causal de otra variable y viceversa, utilizando rezagos auto regresivos restringidos y modelos de rezago distributivos sin restricción. La causalidad predictiva en finanzas y economía se prueba midiendo la habilidad para predecir los valores futuros de una serie de tiempo utilizando valores anteriores de otra serie de tiempo. Una definición más sencilla podría ser que la variable X de Granger de series de tiempo es causal de otra variable Y de series de tiempo si las predicciones del valor de Y se basan únicamente en sus propios valores previos y en los valores previos de X, y estos son comparativamente mejores que las predicciones de Y que se basan únicamente en sus propios valores pasados. El *loop* de causalidad se modela utilizando estos adelantos y rezagos de los datos.

- **Regresión Múltiple de Poisson (Población y Frecuencia).** La Regresión de Poisson es como la Regresión Logit en la que las variables dependientes solamente pueden tomar valores no negativos, pero también que la distribución subyacente de los datos es una distribución de Poisson, extraída de un tamaño de población conocida.

- **Regresión Múltiple (Regresión de Deming con Varianza Conocida).** En regresiones multivariadas regulares, la variable dependiente Y se modela y predice por las variables independientes X_i con algún error ε. Sin embargo, en una regresión de Deming, además suponemos que los datos recolectados para Y X tienen incertidumbres, errores o varianzas adicionales que se utilizan para proporcionar un ajuste más relajado en un modelo de Deming.

- **Regresión Múltiple (Regresión Logística Ordinal).** Este modelo ejecuta una regresión logística ordinal multivariada con dos variables dependientes y múltiples variables independientes. La regresión logística ordinal modela la relación entre uno o más predictores y una variable de respuesta ordinal. La variable ordinal o categórica requiere tener tres o más niveles con un orden natural, tales como aquellos en una encuesta, con respuestas codificadas para muy en desacuerdo, desacuerdo, neutral, de acuerdo, y muy de acuerdo.

- **Regresión Múltiple (a través del Origen).** Este modelo ejecuta una regresión linear múltiple pero sin un intercepto. Este método se utiliza cuando un intercepto no se puede aplicar conceptualmente o teóricamente a los datos que se están modelando. Como ejemplos, una fábrica no puede producir productos si los equipos no están en marcha o si la fuerza gravitacional de un objeto grande no existe cuando hay masa cero.

- **La Regresión Múltiple de Ridge (Baja Varianza, Sesgo Alto, VIF Alto).** Los resultados del modelo de Regresión de Ridge vienen con un sesgo más alto que la regresión múltiple estándar Ordinaria con Mínimos Cuadrados pero tiene menos varianza. Es más apto en situaciones con VIF y multicolinealidad o cuando hay un alto número de variables comparado con los puntos de datos. Claramente, en el caso de VIF altos con multicolinealidad, algunas de las variables altamente colineales se deben abandonar, pero si por cualquier razón se deben incluir estas variables colineales, entonces la regresión basada en Ridge es una mejor alternativa.

- **Regresión Múltiple Ponderada para Heterocedasticidad.** La Regresión Multivariada sobre Variables Ponderadas se utiliza para corregir la heterocedasticidad en todas las variables. Las ponderaciones utilizadas para ajustar estas variables son las desviaciones estándar en las entradas del usuario. Claramente, este método es aplicable solamente para las variables de series de tiempo, debido al supuesto heterocedástica.

- **Regresión Paso a Paso.** Puede ser complicado identificar y especificar las combinaciones correctas de las variables en el modelo, cuando existen múltiples variables independientes compitiendo para estar en un modelo de regresión multivariado. Se puede ejecutar una regresión paso a paso a fin de identificar sistemáticamente cuáles variables son estadísticamente significativas y que deberían insertarse dentro del modelo final. Existen varios algoritmos simples para ejecutar las regresiones paso a paso:

  - **Regresión Paso a Paso (Hacia Atrás).** En el método hacia atrás, ejecutamos la regresión con la Y en todas las variables X y, revisando cada valor-p de la variable, eliminamos sistemáticamente la variable con el mayor valor de

p. Posteriormente ejecutamos la regresión de nuevo, repitiendo cada vez hasta que todos los valores-p sean estadísticamente significativos.

- **Regresión Paso a Paso (Correlación).** En el método de correlación, la variable dependiente Y, se correlaciona con todas las variables X independientes, y se ejecuta una regresión iniciando con la variable X con la correlación con el valor absoluto más alto. Después las variables X siguientes se suman hasta que los valores-p indiquen que la nueva variable X ya no es estadísticamente significativa. Este enfoque es rápido y sencillo, pero no tiene en cuenta las interacciones entre las variables, y cuando se suma una variable X, ésta va a eclipsar estadísticamente a las otras variables.

- **Regresión Paso a Paso (Hacia Adelante).** En el método hacia adelante, primero correlacionamos Y con todas las variables X, ejecutamos la regresión para Y en la correlación con el valor absoluto más alto de X, y obtenemos los errores de ajuste. Posteriormente, correlacionamos estos errores con las variables X restantes y escogemos la correlación con el valor absoluto más alto entre este conjunto restante y se ejecuta otra regresión. Se repite el proceso hasta que el valor-p para el último coeficiente de la variable X ya no sea estadísticamente significativo y después se detiene el proceso.

- **Regresión Paso a Paso (Hacia Adelante y Hacia Atrás).** En el método hacia adelante y hacia atrás, aplique el método hacia adelante para obtener tres variables X, y después aplique el enfoque hacia atrás para ver si una de ellas necesita ser eliminada porque es estadísticamente insignificante. Repita el método hacia adelante y después el método hacia atrás hasta tener en cuenta todas las variables X restantes.

Otra extensión del analisis de regresión es el Modelo de Ecuaciones Estructurales (SEM-*por sus siglas en inglés*), el cual utiliza el método de Mínimos Cuadrados Parciales (PLS-*por sus siglas en inglés*). Usualmente el SEM resolvía las estructuras que dependían de rutas, tal como la que aparece en el Gráfico 5.51. Supongamos que hay cinco variables en su investigación, donde la variable dependiente final es la aceptación de la tecnología (VAR5). Tratamos de determinar aquello que impulsa y predice el nivel de aceptación de la tecnología en diferentes organizaciones. Si recolectáramos los datos sobre la cultura corporativa de varias de las organizaciones (VAR1) utilizando una escala Likert, en términos de apertura a nuevas tecnologías, podríamos ejecutar una regresión bivariada simple. Sin embargo, entendemos a partir de la teoría del comportamiento organizacional y de la teoría de la decisión, que otras variables intervinientes también pueden contribuir a la aceptación de nuevas tecnologías por parte de una organización, tales como cuáles tipos de decisiones están relegadas a la tecnología, es decir, criticidad de las decisiones (VAR2) y si se utiliza nueva inteligencia artificial (AI) o si se utiliza más tecnología tradicional (VAR3). Por ejemplo, el dejar que un sistema informático de AI haga pedidos frecuentes de clips para papel es mucho menos crítico que permitirle a la AI un acceso total y completo al arsenal nuclear de una nación. Los errores que puedan surgir del primer ejemplo tienen pequeñas consecuencias en comparación con el segundo ejemplo. Sin embargo, también sabemos por la teoría de aceptación de la tecnología que existen otros efectos latentes y ocultos que impulsan la confianza de la tecnología (VAR4). Si no se confía en la tecnología, entonces probablemente la organización no va a aceptar su uso. La confianza en la tecnología puede incluir ya sea que la tecnología de AI tenga algoritmos transparentes o que venga como una caja negra.

En dicho paradigma de investigación, uno se podría inclinar sencillamente por ejecutar las primeras cuatro variables independientes sobre la quinta variable dependiente. Eso sería un gran error y en el mejor de los casos, los resultados serían erróneos porque VAR2,

VAR3, y VAR4 son endógenas. Es decir, que con base en varias teorías, sabemos que el tipo de organización impulsa los tipos de criticidad de las decisiones (un almacén pequeño de suministros para oficina versus el Ministerio de Defensa de los Estados Unidos, VAR1 impulsa VAR2), el tipo de tecnología avanzada de AI empleada (sistema de reorden de los clips para papel tiene un código rudimentario versus la defensa de ciberseguridad nacional contra los actores patrocinados por el Estado que requiere de una tecnología de AI mucho más sofisticada, VAR1 impulsa VAR3), y así sucesivamente. Adicionalmente, el nivel de criticidad de las decisiones determina si se necesita la AI (VAR2 impulsa VAR3). Ya sea que se aplique AI esto va a impulsar la nueva tecnología (VAR3 impulsa VAR4) y posteriormente la aceptación. El Gráfico 5.51 ilustra la red enmarañada conocida como el modelo de ruta. No se puede utilizar el análisis de regresión múltiple simple. En su lugar, se deberán aplicar los modelos de regresión de mínimos cuadrados parciales o secuenciales. El enfoque SEM se utiliza para manejar dichos modelos complejos de ruta.

En los modelos de ruta típicos, las rutas se mueven en una única dirección, donde una o múltiples rutas se pueden originar desde una caja y una o muchas rutas se pueden recombinar entre una caja, y todas las rutas terminan en el principal modelo dependiente (en este ejemplo, esa sería VAR5). Los efectos directos sobre VAR5 son las rutas C, F, I y J, desde las cuatro variables independientes. Sin embargo, estas variables también tienen efectos indirectos (p.ej., VAR3 ejerce impactos indirectos sobre VAR5 a través de la ruta HJ; VAR2 ejerce efectos indirectos sobre VAR5 a través de las rutas EJ, GI, y GHJ; y VAR1 ejerce impactos indirectos sobre VAR5 a través de las rutas AEJ, AF, AGI, AGHJ, BJ, DHJ, y DI). Cabe anotar que VAR4 no tiene efectos indirectos sobre VAR5, sólo una ruta única de impacto directo. La suma de los efectos directos e indirectos es igual a los efectos totales.

Debido a la existencia de las variables endógenas (la red enmarañada donde una variable independiente también puede ser una variable dependiente), los coeficientes regulares de regresión no tendrían mayor significado ya que éstos cambiarían dependiendo de las combinaciones de las variables modeladas. Por consiguiente, en los modelos de rutas, utilizamos en su lugar, los coeficientes Beta Estandarizados. En lugar de un impacto unitario de la variable independiente sobre la variable dependiente, estas estimaciones beta estandarizadas miran el movimiento de una desviación estándar de la variable independiente sobre el número de desviaciones beta estándar de la variable dependiente. Estos son los valores numéricos en el Gráfico 5.51. También puede agregarle los valores-p (típicamente digitados en una fuente más pequeña entre paréntesis) para mostrar si una cierta ruta es estadísticamente significativa o no. Las variables denotadas como D son las perturbaciones o errores en el modelo y usualmente de calcular como $D = \sqrt{1 - R^2}$. El Gráfico 5.52 muestra el procedimiento de BizStats para ejecutar un modelo SEM PLS y los resultados del mismo. Preste atención a la manera cómo se ingresan las entradas SEM en BizStats en el Gráfico 5.52. Busque las letras en negrilla al lado de los resultados para identificar en dónde se encuentran a lo largo del modelo de ruta de SEM. Tal como se mencionó, el efecto total es la suma de los efectos directos e indirectos. Por ejemplo, los efectos indirectos (ver la sección inferior del Gráfico 5.52) son:

```
VAR1 sobre VAR5:  0.94828 = (0.48406 × −0.56521 × 0.43355) +
                            (0.48406 × 0.2447) + (0.48406 × 0.00253
                            × 0.45264) + (0.48406 × 0.00253 ×
                            0.98713 × 0.43355) + (0.15673 × 0.43355)
                            + (0.99864 × 0.98713 × 0.43355) +
                            (0.99864 × 0.45264)
VAR2 sobre VAR5: −0.24282 = (−0.56521 × 0.43355) + (0.00253 ×
                            0.45264) + (0.00253 × 0.98713 × 0.43355)
VAR3 sobre VAR5:  0.42798 = (0.98713 × 0.43355)
VAR4 sobre VAR5: sin efectos indirectos; únicamente efectos directos
```

Los resultados indican que el uso de la tecnología de AI y la confianza en dicha tecnología tienen el mayor impacto directo para decidir si la tecnología es aceptada y utilizada ampliamente en la organización. Sin embargo, la estructura organizacional y la cultura también tienen el mayor impacto total donde el grueso del impacto proviene de fuentes indirectas.

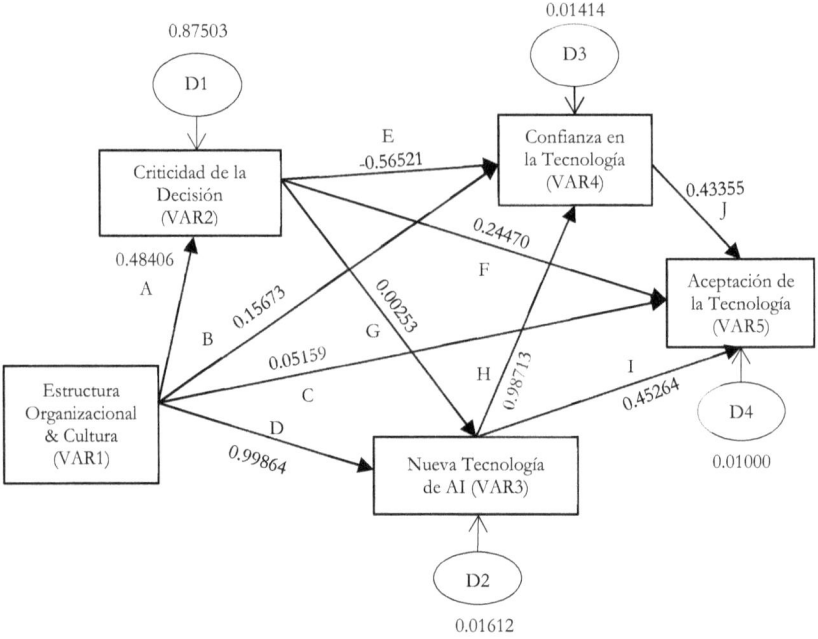

0.87503

D1

0.01414

D3

E
-0.56521

Confianza en
la Tecnología
(VAR4)

Criticidad de la
Decisión
(VAR2)

0.43355
J

0.48406
A

0.24470

F

Aceptación de
la Tecnología
(VAR5)

0.15673

B

0.00253

G

Estructura
Organizacional
& Cultura
(VAR1)

0.05159

C

H

0.98713

I

0.45264

D4

D

0.99864

Nueva Tecnología
de AI (VAR3)

0.01000

D2

0.01612

Gráfico 5.51: Modelo de Ecuaciones Estructurales y
Mínimos Cuadrados Parciales

```
Entradas del Modelo:
VAR1;VAR2; VAR3; VAR4; VAR5
VAR1;VAR2; VAR3; VAR4
VAR1;VAR2; VAR3
VAR1;VAR2
```

Modelo de Ecuaciones Estructurales con Mínimos Cuadrados Parciales

Ruta de Efectos Directos

Var Dep.:	VAR5	Aceptación de la Tecnología	
R-Cuadrado	0.99990	Perturbación	0.01000

Nombre Variable	Coef Var Ind	Valor-P	Estándar Beta
Intercepto	0.34030	0.34366	
Cultura Org. VAR1	0.51562	0.21713	0.05159 **C**
Criticidad VAR2	7.74992	0.00000	0.24470 **F**
Nueva Tec AI VAR3	1.68941	0.00000	0.45264 **I**
Confianza Tec VAR4	15.49786	0.00000	0.43355 **J**

Ruta de Efectos Directos Parciales

Var Dep.:	VAR4	Confianza en la Tecnología	
R-Cuadrado	0.99980	Perturbación	0.01414

Nombre Variable	Coef Var Ind	Valor-P	Estándar Beta
Intercepto	0.11916	0.00000	
Cultura Org. VAR1	0.04382	0.17074	0.15673 **B**
Criticidad VAR2	-0.5007	0.00000	-0.5652 **E**
Nueva Tec AI VAR3	0.10307	0.00000	0.98713 **H**

Ruta de Efectos Directos Parciales

Var Dep.:	VAR3	Nueva Tec AI	
R-Cuadrado	0.99974	Perturbación	0.01612

Nombre Variable	Coef Var Ind	Valor-P	Estándar Beta
Intercepto	0.89306	0.00036	
Cultura Org. VAR1	2.67416	0.00000	0.99864 **D**
Criticidad VAR2	0.02146	0.35062	0.00253 **G**

Ruta de Efectos Directos Parciales

Var Dep.:	VAR2	Criticidad	
R-Cuadrado	0.23432	Perturbación	0.87503

Nombre Variable	Coef Var Ind	Valor-P	Estándar Beta
Intercepto	-0.0335	0.98190	
Cultura Org. VAR1	0.15276	0.00037	0.48406 **A**

Efectos Totales

Var Dep. VAR5   Aceptación de la Tecnología

Nombre Variable	Coef Var Ind	Valor-P	Estándar Beta
Cultura Org. VAR1	9.99326	0.00000	0.99987
Criticidad VAR2	0.05966	0.47689	0.00188
Nueva Tec AI VAR3	3.28678	0.00000	0.88061
Confianza Tec VAR4	15.49786	0.00000	0.43355

Resumen de los Efectos de la Ruta Estandarizada

Var Dep. VAR5   Aceptación de la Tecnología

Nombre Variable	Directa		Indirecta	Total
Cultura Org. VAR1	0.05159	**C**	**0.94828**	0.99987
Criticidad VAR2	0.24470	**F**	**-0.2428**	0.00188
Nueva Tec AI VAR3	0.45264	**I**	**0.42798**	0.88061
Confianza Tec VAR4	0.43355	**J**	**0.00000**	0.43355

Gráfico 5.52: Resultados de SEM PLS

MÁS ALLÁ DE LA REGRESIÓN MÚLTIPLE: ENDOGENEIDAD Y MÉTODOS DE ECUACIONES SIMULTÁNEAS Y MÍNIMOS CUADRADOS EN DOS ETAPAS

La endogeneidad ocurre cuando una variable dependiente en un modelo también es una variable independiente en otro modelo. El ejemplo más sencillo sería el modelo de ecuaciones estructurales con mínimos cuadrados en dos etapas tal como aparece anteriormente. El modelo SEM es mejor utilizado cuando existen combinaciones complejas de rutas. Algunas veces únicamente hay dos ecuaciones en el sistema, y, por ende, éstas se pueden resolver utilizando un modelo de ecuaciones simultáneas. Si recuerdan del álgebra básica, cuando usted tiene dos ecuaciones y dos incógnitas, las puede resolver utilizando ecuaciones simultáneas. Lo mismo aplica aquí cuando tenemos un sistema de dos ecuaciones.

Suponga que tenemos dos ecuaciones:

$$M_t = a_0 + a_1 Y_t + u_{1t}$$

$$Y_t = b_0 + b_1 M_t + b_2 I_t + u_{2t}$$

M_t es la oferta de dinero en el tiempo t, Y_t es el ingreso en el tiempo t, e I_t es la inversión en el tiempo t. Vemos que M depende de Y en la primera ecuación, pero Y depende de M e I en la segunda ecuación. En este ejemplo, M y Y son endógenas o determinadas conjuntamente, lo que significa que no se pueden modelar por sí mismas, y se deben modelar juntas o simultáneamente. Sin embargo, I es una variable exógena, que se puede determinar por fuera de este sistema de ecuaciones. En este ejemplo, el número de variables endógenas (k) es 2 y el número de variables exógenas (r) es 1. Si $r = k - 1$, entonces se considera que está exactamente identificada. El sistema de ecuaciones está sobre identificada o sub identificada si r excede o es menor que $k - 1$. El sistema sólo se puede modelar cuándo éste está identificado exactamente o sobre identificado. El Gráfico 5.53 ilustra este modelo de mínimos cuadrados en dos etapas. El modelo calculado retorna lo siguiente: $M_t = 85.853 + 0.132 Y_t$.

Otro ejemplo es cuando tenemos un sistema de sobre identificación, donde la segunda ecuación anterior tiene una variable exógena adicional G, de tal manera que: $Y_t = b_0 + b_1 M_t + b_2 I_t + b_3 G_t + u_{2t}$

El resultado aparece en el Gráfico 5.54, donde el modelo calculado es: $M_t = 84.398 + 0.133Y_t$. El enfoque de mínimos cuadrados en dos etapas implica una regresión de cada una de las variables endógenas en todas las variables exógenas a fin de obtener los valores predichos de estas variables endógenas para estimar el modelo de ecuaciones estructurales.

En ocasiones, con los datos aleatorios, es difícil determinar si una cierta variable es endógena. La prueba Durbin–Wu–Hausman se puede utilizar para determinar la endogeneidad. Por ejemplo, el Gráfico 5.55 ilustra la prueba, donde la hipótesis nula es que no existe endogeneidad. Con un valor-p bajo de 0.003, rechazamos esta hipótesis nula y concluimos que existe, de hecho, endogeneidad entre las variables.

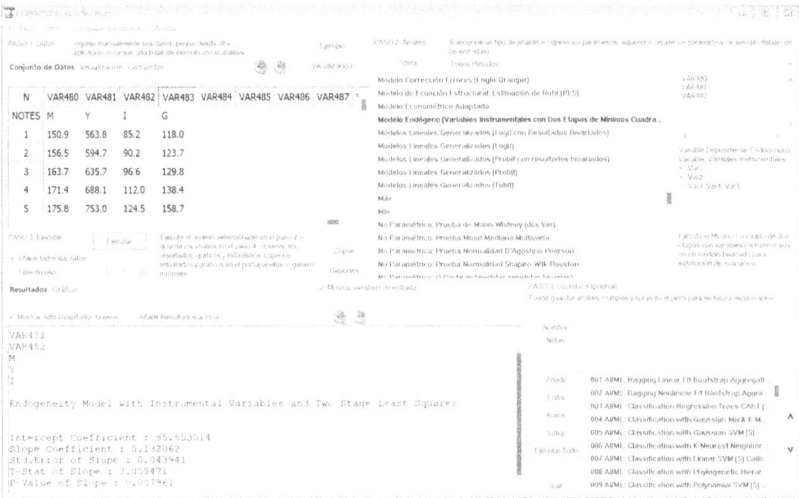

Gráfico 5.53: Mínimos Cuadrados I en Dos Etapas

```
Entradas del Modelo:
VAR1
VAR2
VAR3


Resultados del Modelo de Endogeneidad con Variables Instru-
mentales y Mínimos Cuadrados en Dos Etapas

     Coeficiente de Intercepto:       85.853014
     Coeficiente de la Pendiente:      0.132062
     Error Estándar de la Pendiente:   0.043941
     Est-T de la Pendiente:            3.005471
     Valor-p de la Pendiente:          0.007961
```

Gráfico 5.54: Mínimos Cuadrados II en Dos Etapas

```
Entradas del Modelo:
VAR1
VAR2
VAR3; VAR4
```
Resultados del Modelo de Endogeneidad con Variables
Instrumentales y Mínimos Cuadrados en Dos Etapas

Coeficiente de Intercepto:	84.398855
Coeficiente de la Pendiente:	0.133285
Error Estándar de la Pendiente:	0.074370
Est-T de la Pendiente:	1.792196
Valor-p de la Pendiente:	0.090917

Gráfico 5.55: Prueba para Endogeneidad

```
Entradas del Modelo:
VAR1
VAR2
VAR3
VAR4
```

```
              Prueba de Durbin-Wu-Hausman para Endogeneidad
Correlación (Error Estructural y Variable de Prueba): -0.000000
Valor-p para Error del Coeficiente:                    0.010720
Prueba de Hausman para Endogeneidad:                   8.653626
Valor-p de Hausman para Endogeneidad:                  0.003264
```

```
Nula del Error del Coeficiente: No existe endogeneidad en la variable
de prueba

Nula de Hausman: No existe endogeneidad en la variable de prueba
```

MÁS ALLÁ DE LA REGRESIÓN MÚLTIPLE: CAUSALIDAD DE GRANGER Y MÉTODOS ENGLE–GRANGER

La causalidad de Granger prueba si una variable "Granger causa" a otra variable y viceversa, utilizando rezagos autorregresivos restringidos y modelos de rezago distributivo no restringido. Usualmente, la causalidad predictiva en finanzas y economía se prueba midiendo la habilidad para predecir los valores futuros de una serie de tiempo utilizando valores previos de otra serie de tiempo. Una definición más sencilla podría ser una variable A de series de tiempo puede Granger causar otra variable B de series de tiempo si las predicciones del valor de B, basadas únicamente en sus propios valores anteriores y en los valores anteriores de A, son comparativamente mejores que las predicciones de B que se basan únicamente en sus propios valores pasados. Por ejemplo, el Gráfico 5.56 ilustra dos variables de series de tiempo, A y B. Las dos hipótesis nulas probadas son que no hay causalidad de Granger de A sobre B y también entre B y A. Vemos que los valores-p para ambas direcciones son mayores que un alfa de 0.05, así que no podemos rechazar la hipótesis nula y concluir que ni A Granger causa B ni B Granger causa A, cuando ambas están rezagadas por 3 periodos (este es el valor 3 en la casilla de entrada).

El modelo de causalidad de Granger únicamente se puede ejecutar de manera pareada y supone que la variable de series de tiempo es estacionaria o no estocástica. Si se sospecha que una serie de tiempo tiene efectos no estacionarios, podemos ejecutar la prueba de Dickey–Fuller Aumentada (ver Gráfico 5.57), donde la hipótesis nula es que la serie es no estacionaria, tiene una raíz unitaria, o proceso I(1), y es potencialmente estocástica. El ejemplo de los resultados de

BizStats, indican que la variable es estacionaria (la hipótesis nula es rechazada con un valor-p de 0.0442).

Sin embargo, si una variable de series de tiempo es no estacionaria y estocástica, usted puede intentar pronosticar esta serie de distintas formas:

- Calcular la diferencia para potencialmente hacer la serie estacionaria. Por ejemplo, los precios de las acciones son no estacionarios y estocásticos, mientras que su diferencia, p.ej., los retornos calculados de las acciones, tienden a ser estacionarios y más predecibles que los precios de cierre de las acciones

- Ejecutar el modelo del proceso estocástico, por ejemplo, un proceso geométrico de paseo aleatorio con movimiento Browniano, un proceso de reversión de la media, un proceso de difusión de salto u otros procesos mixtos. Usualmente éstos se utilizan para pronosticar los precios de las acciones para fines de modelación y valoración de las opciones de acciones, opciones reales y las opciones de acciones de empleados. Tanto Risk Simulator como BizStats (Gráfico 5.58) soportan estos métodos.

- Si existe otra variable no estacionaria, usted puede probar si estas dos series están cointegradas. Por ejemplo, puede utilizar el Modelo de Corrección de Errores de Engle–Granger, suponiendo que las variables exhiben una cointegración. Si dos variables de series de tiempo son no estacionarias en el primer orden I(1), al probarlas utilizando la prueba Dickey–Fuller Aumentada, y cuando ambas variables son cointegradas, el modelo de corrección de errores se puede utilizar para estimar los efectos a corto y largo plazo de una serie de tiempo sobre otra. La corrección de errores viene de la desviación de periodos anteriores desde un equilibrio a largo plazo, donde el error influye sobre sus dinámicas de corto plazo (Gráfico 5.59).

- Aplique un filtro de datos para suavizar las perturbaciones tales como el filtro Hodrick–Prescott (Gráfico 5.60). Este filtro le permite remover los efectos cíclicos de los datos crudos de una variable de series de tiempo que sea sensible a las fluctuaciones de largo plazo en lugar de los impactos de corto plazo. La clave es escoger el parámetro correcto de suavizamiento, el cual puede requerir de prueba y error algunas veces.

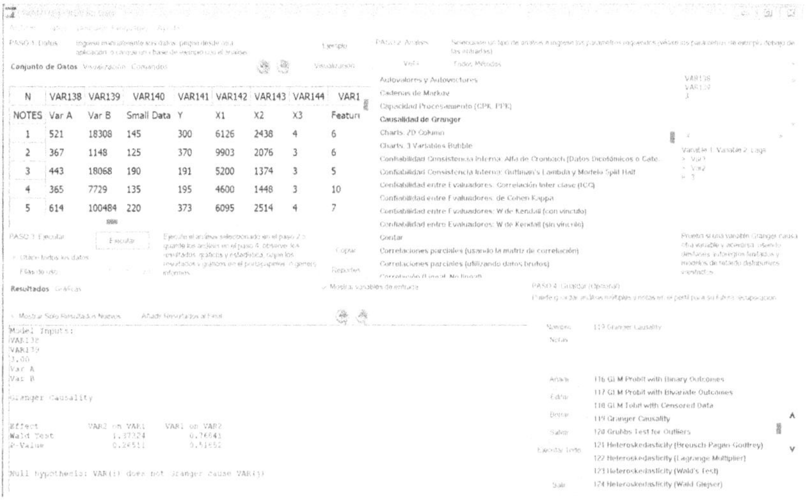

Gráfico 5.56: Causalidad de Granger

```
Entradas del Modelo:
VAR138
VAR139
3
```

Causalidad de Granger

Efecto	VAR2 sobre VAR1:	VAR1 sobre VAR2:
Prueba de Wald	1.37224	0.76841
Valor- P	0.26511	0.51852

Hipótesis Nula: VAR(i) no Granger causa la VAR(j)

N	VAR280	VAR281	VAR282	VAR283	VAR284	VAR285	VAR286	VA
NOTES	Time Series	Time Series	Start	At Risk	Died	J	K	L
1	2.195411	50	0	7	0	51	82	79
2	1.556489	120.83	1	7	1	87	91	84
3	1.616608	-25.43	4	4	1	50	92	74
4	1.435493	31.72	10	2	1	48	80	98
5	1.472317	94.79	12	1	0	79	52	63

```
Tau Statistic : -3.745611
Tau Critical : -3.659125
Stationary?   Yes
Akaike Information Criterion : 1.752735
Bayes Info Criterion : 2.042456
Optimal Lags : 3
Coefficient : -2.772352
P-value : 0.044286

Null Hypothesis: Time Series is Unit Root and Not Stationary

Table of Critical Tau Values @ Alpha        0.10      0.05      0.01
Without Constant or Trend                  -1.6236   -1.9592   -2.6289
With Constant Without Trend                -2.6502   -3.0155   -3.8067
With Constant and With Trend               -3.2677   -3.6551   -4.5900
```

Gráfico 5.57: Prueba de Dickey–Fuller Aumentada
para Estacionariedad

Entradas del Modelo:
VAR280

Prueba de Estacionariedad de Dickey-Fuller Aumentada para AR(p)

Con Constante y Con Tendencia
Estadístico de Tau:-3.745611
Tau Crítico: -3.659125
Estacionario? Si
Criterio de información de Akaike: 1.752735
Criterio de información de Bayes: 2.042456
Rezagos Óptimos: 3
Coeficiente: -2.772352
Valor-p: 0.044286

Hipótesis Nula: Las Series de Tiempo son una
                Raíz Unitaria y No Estacionaria

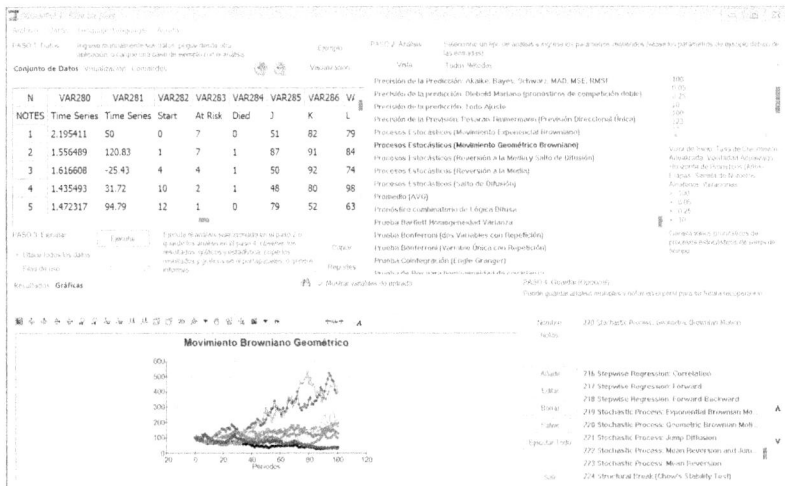

Gráfico 5.58: Procesos Estocásticos

Entradas de Modelo:
100, 0.05, 0.5, 10, 100, 123, 10
(ingresadas como filas de entradas)

Gráfico 5.59: Modelo de Corrección de Errores

Entradas del Modelo:
VAR103
VAR104

Modelo de Corrección de Errores

R Múltiple	0.16264
R-Cuadrado	0.02645
R-Cuadrado Ajustado	0.02060
Error Estándar	0.23979
Observaciones	503
F-Cuadrado de Cohen	0.02717

	Coef.	Error Estándar	Est-T	Valor-p
Intercepto	-0.18466	0.06789	-2.71989	0.00676
Delta X	0.06146	0.02453	2.50556	0.01254
Error Rezagado	-0.03542	0.01549	-2.28612	0.02267
Y Original	0.01479	0.00557	2.65783	0.00812

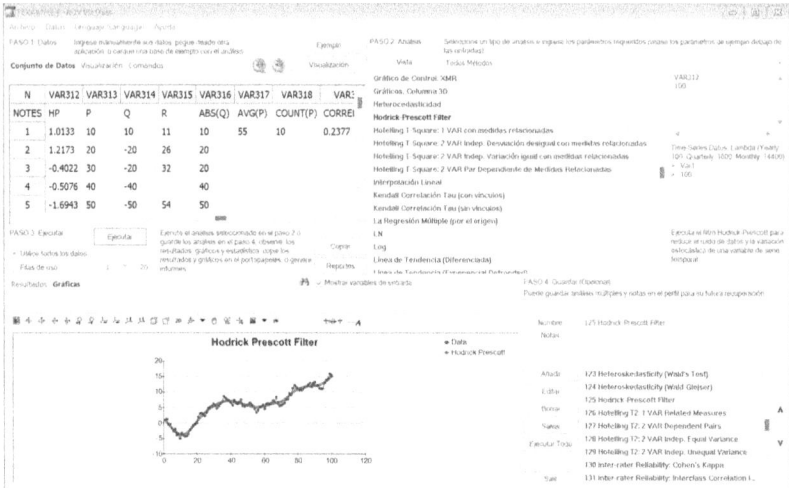

Gráfico 5.60: Filtración de Hodrick–Prescott

Entradas del Modelo: VAR312
100   sobre el Filtro de Hodrick-Prescott

MÁS ALLÁ DE LA REGRESIÓN MÚLTIPLE: REGRESIÓN DE POISSON, REGRESIÓN DE DEMING, REGRESIÓN LOGÍSTICA ORDINAL, REGRESIÓN DE RIDGE, Y REGRESIÓN PONDERADA

Finalmente, existen también otros tipos de métodos únicos de regresión múltiple que están disponibles en BizStats. Cada una de estas variaciones de regresión múltiple tienen un propósito especifico y requieren diferentes configuraciones de datos, y los resultados son ligeramente diferentes a los de una regresión múltiple estándar. Sin embargo, las interpretaciones de los resultados son similares a un modelo de regresión estándar. A continuación vemos cinco tipos de métodos avanzados de regresión, un ejemplo de los requisitos de los datos (el conjunto de datos completo está disponible en BizStats), cómo configurar las entradas de los datos del modelo, y los resultados.

Regresión Múltiple de Poisson (Población y Frecuencia)

La regresión de Poisson es como una regresión Logit en cuanto a que la variable dependiente solo puede tomar valores no-negativos, pero también que la distribución subyacente de los datos es una distribución de Poisson, procedente de un tamaño de población conocida. Recuerde que la distribución de Poisson es una distribución discreta, utilizada para modelar la probabilidad de que ocurra un evento dentro del contexto de tiempo y área. Usualmente, este modelo lineal generalizado ejecuta un modelo de regresión log-lineal, donde la variable dependiente es el recuento de eventos (ver VAR1 en el conjunto de datos de muestra a continuación), y una variable adicional para el tamaño de la población (VAR2) y donde se requieren las variables independientes categóricas (VAR3 a VAR5).

En la regresión de Poisson, el logaritmo del valor esperado es una combinación lineal de las variables independientes, es decir $\log[E(Y \mid \mathbf{x})] = \alpha + \beta'\mathbf{x}$. En los resultados de muestra a continuación, podemos decir que el coeficiente para X_1 es 0.76457, que es el recuento logarítmico esperado de cada aumento de la unidad en X_1. Alternativamente, $e^{0.76457} = 2.148$, que significa que existe un 114.8% de aumento de (2.148-veces) en Y por cada aumento de unidad en X_1. Similarmente, X_2 tiene un recuento logarítmico esperado de 0.38873, o $e^{0.38873} = 1.475$, lo que significa que hay un 47.5% de aumento (1.475-veces) en Y por cada aumento de unidad en X_2. Adicionalmente, la interpretación de los valores-p, el R-cuadrado, y el Criterio de Información de Akaike (AIC), son los mismos de la regresión múltiple regular. Las nuevas medidas de bondad de ajuste y de error, tales como el Phi de Pearson y el F-cuadrado de Cohen, prueban la hipótesis nula de que el modelo actual tiene un buen ajuste (la hipótesis nula establece que el error es cero), lo que significa que queremos que estas medidas de los errores sean pequeñas. Estas medidas se utilizan generalmente para compararlas frente a la ejecución de otros modelos de regresión de Poisson, donde el modelo con el Phi de Pearson, el F-cuadrado y el AIC más bajos, indican un mejor ajuste. El R-cuadrado es una medida *absoluta* en el sentido que tiene un dominio fijo entre 0 y 1 y se puede interpretar fácilmente (el porcentaje de variación en la variable dependiente que se puede explicar por la variación en la variable independiente). Sin embargo, estas otras medidas de error en la bondad de ajuste tales como Phi, F-cuadrado, y AIC son medidas *relativas*, donde hay poca interpretación por sí mismas, y solo se utilizan para comparar entre múltiples modelos.

Ejemplo del Conjunto de Datos sobre la Regresión de Poisson

VAR1 Cáncer (Y)	VAR2 Población	VAR3 X1	VAR4 X2	VAR5 X3
45	24786	1	0	0
77	32125	1	0	0.5
95	34706	1	0	1
...	...	...	...	...
...	...	...	...	...
62	41707	0	0	1
57	26319	0	0	1.5
71	22978	0	0	2

Entradas del Modelo:
VAR1
VAR2
VAR3; VAR4; VAR5

Regresión Múltiple de Poisson

R-Cuadrado	0.96413
AIC	19.62304
Phi de Pearson	1.07152
Phi Sqrt	1.03514
F-Cuadrado de Cohen	26.87470

	Coef.	Error Estándar	Wald	Valor-p
Intercepto	-7.30714	0.08931	6693.69972	0.00000
X1	**0.76457**	0.07958	92.29805	0.00000
X2	**0.38873**	0.09882	15.47465	0.16178
X3	0.76612	0.05376	203.06012	0.00000

Con Corrección Phi   1.035141

	Coef.	Error Estándar	Wald	Valor-p
Intercepto	-7.30714	0.09245	6693.69972	0.00000
X1	0.76457	0.08238	92.29805	0.00000
X2	0.38873	0.10229	15.47465	0.16178
X3	0.76612	0.05565	203.06012	0.00000

En regresiones multivariadas regulares, la variable dependiente Y se modela y se predice por las variables independientes X_i con cierto error ε. Sin embargo, en una regresión de Deming, suponemos además que los datos recolectados para las variables X tienen incertidumbres y errores adicionales o varianzas, que se emplean para proporcionar un ajuste más relajado en un modelo de Deming. Esto implica que los valores predichos de Y tendrán un mayor nivel de varianza e incertidumbre. Las varianzas estimadas se utilizan para determinar el lambda, donde $\lambda = s_x^2/s_y^2$, y este parámetro se minimiza para determinar el valor de la pendiente y los coeficientes de intercepto. Los coeficientes optimizados serán estimadores insesgados de los parámetros verdaderos de la población, y se asume que los residuales de los errores están distribuidos normalmente. A continuación se exhibe un conjunto de datos de muestra que es necesario cuando se utiliza BizStats para calcular una regresión de Deming, así como los parámetros de entrada requeridos. Este modelo bivariado requiere de las variables dependientes e independientes, seguidas de una varianza conocida para ambas variables.

```
              Regresión de Deming
          Ejemplo del Conjunto de Datos

                   VAR1      VAR2
                   Dep       Indep
                   5.4       5.1
                   5.6       5.6
                   6.3       6.8
                   ...       ...
                   ...       ...
                   6.8       6.7
                   4.6       5.2
                   4.1       4.5

     Entradas del Modelo:
     VAR1
     VAR2
     0.02
     0.09
```

Regresión de Deming

	Coeficiente	S.E.	DF	Est-T	Valor-p
Intercepto	-0.30704	1.29693	9	-0.23674	0.81816
Pendiente	1.04233	0.21194	9	4.91812	0.00083
Lambda	4.500000				

Una regresión Logística Ordinal ejecuta una regresión logística ordinal multivariada con dos variables predictoras y múltiples frecuencias de variables ordenables, por ejemplo, las dos variables categóricas de Género (0/1) y Edad (1-5), con cinco variables llenas con los números o frecuencias de personas quienes respondieron Muy de Acuerdo, De Acuerdo, Neutral, En Desacuerdo, o Muy en Desacuerdo, las cuales presumiblemente están ordenadas. Cabe anotar que este es un conjunto de datos ordinal donde las variables de Edad están ordenadas, y es multinomial porque estamos pronosticando los cuatro valores de las variables VAR3–VAR6.

Cabe señalar que esta es una extensión del modelo logístico binario, pero en este ejemplo, existen múltiples probabilidades o pronósticos de frecuencia (VAR3–VAR6). Alternativamente, usted puede colapsar estas cuatro variables en una única variable y ejecutar la regresión Logit, múltiples veces. Por ejemplo, combine estas cuatro variables en una variable única que sea binaria (p.ej., Muy de Acuerdo = 1 y Todas las Otras = 0) para ejecutar un modelo Logit. Después, repita el proceso con De Acuerdo = 1 y Todas las Otras = 0, y repita el proceso. Recuerde ejecutar solamente los modelos $k - 1$, donde k es el número de frecuencia o variables de recuento, y la última probabilidad predicha de la variable debe ser el complemento de las variables restantes de manera que la probabilidad total sea igual 100%. Por consiguiente, en los resultados a continuación, aunque existan cuatro variables VAR3–VAR6, los resultados solo retornan VAR4–VAR6.

Lo siguiente ilustra algunos conjuntos de datos de muestra utilizados en BizStats, el formato requerido para el parámetro de entrada, y los resultados. Usualmente, los coeficientes calculados se interpretan en una función log-logística y pueden parecer complicados a veces. Sin embargo, es más sencillo mirar las probabilidades predichas (frecuencias relativas) y valores pronosticados (frecuencias) dadas todas las combinaciones posibles de las dos variables predictoras de género y edad. Desafortunadamente, este enfoque solo puede acomodar dos variables predictoras. Si se requieren más predictores, utilice el modelo Logit descrito anteriormente.

```
Ejemplo del Conjunto de Datos de la Regresión Logística Ordinal
VAR1     VAR2     VAR3      VAR4       VAR5       VAR6
Género   Edad     Muy de    De         En         Muy En
                  Acuerdo   Acuerdo    Desacuerdo Desacuerdo
0        0        3         9          18         24
0        1        6         13         16         28
0        5        9         13         17         20
...      ...      ...       ...        ...        ...
...      ...      ...       ...        ...        ...
1        4        8         14         20         18
1        2        10        15         16         12
1        3        5         14         12         8
```

Entradas del Modelo:
VAR1; VAR2
VAR3; VAR4; VAR5; VAR6

Regresión Múltiple Logística Ordinal

```
                    VAR4         VAR5         VAR6
Intercepto          0.70462      1.30649      1.91678
VAR1                0.03091      -0.29433     -0.51153
VAR2                -0.06285     -0.15006     -0.39874
```

```
Log de Máxima Verosimilitud     -88.16470
Log-Verosimilitud Inicial       -58.71436
Estadístico de Chi-cuadrado     -58.90066
Grados de Libertad                      6
```

Probabilidades Predichas

VAR1	VAR2	VAR3	VAR4	VAR5	VAR6	Total
0.00	0.00	7.40%	14.97%	27.33%	50.31%	100.00%
0.00	1.00	9.40%	17.85%	29.87%	42.88%	100.00%
0.00	2.00	11.65%	20.79%	31.87%	35.69%	100.00%
0.00	3.00	14.11%	23.65%	33.23%	29.01%	100.00%
1.00	0.00	10.09%	21.05%	27.75%	41.12%	100.00%
1.00	1.00	12.40%	24.30%	29.37%	33.93%	100.00%
1.00	2.00	14.89%	27.41%	30.35%	27.35%	100.00%
1.00	3.00	17.50%	30.24%	30.70%	21.57%	100.00%

Valores Pronosticados

VAR1	VAR2	VAR3	VAR4	VAR5	VAR6	Total
0.00	0.00	4.00	8.08	14.76	27.17	54.00
0.00	1.00	5.92	11.25	18.82	27.02	63.00
0.00	2.00	6.87	12.27	18.81	21.05	59.00
0.00	3.00	6.21	10.40	14.62	12.76	44.00
1.00	0.00	4.84	10.10	13.32	19.74	48.00
1.00	1.00	7.44	14.58	17.62	20.36	60.00
1.00	2.00	7.89	14.52	16.09	14.49	53.00
1.00	3.00	6.82	11.79	11.97	8.41	39.00

Regresión Múltiple de Ridge (Varianza Baja, Sesgo Alto, Alto VIF)

Una regresión de Ridge viene con un sesgo mayor que una regresión múltiple de Mínimos Cuadrados Ordinarios (OLS), pero tiene menor varianza. Es más adecuado en situaciones con altos Factores de Inflación de la Varianza (VIF) y multicolinealidad o cuando hay un alto número de variables en comparación con los puntos de datos. En un modelo de regresión múltiple estándar, minimizamos la suma ajustada de los errores al cuadrado donde $SSE = \sum_{i=1}^{n}(y_i - \hat{y}_i)^2$, pero en un conjunto de datos con altos VIF con colinealidad casi perfecta, la matriz es invertible y no se puede resolver. En esta situación, la suma de los cuadrados se penaliza con un término adicionado donde $SSE = \sum_{i=1}^{n}(y_i - \hat{y}_i)^2 + \lambda \sum_{j=0}^{k} b_i^2$ y λ se considera un parámetro de ajuste. Cuando $\lambda = 0$, los resultados revierten a un enfoque OLS. Una λ pequeña genera estimaciones con menor sesgo pero con una mayor varianza, versus una λ grande que genere un sesgo mayor con menos varianza. La idea es seleccionar un valor que equilibre el sesgo y la varianza, lo que podría requerir de prueba y error. Finalmente, las regresiones basadas en Ridge son adecuadas solamente cuando existen altos VIF o multicolinealidad significativa. Como se discutió, la multicolinealidad se puede resolver sencillamente removiendo la(s) variable(s) independientes que ocasionan el problema y ejecutar una regresión estándar. A continuación un conjunto de datos de muestra y los resultados de BizStats.

```
       Ejemplo del Conjunto de Datos de la Regresión de Ridge
   VAR1        VAR2       VAR3      VAR4      VAR5
    Y          X1         X2        X3        X4
    3          3          6         2         8
   15          7          7         11        14
   19          11         11        23        33
   ...         ...        ...       ...       ...

   ...         ...        ...       ...       ...
   23          23         17        16        10
   31          28         22        22        15
   39          31         16        28        24
```

```
Entradas del Modelo:
VAR1
VAR2; VAR3; VAR4; VAR5
```

Regresión Múltiple de Ridge

```
AJUSTE GENERAL
R Múltiple         0.96818    Log de Máxima Verosimilitud      -0.09243
R-Cuadrado         0.93737    Criterio de Info de Akaike(AIC)   0.56583
R-Cuadrado Ajus    0.91947    Criterio de Bayes Schwarz(BSC)    0.81315
Error Est          0.27578    Criterio de Hannan-Quinn(HQC)     0.59993
Observaciones           18    F-Cuadrado de Cohen              14.96580
```

```
ANOVA
                  DF        SS          MS         F        Valor-p
Regresión         4      15.93522    3.98381   52.38029    0.00000
Residual         14       1.06478    0.07606
Total            18      17.00000
```

```
           Coef     Error Est    Est-T      Valor-p    5% Inferior  95% Superior
VAR X1     0.42021   0.26106    1.60965     0.12978    -0.13970      0.98012
VAR X2    -0.12370   0.25386   -0.48727     0.63361    -0.66817      0.42077
VAR X3     0.79884   0.26794    2.98141     0.00991     0.22416      1.37351
VAR X4    -0.26279   0.11732   -2.23987     0.04184    -0.51443     -0.01116
```

*La Regresión de Ridge tiene un mayor sesgo que la regresión OLS pero con menor varianza. Es más adecuada en situaciones con alto VIF y multicolinealidad o un alto número de variables en comparación con los puntos de datos.

```
Lambda    0.00000   0.00170   0.01700   0.17000   1.70000   17.00000   170.00000
VAR X1    0.41543   0.41602   0.42020   0.42021   0.36398    0.25379     0.07428
VAR X2   -0.37140  -0.36783  -0.33685  -0.12370   0.23040    0.23845     0.07251
VAR X3    1.11241   1.10725   1.06388   0.79884   0.39040    0.22834     0.07024
VAR X4   -0.38094  -0.37902  -0.36284  -0.26279  -0.09478    0.01508     0.02177
```

Regresión Múltiple Ponderada
(Arreglando la Heterocedasticidad)

Una regresión Múltiple Ponderada ejecuta una Regresión Multivariada sobre Variables Ponderadas (también conocidas como mínimos cuadrados ponderados, o WLS) para corregir la heterocedasticidad en todas las variables. Las ponderaciones utilizadas para ajustar estas variables son las desviaciones estándar de entrada del usuario. Como se mencionó, el enfoque OLS estándar minimiza la suma de los errores al cuadrado $SSE = \sum_{i=1}^{n}(y_i - \hat{y}_i)^2$, pero en un enfoque de mínimos cuadrados ponderados, agregamos una variable w_i ponderada adicional, de tal forma que tenemos $SSE = \sum_{i=1}^{n} w_i(y_i - \hat{y}_i)^2$. Similarmente, en la notación de matrices, la regresión estándar de $B = (X'X)^{-1}(X'Y)$ se vuelve $B = (X'WX)^{-1}(X'WY)$. Estas ponderaciones se utilizan como una variable de entrada adicional al modelo en situaciones donde los errores son heterocedásticos.

Lo siguiente ofrece un ejemplo del conjunto de datos y los resultados de BizStats utilizando un modelo de regresión ponderada. Cabe anotar que se requiere una nueva variable de entrada llamada desviación estándar.

Finalmente, los resultados de la regresión mostrarán $1/Stdev$ como una representación del intercepto ponderado y $X/Stdev$ como una representación de la variable X ponderada. Estas variables se pueden utilizar exactamente como en un modelo de regresión estándar para determinar los valores de la variable dependiente predicha.

De hecho, los resultados de un WLS deben ser relativamente cercanos a aquellos en un modelo OLS.

```
Regresión Ponderada
Conjunto de Datos de Ejemplo

VAR1         VAR2          VAR3
 Y            X            Desv Est
266.7        2.60269       60.5
342.5        3.62434       68.3
418.1        4.31749       81.4
 ...          ...          98.8
608.3        5.92693       110.6
798.3        6.62007       145.6
950.6        8.00637       173.1
1216.5       8.92266       238.3
```

```
Entradas del Modelo:
```
VAR221
VAR222
VAR223

Regresión Múltiple Ponderada

```
AJUSTE GEENRAL
R Múltiple       0.99552    Log de Máxima Verosimilitud     -5.59816
R-Cuadrado       0.99107    Criterio de Info de Akaike(AIC)  2.14954
R-Cuadrado Ajus  0.98809    Criterio de Bayes Schwarz(BSC)   2.17933
Error Estándar   0.56252    Criterio de Hannan-Quinn(HQC)    1.94861
Observaciones          8    F-Cuadrado de Cohen            110.93199
```

```
ANOVA
                DF         SS         MS          F       Valor-p
Regresión        2       210.61     105.31    332.79596   0.00000
Residual         6         1.90       0.32
Total            8       212.51
```

```
              Coef   Error Estándar   Est-T     Valor-p
X1/StDev   126.84523    11.82915    10.72311    0.00004
1/StDev   -100.84543    53.29659    -1.89216    0.10733
```

INTELIGENCIA ARTIFICIAL & MACHINE LEARNING
(Aprendizaje Automático)

La Inteligencia Artificial (AI) es un término general, comodín, para denominar al grupo de tecnologías informáticas inorgánicas que se utilizan para simular la inteligencia. La ciencia de la AI se estableció en la década de 1950 con el fin de determinar si los robots inorgánicos podían ejecutar operaciones de inteligencia a nivel humano. Un interés significativo en la AI resurgió casi al mismo tiempo en el que la capacidad informática de la Big Data se hizo más ampliamente disponible para los investigadores y negocios, permitiéndoles utilizar la ciencia en una variedad de aplicaciones prácticas. Ejemplos de aplicaciones comercialmente viables de las aplicaciones de Inteligencia Artificial son los robots de fabricación, los asistentes inteligentes, la gestión proactiva de la salud, el mapeo de enfermedades, la inversión financiera automatizada, los agentes de viaje virtuales, el monitoreo de redes sociales, los *bots* de mercadeo conversacional, las herramientas de procesamiento del lenguaje natural y la gestión de inventario en la cadena de suministros.

La cronología del desarrollo de AI y de la Ciencia de Datos revela un largo camino, a través del cual las estadísticas matemáticas evolucionaron hacia las estadísticas aplicadas, la ciencia de datos, la inteligencia artificial (AI) y el Machine Learning (ML) *[Aprendizaje Automático]*. Por ejemplo, en 1962, el trabajo de John Tukey como estadístico matemático, se puede considerar como una de las primeras obras seminales en la analítica de datos. En 1977, se fundó la Asociación Internacional de Computación Estadística (IASC) por sus siglas en inglés, para vincular la metodología estadística tradicional, la tecnología informática moderna, y el conocimiento de los expertos en dominios con el fin de convertir los datos en información y conocimiento. El mercadeo de base de datos inició una tendencia en 1994, y para 1996, el término "Ciencia de Datos" apareció por primera vez en la Federación Internacional de Sociedades de Clasificación en Japón. El tema inaugural se tituló, "Ciencia de Datos, Clasificación, y Métodos Relacionados". En 1997, Jeff Wu ofreció una conferencia inaugural llamada "¿Estadística=Ciencia de Datos?" En 2001, William Cleveland publicó "Ciencia de Datos: Un Plan de Acción para Expandir las Áreas Técnicas del Campo de la Estadística". Planteó la noción de que la ciencia de datos era una disciplina independiente y nombró varias áreas en las que creía que se debían educar los científicos de datos: investigaciones multidisciplinarias, modelos y métodos para el análisis de datos, computación con datos, pedagogía, evaluación de herramientas, y teoría. En 2008, el término "científico de datos" era con frecuencia atribuido a Jeff Hammerbacher y D.J. Patil, posteriormente a Facebook y LinkedIn, respectivamente, y en 2010, el término "ciencia de datos" se había infiltrado completamente en la lengua vernácula. Entre 2011 y 2012, las ofertas de empleo para los "científicos de datos" aumentaron en 15,000%. Alrededor del año 2016, la ciencia de datos comenzó a afianzarse en Machine Learning y Aprendizaje Profundo. Esto implica que las técnicas AI/ML se basan sólidamente en las bases de las estadísticas matemáticas tradicionales, pero con pasos algorítmicos inteligentes envueltos alrededor de estos métodos.

Usualmente el término AI evoca el concepto nebuloso de machine learning, el cual, en realidad, es un subconjunto de la AI donde un sistema informático se programa para identificar y catalogar estímulos externos del mundo real. La AI se puede definir libremente como la habilidad de las máquinas para realizar tareas que normalmente requieren de la inteligencia humana- por ejemplo, reconocer patrones, aprender de la experiencia, sacar conclusiones, hacer predicciones, o tomar acción- ya sea de manera digital o como el software inteligente detrás de los sistemas físicos autónomos. Los procesos de AI que son más adecuados para la ciencia de datos, la analítica de investigación cuantitativa, la predicción y la modelación de pronósticos, incluyen aplicaciones de Machine Learning (ML), Procesamiento de Lenguaje Natural (PLN), y la Automatización Robótica de Procesos (ARP).

Mientras que la AI, en general, involucra el uso de algoritmos que exhiben un comportamiento "inteligente", el uso de algoritmos de AI en Machine Learning (ML)-que detecta patrones y los utiliza para predecir y tomar decisiones- se puede dividir ampliamente entre los métodos supervisados y no supervisados. El aprendizaje *Supervisado* significa que las respuestas correctas son suministradas por humanos para entrenar al algoritmo, mientras que el aprendizaje *No Supervisado* no incluye los resultados correctos. Los algoritmos supervisados son patrones enseñados utilizando datos pasados y que posteriormente se detectan automáticamente en nuevos datos. Por ejemplo, un modelo de regresión múltiple requiere datos históricos de la variable Y dependiente y una o más variables X_i independientes y debido a que se suministran los resultados (variable dependiente), esto se considera como un algoritmo de ML supervisado. En contraste, los algoritmos no supervisados se programan para detectar patrones nuevos e interesantes en datos completamente nuevos. Sin supervisión, no se espera que el algoritmo saque respuestas correctas específicas, por el contrario, éste busca los patrones lógicos dentro de los datos crudos. Por ejemplo, un análisis factorial en donde hay múltiples variables X_i independientes, pero donde las agrupaciones a priori de estas variables no se conocen, se consideraría como un método no supervisado. El Aprendizaje por Refuerzo es donde el algoritmo ayuda a tomar decisiones sobre cómo actuar en ciertas situaciones, y el comportamiento se recompensa o penaliza dependiendo de las consecuencias. El Aprendizaje Profundo es otra clase de ML, inspirado por el cerebro humano en donde las redes neuronales artificiales mejoran su habilidad progresivamente para realizar una tarea.

El PLN es un conjunto de algoritmos para interpretar, transformar y generar lenguaje humano de manera que las personas lo puedan entender. Se utiliza en dispositivos que parecen ser capaces de entender y actuar sobre palabras escritas o habladas, tales como las aplicaciones de traducción o los asistentes personales como Siri de Apple, Alexa de Amazon o Google Home. Las ondas sonoras del habla se convierten en un código informático que los algoritmos entienden. Posteriormente el código traduce ese significado en una respuesta precisa y legible por humanos que después se puede aplicar a la cognición humana. Esto se lleva a cabo utilizando el análisis semántico, que mapea el lenguaje de un pasaje para catalogar cada palabra y, al utilizar ML, crea asociaciones para representar no solo la definición de un término, sino el significado dentro de un contexto específico.

Finalmente, mientras que la ARP utiliza los algoritmos que imitan las acciones humanas para reducir tareas de apoyo sencillas pero repetitivas que se benefician de la aplicación de AI, la ARP no es una simulación de la inteligencia humana, sino más bien, únicamente imita las capacidades. Estrictamente hablando, no es AI; es un proceso existente que se ha aumentado por la AI. La ARP se puede definir libremente como el uso de la tecnología para configurar el software informático o los robots para capturar e interpretar aplicaciones actuales con el fin de procesar transacciones, alterar los datos, provocar reacciones, y comunicarse con otros sistemas digitales. Cuando se utiliza correctamente, la automatización robótica ofrece numerosos beneficios porque no está restringida por las limitaciones humanas, tales como el cansancio, la moral, la disciplina o los requisitos de supervivencia. Los robots, a diferencia de sus creadores humanos, no tienen ambiciones. Debido a las aplicaciones de PLN y ARP, que van más allá del ámbito de la analítica de la decisión, la analítica de datos y los métodos cuantitativos de investigación, nosotros, al seguir adelante, únicamente nos enfocaremos en las aplicaciones de ML en BizStats.

El Gráfico 6.1 muestra una imagen de los métodos AI/ML, donde éstos están divididos entre aprendizaje supervisado y no supervisado. Se considera al método K-Vecino más Cercano, como el método intermedio del semi supervisado, en el sentido en que se requieren ambos conjuntos de entrenamiento y prueba, mientras que estrictamente hablando, tanto los métodos supervisados como no-supervisados no requieren de un conjunto de prueba. Sin embargo, en la práctica, los conjuntos de prueba se utilizan usualmente con el fin de aplicar los parámetros ajustados del conjunto de prueba a los puntos de datos de prueba para pronosticar o clasificar.

Las secciones a continuación describen los algoritmos AI/ML que están disponibles en BizStats. Primero se discute cada método, después se muestra un ejemplo sobre cómo se aplica BizStats, seguido de la interpretación de los resultados. Cabe anotar que los métodos AI/ML dependen en gran medida de las estadísticas estándar y los métodos analíticos, y donde sea apropiado, hablaremos sobre la referencia cruzada con otros métodos estándar.

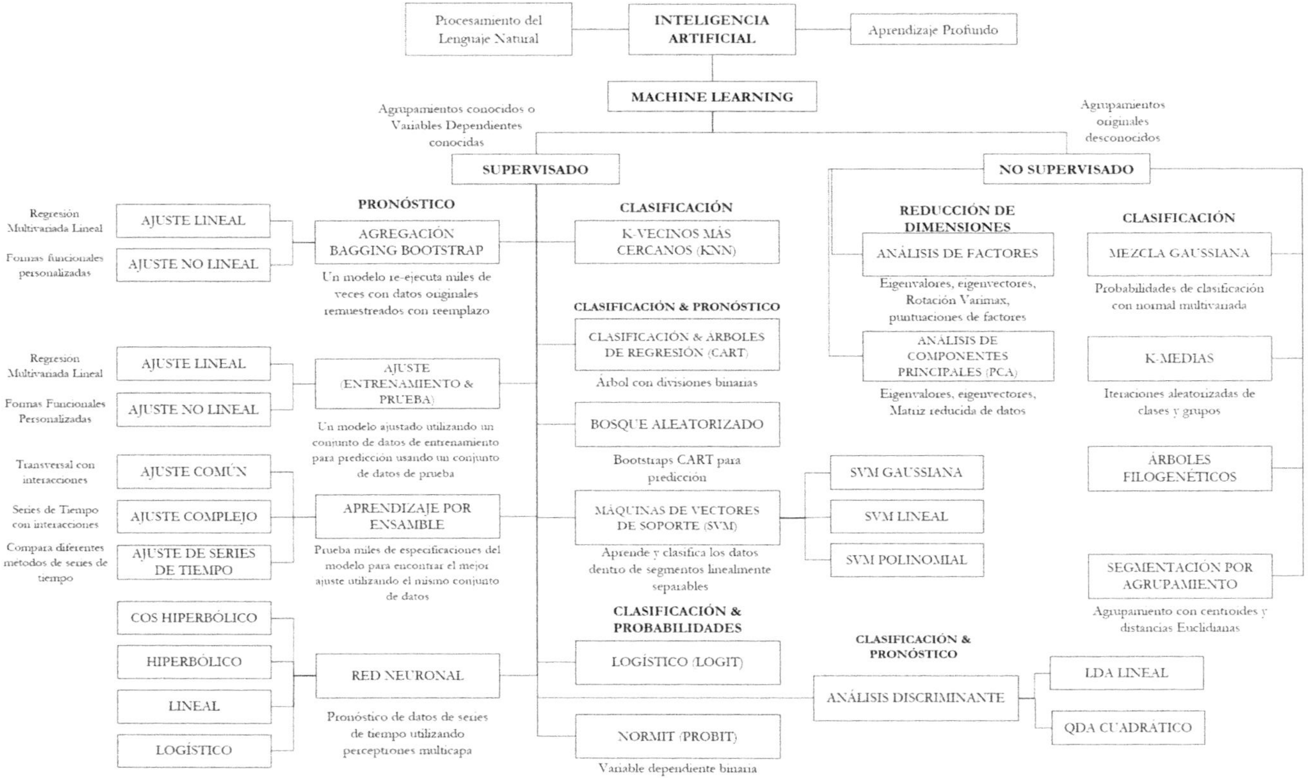

INTELIGENCIA ARTIFICIAL

Procesamiento del Lenguaje Natural

Aprendizaje Profundo

MACHINE LEARNING

SUPERVISADO
Agrupamientos conocidos o Variables Dependientes conocidas

NO SUPERVISADO
Agrupamientos originales desconocidos

PRONÓSTICO

AGREGACIÓN BAGGING BOOTSTRAP
Un modelo re-ejecuta miles de veces con datos originales remuestreados con reemplazo

- AJUSTE LINEAL — Regresión Multivariada Lineal
- AJUSTE NO LINEAL — Formas funcionales personalizadas

AJUSTE ENTRENAMIENTO & PRUEBA
Un modelo ajustado utilizando un conjunto de datos de entrenamiento para predicción usando un conjunto de datos de prueba

- AJUSTE LINEAL — Regresión Multivariada Lineal
- AJUSTE NO LINEAL — Formas Funcionales Personalizadas

APRENDIZAJE POR ENSAMBLE
Prueba miles de especificaciones del modelo para encontrar el mejor ajuste utilizando el mismo conjunto de datos

- AJUSTE COMÚN — Transversal con interacciones
- AJUSTE COMPLEJO — Series de Tiempo con interacciones
- AJUSTE DE SERIES DE TIEMPO — Compara diferentes métodos de series de tiempo

RED NEURONAL
Pronóstico de datos de series de tiempo utilizando perceptrones multicapa

- COS HIPERBÓLICO
- HIPERBÓLICO
- LINEAL
- LOGÍSTICO

CLASIFICACIÓN

K-VECINOS MÁS CERCANOS (KNN)

CLASIFICACIÓN & PRONÓSTICO

CLASIFICACIÓN & ÁRBOLES DE REGRESIÓN (CART)
Árbol con divisiones binarias

BOSQUE ALEATORIZADO
Bootstrap CART para predicción

CLASIFICACIÓN & PROBABILIDADES

LOGÍSTICO (LOGIT)

NORMIT (PROBIT)
Variable dependiente binaria

REDUCCIÓN DE DIMENSIONES

ANÁLISIS DE FACTORES
Eigenvalores, eigenvectores, Rotación Varimax, puntuaciones de factores

ANÁLISIS DE COMPONENTES PRINCIPALES (PCA)
Eigenvalores, eigenvectores, Matriz reducida de datos

MÁQUINAS DE VECTORES DE SOPORTE (SVM)
Aprende y clasifica los datos dentro de segmentos linealmente separables

- SVM GAUSSIANA
- SVM LINEAL
- SVM POLINOMIAL

CLASIFICACIÓN & PRONÓSTICO

ANÁLISIS DISCRIMINANTE

- LDA LINEAL
- QDA CUADRÁTICO

CLASIFICACIÓN

MEZCLA GAUSSIANA
Probabilidades de clasificación con normal multivariada

K-MEDIAS
Iteraciones aleatorizadas de clases y grupos

ÁRBOLES FILOGENÉTICOS

SEGMENTACIÓN POR AGRUPAMIENTO
Agrupamiento con centroides y distancias Euclidianas

Gráfico 6.1: Métodos de Machine Learning (ML) e Inteligencia Artificial (AI)

Métodos relacionados de AI/ML: Bagging Mediante Ajuste No Lineal por Bootstrap, Ensamble Común & Ajuste Complejo

Métodos Tradicionales Relacionados: Simulación Bootstrap No Paramétrica, Regresión de Bootstrap

Este método aplica al Modelo de Agregación de Bootstrap o Bagging mediante ajuste lineal de cientos de modelos vía los datos remuestreados, con el fin de generar los mejores pronósticos de consenso. La idea es que en una selección aleatoria de datos, el tomar el pronóstico promedio de un grupo de modelos, ofrece una predicción más exacta que una muestra única. En una típica regresión lineal multivariada se puede modelar la estructura de relación y las características de una variable dependiente y cómo éstas dependen de otras variables exógenas independientes. El modelo se puede utilizar para entender la relación entre estas variables, así como para fines de pronóstico y modelación predictiva. También se puede determinar la exactitud y la bondad de ajuste para este modelo. Similar a un modelo de regresión multivariada lineal, primero entrenamos el algoritmo utilizando las variables de entrenamiento dependientes e independientes, que identificarán los parámetros optimizados que se utilizarán en el conjunto de datos de prueba. Posteriormente, se remuestrea el conjunto de datos y se re ejecuta el algoritmo. Este proceso se repite o se le hace un bootstrap cientos de veces, y los pronósticos de salida serán un consenso de todos estos modelos repetidos.

En un pronóstico de ensamble, aplicaríamos diferentes modelos al mismo conjunto de datos, sea en un enfoque de agregación de bagging o bootstrap, nosotros utilizamos el mismo modelo pero aplicado múltiples veces a una selección aleatoria del conjunto de datos existente. El algoritmo de este último es trivial. Supongamos que tenemos una variable de respuesta Y dependiente y un número k de variables independientes predictoras $\mathbf{X} = X_1, X_2, \ldots, X_k$, cada una con N filas de datos. Después, inicializaríamos B, el número de modelos bootstrap a ser ajustados, así como n, el número de filas de datos para utilizar en el bootstrap, donde $n < N$. Comenzando con $B=1$, tomamos un bootstrap de filas de datos n y ajustamos el modelo;

específicamente, muestreamos con reemplazo para ajustar $\mathbf{X}_B$ a Y_B y obtener un ajuste de pronóstico $\hat{f}_B(\mathbf{X})$. Repetimos el proceso aplicando un remuestreo con reemplazo y generamos el pronóstico de consenso agregado. Recuerde que este enfoque bootstrap supone que el modelo está correctamente especificado, y que estamos sencillamente re-ejecutando la misma especificación del modelo sobre los datos remuestreados. Por el contrario, los métodos de Aprendizaje en Ensamble, tales como el Ajuste Común de Ensamble y el Ajuste Complejo de Ensamble de AI/ML tomarán el mismo conjunto de datos y aplicarán desde cientos hasta miles de modelos para probar la especificación del modelo mejor ajustado.

El bootstrapping funciona bien en situaciones donde el conjunto de datos consiste en N puntos de datos *i.i.d.* Esto significa que el orden secuencial de los puntos de datos no es importante al ajustar el proceso subyacente. Por ejemplo, si remuestreamos suficientemente las filas de datos (una fila puede constar de múltiples columnas de variables independientes) con reemplazo, los parámetros ajustados se distribuirán alrededor de los parámetros poblacionales verdaderos. Podrían existir situaciones donde la regresión bootstrap es problemática, especialmente cuando los puntos de datos no son *i.i.d.* tal como cuando los puntos de datos son aglomerados o sensibles a los valores extremos.

El Gráfico 6.2 ilustra el modelo supervisado de AI/ML de Bagging mediante un Ajuste Lineal por Bootstrap en BizStats. Para iniciar, la práctica estándar es la de dividir sus datos entre conjuntos de entrenamiento y de prueba. El conjunto de entrenamiento (una variable dependiente con una o más variables independientes) se utiliza para entrenar al logaritmo y obtener los parámetros mejor ajustados. Cabe anotar que Risk Simulator también ofrece una variación de esta regresión bootstrap al remuestrear los errores residuales así como al aleatorizar los datos y, como resultado, generar supuestos de simulación probabilística de Monte Carlo.

El algoritmo también le permite ingresar, opcionalmente, conjuntos de prueba conocidos con valores dependientes. Algunos veces estos son conocidos y otra veces desconocidos y se deben pronosticar. Si los valores son desconocidos, sencillamente se deja la entrada vacía o se ingresa un 0 como entrada, si usted desea ingresar la siguiente entrada, que es la ubicación para guardar los resultados del pronóstico en la cuadrícula de datos.

Sencillamente ingrese las variables que necesita clasificar e ingrese el número de grupos deseados. Por ejemplo, las entradas requeridas del modelo se ven como las siguientes:

```
Entradas del modelo:
VAR37           Y de Entrenamiento (1 variable)
VAR374:VAR375   X de Entrenamiento (≥ 1 variables)
VAR380:VAR381   Probando X(coincide con el número de var X)
1000            Número de Bootstraps (1-1000)
45              Número de puntos de datos (< número de filas de datos)
0               Probando Y (opcional, 1 variable)
VAR439          Ubicación para guardar Pronósticos (opcional, 1 var)
```

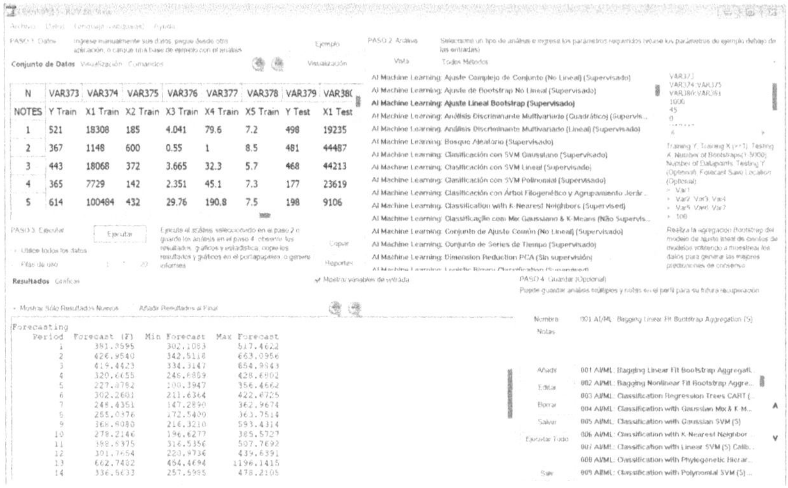

Gráfico 6.2: AI/ML Agregación de Bagging Mediante
Ajuste Lineal por Bootstrap

A continuación, unos resultados de muestra. Debido a que podrían existir desde cientos hasta miles de modelos bootstrap, no hay razón para mostrar todos los coeficientes. Los únicos resultados críticos que nos interesan son los promedios de las predicciones de pronóstico. Las interpretaciones de estos valores de pronóstico son las mismas de la regresión lineal múltiple, excepto que estos pronósticos se basan en el promedio desde cientos hasta miles de regresiones bootstrap para generar una predicción de consenso. Si usted necesita los coeficientes ajustados y la bondad de ajuste para el modelo de ajuste lineal, utilice el Modelo de Ajuste Lineal de AI/ML (Supervisado) para generar los resultados de un único modelo.

Periodo	Pronóstico Pronóstico(F)	Pronóstico Min	Pronóstico Max
1	381.8595	302.1083	517.4622
2	426.9540	342.5118	663.0956
3	419.4423	334.3147	654.9843
.	. .	. .	. .
30	350.6745	284.4446	472.5582

AI MACHINE LEARNING: BAGGING (ensacado) MEDIANTE AJUSTE NO LINEAL POR BOOTSTRAP (remuestreo) (SUPERVISADO)

Métodos Relacionados de AI/ML: Bagging mediante ajuste lineal por remuestreo, Ensamble Común & Ajuste Complejo

Métodos tradicionales relacionados: Simulación Bootstrap No paramétrica, Regresión Bootstrap

Este método calcula una Agregación de Bagging o Bootstrap a su modelo de ajuste personalizado no lineal cientos de veces vía los datos remuestreados para generar los mejores pronósticos de consenso. Este enfoque es similar al modelo Bagging (ensacado) mediante un ajuste lineal por Bootstrap (remuestreo) descrito anteriormente. La principal diferencia es que el modelo de regresión es un modelo personalizado no lineal que puede ingresar el usuario. De nuevo, fíjese en las diferencias entre la agregación de bootstrap versus los métodos de aprendizaje en ensamble, tal como se describieron en el método anterior.

Como de costumbre, la práctica estándar es la de dividir sus datos entre conjuntos de entrenamiento y prueba. El conjunto de entrenamiento (una variable dependiente con una o más variables independientes) se utiliza para entrenar el algoritmo y obtener los parámetros mejor ajustados. En este modelo, usted puede crear sus ecuaciones personalizadas (Gráfico 6.3). Cabe anotar que sólo se permite una variable como la Variable Y Dependiente de Entrenamiento, mientras que se permiten múltiples variables en la sección de las Variables X Independientes de Entrenamiento, separadas por un punto y coma (;), y que se pueden utilizar funciones matemáticas básicas (p.ej. *LN, LOG, LAG*, +, -, /, *, *TIME, RESIDUAL, DIFF*). Por ejemplo, la variable dependiente del conjunto de entrenamiento es $VAR(373)$ y las variables independientes son $VAR374$; $(VAR375)^2$; $LN(VAR376)$, y así sucesivamente. Así mismo usted debe usar la misma forma funcional para probar las variables independientes del conjunto de prueba (pero con las mismas variables o diferentes), de lo contrario, el modelo no se ejecutará adecuadamente. Por ejemplo, el conjunto de variables independientes de entrenamiento complementario puede ser

$$VAR380; \ (VAR381)^2; \ LN(VAR382)$$

Cabe anotar que se utiliza la misma forma funcional pero se aplica a diferentes variables. El aplicarla a las mismas variables sería igual que ejecutar un modelo econométrico personalizado en su lugar.

El algoritmo también le permite ingresar opcionalmente un conjunto de valores dependientes de entrenamiento. Algunas veces éstos son conocidos y otras desconocidos y se deben pronosticar. Si los valores son desconocidos, sencillamente deje la entrada vacía o ingrese un 0 en la entrada si desea ingresar la siguiente entrada, que es la ubicación para guardar los resultados del pronóstico en la cuadrícula de datos. Sencillamente ingrese las variables que requiera para clasificar e ingrese el número de grupos deseados. Por ejemplo, las entradas requeridas del modelo se ven así:

```
Entradas del Modelo:
VAR373                            Y de Entrenamiento (1 variable)
VAR374;(VAR375)^2; LN(VAR376)     X de Entrenamiento (personalizado)
VAR380;(VAR381)^2; LN(VAR382)     Probando X (coincide con X Entrenamiento)
1000                              Bootstraps (1-1000)
45                                Puntos de Datos (< filas)
VARX                              Probando Y (opcional, 1 var)
VARX                              Ubicación para Guardar(opcional)
```

Similar al Modelo Lineal de Bagging, el método de agregación de ajuste no lineal sólo le interesa en la predicción del pronóstico promedio con base en las variables de prueba.

```
Machine Learning AI: Bagging Mediante un Ajuste No Lineal
por Bootstrap (Supervisado)
```

Periodo	Pronóstico(F)	Pronóstico Min	Pronóstico Max
1	462.1068	335.2673	656.9806
2	376.5314	212.9595	480.6004
3	433.4542	306.5772	527.7054
4	350.0047	267.0343	425.5883
.	. .	. .	. .
30	378.8463	309.8872	463.5117

N	VAR373	VAR374	VAR375	VAR377	VAR378	VAR379	VAR38(
NOTES	Y Train	X1 Train	X2 Train	X3 Train	X4 Train	X5 Train	Y Test	X1 Test
1	521	18308	185	4.041	79.6	7.2	498	19235
2	367	1148	600	0.55	1	8.5	481	44487
3	443	18068	372	3.665	32.3	5.7	468	44213
4	365	7729	142	2.351	45.1	7.3	177	23619
5	614	100484	432	29.76	190.8	7.5	198	9106

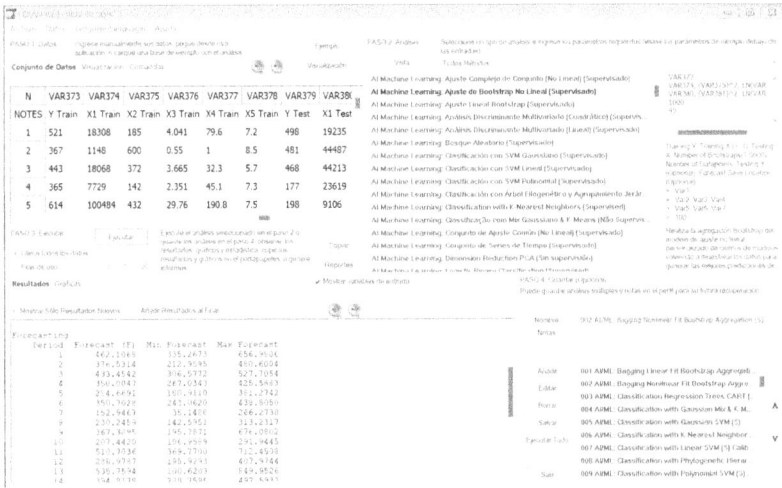

Gráfico 6.3: AI/ML Agregación o Bagging Mediante
Ajuste No Lineal por Bootstrap

AI MACHINE LEARNING: ÁRBOLES DE CLASIFICACIÓN Y REGRESIÓN – CART (SUPERVISADO)

Métodos Relacionados AI/ML: Análisis Discriminante Multivariado, Bosque Aleatorizado

Métodos Tradicionales Relacionados: Análisis Discriminante Lineal

El Modelo de Árboles de Clasificación y Regresión (CART- por sus siglas en inglés) genera ramas y subgrupos de la variable Y dependiente categórica utilizando variables X características. Usualmente, CART se utiliza en la minería de datos y constituye un enfoque supervisado de machine learning. Este es un enfoque de clasificación cuando la variable dependiente es categórica, y el árbol se utiliza para determinar la clase o grupo dentro del cual la variable objetivo de prueba tiene una probabilidad de caer. Los datos se dividen en ramas a lo largo del árbol, y se determinará cada división de rama utilizando los coeficientes Gini y los coeficientes de pérdida de información con base en las preguntas formuladas en el camino. Específicamente, $Gini = 1 - \sum_{i=1}^{c} p_i^2$. Si este índice de Gini es 0, significa que los datos están perfectamente clasificados. Por ende, al utilizar un algoritmo recursivo, podemos aplicar las divisiones que tengan el menor índice de Gini. La estructura final se ve como un árbol con muchas de sus ramas. Las reglas adicionales de división y parada se aplican en el camino, y las ramas terminales ofrecerán predicciones de la variable de prueba objetivo.

El Gráfico 6.4 muestra una ilustración visual y los resultados de un modelo CART. Sencillamente ingrese las variables que requiera para clasificar e ingresar el número de grupos deseados. De esta manera el modelo CART genera reglas si-entonces- que son sencillas de entender e implementar como herramienta de pronóstico. El árbol puede identificar los patrones que con frecuencia están ocultos en las interacciones complejas de los datos.

El algoritmo CART ejecuta las divisiones óptimas de acuerdo con el coeficiente Gini y posteriormente vuelve a probar el árbol de regresión contra la variable Y real de Entrenamiento para identificar su exactitud. Si se ingresa un conjunto diferente de variables X de Prueba, también va a proyectar y clasificar las agrupaciones relevantes (Gráfico 6.5). Los datos muestrales exhiben la información sobre 10 personas, donde la modalidad preferida de transporte de cada una de ellas es la variable dependiente (una variable categórica 1, 2, 3 para bus, tren o automóvil). Los predictores independientes son el género de las personas (1, 2 para hombre o mujer), ya sea que la persona tenga automóvil (1, 0 para sí o no), el costo del transporte (1, 2, 3 para barato, mediano o costoso), y la categoría del nivel de ingresos de la persona (1, 2, 3 para bajo, medio o alto). En el Gráfico 6.4 anterior, apreciamos el árbol visualmente, con todas las divisiones relevantes y los coeficientes Gini. El árbol se usa después para retro ajustar los datos originales. Para los datos de ejemplo (Gráfico 6.5), la primera persona que terminó tomando el Bus (Modalidad de Transporte=1) tiene los siguientes valores de variables de dependientes: Género=1, Propiedad de un Automóvil =0, Costo del Transporte=1, y Nivel de Ingresos=1. En el Gráfico 6.4 iniciamos en la parte superior del árbol y vemos que para costo=1, tomamos la primera rama de la derecha, después bajando al siguiente nivel, tomamos la rama derecha donde el costo del viaje=1. Después, tomamos la rama izquierda donde género =1. El camino está en negrita para su fácil identificación. Esta resulta siendo la rama terminal, lo que significa que el modelo predice que la modalidad de transporte es 1, lo que corresponde a los datos originales. Todas las filas de datos se alimentan a través de este árbol de acuerdo con sus propios caminos.

Así se aprecian las entradas requeridas del modelo:

```
Entradas del Modelo:
VAR433           Y de Entrenamiento (1 variable)
VAR434:VAR437    X de Entrenamiento (≥ 1 variables)
VAR438:VAR441    Probando X (opcional, coincide con # de var)
VAR442           Ubicación para guardar Pronósticos (opcional, 1 var)
```

A continuación, presentamos los resultados completos a partir del algoritmo. El método CART retornará varias categorías numéricas únicas en el conjunto Y de Entrenamiento, y, en este ejemplo, tenemos tres categorías: 1, 2 y 3. Mostrará el ajuste del conjunto de datos de entrenamiento, donde acá vemos los resultados reales versus los resultados CART previstos, con una perfecta coincidencia exacta del 100% en cada categoría. Las categorías reales basadas en el conjunto de entrenamiento figuran, junto con la categorización prevista del modelo. Este modelo ajustado y su comparación con los reales nos permite ver la exactitud del modelo. Posteriormente, el algoritmo toma este conjunto de datos de prueba y calcula las categorías previstas, utilizando este modelo ajustado si se proporcionan las variables X de Entrenamiento opcionales.

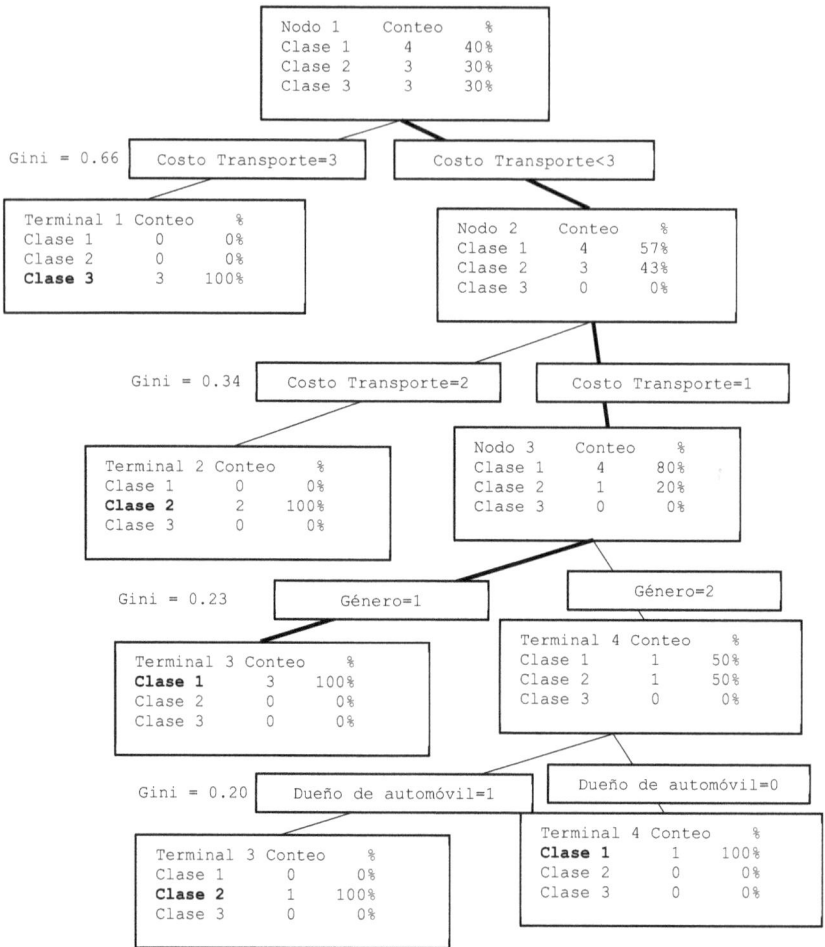

```
                    Nodo 1     Conteo     %
                    Clase 1      4       40%
                    Clase 2      3       30%
                    Clase 3      3       30%


Gini = 0.66    Costo Transporte=3         Costo Transporte<3


Terminal 1 Conteo     %
Clase 1      0       0%                Nodo 2     Conteo     %
Clase 2      0       0%                Clase 1      4       57%
Clase 3      3      100%              Clase 2      3       43%
                                      Clase 3      0       0%


        Gini = 0.34    Costo Transporte=2         Costo Transporte=1


              Terminal 2 Conteo     %        Nodo 3     Conteo     %
              Clase 1      0       0%         Clase 1      4       80%
              Clase 2      2      100%        Clase 2      1       20%
              Clase 3      0       0%         Clase 3      0       0%


     Gini = 0.23            Género=1                   Género=2


              Terminal 3 Conteo     %        Terminal 4 Conteo     %
              Clase 1      3      100%        Clase 1      1       50%
              Clase 2      0       0%         Clase 2      1       50%
              Clase 3      0       0%         Clase 3      0       0%


    Gini = 0.20    Dueño de automóvil=1        Dueño de automóvil=0


           Terminal 3 Conteo     %           Terminal 4 Conteo     %
           Clase 1      0       0%            Clase 1      1      100%
           Clase 2      1      100%           Clase 2      0       0%
           Clase 3      0       0%            Clase 3      0       0%
```

Gráfico 6.4: Árbol de Clasificación y Regresión (CART)

AI Machine Learning: Árbol de Clasificación y Regresión (Supervisado)

Categoría	Real	Previsto	Exactitud
1	4	4	100.00%
2	3	3	100.00%
3	3	3	100.00%

Conjunto de Datos de Entrenamiento

Real	Pronóstico
1.00	1.00
1.00	1.00
2.00	2.00
1.00	1.00
1.00	1.00
2.00	2.00
2.00	2.00
3.00	3.00
3.00	3.00
3.00	3.00

Pronóstico del Conjunto de Datos de Prueba

1.00
1.00
2.00
1.00
1.00
. .
3.00

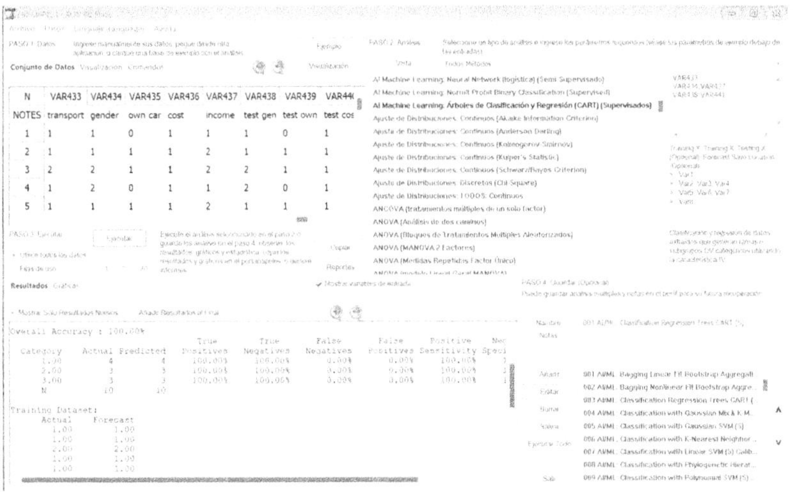

Gráfico 6.5: AI/ML Árbol de Clasificación y Regresión CART

Métodos Relacionados de AI/ML: Análisis Discriminante Multivariado (Cuadrático), Segmentación por Agrupamiento

Métodos Tradicionales Relacionados: Análisis Discriminante Multivariado

La Mezcla Gaussiana de AI Machine Learning con el Modelo de Grupo de K-Medias supone múltiples distribuciones normales traslapadas. Este es un método de machine learning no supervisado que es aplicable cuando no conocemos de dónde provienen inicialmente los grupos. Usualmente, el conjunto de datos tiene n filas de datos con m columnas de características multidimensionales del espacio, y donde usualmente tenemos $1 \leq m \leq 4$. Los resultados muestran las probabilidades de un cierto valor perteneciendo a un grupo en particular. Cuando hay un único grupo, usualmente haríamos una rutina de ajuste de distribución tal como en un modelo Kolmogorov–Smirnov, pero cuando hay múltiples grupos de distribución k normales, (con media y covarianza μ_k, COV_k), la probabilidad de densidad total es una función lineal de densidades a lo largo de todos estos grupos, donde $p(x) = \sum_{k=1}^{k} \pi_k G(x|\mu_k, COV_k)$ and π_k es el coeficiente de mezcla para la distribución k-th. Un algoritmo de maximización de expectativas se utiliza para estimar la función de máxima probabilidad del ajuste, mientras que el Criterio de Información de Bayes, se utiliza para seleccionar automáticamente los mejores parámetros de covarianza.

La Mezcla Gaussiana se relaciona con el enfoque de K-Medias y es bastante sencillo y utiliza algunas estimaciones de Naïve Bayes y de probabilidad. Algunas veces los resultados no son tan confiables, como por ejemplo, un método de Máquinas de Vectores de Soporte (SVM). Esto se debe al algoritmo no supervisado de la Mezcla Gaussiana, el cual puede no converger. Ejecute el mismo modelo varias veces para ver si el modelo converge (p.ej. los resultados serán los mismos cada vez que usted haga clic en Ejecutar). Si los resultados no son idénticos, trate de aumentar el número de iteraciones y pruebe de nuevo. Si los resultados obtenidos no son los esperados, disminuya el número de variables, y aumente el número de filas y trate de nuevo con una iteración más alta. El mejor modelo es el que tenga el valor máximo de probabilidad logarítmica (tenga cuidado acá ya que la probabilidad logarítmica usualmente es un valor negativo, lo que significa que un modelo con un -100 es mejor que un modelo con una medida de probabilidad logarítmica de -300). Como alternativa, pruebe la metodología no supervisada de AI/ML de Segmentación por Agrupamiento, la cual es usualmente más confiable. Cuando sea posible y si los datos lo permiten, la recomendación es utilizar en su lugar, los métodos SVM no supervisados o el método de Segmentación por Agrupamiento no supervisada de AI/ML.

El Gráfico 6.6 muestra un conjunto de datos de 50 Estados y el promedio de 10 años de sus actividades criminales reportadas, incluyendo el número de homicidios, asaltos agravados, y de allanamiento de morada, así como de la población (en millones). Supongamos que queremos, sin ninguna supervisión, catalogar los Estados en 5 grupos. Sencillamente ingrese las variables que requiere para clasificar e ingrese el número de grupos o clústeres deseados. Por ejemplo, las entradas requeridas del modelo se ven como estas:

```
Entradas del Modelo:
VAR416:VAR419   Las variables para clasificar
5               El número de clústeres para agrupar los datos dentro
1000            Iteraciones Max (Opcional=100, 1-5000)
VARX            Ubicación para guardar las categorías pronosticadas
```

Los resultados mostrarán tanto el Agrupamiento de K-Medias, como los modelos de la Mezcla Gaussiana. Tal como se mencionó, si el mismo modelo se re ejecuta varias veces y los resultados permanecen iguales, el modelo ha convergido; de lo contrario, se deben agregar más iteraciones y tratar de nuevo. Si el modelo converge, utilice los resultados de esa ejecución. Si no se logra la convergencia, aplique un método completamente diferente o re ejecute el mismo modelo varias veces y seleccione el que tenga el mayor valor de probabilidad logarítmica. Igualmente, cuando las medias del clúster de las Medias-K y la Mezcla Gaussiana estén cerca entre sí, los resultados son relativamente confiables. Esto significa que usualmente no se igualan entre sí ya que ejecutan algoritmos diferentes.

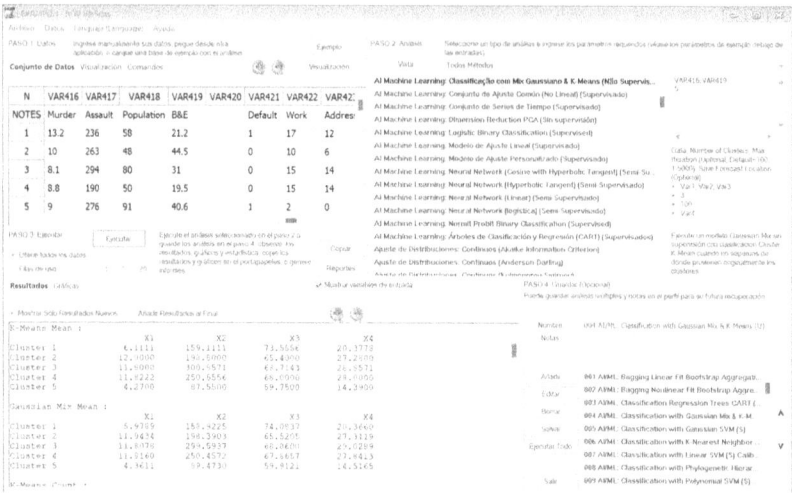

Gráfico 6.6: Clasificación AI/ML con Mezcla Gaussiana

Como lo exhibe el Gráfico 6.6, las K-Medias y el clúster de la Mezcla Gaussiana, están para los 5 clústeres requeridos (aparecen como filas en los resultados) para cada una de las 4 variables independientes (aparecen como columnas). Después, se proporcionan los conteos de las K-Medias del número de Estados en cada categoría, así como las K-Medias de asignaciones de estos Estados dentro de las varias categorías. Los resultados de la Mezcla Gaussiana también ofrecen las probabilidades de que un cierto Estado caiga en una categoría específica. Por ejemplo, vemos en los resultados que hay 10 filas agrupadas en el Clúster 1, 10 en el Clúster 2, y así sucesivamente. Las probabilidades de la Mezcla Gaussiana también brindan las posibilidades de un 99.81% de que los datos de la primera fila caigan entre del Clúster 1, los datos de la segunda fila tienen el 100% de posibilidades de estar en el Clúster 1, los datos de la tercera fila tienen el 99.68% de posibilidades de estar en el Clúster 4 y así sucesivamente. También se puede ejecutar el análisis utilizando el Agrupamiento por Segmentación AI/ML pero tenga en cuenta que las filas similares estarán agrupadas aunque la numeración de los clústeres pueda diferir debido a los diferentes algoritmos utilizados. Por ejemplo, el Clúster 1 se puede denominar Clúster 5, y así sucesivamente.

AI Machine Learning: Clasificación con la Mezcla Gaussiana & las K-Medias(No supervisada)

Log Verosimilitud: -532.6046

Promedio de K-Medias	X1	X2	X3	X4
Clúster 1	12.3800	246.6000	67.2000	27.7800
Clúster 2	2.9500	62.7000	53.9000	11.5100
Clúster 3	7.5077	170.3846	71.4615	22.6154
Clúster 4	11.8000	300.8571	68.7143	28.8571
Clúster 5	5.5900	112.4000	65.6000	17.2700

Promedio de la Mezcla Gaussiana

	X1	X2	X3	X4
Clúster 1	12.1347	248.1784	67.3133	27.5988
Clúster 2	2.9546	62.8118	53.9251	11.5229
Clúster 3	7.8164	171.4283	71.0373	22.6710
Clúster 4	11.8121	298.4321	68.9918	29.1794
Clúster 5	5.6117	112.3859	65.5904	17.2776

Conteo de K-Medias

Clúster 1	Clúster 2	Clúster 3	Clúster 4	Clúster 5
10	10	13	7	10

Probabilidades de la Mezcla Gaussiana para Cada Fila

Clúster 1	Clúster 2	Clúster 3	Clúster 4	Clúster 5
0.9981	0.0000	0.0019	0.0000	0.0000
1.0000	0.0000	0.0000	0.0000	0.0000
0.0032	0.0000	0.0000	**0.9968**	0.0000
0.0000	0.0000	1.0000	0.0000	0.0000
0.0235	0.0000	0.0000	0.9765	0.0000
0.0013	0.0000	0.9850	0.0136	0.0000
. . .	. . .	. . .	. . .	. . .
0.0000	1.0000	0.0000	0.0000	0.0000
0.0000	1.0000	0.0000	0.0000	0.0000
0.0000	0.0000	1.0000	0.0000	0.0000

K-Medias de Asignación para Cada Fila

1
1
4
3
4
3
.
2
2
3

AI MACHINE LEARNING: CLASIFICACIÓN CON LOS K-VECINOS MÁS CERCANOS (SUPERVISADO)

Métodos Relacionados de AI/ML: Agrupación por Segmentación

Métodos Tradicionales Relacionados: Agrupación por Segmentación

El algoritmos de los K-Vecinos más Cercanos (KNN), se utiliza para clasificar y segregar los datos en grupos. Otro nombre para este método es la estructura de árbol k-d, útil para la partición de puntos de datos en unas pocas pequeñas dimensiones. Sencillamente ingrese las variables que debe clasificar e ingrese el número de clústeres deseados. Por ejemplo, las entradas requeridas del modelo se ven como las siguientes:

```
Entradas del Modelo:
VAR105:VAR107    Entrenando X (≥ 1 variable)
VAR108:VAR110    Probando X
                 (coincide con la X de Entrenamiento del número de var)
```

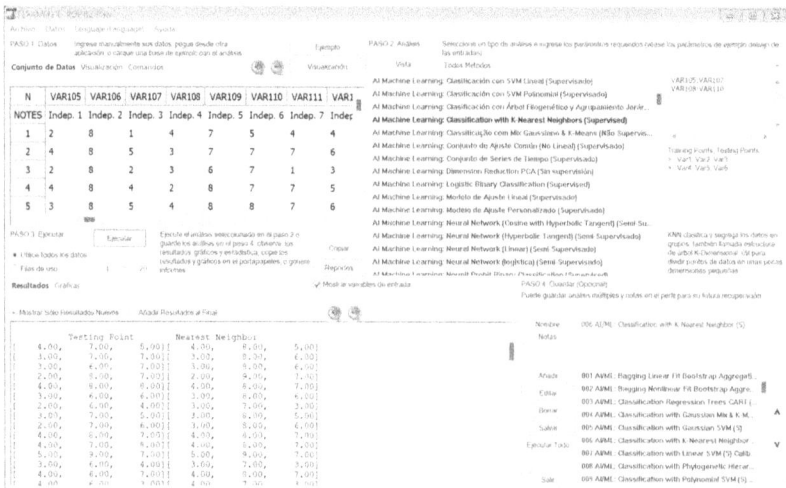

Gráfico 6.7: AI/ML K-Vecinos Más Cercanos

Tal como aparece en el Gráfico 6.7, los resultados de KNN mostrarán los puntos de prueba e identificará los vecinos más cercanos. Por ejemplo, en la primera fila de los datos de prueba, tenemos los valores 4, 7, 5 y si se compara esta secuencia numérica con todos los otros datos, está más estrechamente relacionada a 4, 8, 5 (esto puede ser en el conjunto de prueba o en el conjunto de entrenamiento).

```
         Puntos de Prueba              Vecino Más Cercano
       [4.00,  7.00,  5.00]          [4.00,  8.00,  5.00]
       [3.00,  7.00,  7.00]          [3.00,  8.00,  6.00]
       [3.00,  6.00,  7.00]          [3.00,  8.00,  6.00]
       [2.00,  8.00,  7.00]          [2.00,  9.00,  7.00]
       [4.00,  8.00,  8.00]          [4.00,  8.00,  7.00]
       [3.00,  6.00,  6.00]          [3.00,  8.00,  6.00]
        . . . . . . . .               . . . . . . . .
       [5.00,  8.00,  3.00]          [5.00,  8.00,  3.00]
       [4.00,  7.00,  4.00]          [4.00,  8.00,  4.00]
       [5.00,  5.00,  6.00]          [5.00,  8.00,  5.00]
```

AI MACHINE LEARNING: CLASIFICACIÓN CON ÁRBOLES FILOGENÉTICOS & AGRUPAMIENTO JERÁRQUICO (NO SUPERVISADO)

Métodos Relacionados de AI/ML: Segmentación por Agrupamiento, K-Vecinos más Cercanos

Métodos Tradicionales Relacionados: Segmentación por Agrupamiento

En este método, el algoritmo ejecuta árboles filogenéticos para la clasificación de datos empleando un algoritmo de agrupamiento jerárquico. Usualmente, los árboles filogenéticos se utilizan en investigación biomédica y genética, para la búsqueda de secuencias de ADN. Este es un método no supervisado, y el algoritmo se aplica para averiguar cómo agrupar un conjunto de datos que está desordenado sin proporcionarles ningún dato de entrenamiento que tenga las respuestas correctas. El resultado es un clúster jerárquico con múltiples conjuntos completamente anidados, donde los conjuntos más pequeños son los elementos individuales del conjunto, y el conjunto mayor es todo el conjunto de datos.

Para aplicar un árbol filogenético utilizando el agrupamiento jerárquico, usualmente el conjunto de datos es un conjunto de secuencias o matrices de distancia. Sencillamente se ingresan las variables que usted debe clasificar e ingresa el número de clústeres deseados. La variable de entrada es una muestra de secuencia genética de ADN y los resultados muestran un árbol filogenético, jerárquico de 5 niveles (Gráfico 6.8). El árbol de 5 niveles (las líneas verticales indican eventos ramificados, y hay 5 líneas verticales que inician desde la primera rama hacia el camino más largo). Así se ven las entradas requeridas del modelo:

```
Entradas del Modelo:
VAR462     Cadena Genética
0          Nombre de la Cadena (Opcional)
1          Tipo de Distancia (Opcional, 1-5)

Secuencia ADN   Nombres          Secuencia ADN   Nombres
CGGTTGGGAGCT       A             AGGCGGTGCGGG       I
AGGTCGTGAGGT       B             GGGCGGGGCGGG       J
TGGGTGCGAGTT       C             GGGCGCTGCGGG       K
ACGTTTGGGTGA       D             GGACGGAGGCTG       L
AAGGTTGGGGAA       E             GGGTGGGAGCTG       M
GTCTTTCGGGTG       F             AGGAGGCTGATG       N
CACTTGCGGGGG       G             TGGCGGATGATG       O
GCGCGGTGCAGC       H             TGGGTGCGAGTT       P
```

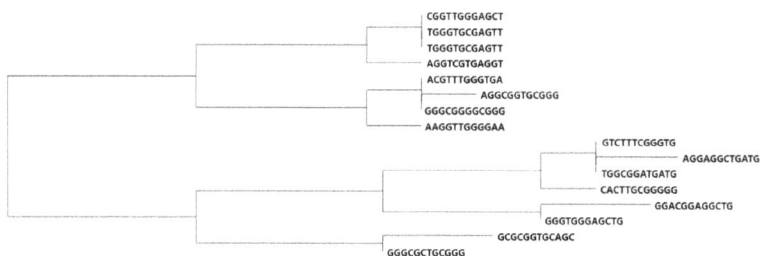

Gráfico 6.8: Árboles Filogenéticos AI/ML

AI MACHINE LEARNING: CLASIFICACIÓN CON MÁQUINAS DE VECTORES DE SOPORTE (SUPERVISADO)

Métodos Relacionados de AI/ML: Análisis Discriminante Multivariado, Segmentación por Agrupamiento

Métodos Tradicionales Relacionados: Análisis Discriminante Lineal, Segmentación por Agrupamiento

Las Máquinas de Vectores de Soporte (SVM) son una clase de algoritmo supervisado de machine learning utilizado para fines de clasificación. El término "máquina" en SVM podría ser un término equivocado ya que sólo es un vestigio del término "machine learning". Los métodos SVM son más sencillos de implementar y ejecutar que los algoritmos complejos de redes neuronales. En el aprendizaje supervisado, usualmente comenzamos con un conjunto de datos de entrenamiento. El algoritmo está entrenado utilizando este conjunto de datos (p.ej., los parámetros están optimizados e identificados), y posteriormente los mismos parámetros del modelo se aplican al conjunto de prueba, o a un nuevo conjunto de datos nunca visto antes por el algoritmo. El conjunto de datos de entrenamiento comprende m puntos de datos, colocados como filas en la cuadrícula de datos(Gráfico 6.9), donde hay un resultado o la variable dependiente y_i, seguida por uno o más predictores independientes x_i for $i = 1, ..., m$. Cada una de las variables dependientes (también conocidas como predictoras o características) tiene n dimensiones (número de columnas). En contraste, solamente hay una única variable y_i, con un resultado binario (p.ej., 1 y 0, o 1 y 2, indicando si un elemento está adentro o afuera del grupo). Cabe anotar que el conjunto de entrenamiento también se puede emplear como un conjunto de prueba, y los resultados usualmente producirán un alto nivel de exactitud en la segregación. Sin embargo, en la práctica, utilizamos usualmente un subconjunto más pequeño del conjunto de datos prueba como conjunto de datos entrenamiento y liberamos el algoritmo optimizado en el conjunto de prueba restante. Una de las pocas advertencias limitantes de los métodos SVM es un requisito en el que existen algunos hiperplanos dimensionales-n que separan los datos. Se define el hiperplano por una ecuación $f(\mathbf{x}) = \mathbf{w} \cdot \mathbf{x} + b = 0$, que separa completamente el conjunto de datos de entrenamiento en dos grupos. Los parámetros $\mathbf{w}$ (el vector normal hacia el hiperplano) y b (un parámetro offset o de compensación tal como un intercepto virtual) se pueden escalar según la necesidad, para ajustar el pronóstico de regreso a los dos grupos originales. Al utilizar cierta geometría analítica, vemos que los parámetros están mejor ajustados si se aplica una rutina de optimización interna para minimizar $\frac{1}{2}\mathbf{w} \cdot \mathbf{w}$, lo que se reduce a un problema Lagrangiano donde maximizamos la probabilidad de $\mathcal{L}(\alpha, \beta) = \frac{1}{2}f(\mathbf{w}) + \sum_j \alpha_j g_j(\mathbf{w}) + \sum_k \beta_k h_k(\mathbf{w})$, y donde todos los parámetros son positivos.

Finalmente, los algoritmos SVM se utilizan mejor en conjunción con un estimador Kernel de densidad, y los tres más comúnmente empleados son los Kernel Gaussiano, Lineal y Polinomial. Intente cada uno de estos enfoques y vea cuál se ajusta mejor a los datos, revisando la exactitud de los resultados.

- **SVM Gaussiano.** Aplica un estimador Kernel normal $exp\left[-\frac{1}{2}\left|\mathbf{x_i} - \mathbf{x}_j\right|^2 / \sigma^2\right]$.

- **SVM Lineal.** Aplica un estimador Kernel lineal estándar $\mathbf{x_i} \cdot \mathbf{x_j}$.

- **SVM Polinomial.** Aplica un estimador Kernel polinomial de densidad (p.ej., programación no lineal cuadrática) tal como $|a\mathbf{x_i} \cdot \mathbf{x_j} + b|^c$.

El Gráfico 6.9 exhibe el modelo supervisado de SVM. Aplica el mismo procedimiento a todas las tres subclases de SVM . Para iniciar, utilizamos un conjunto de datos de ejemplo donde se midieron los pesos y tamaños de 40 frutas. Estas frutas eran manzanas o naranjas. Recuerden que las SVM son más utilizadas para separaciones en dos grupos. La cuadrícula de datos muestra VAR408 con la categoría alfanumérica de la variable dependiente o clasificada (manzanas o naranjas). Sin embargo, los algoritmos SVM requieren entradas numéricas, de ahí que los agrupamientos dependientes se hayan codificado en un valor numérico de 1 y 2 en VAR407 (categorías numéricas bivariadas). VAR405 y VAR406 son predictores o conjuntos de características (los pesos y tamaños de las frutas) que utilizaremos como el conjunto de entrenamiento para calibrar y ajustar el modelo. Estos son los primeros dos conjuntos de entradas en el modelo. Cabe anotar que tenemos ingresado VAR407 en la primera fila como variable dependiente de entrenamiento y en la segunda fila, VAR405; VAR406 están como las variables independientes de entrenamiento (conjunto de característica predictora). Para iniciar, utilizamos los valores por defecto Sigma, Lambda, y Omega de 2, 1000, y 0.5. Dependiendo de la subclase de SVM, se utilizarán solo algunas o todas las tres. Inicie con los valores por defecto y cámbielos según se requiera. La variable principal que impacta los resultados es Omega, que es un valor entre 0 y 1. Si usted establece la Opción de Calibrar a 1, hará la prueba de varios valores Omega y mostrará los niveles de exactitud de cada uno. Seleccione el valor Omega con la mayor exactitud y ejecute el modelo de nuevo.

Puede acceder al conjunto de datos y a los parámetros de entrada en BizStats cargando el ejemplo por defecto. A continuación, se aprecian los parámetros de entrada y algunos ejemplos:

```
Entradas del Modelo:
VAR407            Variable dependiente de Entrenamiento(1)
VAR405;VAR406     Variables independientes de Entrenamiento(≥ 1)
2.00              Sigma
1000              Lambda
0.50              Omega (comprueba su exactitud)
1.00              Calibrar (1 = calibrar Omega,0 = no hacerlo)
VAR409;VAR410     Probando variables independientes
VAR411            Pegar los resultados del pronóstico (opcional)
VAR412            Pegar los resultados agrupados (opcional)
```

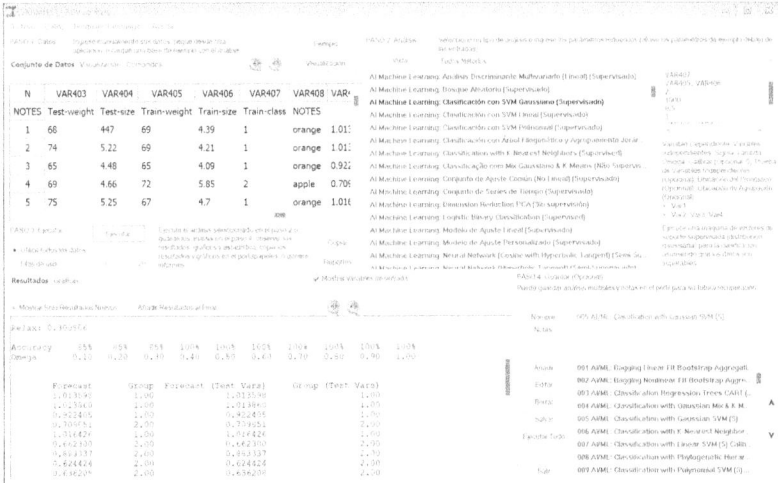

Gráfico 6.9: AI/ML Clasificación con Máquinas de
Vectores de Soporte (SVM)

Los resultados arrojan una serie de valores y grupos de pronóstico para el conjunto de entrenamiento así como para el conjunto de datos de prueba. Éstos muestran los resultados de la segmentación numérica y los grupos resultantes finales. Cabe anotar que los resultados de ejemplo indican una bondad de ajuste relativamente alta en el conjunto de datos de entrenamiento del 95%. Este ajuste aplica al conjunto de datos de entrenamiento y suponiendo que se mantiene la misma estructura de datos, el conjunto de datos de prueba debe tener también un ajuste que esté cercano a este resultado. Usualmente, los valores de pronóstico del conjunto de datos de prueba y agrupamiento de pertenencia son importantes para el usuario; por lo tanto, usted puede opcionalmente ingresar la ubicación en la cuadrícula de datos para guardar los resultados, por ejemplo, VAR411 yVAR412. Si estas entradas permanecen vacías, los resultados no se guardarán en la cuadrícula de datos, y sólo estarán disponibles en el área de resultados.

```
AI Machine Learning: Clasificación con SVM Gaussiano (Supervisada)
Exactitud    85%     85%     85%    100%    100%    100%    100%    100%
Omega        0.10    0.20    0.30    0.40    0.50    0.60    0.70    0.80

Pronóstico      Grupo      Pronóstico (Vars Prueba)   Grupo(Vars Prueba)
1.013598        1.00            1.013598                    1.00
1.013860        1.00            1.013860                    1.00
0.922405        1.00            0.922405                    1.00
0.709851        2.00            0.709851                    2.00
. . .           . .             . . .                       . .
0.670190        2.00            0.670190                    2.00
```

Métodos Relacionados de AI/ML: Modelo de Ajuste Lineal

Métodos Tradicionales Relacionados: Modelo Econométrico Básico, Regresión Múltiple

El modelo de Ajuste Personalizado es aplicable al pronosticar las series de tiempo y los datos transversales para modelar las relaciones entre las variables. Le permite crear modelos de regresión múltiple de ajuste personalizado. La econometría hace referencia a una rama de la analítica de negocios, modelación y técnicas de pronóstico para modelar el comportamiento de o para pronosticar ciertas variables de negocios, financieras, económicas, de ciencias físicas, y otras. El ejecutar el modelo de Ajuste Personalizado es como el análisis regular de regresión econométrica excepto que las variables dependientes e independientes, se pueden modificar antes de ejecutar una regresión. Para una explicación más detalladas de los modelos de regresión, se puede dirigir a las secciones sobre Regresión Multivariada Lineal y No lineal y al Análisis de Regresión, así como a las secciones asociadas sobre dificultades en la modelación de regresión.

Como es habitual, la práctica estándar es la de dividir sus datos entre los conjuntos de entrenamiento y prueba. El conjunto de entrenamiento (una variable dependiente con una o más variables independientes) se utiliza para entrenar el algoritmo y obtener los parámetros mejor ajustados. En este modelo, usted puede crear sus ecuaciones personalizadas. (Gráfico 6.10). Cabe anotar que solo se permite una variable como Variable Y Dependiente de Entrenamiento, mientras que se permiten múltiples variables en la sección de las Variables X independientes de Entrenamiento, separadas por un punto y coma (;), las funciones matemáticas básicas se pueden utilizar (p.ej., LN, LOG, LAG, +, -, /, *, TIME, RESIDUAL, DIFF). Por ejemplo, usted puede utilizar su variable dependiente del conjunto de entrenamiento como VAR(373) y las variables independientes VAR374; (VAR375)^2; LN(VAR376), y así sucesivamente. Usted también necesita emplear la misma forma funcional para las variables independientes del conjunto de entrenamiento (pero con las mismas o diferentes variables), de lo contrario, el modelo no se ejecutará adecuadamente. Por ejemplo, un conjunto complementario de prueba de variables independientes sería VAR380; (VAR381)^2; LN(VAR382). Cabe anotar que la misma forma funcional se utiliza para diferentes variables. Aplicarla a las mismas variables sería igual que ejecutar un modelo econométrico personalizado, en su lugar.

El algoritmo también le permite ingresar, opcionalmente, los valores dependientes del conjunto de prueba. En algunas ocasiones, éstos son conocidos y en otras desconocidos y se deben pronosticar. Si los valores son desconocidos, sencillamente deje la entrada vacía o ingrese un 0 en la entrada si desea ingresar la siguiente entrada, que es la ubicación para guardar los resultados del pronóstico en la cuadrícula de datos. El Gráfico 6.10 ilustra estas últimas dos entradas tratadas como opcionales y dejadas vacías.

```
Entradas del Modelo:
VAR373                              Var Dependiente
VAR374; (VAR375)^2; LN(VAR376)     Var Ind. personalizada
VAR380; (VAR381)^2; LN(VAR382)     Var  Ind. del Conjunto de Prueba
{VARx o 0 o vacía}                 Var Dep. Conjunto de Prueba(opcional)
{VARxx o vacía}                    Ubicación del Pronóstico (opcional)
```

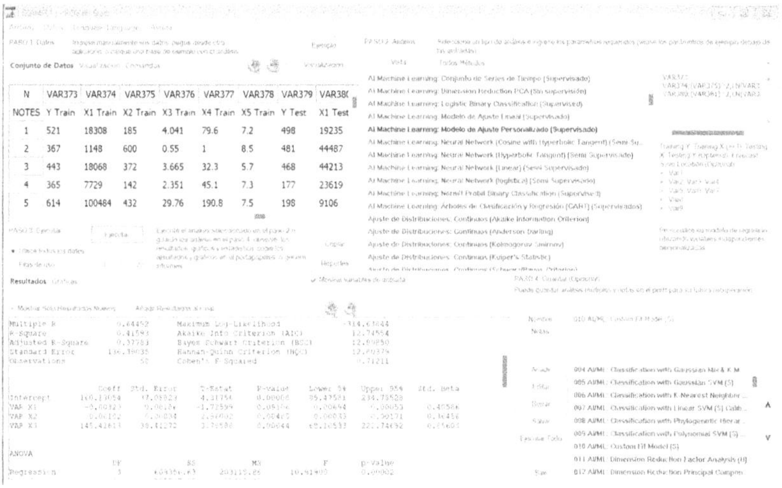

Gráfico 6.10: AI/ML Modelo Ajustado Personalizado (Supervisado)

La interpretación de los resultados sería similar a eso por el análisis. Los resultados de bondad de ajuste y las estimaciones de los parámetros ajustados pertenecen al conjunto de datos de entrenamiento cuando se aplican a estos parámetros ajustados. Algunas veces quizás usted quiera guardar algunos datos del conjunto de datos de entrenamiento y aplicarlos al conjunto de datos de prueba para probar la exactitud del modelo y su habilidad para pronosticar, así como para ver los errores de pronóstico. En otras palabras, la variable dependiente opcional del conjunto de prueba se puede utilizar y debido a que se aplican estos valores conocidos, como resultado, también se pueden generar errores de pronóstico. Por ejemplo, el valor VARx anterior se puede establecer como VAR379.

```
AI Machine Learning: Modelo de Ajuste Personalizado (Supervisado)


R Múltiple       0.64492    Log de Máxima Verosimilitud    -314.63844
R-Cuadrado       0.41593    Criterio de Info Akaike (AIC)    12.74554
R-Cuad. Ajust.   0.37783    Criterio de Bayes Schwarz (BSC)  12.89850
Error Estándar   136.39035  Criterio Hannan-Quinn (HQC)      12.80379
Observaciones    50         F-Cuadrado de Cohen               0.71211


                  Coef     Error Estándar    Est T      Valor-p
Intercepto     160.13054      37.08823      4.31756     0.00008
VAR X1          -0.00320       0.00186     -1.72599     0.09106
VAR X2           0.00102       0.00034      2.96002     0.00485
VAR X3         145.42613      38.41272      3.78588     0.00044



ANOVA
                  DF          SS            MS          F      Valor-p
Regresión          3      609356.63     203118.88   10.91900  0.00002
Residual          46      855707.05      18602.33
Total             49     1465063.68


Pronóstico
          Periodo    Pronóstico (F)
                1        456.4715
                2        379.5395
                3        436.1389
                .           . .
               25        252.1756
               26         96.8285
               27        401.1761
               28        398.0723
               29        235.0797
               30        379.7052
```

Métodos Relacionados de AI/ML: Análisis Factorial en la Reducción de Dimensiones

Métodos Tradicionales Relacionados: Análisis de Componentes Principales, Análisis Factorial

El análisis de componentes principales o PCA- por sus siglas en inglés-, facilita la modelación y el resumen de los datos multivariados. Para entender el PCA, suponga que iniciamos con variables N que son poco probables de ser independientes entre sí, de tal forma que al cambiar el valor de una variable se cambiará otra variable. La modelación PCA reemplazará las variables N originales con un nuevo conjunto de variables M que son menores que N pero no correlacionadas entre sí, mientras que al mismo tiempo, cada una de estas variables M es una combinación lineal de las variables N originales. Así que la mayor parte de la variación se puede justificar por utilizar menos variables explicativas.

El PCA es una forma de identificar patrones en los datos y de reestructurar los mismos de tal manera que se resalten sus similitudes y diferencias. Los patrones de datos son muy difíciles de encontrar en dimensiones altas cuando existen variables múltiples, y los gráficos de mayores dimensiones son muy difíciles de representar e interpretar. Una vez que se encuentran los patrones en los datos, se pueden comprimir, y el número de dimensiones se reduce ahora. Esta reducción en las dimensiones de los datos no significa mayor reducción en la perdida de información. En su lugar, ahora se pueden obtener niveles similares de información por medio de un menor número de variables.

PCA es un método estadístico que se utiliza para reducir la dimensionalidad de los datos utilizando el analisis de covarianza entre variables independientes y aplicando una transformación ortogonal. Esto a fin de convertir un conjunto de datos de variables correlacionadas, en un nuevo conjunto de valores de variables no correlacionadas linealmente y que se llaman componentes principales. El número calculado de componentes principales será menor que o igual al número de variables originales. Esta transformación estadística se configura de tal forma que el primer componente principal tiene la mayor varianza posible representando la mayor variabilidad de los datos posible, y cada componente posterior tiene la mayor varianza posible bajo la restricción de que es ortogonal a o no correlacionada con los componentes anteriores. Por ende, PCA revela una estructura interna de los datos de tal manera que mejor explica la varianza en los datos. Dicho enfoque en la reducción dimensional es útil para procesar conjuntos de datos de alta dimensión al tiempo que conserva tanta varianza en el conjunto de datos como es posible. El PCA esencialmente rota el conjunto de puntos alrededor de su media para alinearlo con los componentes principales. Por consiguiente, PCA crea variables que son combinaciones lineales de las variables originales. Las variables nuevas tienen la propiedad de que todas son ortogonales. El analisis factorial es similar al PCA, en el sentido que el análisis factorial también implica combinaciones lineales de variables utilizando correlaciones, mientras que el PCA utiliza la covarianza para determinar los eigenvectores y eigenvalores relevantes a los datos utilizando una matriz de covarianza. Se puede pensar en los eigenvectores como direcciones preferenciales de un conjunto de datos o los patrones principales en los datos. Se puede pensar en los eigenvalores como evaluaciones cuantitativas de qué tanto representa un componente a los datos. Cuantos mayores sean los eigenvalores de un componente, más representativos son de los datos.

Como ejemplo, el PCA es útil cuando se ejecuta una regresión múltiple o en econometrías básicas cuando el número de variables independientes es grande o cuando hay una multicolinealidad significativa en las variables independientes. Se puede ejecutar en las variables independientes para reducir el número de variables y para eliminar cualesquiera correlaciones lineales entre las variables independientes. Los datos revisados y extraídos que se obtuvieron después de ejecutar el PCA, se pueden utilizar para re ejecutar la regresión múltiple lineal o el análisis econométrico básico lineal. El modelo resultante usualmente tendrá unos valores de R-cuadrado ligeramente menores pero potencialmente una mayor significancia estadística (menor valor-p). Los usuarios pueden decidir utilizar tantos componentes principales como se requieran con base en la varianza acumulada

Supongamos que existen variables k, X_k, hay exactamente k componentes principales, $Z_i \in i = 1 \dots k$, y $Z_i = w_{i,1}X_1 + w_{i,2}X_2 + $

$\cdots + w_{i,k}X_k$, donde $w_{i,k}$ son las ponderaciones o las cargas de componentes. El primer componente principal, Z_1 es una combinación lineal que, mejor explica la variación total mientras que el segundo componente principal, Z_2 es ortogonal o no correlacionado al primero y explica, tanto como puede, sobre la variación restante en los datos, y así sucesivamente hasta llegar al componente Z_k final.

Relacionado con otro método llamado Análisis Factorial, el PCA facilita la modelación y el resumen de los datos multivariados. El Gráfico 6.11 ilustra un ejemplo donde iniciamos con 5 variables independientes que son poco probables de ser independientes entre sí, de tal forma que cambiando el valor de una variable, cambiará otra variable. Recuerde que este efecto de multicolinealidad puede ocasionar sesgos en un modelo de regresión múltiple. Tanto el análisis de componentes principales como el factorial, pueden ayudar a identificar y eventualmente reemplazar las variables independientes originales con un nuevo conjunto de variables más pequeñas que son menores que el original pero no correlacionadas entre sí, mientras que a su vez, cada una de estas nuevas variables es una combinación lineal de las variables originales. Esto significa que la mayor parte de la variación se puede explicar al utilizar menores variables explicativas. Igualmente, el análisis factorial se utiliza para analizar interrelaciones dentro de un gran número de variables y simplificar dichos factores en un menor número de factores comunes. El método condensa la información contenida en el conjunto original de variables, en un conjunto más pequeño de variables factoriales implícitas con una mínima pérdida de información. El análisis se relaciona con el analisis de componentes principales unido con una rotación Varimax de matrices para simplificar los factores.

El requisito de entrada de datos es sencillamente la lista de variables que usted desea analizar (separada por punto y comas para las variables individuales o separadas por dos puntos para un conjunto de variables contiguas, tales como VAR29:VAR33 para las 5 variables).

```
Entradas del Modelo:
VAR29; VAR30; VAR31; VAR32; VAR33     Lista de variables
```

Tal como lo exhibe el Gráfico 6.11, iniciamos con 5 variables independientes, lo que significa que los resultados del analisis factorial o del analisis de componentes principales retornará una matriz de 5×5 de eigenvectores y 5 eigenvalores. Usualmente, solo estamos interesados en componentes con eigenvalores >1. Por ende, en los resultados, sólo estamos interesados en los primeros tres o cuatro factores o componentes (algunos investigadores diagramarían estos eigenvalores y los llamarían una gráfica de sedimentación, que puede ser útil para identificar en dónde están las torceduras en los eigenvalores).

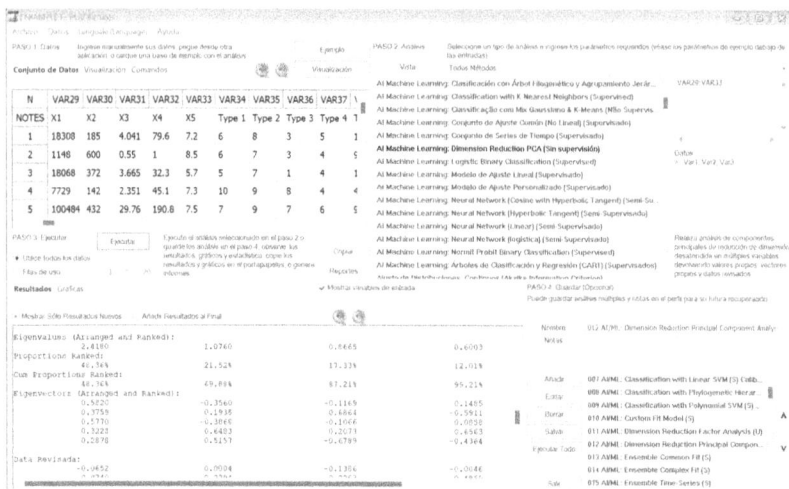

Gráfico 6.11: AI/ML PCA para la Reducción de Dimensión (No supervisado)

Cabe anotar que los primeros y segundos factores (las dos primeras columnas de resultados) retornan una proporción acumulada del 69.88%. Esto significa que el usar estos dos factores explicará aproximadamente el 70% de la variación en todos los factores independientes en sí mismos. Posteriormente, miramos los valores absolutos de la matriz de eigenvalores. Parece que las variables 1 y 3 se pueden combinar en una nueva variable en el factor 1, con las variables 4 y 5 como el segundo factor. Esto se puede realizar de manera separada y por fuera del analisis de componentes principales.

Los resultados no son tan elegantes con solo 5 variables. La idea del PCA y del Análisis Factorial es que cuantas más variables tenga, mejor funcionará el algoritmo en términos de reducir el número de variables de datos o el tamaño de dimensionalidad de los mismos.

```
Análisis de Componentes Principales


Eigenvalores (Organizados y Clasificados):
 2.4180          1.0760          0.8665          0.6003          0.0393

Proporciones Clasificadas:
 48.36%          21.52%          17.33%          12.01%          0.79%

Proporciones Acum Clasificadas:
 48.36%          69.88%          87.21%          99.21%          100.00%

Eigenvectores (Organizados y Clasificados):
 0.5820          -0.3560         -0.1169          0.1485          0.7063
 0.3759           0.1935          0.6864         -0.5911          0.0257
 0.5770          -0.3868         -0.1066          0.0858         -0.7062
 0.3228           0.6483          0.2073          0.6563         -0.0429
 0.2878           0.5157         -0.6789         -0.4364          0.0021


Datos Revisados:
-0.0652           0.0004         -0.1386         -0.0046          0.0010
 0.0740           0.2294          0.2263         -0.4869          0.0050
  . .              . .             . .             . .             . .
-0.0141          -0.0306          0.1469         -0.1321          0.0151
```

El Gráfico 6.12 exhibe los resultados de múltiples regresiones lineales para ilustrar cómo funciona la ortogonalidad funciona en el PCA. Por ejemplo, la primera regresión múltiple se ejecuta utilizando el conjunto de datos original (VAR28 frente a VAR29:VAR33). La segunda regresión se ejecuta con base en los datos revisado del PCA (VAR28 frente a los datos convertidos). Fíjese que las medidas de bondad de ajuste tales como R-cuadrado, R-cuadrado Ajustado, R-Múltiple, y el Error Estándar de Estimación, son idénticos. Los coeficientes de estimación diferirán porque se utilizaron diferentes datos en cada situación. Algunas variables no son significativas en los modelos porque su único propósito es el de ilustrar el método PCA y no el de calibrar un buen modelo de regresión. De hecho, utilizando el modelo reducido, el R-cuadrado Ajustado solo utilizando dos variables es del 23%, contrario al 25% si se utilizan todas las 5 variables independientes en el conjunto de datos original. Esto muestra el poder del PCA, que utiliza pocas variables mientras que retiene un gran nivel de variabilidad explicado.

Econometrics Results

R-Squared (Coefficient of Determination):	0.3272
Adjusted R-Squared:	0.2508
Multiple R (Multiple Correlation Coefficient):	0.5720
Standard Error of the Estimates (SEy):	149.6720
ANOVA F Statistic:	4.2799
ANOVA p-Value:	0.0029

	Intercept	VAR2	VAR3	VAR4	VAR5	VAR6
Coefficie...	57.9555	-0.0035	0.4644	25.2377	-0.0086	16.5579
Standard...	108.7901	0.0035	0.2535	14.1172	0.1016	14.7996
t-Statistic	0.5327	-1.0066	1.8316	1.7877	-0.0843	1.1188
p-Value	0.5969	0.3197	0.0738	0.0807	0.9332	0.2693

Dependent Variable:
VAR1

Copy   Close

Econometrics Results

R-Squared (Coefficient of Determination):	0.3272
Adjusted R-Squared:	0.2508
Multiple R (Multiple Correlation Coefficient):	0.5720
Standard Error of the Estimates (SEy):	149.6709
ANOVA F Statistic:	4.2801
ANOVA p-Value:	0.0029

	Intercept	VAR2	VAR3	VAR4	VAR5	VAR6
Coefficie...	331.9210	401.6470	-37.9990	46.2119	-265.1332	-1055.34
Standard...	21.1667	96.2533	144.2817	160.7886	193.1843	755.0418
t-Statistic	15.6813	4.1728	-0.2634	0.2874	-1.3724	-1.3977
p-Value	0.0000	0.0001	0.7935	0.7751	0.1769	0.1692

Dependent Variable:
VAR1

Copy   Close

Econometrics Results

R-Squared (Coefficient of Determination):	0.2673
Adjusted R-Squared:	0.2361
Multiple R (Multiple Correlation Coefficient):	0.5170
Standard Error of the Estimates (SEy):	151.1273
ANOVA F Statistic:	8.5731
ANOVA p-Value:	0.0007

	Intercept	VAR2	VAR3
Coefficie...	331.9184	401.6427	-38.0297
Standard...	21.3726	97.1899	145.6857
t-Statistic	15.5301	4.1326	-0.2610
p-Value	0.0000	0.0001	0.7952

Dependent Variable:
VAR1

Copy   Close

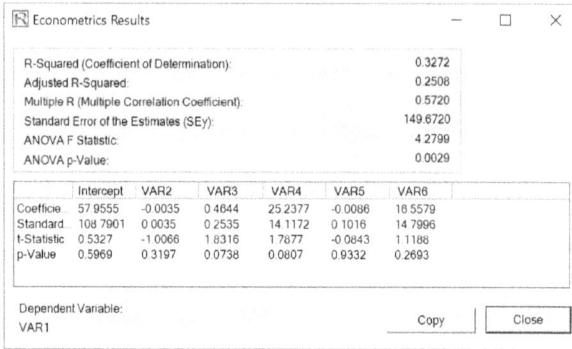

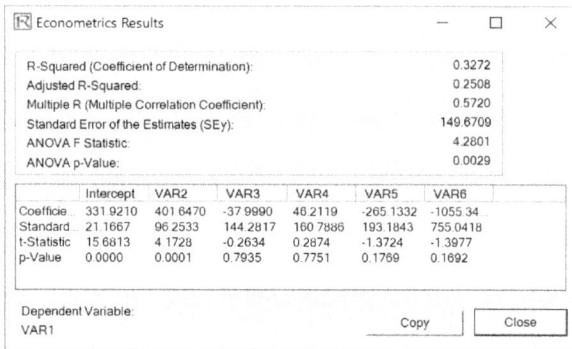

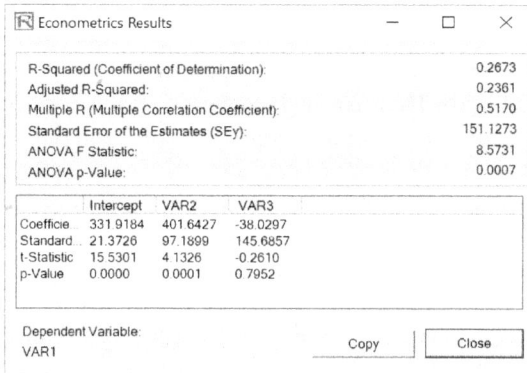

Gráfico 6.12: Comparabilidad de la Regresión en PCA

Métodos Relacionados de AI/ML : Reducción de Dimensión por PCA

Métodos Tradicionales Relacionados: Análisis Factorial, Análisis de Componentes Principales

Este método ejecuta un Análisis Factorial para analizar las interrelaciones dentro de un gran número de variables y simplifica dichos factores en un pequeño número de factores comunes. Este método condensa la información contenida en el conjunto original de variables, en un conjunto más pequeño de variables factoriales implícitas con pérdida mínima de información. El análisis se relaciona al Análisis de Componentes Principales (PCA), utilizando la matriz de correlación y aplicando el PCA junto con una rotación Varimax de matrices para simplificar los factores. La misma interpretación de resultados se utiliza tanto para el Análisis Factorial como para el PCA. Por ejemplo, el Gráfico 6.13 exhibe un ejemplo donde iniciamos con 9 variables independientes con poca probabilidad de ser independientes entre sí, de tal manera que cambiando el valor de una variable, cambiará otra variable. El análisis factorial ayuda a identificar y eventualmente reemplazar las variables independientes originales con un nuevo conjunto de variables más pequeñas que son menores que la original pero no correlacionadas entre sí, mientras que a su vez, cada una de estas nuevas variables es una combinación lineal de las variables originales. Esto significa que la mayor parte de la variación se puede explicar utilizando menos variables explicativas. Por ende, el análisis factorial se utiliza para analizar las interrelaciones dentro de grandes números de variables y simplificar dichos factores en números más pequeños de factores comunes. El método condensa la información contenida en el conjunto original de variables, en un conjunto más pequeño de variables factoriales implícitas con una mínima pérdida de información.

El requerimiento de entrada de datos es sencillamente la lista de variables que desea analizar (separadas por punto y comas para variables individuales o por dos puntos para el conjunto de variables contiguas, tales como VAR105:VAR113 para todas las 9 variables).

Entradas del Modelo:
VAR105:VAR113   La lista de variables para analizar

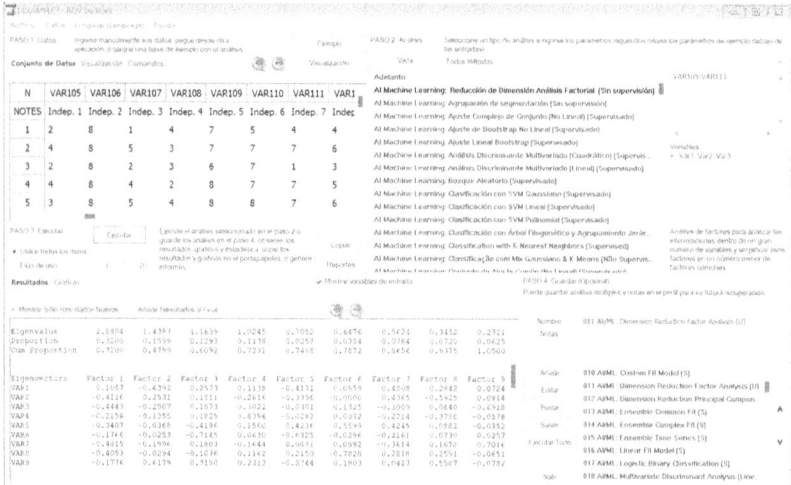

Gráfico 6.13: AI/ML Reducción de Dimensión
mediante el Análisis de Factores

Tal como lo exhibe el Gráfico 6.13, iniciamos con 9 variables independientes, lo que significa que los resultados del análisis factorial retornará una matriz de 9×9 de eigenvectores y 9 eigenvalores. Usualmente, sólo nos interesan los componentes con eigenvalores >1. Por ende, en los resultados solo nos interesan los primeros cuatro factores o componentes. Cabe anotar que los primeros cuatro factores (las primeras cuatro columnas de resultados) retornan una proporción acumulada del 72.31%. Esto significa que utilizando estos cuatro factores explicaría el 72.31% de la variación en todos los factores independientes en sí mismos. Posteriormente, nos fijamos en los valores absolutos de la matriz de eigenvalores. Parecería que las variables 2, 3, 7, 8 se pueden combinar en una nueva variable en el factor 1, con las variables 1 y 9 como el segundo factor, y así sucesivamente.

Análisis Factorial   (Eigenvalores y Eigenvectores)

Eigenvalor	2.8804	1.4387	1.1639	1.0245	0.7052	0.6476	0.5624 …
Proporción	0.3200	0.1599	0.1293	0.1138	0.0258	0.0384	0.0784 …
Acumulado	0.3200	0.4799	0.6092	**0.7231**	0.7488	0.7872	0.8656 …

Eigenvector	Fact1	Fact2	Fact3	Fact4	Fact5	Fact6	Fact7 …
VAR1	0.1087	**-0.6392**	0.2573	0.1138	-0.4171	0.0959	0.4808 …
VAR2	**-0.4116**	0.2531	0.1811	-0.2616	-0.3396	-0.0000	0.4365 …
VAR3	**-0.4443**	-0.2907	0.1873	-0.3022	-0.0301	0.1325	-0.3009 …
VAR4	-0.2156	-0.1355	0.1829	0.8396	-0.0282	0.0082	-0.2214 …

```
VAR5      -0.3407 -0.0368 -0.4196  0.1560  0.4236  0.5599  0.4245 …
VAR6      -0.1766 -0.0253 -0.7145  0.0630 -0.6325 -0.0296 -0.2161 …
VAR7      -0.4815 -0.1996  0.1803 -0.1644  0.0891  0.0992 -0.3614 …
VAR8      -0.4053 -0.0294 -0.1076  0.1162  0.2150 -0.7828  0.2818 …
VAR9      -0.1776  0.6179  0.3190  0.2312 -0.2744  0.1903  0.0417 …
```

AI MACHINE LEARNING: AJUSTE COMÚN DE ENSAMBLE (NO LINEAL) (SUPERVISADO)

Métodos Relacionados de AI/ML: Ajuste Complejo de Ensamble, Bagging Mediante Ajuste No Lineal por Bootstrap

Métodos Tradicionales Relacionados: Auto Econometría Detallada, Econometría Personalizada

Este algoritmo calcula miles de modelos posibles tanto no lineales como de interacción (apto para datos transversales para el reconocimiento de patrones). También calibra el mejor modelo con el conjunto de datos de entrenamiento y pronostica resultados utilizando el conjunto de datos de prueba. En otras palabras, lleva a cabo un enfoque de aprendizaje conjunto (Gráfico 6.14).

Sencillamente ingrese las variables que necesita clasificar e ingrese el número de clústeres deseados. Por ejemplo, las entradas del modelo requeridas se ven así:

```
Entradas del Modelo:
VAR373        Y de Entrenamiento (1 variable)
VAR374:VAR378 X de Entrenamiento (≥ 1 variables)
VAR380:VAR384 Prueba X (opcional, coincide con Entrenamiento X)
VAR379        Ubicación para guardar Pronósticos (opcional, 1 var)
0.10          Umbral del Valor-p (opcional, incumplimiento en 0.1)
0             Rezagos de Series de Tiempo (opcional, 0)
```

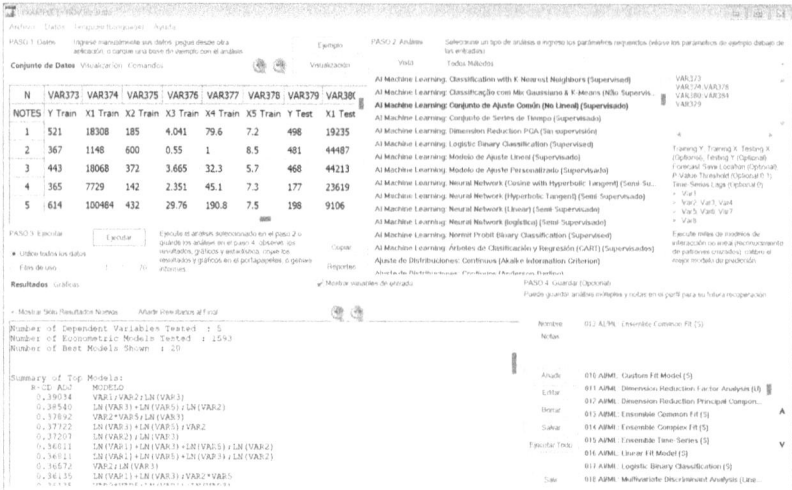

Gráfico 6.14: AI/ML Ajuste de Aprendizaje Común de Ensamble

Los resultados de la muestra ilustran el algoritmo de ensamble donde se probaron 1,593 combinaciones de modelos lineales, no lineales, interactivos y mixtos, y se exhiben los mejores 10 modelos. Los modelos se seleccionan con base en los valores-p de las variables independientes ≤ 0.10 y se clasifican por R-cuadrados Ajustados. Si se requiere se puede ingresar un valor-p más estricto.

```
AI Machine Learning: Ajuste Común de
Ensamble (No lineal) (Supervisado)

Número de Variables Dependientes Probadas:  5
Número de Modelos Econométricos Probados:   1593
Número de los Mejores Modelos exhibidos:    20

Resumen de los Mejores Modelos:
    ADJ R-SQ    MODELO
    0.39034     VAR1;VAR2;LN(VAR3)
    0.38540     LN(VAR3)+LN(VAR5);LN(VAR2)
    0.37892     VAR2*VAR5;LN(VAR3)
    0.37722     LN(VAR3)+LN(VAR5);VAR2
    0.37207     LN(VAR2);LN(VAR3)
    0.36811     LN(VAR1)+LN(VAR3)+LN(VAR5);LN(VAR2)
    0.36811     LN(VAR1)+LN(VAR3);LN(VAR2)
    0.36572     VAR2;LN(VAR3)
    0.36135     LN(VAR1)+LN(VAR3);VAR2*VAR5
    0.36135     VAR2*VAR5;LN(VAR1)+LN(VAR3)
    0.36059     LN(VAR2)+LN(VAR5)+LN(VAR3);LN(VAR1)
    0.36059     LN(VAR2)+LN(VAR3)+LN(VAR5);LN(VAR1)
    0.35811     LN(VAR1)+LN(VAR3)+LN(VAR5);VAR2
    0.35811     LN(VAR1)+LN(VAR5)+LN(VAR3);VAR2
    0.35724     LN(VAR1)+LN(VAR3);LN(VAR2)
    0.35229     LN(VAR3)+LN(VAR5);LN(VAR1)
    0.35220     LN(VAR2)+LN(VAR3);LN(VAR1)
    0.34890     LN(VAR1)+LN(VAR3);VAR2
    0.34489     LN(VAR2)+LN(VAR3);LN(VAR3)
    0.33791     LN(VAR3)+LN(VAR5)+LN(VAR4);LN(VAR2)
```

```
Resultados de los Mejores Modelos: VAR1;VAR2;LN(VAR3)

Resultados de la Regresión

R Múltiple        0.65396   Log de Máxima Verosimilitud   -314.13076
R-Cuadrado        0.42767   Criterio de Info de Akaike(AIC)  12.80523
R-Cuadrado Ajust 0.39034    Criterio de Bayes Schwarz (BSC)  13.03467
Error Estándar 135.01252    Criterio de Hannan-Quinn(HQC)   12.89260
Observaciones       50      F-Cuadrado de Cohen            0.74723


                  Coef.   Error Estándar   Est T      Valor-P
Intercepto      59.91680      60.90323     0.98380    0.33036
VAR1            -0.00308       0.00181    -1.70238    0.09543
VAR2             0.70340       0.22372     3.14406    0.00292
LN(VAR3)       138.21002      37.29707     3.70565    0.00056


ANOVA       DF      SS           MS          F       Valor-p
Regresión    3   626558.21   208852.74   11.45756   0.00001
Residual    46   838505.47    18228.38
Total       49  1465063.68
```

AI MACHINE LEARNING: AJUSTE COMPLEJO DE ENSAMBLE (NO LINEAL) (SUPERVISADO)

Métodos Relacionados de AI/ML: Ajuste Común de Ensamble, Bagging Mediante Ajuste No Lineal por Bootstrap

Métodos Tradicionales Relacionados: Auto Econometría Rápida, Econometría Personalizada

Utilizando un enfoque de aprendizaje conjunto, este modelo calcula miles de modelos no lineales y de interacción posibles (aptos para el reconocimiento de patrones en los datos de series de tiempo); calibra el mejor modelo con los conjuntos de datos de entrenamiento y los resultados de pronósticos, utilizando el conjunto de datos de prueba. (Gráfico 6.15).

Sencillamente ingrese las variables que debe clasificar e ingrese el número de clústeres deseados. Por ejemplo, las entradas requeridas del modelo se ven así:

```
Entradas del Modelo:
VAR373          Y de Entrenamiento (1 variable)
VAR374:VAR378   X de Entrenamiento (≥ 1 variables)
VAR380:VAR384   Probando X (opcional)
VAR379          Ubicación para guardar Pronóstico(opcional, 1 var)
0.10            Umbral del Valor-p (opcional, incumplimiento=0.1)
0               Rezagos de Series de Tiempo(opcional, 0)
0               AR(p) Autorregresivo (opcional, incumplimiento=0)
```

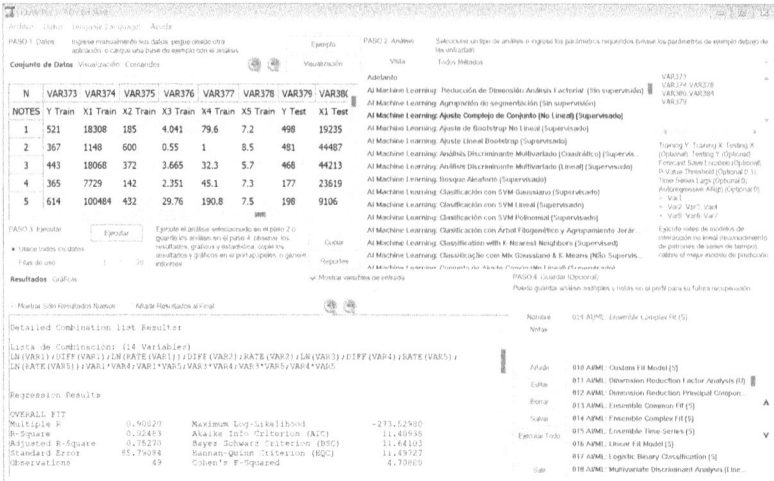

Los resultados ilustran el modelo complejo de ensamble donde se probaron y exhibieron miles de combinaciones de modelos lineales, no lineales, interactivos, de series de tiempo (rezagos, tasas, y diferencias) y mixtos. Los modelos se seleccionan con base en los valores-p ≤ 0.10 de las variables independientes y clasificados por los R-cuadrados Ajustados. De requerirse, se puede ingresar un valor-p más estricto.

```
AI Machine Learning: Ajuste Complejo de Ensamble (No lineal)

Lista detallada de combinación de resultados:

Lista de Combinación: (14 Variables)
LN(VAR1);DIFF(VAR1);LN(RATE(VAR1));DIFF(VAR2);RATE(VAR2);LN(VAR3);DI
FF(VAR4);RATE(VAR5);LN(RATE(VAR5));VAR1*VAR4;VAR1*VAR5;VAR3*VAR4;VAR
3*VAR5;VAR4*VAR5
```

R Múltiple	0.90820	Log de Máxima Verosimilitud		-273.52980
R-Cuadrado	0.82483	Criterio de Info de Akaike (AIC)		11.40938
R-Cuadrado Aj.	0.75270	Criterio Bayes Schwarz (BSC)		11.64103
Error Estándar	85.79084	Criterio Hannan-Quinn (HQC)		11.49727
Observaciones	49	F-Cuadrado de Cohen		4.70880

	Coef.	Error Est	Est-T	Valor-p
Intercepto	3664.81960	805.12137	4.55188	0.00006
LN(VAR1)	-321.07588	83.62231	-3.83960	0.00051
DIFF(VAR1)	-0.00469	0.00144	-3.26953	0.00247
LN(RATE(VAR1))	138.86285	31.87150	4.35696	0.00012
DIFF(VAR2)	0.83499	0.36471	2.28944	0.02839
RATE(VAR2)	-137.48661	77.44510	-1.77528	0.08480
LN(VAR3)	286.43034	66.04043	4.33720	0.00012
DIFF(VAR4)	-0.35191	0.05970	-5.89427	0.00000
RATE(VAR5)	-497.73236	156.06627	-3.18924	0.00306
LN(RATE(VAR5))	431.68094	163.34071	2.64283	0.01234
VAR1*VAR4	0.00004	0.00001	3.46983	0.00143
VAR1*VAR5	-0.00193	0.00077	-2.49557	0.01759

```
VAR3*VAR4      -0.15513    0.04131    -3.75557    0.00065
VAR3*VAR5       8.92027    2.57281     3.46713    0.00145
VAR4*VAR5       0.03743    0.01553     2.40975    0.02152

ANOVA          DF        SS           MS          F        Valor-p
Regresión      14    1178340.49    84167.18    11.43565   0.00000
Residual       34     250242.33     7360.07
Total          48    1428582.82
```

AI MACHINE LEARNING: ENSAMBLE DE SERIES DE TIEMPO (SUPERVISADO)

Métodos Relacionados de AI/ML: Ajuste Complejo de Ensamble

Métodos Tradicionales Relacionados: Auto Econometría Rápida, ARIMA, Pronóstico de Series de Tiempo

Este algoritmo calcula y calibra un conjunto de diferentes modelos de pronóstico de series de tiempo, selecciona la mejor combinación y genera pronósticos para la única variable histórica de series de tiempo. Se aplica un conjunto de métodos de pronóstico de series de tiempo tal como el de Holt-Winters, los pronósticos desestacionalizados, ARIMA y otros. Se utilizan las mejores combinaciones de modelos, y se ofrecen los pronósticos de consenso (Gráfico 6.16) También se proporciona en los resultados una representación visual del retro-ajuste y del ajuste del pronóstico (Gráfico 6.17). Una alternativa es la de ejecutar cada uno de estos modelos manualmente en BizStats. Ingrese las variables que debe clasificar, así como el número de clústeres deseados. Por ejemplo, las entradas del modelo requerido se ven así:

```
Entradas del Modelo:
VAR64   Series de tiempo históricas(1 variable)
4       Estacionalidad (p.ej.,1, 4, 12, 250, 365)
8       Periodos de Pronóstico(entero positivo)
VARX    Ubicación para guardar Pronóstico (opcional,1 variable)
```

Otro proceso relacionado es el método de Lógica Difusa Combinatoria, disponible en BizStats. El término lógica difusa se deriva de la teoría del conjunto difuso para abordar el racionamiento que es aproximado en lugar de exacto-contrario a la lógica nítida, donde los conjuntos binarios tienen lógica binaria. Las variables de lógica difusa podrían tener un valor verdadero que oscila entre 0 y 1 y no se constriñe a los dos valores verdaderos de la lógica clásica proposicional. Este esquema difuso de ponderación se utiliza junto con el método combinatorio para producir resultados de pronóstico de series de tiempo.

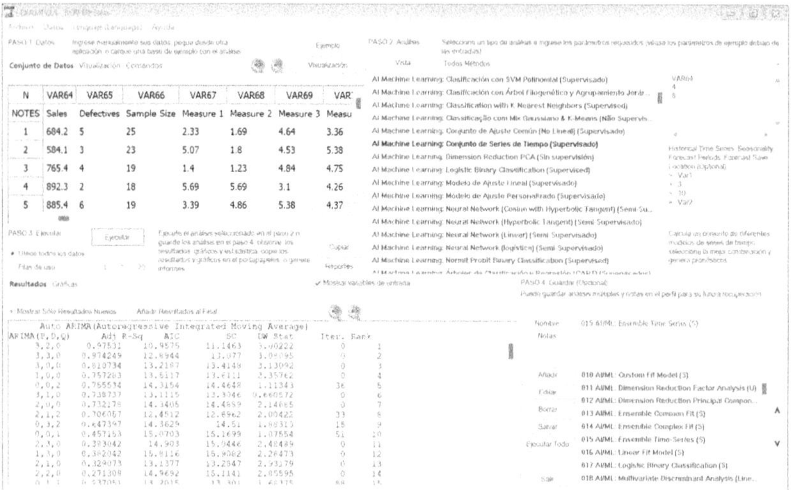

Gráfico 6.16: AI/ML Aprendizaje de Ensamble del
Pronóstico de Series de Tiempo

Real vs. Pronóstico

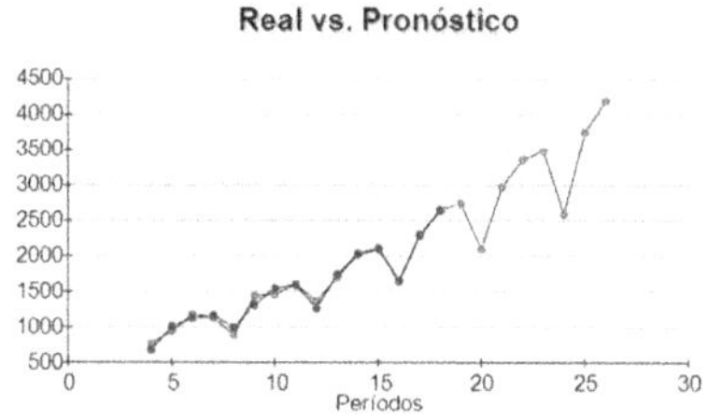

Gráfico 6.17: AI/ML Aprendizaje de Ensamble del
Pronóstico de Series de Tiempo

MEJOR RMSE: 249.495091

Auto ARIMA(Autorregresivos Integrados de Media Móvil)

P,D,Q	R-Cua Ajus	AIC	SC	DW Stat	Rango
3,2,0	0.975310	10.9575	11.1463	3.00222	1
3,3,0	0.974249	12.8944	13.077	3.08095	2
3,0,0	0.810734	13.2187	13.4148	3.13092	3
1,0,0	0.757283	13.5117	13.6111	2.35762	4
0,0,2	0.755534	14.3154	14.4648	1.11343	5
3,1,0	0.738737	13.1115	13.3046	0.66057	6
2,0,0	0.732178	14.3405	14.4889	2.14685	7
2,1,2	0.706057	12.4512	12.6962	2.00422	8
0,3,2	0.647397	14.3629	14.5100	1.88313	9
0,0,1	0.457153	15.0703	15.1699	1.07554	10
2,3,0	0.383042	14.9030	15.0446	2.48489	11
1,3,0	0.382042	15.8116	15.9082	2.28473	12
2,1,0	0.329073	13.1377	13.2847	2.93179	13
2,2,0	0.271308	14.9692	15.1141	2.85595	14
0,1,1	0.237051	13.2015	13.3010	1.68375	15
1,2,0	0.164739	14.1176	14.2157	2.31989	16
1,1,0	-0.005812	14.2302	14.3291	2.12907	17

```
ARIMA (P, D, Q): 3, 2, 0

Estadística de Regresión
 R-Cuadrado (Coeficiente de Determinación)            0.9806010
 R-Cuadrado Ajustado                                  0.9753100
 R Múltiple (Coeficiente de Correlación Múltiple) 0.9902530
 Error Estándar de las Estimaciones (SEy)            478.74859
 Número de Observaciones                                     15
 Criterio de Información de Akaike (AIC)              10.957458
 Criterio de Schwarz (SC)                             11.146272
 Log-Verosimilitud                                   -78.180937
 Estadístico de Durbin-Watson (DW)                    3.0022200

Resultados de Regresión
              Intercepto        AR(1)        AR(2)        AR(3)
 Coeficientes   27.051029    -1.097853    -1.155977    -1.254295
 Error Estándar 19.571112     0.052945     0.069607     0.067098
 Estadístico-t   1.382192   -20.735646   -16.607232   -18.693438
 Valor-p         0.194334     0.000000     0.000000     0.000000
```

AI MACHINE LEARNING: MODELO DE AJUSTE LINEAL (SUPERVISADO)

Métodos Relacionados de AI/ML: Modelo de Ajuste Personalizado

Métodos Tradicionales Relacionados: Modelo Econométrico Básico, Regresión Múltiple

La regresión lineal multivariada se utiliza para modelar la estructura de relaciones y las características de una cierta variable dependiente ya que depende de otras variables exógenas independientes. Al utilizar la relación modelada, podemos pronosticar los valores futuros de la variable dependiente. También se puede determinar la exactitud y la bondad de ajuste para este modelo. Los modelos lineales y no lineales se pueden ajustar en el análisis de regresión múltiple. Similar al modelo de ajuste personalizado, el ejecutar el modelo de ajuste lineal es como un análisis regular de regresión, excepto que primero entrenamos el algoritmo, utilizando las variables dependientes e independientes de entrenamiento, que identificarán los parámetros optimizados para utilizar en el conjunto de datos de prueba. El Gráfico 6.18 ilustra el modelo supervisado de Ajuste Lineal de AI Machine Learning. Para obtener explicaciones más detalladas sobre los modelos de regresión, consulte el Capítulo 9 sobre Regresión Multivariada Lineal y No lineal y el Capítulo 12 sobre Análisis de Regresión, así como las secciones asociadas sobre las dificultades en la modelación de regresión.

Similar al modelo de ajuste personalizado que se explicó anteriormente, dividimos el conjunto de datos entre un conjunto de entrenamiento y un conjunto de prueba. En el Gráfico 6.18, el ejemplo utilizó VAR373 como la variable dependiente de entrenamiento y VAR374; VAR375 como las variables independientes de entrenamiento, haciendo de esto una forma de aprendizaje supervisado. Empleando estos datos de entrenamiento, el modelo se calibra y los parámetros se estiman. Posteriormente, se ingresan las variables independientes de entrenamiento, tales como VAR380; VAR381. Cabe anotar que sólo puede existir una única variable dependiente versus una o más variables independientes. Igualmente, el número de variables independientes en el conjunto de entrenamiento y en el conjunto de prueba deben coincidir.

El algoritmo también le permite, de manera opcional, ingresar valores dependientes del conjunto de prueba. En ciertas ocasiones éstos son conocidos y en otras no y deben ser pronosticados. Si los valores son desconocidos, sencillamente deje la entrada vacía o ingrese un 0 en la entrada si usted desea ingresar la siguiente entrada, que es la ubicación para guardar los resultados del pronóstico en la cuadrícula de datos. El Gráfico 6.18 muestra estas dos últimas entradas que son tratadas como opcionales y dejadas vacías.

```
Entradas del Modelo:

VAR373                  Var dependiente del conjunto de entrenamiento
VAR374;VAR375           Var(s)independientes del conjunto de entrenamiento
VAR380;VAR381           Var dependiente del conjunto de prueba que coincide
{VARx o 0 o vacía}      Var dependiente del conjunto de prueba(opcional o 0)
{VARxx o vacía}         Ubicación para guardar el pronóstico(opcional)
```

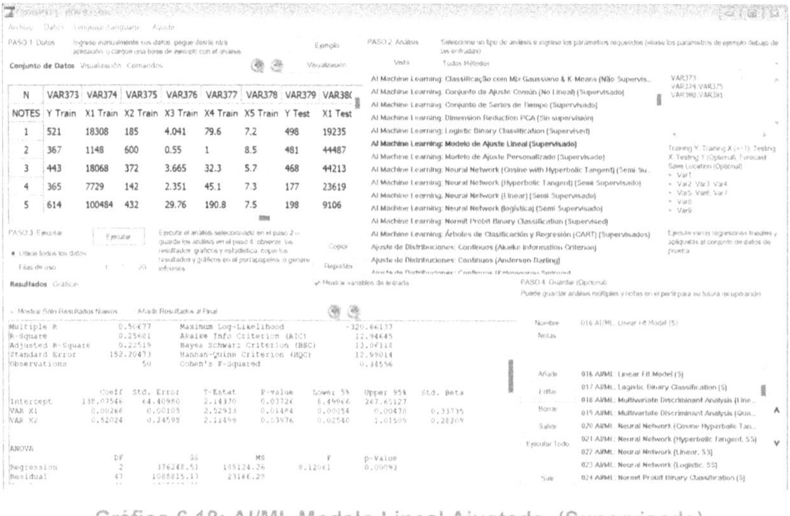

Gráfico 6.18: AI/ML Modelo Lineal Ajustado (Supervisado)

La interpretación de los resultados puede ser similar a la regresión lineal múltiple. Los resultados de la bondad de ajuste y las estimaciones de los parámetros ajustados pertenecen al conjunto de datos de entrenamiento, mientras que los valores de pronóstico se basan en el conjunto de datos de prueba cuando se aplica a estos parámetros ajustados. Algunas veces, usted puede retener algunos datos del conjunto de datos de entrenamiento y aplicarlos al conjunto de datos de prueba para probar la exactitud del modelo y su habilidad para pronosticar, así como ver los errores del pronóstico. En otras palabras, la variable dependiente del conjunto de prueba opcional se puede emplear y debido a que se aplican estos valores conocidos, los errores de pronóstico también se pueden generar como resultado. Por ejemplo, el valor VARx anterior se puede establecer en VAR379.

```
AI Machine Learning: Modelo de Ajuste Lineal (Supervisado)

Resultados del Ajuste de Entrenamiento

R Múltiple       0.50677  Log de Máxima Verosimilitud    -320.66137
R-Cuadrado       0.25681  Criterio de Info de Akaike (AIC)  12.94645
R-Cuadrado Ajus  0.22519  Criterio de Bayes Schwarz (BSC)   13.06118
Error Estándar 152.20473  Criterio Hannan-Quinn (HQC)       12.99014
Observaciones        50   F-Cuadrado de Cohen                0.34556

                   Coef    Error esta     Est-T   Valor-p    Est. Beta
Intercepto    138.07546    64.40980     2.14370   0.03726
VAR X1          0.00266     0.00105     2.52933   0.01484      0.33735
VAR X2          0.52024     0.24598     2.11499   0.03976      0.28209

ANOVA         DF        SS          MS         F       Valor-p
Regresión     2     376248.51   188124.26  8.12061    0.00093
Residual     47    1088815.17    23166.28
Total        49    1465063.68


            Periodo     Pronóstico
               1         375.5419
               2         420.4133
               3         413.4408
               4         319.5842
               .          . . .
              30         347.6475
```

AI MACHINE LEARNING: ANÁLISIS DISCRIMINANTE MULTIVARIADO (LINEAL) (SUPERVISADO)

Métodos Relacionados de AI/ML: Árboles de Regresión CART, Mezcla Gaussiana, Máquinas de Vectores de Soporte

Métodos Tradicionales Relacionados: Discriminante Lineal, Regresión Logística

Un enfoque de Análisis Discriminante Lineal (LDA) clasifica una variable dependiente Y categórica de Entrenamiento utilizando una o más variables X de Entrenamiento características (Gráfico 6.19). Este método supervisado aplica las máximas relaciones discriminantes lineales (p.ej., la relación de varianza entre clases y la varianza dentro de la clase), lo que permite una clara separación o agrupamientos de la variable X de Entrenamiento. En otras palabras, las separaciones se obtienen por medio de la maximización de $ss_{between}/ss_{within}$ o la relación de la suma de los cuadrados de una combinación lineal $w_x x + w_y y + w_z z$. Los resultados optimizados del coeficiente ayudan a identificar la manera en que cada una de las variables independientes, contribuyen hacia la categorización. La asignación del grupo se basará en los máximos puntajes estimados de impacto. Para ejecutar el modelo, ingrese las variables que requiera clasificar e ingrese el número de clústeres deseados. Por ejemplo, las entradas requeridas del modelo se ven así:

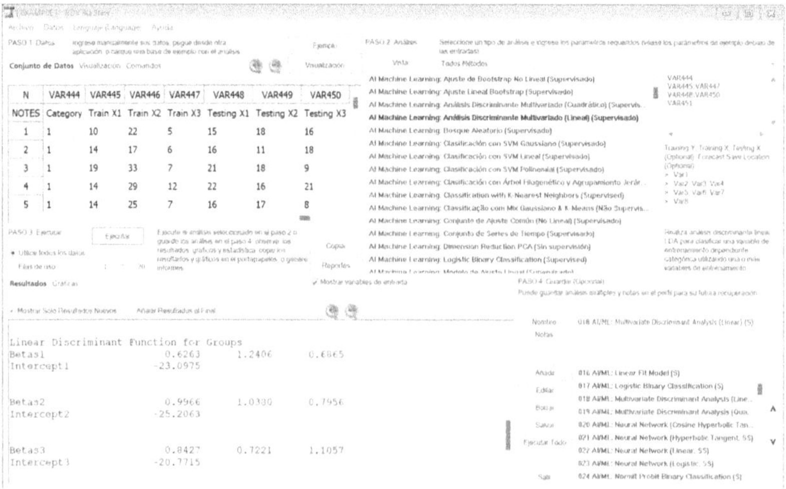

Gráfico 6.19: AI/ML Análisis Discriminante Lineal

```
Entradas del Modelo:
VAR444          Y de Entrenamiento (1 variable)
VAR445:VAR447   X de Entrenamiento (≥ 1 variables)
VAR448:VAR450   Probando X (opcional, coincide con X de Entrenamiento)
VAR451          Ubicación para guardar pronósticos (opcional)
```

Los resultados son auto explicativos en el sentido de que se proporcionan los conteos del grupo, así como la clasificación del modelo ("Coloque dentro del Grupo") comparado con el grupo real ("Grupo Verdadero") o la variable dependiente del conjunto de datos de entrenamiento. Por ejemplo, vemos en los datos originales de 244 filas (N = 244 o 85 + 93 + 66), que el 34.84% estaban en la categoría 1, el 38.11% en la categoría 2, y el 27.05% en la categoría 3. De los 85 originalmente en la categoría 1 del conjunto de datos de entrenamiento, el modelo seleccionó 68 de éstos dentro del grupo 1, 13 dentro del grupo 2, y 4 dentro del grupo 3, lo que significa que existe un 80% de exactitud (68/85). En total, hubo 185 valores agrupados correctamente de los 244, brindando una exactitud del 75.82%. También se exhiben las medias de los grupos, así como los coeficientes estimados para los tres grupos. Recuerden que el LDA utiliza un modelo discriminante lineal para maximizar la relación de la suma de los cuadrados, y podemos utilizar estos coeficientes de la misma forma. Por ejemplo, suponga que la primera fila para el conjunto de datos de prueba (Gráfico 6.19) tiene lo siguiente: 15, 18, 16. Podemos aplicar los coeficientes de los tres grupos y seleccionar el que tenga el mayor valor discriminante.

$$-23.0975 + 0.6263 \times 15 + 1.2406 \times 18 + 0.6865 \times 16 = 19.6118$$

$$-25.2063 + 0.9966 \times 15 + 1.0380 \times 18 + 0.7956 \times 16 = 21.1563$$

$$-20.7715 + 0.8427 \times 15 + 0.7221 \times 18 + 1.1057 \times 16 = 22.5580$$

Por consiguiente, el elemento de la primera línea pertenece al grupo 3. Todas las otras filas de datos de prueba se calculan en una forma similar y se categorizan adecuadamente.

AI Machine Learning: Análisis Discriminante Multivariado(Lineal)

Conteo	1	2	3
Del Grupo	85	93	66
Previo	0.3484	0.3811	0.2705

Resultados de la Clasificación		Grupo Verdadero	
Colocar dentro del Grupo	1	2	3
1	68	16	3
2	13	67	13
3	4	10	50
Total N	85	93	66
N Correctas	68	67	50
Proporción	0.8000	0.7204	0.7576

```
N: 244
N Correctas: 185
Proporción Correcta: 0.758197

VAR                             1          2          3
Vector de medias          15.6393    20.6762    10.5902

Características de Medias en Grupos
      1                   12.5176    24.2235     9.0235
      2                   18.5376    21.1398    10.1398
      3                   15.5758    15.4545    13.2424

Función Discriminante Lineal para Grupos

Betas1                     0.6263     1.2406     0.6865
Intercepto1              -23.0975

Betas2                     0.9966     1.0380     0.7956
Intercepto2              -25.2063

Betas3                     0.8427     0.7221     1.1057
Intercepto3              -20.7715

            Grupo de Pronóstico
                  3
                  3
                  2
                  3
                  2
                  1
                  1
```

AI MACHINE LEARNING: ANÁLISIS MULTIVARIADO DISCRIMINANTE (CUADRÁTICO) (SUPERVISADO)

Métodos Relacionados de AI/ML: Árboles de Regresión CART, Mezcla Gaussiana, Máquinas de Vectores de Soportes

Métodos Tradicionales Relacionados: Análisis Discriminante Cuadrático, Segmentación de Clústeres

Este enfoque clasifica la variable dependiente Y categórica utilizando variables X características vía el Análisis Discriminante Cuadrático (QDA), tal como aparece en el Gráfico 6.20. Este método es similar al LDA, pero la matriz de covarianza se utiliza en la asignación del grupo así como los coeficientes estimados porque el LDA supone homocedasticidad en la predicción de los errores, mientras que el QDA permite cierta heterocedasticidad. Esto permite aproximaciones de segundo orden y segundo momento para calibrar las asignaciones relevantes del grupo. Para iniciar, ingrese las variables que debe clasificar e ingrese el número de clústeres deseados. Por ejemplo, las entradas requeridas del modelo se ven así:

```
Entradas del Modelo:
VAR444          Y de Entrenamiento (1 variable)
VAR445:VAR447   X de Entrenamiento (≥ 1 variables)
VAR448:VAR450   Probando X (opcional, coincide con X de Entre.)
VAR452          Ubicación de Pronóstico (opcional)
```

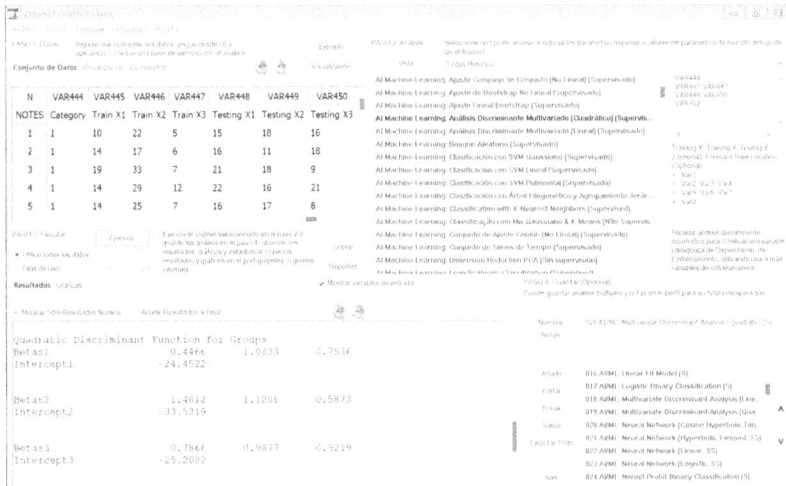

Gráfico 6.20: AI/ML Análisis Discriminante Cuadrático

Cabe anotar que los grupos de clasificación pronosticados para el modelo QDA siguiente son idénticos al modelo LDA que se exhibió anteriormente. Mientras que la categoría del modelo LDA se predice fácilmente utilizando una ecuación de regresión múltiple y seleccionando la categoría con el mayor resultado de probabilidad, el QDA requiere de la inclusión de la matriz inversa de covarianza. Esto significa que tendrá que confiar en los resultados presentados y no estar dispuesto a calcular la probabilidad de los resultados directamente.

```
Análisis Discriminante Cuadrático (QDA)

Conteo                      1          2          3
Previo                     85         93         66
Del grupo              0.3484     0.3811     0.2705

Resultados de la Clasificación
                    Grupo Verdadero
Colocar dentro del Grupo    1          2          3
1                          68         16          3
2                          14         68         14
3                           3          9         49
Total N                    85         93         66
N Correctas                68         68         49
Proporción             0.8000     0.7312     0.7424
```

```
N : 244
N Correctas: 185
Proporción Correcta : 0.758197

VAR                          1         2         3
Vector de medias       15.6393   20.6762   10.5902

Medias de Características en Grupos

1                      12.5176   24.2235    9.0235
2                      18.5376   21.1398   10.1398
3                      15.5758   15.4545   13.2424

Función Discriminante Cuadrática para Grupos

Betas1                  0.4466    1.0833    0.7536
Intercepto1           -24.4522

Betas2                  1.4812    1.1286    0.5873
Intercepto2           -33.5319

Betas3                  0.7866    0.9877    0.9219
Intercepto3           -25.2082

           Grupo de Pronóstico
                3
                3
                2
                3
                2
                1
                1
```

Métodos Relacionados de AI/ML: Modelo de Ajuste Personalizado, Ajuste Complejo de Ensamble

Métodos Tradicionales Relacionados: ARIMA, Pronóstico de Series de Tiempo

Comúnmente utilizado para referirse a una red o circuito de neuronas biológicas, el uso moderno del término *red neuronal* a menudo se refiere a las redes neuronales artificiales que consisten de neuronas artificiales, o nodos, recreados en un entorno de software. Dichas redes intentan imitar las neuronas del cerebro humano en las formas en que piensan e identifican los patrones y, en nuestro caso, identificando los patrones con el fin de pronosticar los datos de series de tiempo.

Cabe anotar que el número de capas ocultas en la red es un parámetro de entrada que deberá ser calibrado con sus datos. Usualmente, cuanto más complicado sea el patrón de datos, mayor será el número de capas ocultas que va a necesitar y mayor el tiempo que tomaría en hacer los cálculos. Es recomendable que inicie con 3 capas. El periodo de prueba es sencillamente el número de puntos de datos utilizados en la calibración final del modelo de Red Neuronal, y sugerimos utilizar por lo menos el mismo número de periodos que desee pronosticar como periodo de prueba.

- **Lineal.** Aplica una función lineal, donde $f(x) = x$.

- **Logística No Lineal.** Aplica una función logística no lineal, donde $f(x) = (1 + e^{-x})^{-1}$.

- **Coseno No Lineal con Tangente Hiperbólica.** Aplica un coseno no lineal con función tangente hiperbólica, donde $f(x) = \cos\left[(e^x - e^{-x})(e^x + e^{-x})^{-1}\right]$.

- **Tangente Hiperbólica No Lineal.** Aplica una función tangente hiperbólica no lineal, donde $f(x) = (e^x - e^{-x})(e^x + e^{-x})^{-1}$.

El mapeo neuronal /Gráfico 6.21) supone que y_4 es la variable dependiente, mientras que y_1, y_2, y_3 y los términos constantes son variables independientes. La red neuronal tiene una capa de entrada, una capa oculta, y una capa de salida. Existen 3 entradas en la capa de entrada, una neurona para los sesgos, 4 neuronas en la capa oculta, y 1 neurona en la capa de salida.

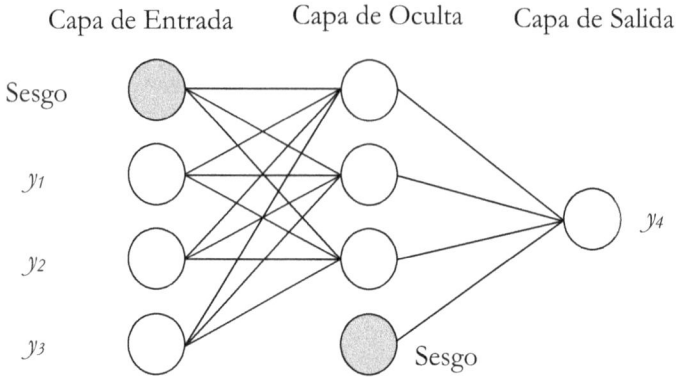

Gráfico 6.21: Red Neuronal Perceptrón Multicapa

El Gráfico 6.22 ilustra los algoritmos de red neuronal en BizStats. Los datos históricos de series de tiempo se ingresan como la primera variable, VAR227. Posteriormente, se solicitan 3 capas perceptrón, y se utilizan 20 puntos de datos como el conjunto de prueba. El conjunto de prueba tiene 420 puntos de datos y el ingresar 20, indica que utilizamos los primeros 400 de estos datos para realizar el entrenamiento y la calibración en el modelo, dejando los últimos 20 puntos de datos para probar el modelo. Al terminar la prueba, el modelo se utiliza entonces para pronosticar los siguientes futuros 2 puntos de datos. El número de periodos de pronóstico tiene que ser ≥ 1. Finalmente, el modelo se ejecuta por medio de rutinas internas de optimización multifásica. Al establecer esto en 1 (para "si") hace que sea un poco más largo para ejecutar pero proporciona una calibración más exacta de los resultados. También se brinda una tabla (Gráfico 6.23) en los resultados para examinar visualmente lo bueno que es el ajuste del pronóstico.

```
Entradas del Modelo:

VAR227      Datos históricos en series de tiempo para ajustar
3           Número de capas perceptrón
20          Puntos de datos de prueba para retener
2           Número de periodos para pronosticar
1           Aplicar optimización multifase (1=Si, 0=No)
```

Actual vs. Forecast

Gráfico 6.23: AI/ML Red Neuronal (Supervisada)

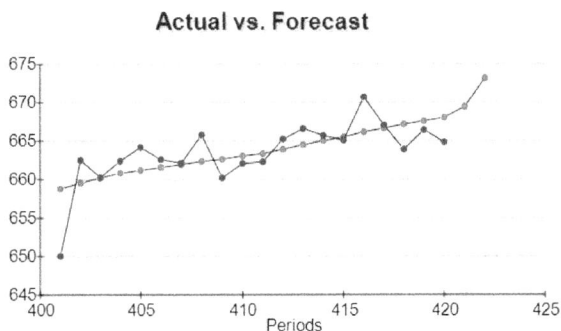

Red Neuronal (Coseno con Tangente Hiperbólica)
Suma de los Errores al Cuadrado (Entrenamiento): 0.740693
RMSE (Entrenamiento): 0.043194
Suma de los Errores al Cuadrado (Modificado): 167.402055
RMSE (Modificado): 2.893113

Pronóstico

Periodo	Real (Y)	Pronóstico(F)	Error (E)
401	650.0200	658.7826	-8.7626
402	662.4900	659.5440	2.9460
403	660.2300	660.1918	0.0382
404	662.3800	660.8142	1.5658
...	...	...	
420	664.8100	667.9878	-3.1778
421		669.3904	
422		673.1751	

Métodos Relacionados de AI/ML: Clasificación Binaria Normit Probit, Análisis Discriminante Multivariado

Métodos Tradicionales Relacionados: Modelos Lineales Generalizados, Logit, Probit, Tobit

Las técnicas de las variables dependientes limitadas se utilizan para pronosticar la probabilidad de algo que ocurre dadas algunas variables independientes (p.ej., predecir si una línea de crédito va a incumplir dadas las características del deudor tales como la edad, salario, niveles de deuda de la tarjeta de crédito; o la probabilidad de que un paciente vaya a sufrir de cáncer de pulmón con base en la edad y el número de cigarrillos fumados anualmente, y así sucesivamente). La variable dependiente es limitada (p.ej., binaria 1 y 0 para incumplimiento/cáncer, o limitada a los valores enteros 1, 2, 3, etc.). El análisis de regresión tradicional no funcionará como la probabilidad predicha la cual usualmente es menor que 0 o mayor que 1, y muchos de los supuestos de regresión requeridos son violados (p.ej., independencia y normalidad de los errores). También tenemos un vector de regresores de variable independiente, X, que se supone influyen en el resultado, Y. Un enfoque típico ordinario de regresión de mínimos cuadrados es inválido porque los errores de regresión son heterocedásticos y no-normales, las estimaciones resultantes de la probabilidad estimada retornarán valores sin sentido por encima de 1 o por debajo de 0. Este análisis maneja estos problemas utilizando una rutina de optimización iterativa para maximizar una función de log-verosimilitud cuando las variables dependientes son limitadas.

La regresión por Clasificación Binaria Logística de AI Machine Learning (Gráfico 6.24) se utiliza para predecir la probabilidad de ocurrencia de un evento por medio del ajuste de los datos a una curva logística. Es un Modelo Lineal Generalizado utilizado para la regresión binomial, y, como muchas formas de análisis de regresión, utiliza diversas variables predictoras que pueden ser numéricas o categóricas. La Estimación por Máxima Verosimilitud (MLE) se aplica en un análisis logístico multivariado binario para determinar la probabilidad de éxito esperado al pertenecer a cierto grupo.

```
Entradas del Modelo:
VAR421          Var Dep. del conjunto de entrenamiento(binaria 0/1)
VAR422:VAR425   Variables Indep. del conjunto de entrenamiento
VAR427:VAR430   Conjunto de Prueba (opcional)
VAR432          Ubicación para guardar pronóstico (opcional)
```

Los coeficientes estimados para el modelo Logístico son las razones de probabilidades logarítmicas y no se pueden interpretar directamente como probabilidades. Primero se requiere un cálculo rápido. Específicamente, el modelo Logit se define como Y Estimada o ($\hat{Y}$) utilizando $\hat{Y} = ln[P_i/(1-P_i)]$ o, por el contrario, $P_i = e^{\hat{Y}}/(1 + e^{\hat{Y}})$, y los coeficientes β_i son las razones de probabilidades logarítmicas. Entonces, al tomar el antilog o e^{β_i} obtenemos la razón de probabilidad de $P_i/(1-P_i)$. Esto significa que con un incremento en una unidad de β_i, la razón de probabilidades logarítmicas aumenta por esa cantidad. Finalmente, la tasa del cambio en la probabilidad es $dP/dX = \beta_i P_i(1-P_i)$. El Error Estándar mide qué tan exactos son los Coeficientes predichos, y los Estadísticos-t son las razones o relaciones de cada Coeficiente predicho a su Error Estándar y se utilizan en la típica prueba de hipótesis de regresión sobre la significancia de cada parámetro estimado. Para estimar la probabilidad de éxito de pertenecer a cierto grupo (p.ej., predecir si un fumador desarrollará complicaciones respiratorias debido a la cantidad fumada al año), sencillamente calcule el valor estimado de $\hat{Y}$ utilizando los coeficientes MLE. Por ejemplo, si el modelo es $\hat{Y} = 1.1 + 0.005 (Cigarrillos)$, entonces para alguien que fuma 100 paquetes al año, $\hat{Y} = 1.1 + 0.005(100) = 1.6$. Siguiente, calcule el antilog inverso de las razón de probabilidad haciendo: $e^{\hat{Y}}/[1 + e^{\hat{Y}}] = e^{1.6}/(1 + e^{1.6}) = 0.8320$. Entonces, dicha persona tiene una posibilidad del 83.20% de desarrollar algunas complicaciones respiratorias durante su vida.

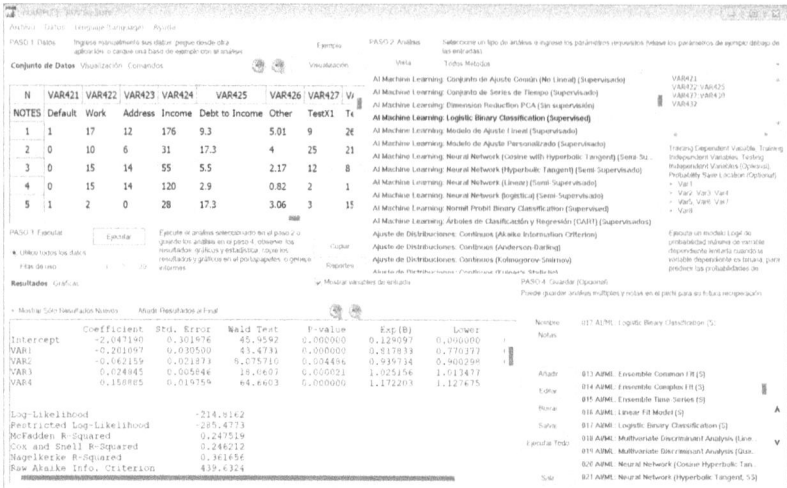

Gráfico 6.24: AI/ML Clasificación Binaria Logística (Supervisada)

La interpretación de resultados es similar a los de la regresión múltiple estándar, con la excepción de calcular la probabilidad. Por ejemplo, en el Gráfico 6.24, la primera fila de los puntos de datos de la variable de prueba son 9, 26, 69, 6.7, lo que significa que la $\hat{Y} = -2.047190 - 0.201097(9) - 0.062159(26) + 0.024845(69) + 0.158885(6.7) = -2.6944$. Siguiente, podemos calcular el antilog inverso de la razón de probabilidades haciendo: $e^{\hat{Y}}/[1 + e^{\hat{Y}}] = e^{-2.6944}/(1 + e^{-2.6944}) = 6.33\%$. Las filas restantes se calculan de manera similar.

Adicionalmente, los resultados también retornan una matriz de confusión, que enumera las respuestas verdaderas con base en la variable dependiente del conjunto de entrenamiento y las respuestas predichas. La matriz muestra las distintas tasas de positividad y recuperación así como la especificidad, prevalencia o falsos positivos, y falsos negativos. Verdadero Positivo (TP) es cuando el real es 1 y el predicho es 1, y vemos que el 67.37% del conjunto de datos fue predicho correctamente como un verdadero positivo. La misma interpretación aplicar a los Falsos Negativos (FN), Falsos Positivos (FP), y Verdaderos Negativos (TN).

Adicionalmente, la Recuperación de la Sensibilidad Positiva es TP/(TP+FN) y mide la habilidad de predecir resultados positivos. La Especificidad Negativa es TN/(TN+FP) y mide la habilidad de predecir resultados negativos. La Prevalencia de Eventos es la cantidad de la Real Y=1 y mide los resultados positivos en los datos originales. Los Falsos Positivos es FP/(FP+TP) o error Tipo I. Los Falsos Positivos es FN/(FN+TN) o error Tipo II. Precisión Positiva es TP/(TP+FP) y mide la exactitud del resultado positivo predicho. La Precisión Negativa es TN/(TN+FN) y mide la exactitud de un resultado negativo predicho. La Exactitud de la predicción general es el % de TP y TN.

Finalmente, los resultados muestran, la curva (Gráfico 6.25) Característica Operativa del Receptor (ROC). Grafica la Tasa de Sensibilidad Positiva versus la Especificidad Negativa, donde el área por debajo de la curva (AUC) es otra medida de exactitud del modelo de clasificación. La ROC grafica el desempeño del modelo en todos los umbrales de clasificación. AUC oscila entre 0%–100%, donde 100% indica un ajuste perfecto. La ROC está disponible al hacer clic en la subpestaña Charts en BizStats mientras que el resultado AUC aparece como una de las medidas de exactitud en la sección de la Matriz de Confusión.

```
        Modelo Lineal Generalizado (Logit con Resultados Binarios)
                  Coeficiente  Error Est  Prueba Wald    Valor-p
Exp(B)
Intercepto       -2.047190    0.301976   45.9592      0.000000   0.129097
VAR1             -0.201097    0.030500   43.4731      0.000000   0.817833
VAR2             -0.062159    0.021873    8.07571     0.004486   0.939734
VAR3              0.024845    0.005846   18.0607      0.000021   1.025156
VAR4              0.158885    0.019759   64.6603      0.000000   1.172203

Log-Verosimilitud                        -214.8162
Log de Verosimilitud Restringida -285.4773
R-Cuadrado de McFadden                    0.247519
R-Cuadrado de Cox y Snell                 0.246212
R-Cuadrado de Nagelkerke                  0.361656
Criterio de Info de Akaike crudo         439.6324
Criterio de Bayes Crudo                  460.7054
Chi-Cuadrado                             141.3222
Grados de Libertad                              4
Valor-p                                   0.000000
```

Matriz de Confusión

	Respuesta Predicha	
Respuesta Verdadera	y = 1	y = 0
y = 1	**Verdadero Positivo TP**	**Falso Negativo FN**
y = 0	**Falso Positivo FP**	**Verdadero Negativo TN**

	Respuesta Predicha	
Respuesta Verdadera	**y = 1**	y = 0
y = 1	64	65
y = 0	31	340

	Respuesta Predicha	
Respuesta Verdadera	**y = 1**	y = 0
y = 1	67.37%	16.05%
y = 0	32.63%	83.95%

```
Recuperación de Sensibilidad Positiva    49.61%
Especificidad Negativa                   91.64%
Prevalencia del Evento                   25.80%
Falsos Positivos                         32.63%
Falsos Negativos                         16.05%
Precisión Positiva                       67.37%
Precisión Negativa                       83.95%
Exactitud                                80.80%
Medida AUC de la Curva ROC               72.61%


   Pronóstico Y    Probabilidad
    -2.6944           6.33%
    -4.1365           1.57%
    -0.5931          35.59%
     0.6639          66.01%
    -2.7523           6.00%
    -0.6550          34.19%
    -1.2852          21.67%
    -0.9458          27.97%
    -2.3878           8.41%
     1.5601          82.64%
```

ROC Curve

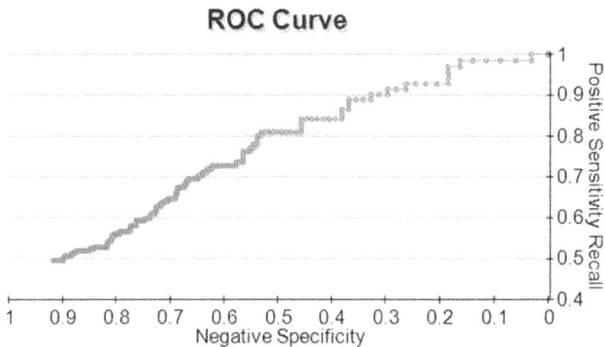

Gráfico 6.25: ROC & AUC

AI MACHINE LEARNING: CLASIFICACIÓN BINARIA NORMIT PROBIT (SUPERVISADO)

Métodos Relacionados de AI/ML: Binaria Logística, Análisis Discriminante Multivariado

Métodos Tradicionales Relacionados: Modelos Lineales Generalizados, Logit, Probit, Tobit

El modelo Normit Probit de AI Machine Learning (Gráfico 6.26) es una especificación alternativa popular para el modelo de respuesta binario Logístico. Utiliza una función Normit-Probit empleando la estimación de máxima verosimilitud y en ocasiones también se le conoce como la regresión Probit. Los modelos Probit y de regresión logística tienden a producir predicciones muy similares. La opción de utilizar Probit o Logit depende completamente de la conveniencia, y la principal distinción es que la distribución logística tiene una mayor curtosis (colas más gordas) para tener en cuenta los valores los valores extremos. Por ejemplo, suponga que se debe modelar la propiedad de una casa, y esta variable de respuesta es binaria (comprar una casa o no) y depende de una serie de variables X_i independientes tales como el ingreso, edad y así sucesivamente, de tal forma que $I_i = \beta_0 + \beta_1 X_1 + \cdots + \beta_n X_n$, donde cuanto mayor sea el valor de I_i, mayor es la probabilidad de tener casa propia. Para cada familia, existe un umbral I^* crítico, donde, si se supera, la casa se compra, de lo contrario, no se compra ninguna casa, y se supone que la probabilidad del resultado (P) se distribuirá normalmente, de tal manera que, $P_i = CDF(I)$ utilizando una función estándar normal de distribución acumulativa (CDF). Por consiguiente, utilice los coeficientes estimados exactamente como en el modelo de regresión y, utilizando la $\hat{Y}$, estimada, aplique la distribución normal estándar para calcular la probabilidad.

```
Entradas del Modelo:

VAR421          Conjunto de Var. Dep. de entrenamiento (binarias 0/1)
VAR422:VAR425   Conjunto Var. Indep. de Entrenamiento
VAR427:VAR430   Conjunto de Prueba (opcional)
VAR432          Ubicación del Pronóstico probabilístico (opcional)
```

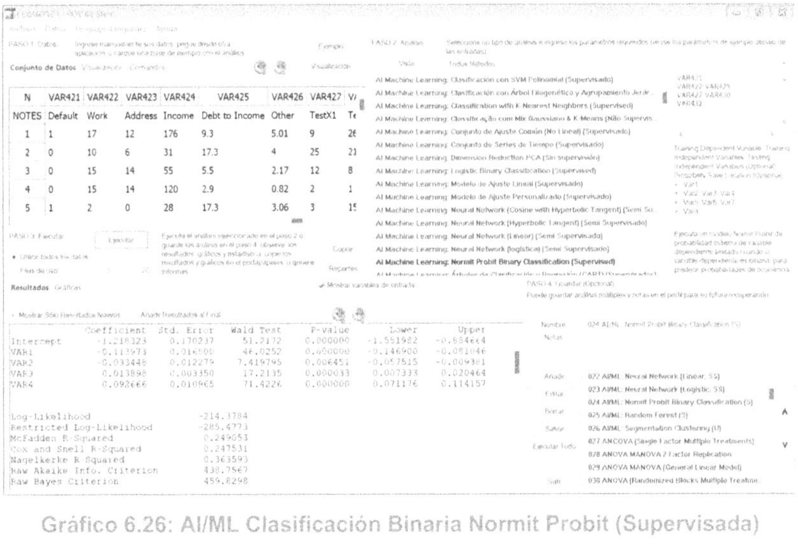

Gráfico 6.26: AI/ML Clasificación Binaria Normit Probit (Supervisada)

La interpretación de los resultados es similar a la regresión múltiple estándar y al modelo de Clasificación Binaria Logística de AI/ML, con la excepción de calcular la probabilidad, que, en el caso del modelo Normit Probit, requiere una distribución normal, estándar. Por ejemplo, en el Gráfico 6.26, la primera fila de los puntos de datos de las variables de prueba son 9, 26, 69, 6.7, lo que significa que la

$$\hat{Y} = -1.218323 - 0.113973(9) - 0.033448(26) +$$
$$0.013898(69) + 0.092666(6.7) = -1.5339 \text{ (redondeada)}.$$

A continuación, podemos calcular la función de distribución acumulada normal $\Phi(-1.5339) = 6.25\%$. La probabilidad pronosticada resultante para Normit usualmente es bastante cercana al resultado Logit visto anteriormente. Las filas restantes se calculan similarmente. Finalmente, ROC, AUC y los resultados de la Matriz de Confusión tales como positividad, especificidad, falsos positivos, falsos negativos y así sucesivamente, también se calculan y sus interpretaciones son idénticas a al modelo de Clasificación Binaria Logística de AI/ML

```
      Modelo Lineal Generalizado (Probit con Resultados Binarios)

                  Coeficiente    Error Estándar      Wald           Valor-p
Intercepto        -1.218323      0.170237         51.2172         0.000000
VAR1              -0.113973      0.016800         46.0252         0.000000
VAR2              -0.033448      0.012279          7.419795       0.006451
VAR3               0.013898      0.003350         17.2135         0.000033
VAR4               0.092666      0.010965         71.4226         0.000000

Log-Verosimilitud                          -214.3784
Log de Verosimilitud Restringida           -285.4773
R-Cuadrado de McFadden                        0.249053
R-Cuadrado de Cox y Snell                     0.247531
R-Cuadrado de Nagelkerke                      0.363593
Criterio de Info de Akaike crudos           438.7567
Criterio de Bayes crudos                    459.8298
Chi-Cuadrado                                142.1979
Grados de Libertad                                 4
Valor-p                                       0.000000
```

Matriz de Confusión

```
                              Respuesta Predicha
    Respuesta Verdadera       y = 1                 y = 0
       y = 1            Verdadero Positivo TP   Falso Negativo FN
       y = 0             Falso Positivo FP      Verdadero Negativo TN

                              Respuesta Predicha
    Respuesta Verdadera       y = 1                 y = 0
       y = 1                    70                    59
       y = 0                    39                   332

                              Respuesta Predicha
    Respuesta Verdadera       y = 1                 y = 0
       y = 1                  64.22%                15.09%
       y = 0                  35.78%                84.91%
```

```
Recuperación de Sensibilidad Positiva   54.26%
Especificidad Negativa                  89.49%
Prevalencia del Evento                  25.80%
Falsos Positivos                        35.78%
Falsos Negativos                        15.09%
Precisión Positiva                      64.22%
Precisión Negativa                      84.91%
Exactitud                               80.40%
Medida AUC de la Curva ROC              72.40%
```

```
   Pronóstico y Probabilidad
      -1.5339        6.25%
      -2.3330        0.98%
      -0.3424       36.60%
       0.3504       63.70%
      -1.5894        5.60%
      -0.3880       34.90%
      -0.7630       22.27%
      -0.5542       28.97%
      -1.4084        7.95%
       0.8985       81.55%
```

Métodos Relacionados de AI/ML: Árboles de Regresión CART

Métodos Tradicionales Relacionados: Simulación Bootstrap, Regresión Bootstrap

En este enfoque, los bootstraps de los árboles de regresión se ejecutan múltiples veces con diferentes combinaciones de puntos de datos y variables para desarrollar un pronóstico de consenso de asignaciones de grupo. Utilizando un conjunto único de variables X y de Entrenamiento, los datos y las variables pasan por el proceso de bootstrap y remuestreo. Cada remuestreo se ejecutará en el CART o modelo de árboles de regresión y clasificación, y se generarán los resultados de la categorización de los consensos (Gráfico 6.27). El beneficio de los bosques aleatorizados es que proporciona un pronóstico de consenso (sabiduría de la multitud) a través de un remuestreo con reemplazo de ambas variables y los puntos de datos. Sin embargo, el modelo individual CART y el proceso de árboles ya no estarán disponibles. Para comenzar con este enfoque, ingrese las variables que necesite clasificar e ingrese el número de clústeres deseados. Las entradas requeridas del modelo se ven así:

```
Entradas del Modelo:
VAR433          Y de Entrenamiento (1 variable)
VAR434:VAR437   X de Entrenamiento (≥ 1 variables)
3               Variables min  (< el total de variables X)
9               Puntos de datos min(< el número total de filas)
300             Max pruebas Bootstrap (2-1000)
VAR438:VAR441   X de Prueba (opcional)
VARX            Ubicación para guardar pronóstico (opcional)
```

Supongamos que aplicamos todo el conjunto de datos y hacemos un bootstrap (p.ej., las variables mínimas son 4 y los puntos de datos mínimos a utilizar son 10, lo que significa que se utiliza todo el conjunto de datos), los resultados serán idénticos al modelo CART o Árboles de Regresión y Clasificación en AI/ML. Recuerden que los resultados CART tenían el 100% para las tres categorías. En este modelo de bosque aleatorizado, si únicamente aplicamos un mínimo de 3 variables con 9 filas de datos, vemos los resultados que aparecen a continuación. Se le hace un bootstrap a cientos de modelos CART, y se obtienen los promedios de los resultados. La categorización del conjunto de datos de prueba muestra que los eventos de mayor probabilidad se encuentran en las categorías 1, 1, 2, 1, 1, 2, 2, 3, 3, 3, los cuales también corresponden a los resultados del único modelo CART.

Gráfico 6.27: AI/ML Bosque Aleatorizado

AI Machine Learning: Bosque Aleatorizado (Supervisado)

Categoría	Promedio de Exactitud
1.00	100.00%
2.00	90.00%
3.00	100.00%

Conjunto de Datos de Entrenamiento

Real	Categoría 1	Categoría 2	Categoría 3
1.00	100.00%	0.00%	0.00%
1.00	80.00%	20.00%	0.00%
2.00	0.00%	100.00%	0.00%
1.00	100.00%	0.00%	0.00%
1.00	80.00%	20.00%	0.00%
2.00	0.00%	100.00%	0.00%
2.00	0.00%	100.00%	0.00%
3.00	0.00%	0.00%	100.00%
3.00	0.00%	0.00%	100.00%
3.00	0.00%	0.00%	100.00%

Conjunto de Datos de Prueba

Categoría 1	Categoría 2	Categoría 3
100.00%	0.00%	0.00%
80.00%	20.00%	0.00%
0.00%	100.00%	0.00%
100.00%	0.00%	0.00%
80.00%	20.00%	0.00%
0.00%	100.00%	0.00%
0.00%	100.00%	0.00%
0.00%	0.00%	100.00%
0.00%	0.00%	100.00%
0.00%	0.00%	100.00%

Métodos Relacionados de AI/ML: Análisis Discriminante Multivariado

Métodos Tradicionales Relacionados: Análisis Discriminante Cuadrático

Tomando el conjunto original de datos, ejecutamos algunos algoritmos internos (una combinación de agrupamiento jerárquico de k-medias y otros métodos-de-momentos para encontrar los grupos mejor ajustados o los clústeres estadísticos naturales) para dividir estadísticamente o segmentar el conjunto original de datos entre múltiples grupos. Segmente este conjunto de datos entre tantos grupos como los desee. Esta técnica es valiosa en una variedad de entornos incluyendo el mercadeo (segmentación de mercado de clientes en varios grupos de gestión de relaciones con los clientes, etc.) ciencias físicas, ingeniería y otras.

El Gráfico 6.28 ilustra al algoritmo de Segmentación por Agrupamiento de AI Machine Learning funcionando. VAR415 exhibe varios estados, mientras que VAR416:VAR419 brinda las características en términos del número de homicidios por cada estado, el número de asaltos, la población del estado en millones, y el número de allanamientos de morada. Utilizando estos valores numéricos (VAR416:VAR419), se pueden segmentar los estados en varios grupos.

```
Entradas del Modelo:
VAR416:VAR419    Variables para agrupar
0                Opcional (0=aparecen para X, 1= Mostrar Clúster X)
5                Clúster X
```

Los resultados exhibidos a continuación sobre el análisis de clústeres generan clústeres de múltiples grupos particionados basados en la similitud de los datos con fines exploratorios en el análisis y minería de datos (p.ej., machine learning, reconocimiento de patrones, análisis de imágenes, bioinformática, etc.). Los objetos en el mismo clúster son más parecidos entre sí que con aquellos en otros clústeres. Adicionalmente, el análisis de clústeres se puede utilizar para descubrir las estructuras de los datos sin proporcionar una explicación o interpretación de la relación entre variables. Los resultados mostrarán el número de membrecía del clúster, así como los valores de la media del centroide y cuenta los miembros dentro de cada subgrupo de clústeres. Por ejemplo, si debemos segregar los datos entre 3 segmentos vemos que un elemento tiene Alaska, Alabama, Arizona, y así sucesivamente, mientras que el segundo segmento incluye Estados tales como Arkansas y demás (p.ej., los resultados del clúster C3 muestra 1, 1, 1, 2, 1, y así sucesivamente, indicando que las primeras tres filas de muestra se clasifican en el Clúster 1, seguida por el Clúster 2, y después el Clúster 1, etc.). Estos segmentos agrupan características similares como cohortes, donde los Estados dentro de estas cohortes tienen las mayores cantidades de similitudes estadísticas.

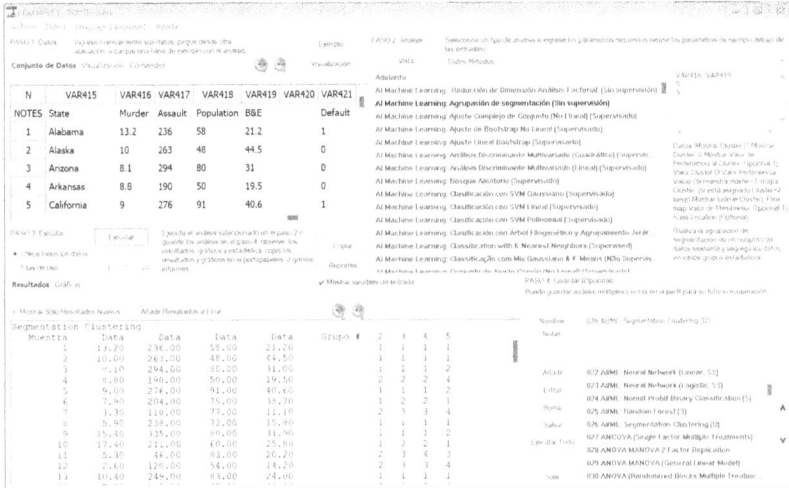

Gráfico 6.28: AI/ML Segmentación por Agrupamiento (No supervisado)

	Segmentación por Agrupamiento				Clústeres			
N	Datos	Datos	Datos	Datos	C2	C3	C4	C5
1	13.20	236.00	58.00	21.20	1	1	1	1
2	10.00	263.00	48.00	44.50	1	1	1	1
3	8.10	294.00	80.00	31.00	1	1	1	2
4	8.80	190.00	50.00	19.50	2	2	2	4
5	9.00	276.00	91.00	40.60	1	1	1	2
.	. .		. .	. .	.	.	.	.
48	5.70	81.00	39.00	9.30	2	3	4	5
49	2.60	53.00	66.00	10.80	2	3	4	3
50	6.80	161.00	60.00	15.60	2	2	2	4

```
Centroides de Clúster [1]
No. de Clústeres       2         3         4         5
               1    11.95     11.81     11.81     12.03
               2     5.24      8.21      8.54     11.80
               3               4.27      5.45      3.73
               4                         2.95      6.43
               5                                   2.70
Centroides de Clúster [2]
No. de Clústeres       2         3         4         5
               1   261.95    272.56    272.56    239.25
               2   114.87    173.29    175.46    300.86
               3              87.55    115.36     68.25
               4                        62.70    141.60
               5                                  65.14
Centroides de Clústeres [3]
No. de Clústeres       2         3         4         5
               1    69.00     68.31     68.31     69.17
               2    63.42     70.64     70.46     68.71
               3              59.75     66.27     69.25
               4                        53.90     68.25
               5                                  46.29
Recuento de Clústeres
No. de Clústeres       2         3         4         5
               1       19        16        16        12
               2       31        14        13         7
               3                 20        11         4
               4                           10        20
               5                                      7
```

ANALÍTICA DE BIZSTATS

A continuación, encontrará una guía de referencia rápida de toda la analítica y los métodos en el software BizStats de ROV. Inicia con una presentación alfabética de cada modelo que incluye una descripción sobre lo que hace el método o modelo, un consejo corto que también está visible en el software de BizStats, las entradas de datos requeridas y ejemplos de las entradas de datos. Cabe anotar que los ejemplos adicionales de los tipos de datos y la manera cómo deben estar organizadas las variables de datos se encuentran en las secciones sobre los tipos de datos al final de este capítulo. En esas secciones, los métodos y modelos también están organizados por categorías (p.ej. métodos multivariados versus métodos de variables únicas, o modelos estocásticos versus los métodos de fiabilidad y "Consistencia").

- **Inteligencia Artificial/ Machine Learning (AI/ML): Bagging Mediante Ajuste Lineal por Bootstrap (Supervisado).** Este método aplica al Modelo de Agregación (Bagging) mediante Ajuste Lineal por Bootstrap de cientos de modelos vía el remuestreo de datos, para generar los pronósticos de mejor consenso. La idea es que en una selección aleatoria de datos, al tomar el pronóstico promedio de un ensamble de modelos, se proporcione una predicción más exacta que en una muestra única. En una típica regresión lineal multivariada se pueden modelar la estructura de las relaciones y características de una variable dependiente y la manera en que ésta depende de otras variables independientes exógenas. El modelo se puede utilizar para entender la relación entre estas variables, así como para fines de pronóstico y realizar modelación predictiva. También se puede determinar la exactitud y bondad de ajuste para este modelo. Similar a un modelo de regresión lineal multivariada, primero entrenamos el algoritmo utilizando las variables dependientes e independientes de entrenamiento, las cuales identificarán los parámetros optimizados que se utilizarán en el conjunto de datos de prueba. Después, se remuestrea el conjunto de datos y de nuevo se ejecuta el algoritmo. Este proceso se repite o se le hace un bootstrap cientos de veces, y los pronósticos de salida serán un consenso de todos los modelos a los que se les aplicó el bootstrap.

- ▪ Consejo Corto: Modelo de Agregación (Bagging) mediante Ajuste Lineal por Bootstrap de cientos de modelos por medio de datos remuestreados para generar los mejores pronósticos de consenso.

- ▪ Entrada del Modelo: Tipo de Datos C. Múltiples variables.

    - ▪ Y de Entrenamiento, X de Entrenamiento, X de Prueba, Número de Bootstraps (1–1000), Número de Puntos de Datos (< Número de Filas), Y de Prueba (Opcional), Ubicación para Guardar el Pronóstico (Opcional):

        - • >VAR1
        - • >VAR2:VAR5
        - • 1000
        - • 45
        - • >VAR6:VAR9
        - • >VAR10

- • **Inteligencia Artificial /Machine Learning (AI/ML): Bagging Mediante Ajuste Lineal por Bootstrap (Supervisado).** Este método calcula un Bagging o Agregación por Bootstrap en un modelo de ajuste personalizado no lineal cientos de veces por medio de datos remuestreados para generar los mejores pronósticos de consenso. Este enfoque es similar al modelo Bagging Mediante Ajuste Lineal por Bootstrap descrito anteriormente. La principal diferencia es que el modelo de regresión es un modelo personalizado no lineal que el usuario puede ingresar. De nuevo, note la diferencia entre la agregación por bootstrap versus los métodos de aprendizaje por ensamble tal como se describieron en el método anterior.

- ▪ Consejo Corto: Modelo de Agregación (Bagging) mediante Ajuste No Lineal por Bootstrap de cientos de modelos por medio de datos remuestreados para generar los mejores pronósticos de consenso.

- ▪ Entrada del Modelo: Tipo de Datos C. Múltiples variables.

- Y de Entrenamiento, X de Entrenamiento, X de Prueba, Número de Bootstraps (1–1000), Número de Puntos de Datos (< Número de Filas), Y de Prueba (Opcional), Ubicación para Guardar el Pronóstico (Opcional):
  - >VAR1
  - >VAR2:VAR5
  - 1000
  - 45
  - >VAR6:VAR9
  - >VAR10

- **Inteligencia Artificial /Machine Learning (AI/ML): Árboles de Clasificación y Regresión (CART) (Supervisado).** El modelo de Árboles de Clasificación y Regresión (CART) genera ramas y subgrupos de variables dependientes Y categóricas utilizando las variables X características. Usualmente se utiliza CART para minería de datos y constituye un enfoque supervisado de machine learning. Este es un enfoque de clasificación cuando la variable dependiente es categórica, y el árbol se utiliza para determinar la clase o grupo dentro del cual, más probablemente, caerá la variable de prueba objetivo. Los datos se dividen en ramas a lo largo del árbol, y cada división de rama se determina utilizando los coeficientes Gini y los coeficientes de pérdida de información con base en las preguntas formuladas en el camino.

  - Consejo Corto: minería de datos con los Árboles de Clasificación y Regresión (CART) generando ramas/subgrupos de variables dependientes categóricas utilizando variables independientes características.

  - Entrada del Modelo: Tipo de Datos C. Múltiples variables.

    - Y de Entrenamiento, X de Entrenamiento, X de Prueba(Opcional), Ubicación para Guardar Pronósticos (Opcional):
      - >VAR1
      - >VAR2:VAR5
      - >VAR6:VAR9
      - >VAR10

- **Inteligencia Artificial /Machine Learning (AI/ML): Clasificación con Mezcla Gaussiana & Segmentación por K-Medias (No Supervisada).** Ejecuta un Modelo de Clúster de Mezcla Gaussiana asumiendo múltiples distribuciones normales traslapadas. Este es un método no supervisado de machine learning que es aplicable cuando los orígenes de los clústeres son desconocidos. Los resultados muestran las probabilidades de un cierto valor perteneciendo a un clúster en particular.

  - Consejo Corto: ejecuta un modelo no supervisado de Mezcla Gaussiana con clasificación de Clúster de K-Medias cuando los orígenes de los clústeres son desconocidos.

  - Entrada del Modelo: Tipo de Datos C. Múltiples variables.

    - Variables a Clasificar, Número de Clústeres, Iteraciones Max, Ubicación para Guardar Pronósticos (Opcional):

      - >VAR1:VAR4
      - >5
      - >1000
      - >VAR5

- **Inteligencia Artificial /Machine Learning (AI/ML): Clasificación con K-Vecinos más Cercanos (Supervisada).** El algoritmo K-Vecinos más Cercanos (KNN), también conocido como estructura de Árbol K-Dimensional, se utiliza para clasificar y segregar los datos entre unas pocas dimensiones pequeñas. Sencillamente ingrese las variables que debe clasificar e ingrese el número de clústeres deseados.

  - Consejo Corto: KNN clasifica y segrega los datos entre grupos, también llamado estructura de Árbol K-Dimensional, útil para partir puntos de datos en unas pocas dimensiones pequeñas.

  - Entrada del Modelo: Tipo de Datos C. Múltiples variables.

    - X de Entrenamiento, X de Prueba:

      - >VAR1:VAR4
      - >VAR5:VAR9

- **Inteligencia Artificial/Machine Learning (AI/ML): Clasificación con Árboles Filogenéticos & Agrupamiento (clúster) Jerárquico (No Supervisada).** Este método es no supervisado, y el algoritmo se aplica para saber cómo agrupar un conjunto de datos que está sin orden y sin que se proporcionen los datos de entrenamiento que tengan las respuestas correctas. El resultado es un clúster jerárquico con múltiples conjuntos completamente anidados dónde los conjuntos más pequeños son los elementos individuales del conjunto, y el conjunto más grande es todo el conjunto de datos. Para aplicar el árbol filogenético utilizando agrupamiento jerárquico, usualmente el conjunto de datos es un conjunto de matrices de secuencias o distancias.

  - Consejo Corto: Árboles Filogenéticos con Agrupamientos Jerárquico para la clasificación no supervisada de datos sin orden.

  - Entrada del Modelo: Tipo de Datos C. Múltiples variables.

    - Y de Entrenamiento, X de Entrenamiento:

      - >VAR1
      - >VAR2

- **Inteligencia Artificial/Machine Learning (AI/ML): Clasificación con Máquinas de Vectores de Soporte (Supervisada).** Las Máquinas de Vectores de Soporte (SVM) son una clase de algoritmos supervisados de machine learning utilizados para la clasificación. Los métodos SVM son más sencillos de implementar y ejecutar que los algoritmos complejos de red neuronal. En el aprendizaje supervisado, usualmente iniciamos con un conjunto de datos de *entrenamiento*. El algoritmo se entrena utilizando este conjunto de datos (p.ej., los parámetros se optimizan e identifican), y después los mismos parámetros del modelo se aplican al conjunto de *prueba* o a un conjunto de datos nuevo antes de ser visto por el algoritmo.

  - **SVM Gaussiana.** Aplica un estimador kernel normal $exp\left[-\left|x_i - x_j\right|^2/2\sigma^2\right]$.

  - **SVM Lineal.** Aplica un estimador kernel lineal estándar $x_i \cdot x_j$.

  - **SVM Polinomial.** Aplica un estimador polinomial (p.ej., programación cuadrática o no lineal) de densidad kernel $\left|ax_i \cdot x_j + b\right|^c$.

- Consejo Corto: ejecuta un algoritmo supervisado de machine learning utilizando máquinas de vectores de soporte para la clasificación de datos.

- Entrada del Modelo: Tipo de Datos C. Se requiere una variable dependiente y múltiples variables independientes.

  - Variable Dependiente de Entrenamiento, Variables Independientes de Entrenamiento, Sigma, Lambda, Omega, Calibración (Opcional: 0), Variables Independientes de Prueba (Opcional pero Altamente Recomendable), Ubicación del Pronóstico (Opcional), Agrupamientos (Opcional):

    - >VAR1
    - >VAR2; VAR3
    - >2
    - >1000
    - >0.5
    - >VAR4; VAR5
    - >VAR6
    - >VAR7

- **Inteligencia Artificial/Machine Learning (AI/ML): Modelo de Ajuste Personalizado(Supervisado).** Aplicable para pronosticar los datos de series de tiempo y transversales y para modelar relaciones entre variables. Le permite crear múltiples modelos personalizados de regresión. La econometría se refiere a una rama de la analítica empresarial, modelación, y técnicas de pronóstico para modelar el comportamiento de o para pronosticar ciertas variables empresariales, financieras, económicas, de las ciencias físicas y otras. La ejecución de los modelos de ajuste personalizado de AI/Machine Learning es como el análisis regular de regresión econométrica, excepto que las variables dependientes e independientes se pueden modificar antes de ejecutar una regresión.

  - Consejo Corto: personaliza un modelo de regresión utilizando variables independientes personalizadas.

  - Entrada del Modelo: Tipo de Datos C. Se requiere una variable dependiente y múltiples variables independientes.

- Variable Dependiente de Entrenamiento, Variables Independientes de Entrenamiento, Variable Independiente de Prueba, Variables Dependientes de Prueba (Opcional), Ubicación para Guardar Pronósticos (Opcional):
  - \>VAR1
  - \>VAR2; LN(VAR3); (VAR4)^2; LAG(VAR5,1); (VAR6*VAR7)
  - \>VAR9; LN(VAR10); (VAR11)^2; LAG(VAR12,1); (VAR13*VAR14)

- **Inteligencia Artificial/ Machine Learning (AI/ML): Reducción de Dimensión Mediante Análisis Factorial (No Supervisado).** Ejecuta el Análisis Factorial para analizar las interrelaciones dentro de grandes números de variables y simplifica dichos factores entre un número más pequeño de factores comunes. El método condensa la información contenida en el conjunto original de variables dentro en un conjunto más pequeño de variables implícitas con mínima pérdida de información. El analisis se relaciona con el Análisis de Componentes Principales (PCA), utilizando la matriz de correlación y aplicando el PCA unido con la matriz de rotación Varimax para simplificar los factores.

  - Consejo Corto: Análisis Factorial para analizar las interrelaciones dentro de un gran número de variables y simplificar dichos factores en un número más pequeño de factores comunes.

  - Entrada del Modelo: Tipo de Datos C. Requiere por lo menos de tres o más variables, cada una con igual número de filas.

    - Variables:
      - \>VAR1; VAR2; VAR3; …

- **Inteligencia Artificial/ Machine Learning (AI/ML): Reducción de Dimensión Mediante Análisis de Componentes Principales (No Supervisado).** El análisis de componentes principales, o PCA, hace más fácil modelar y resumir los datos multivariados. Para entender el PCA, supongamos que inicia con las variables N que son poco probables de ser independientes una de la otra, de tal manera que al cambiar el valor de una variable se cambiará otra variable. La modelación PCA reemplazará las variables N originales con un nuevo conjunto de variables M que son menores que N pero no correlacionadas una de la otra, mientras que a la vez, cada una de estas variables M es una combinación lineal de las variables N originales para que la mayor parte de la variación pueda explicarse utilizando menos variables explicativas.

- Consejo Corto: ejecuta una reducción de dimensión no supervisada mediante el Análisis de Componentes Principales sobre múltiples variables, retornando eigenvalores, eigenvectores, y datos revisados.

- Entrada del Modelo: Tipo de Datos C. Se requieren tres o más variables de entrada. Diferentes variables se organizan en columnas, y todas las variables deben tener por lo menos 5 puntos de datos cada una, con el mismo número de puntos de datos totales o filas por variable.

  - Variables:

    - >VAR1; VAR2; VAR3; …

- **Inteligencia Artificial/ Machine Learning (AI/ML): Ajuste Común de Ensamble (Supervisado).** Este algoritmo calcula miles de posibles modelos no lineales y de interacción (aptos para los datos transversales en el reconocimiento de patrones); calibra el mejor modelo con los resultados del conjunto de datos de entrenamiento y de pronósticos utilizando el conjunto de datos prueba. En otras palabras, realiza un enfoque de aprendizaje de ensamble.

  - Consejo Corto: ejecuta miles de modelos de interacción no lineal (reconocimiento de patrones transversales); calibra el mejor modelo de pronóstico.

  - Entrada del Modelo: Tipo de Datos C. Múltiples variables.

    - Y de Entrenamiento, X de Entrenamiento, X de Prueba (Opcional), Ubicación para Guardar Pronósticos (Opcional), Umbral del Valor-p (Opcional, Predeterminado = 0.10), Rezagos de Series de Tiempo (Opcional, Predeterminado = 0):

      - >VAR1
      - >VAR2:VAR5
      - >VAR6:VAR9
      - >VAR10
      - >0.10
      - >0

- **Inteligencia Artificial/ Machine Learning (AI/ML): Ajuste Complejo de Ensamble (Supervisado).** Utilizando un enfoque de aprendizaje de ensamble, este modelo calcula miles de posibles modelos no lineales y de interacción (aptos para los datos de series de tiempo en el reconocimiento de patrones); calibra el mejor modelo con el conjunto de datos de entrenamiento y los resultados de pronóstico, utilizando el conjunto de datos de prueba.

  - Consejo Corto: ejecuta miles de modelos de interacción no lineal (reconocimiento de patrones de series de tiempo); calibra el mejor modelo de pronóstico.

  - Entrada del Modelo: Tipo de Datos C. Variables Múltiples.

    - Y de Entrenamiento, X de entrenamiento, X de Prueba (Opcional), Ubicación para Guardar Pronósticos (Opcional), Umbral del Valor-p (Opcional, Predeterminado = 0.10), Rezagos de Series de Tiempo (Opcional, Predeterminado = 0), Rezagos Autorregresivos (Opcional, Predeterminado = 0):

      - >VAR1
      - >VAR2:VAR5
      - >VAR6:VAR9
      - >VAR10
      - >0.10
      - >0
      - >0

- **Inteligencia Artificial /Machine Learning (AI/ML): Ajuste de Series de Tiempo de Ensamble (Supervisado).** Este algoritmo calcula y calibra un ensamble de diferentes modelos de pronóstico de series de tiempo, selecciona la mejor combinación, y genera pronósticos para una única variable histórica de series de tiempo. Se aplica un ensamble de métodos de pronósticos de series de tiempo tales como Holt–Winters, pronósticos desestacionalizados, ARIMA y otros. También se utilizan las mejores combinaciones de modelos y se proporcionan los pronósticos de consenso.

  - Consejo Corto: calcula un ensamble de diferentes modelos de series de tiempo, selecciona la mejor combinación, y genera pronósticos.

- Entrada del Modelo: Tipo de Datos C. Múltiples variables.

  - Datos de Series de Tiempo Históricos, Estacionalidad, Periodos de Pronóstico, Ubicación para Guardar Pronósticos (Opcional):
    - >VAR1
    - 4
    - 8
    - >VAR2

- **Inteligencia Artificial /Machine Learning (AI/ML): Modelo de Ajuste Lineal (Supervisado).** La regresión lineal multivariada se utiliza para modelar la estructura de relaciones y las características de una cierta variable dependiente ya que depende de otras variables exógenas independientes en el conjunto de datos de entrenamiento. Utilizando la relación modelada, podemos pronosticar los valores futuros de la variable dependiente utilizando las variables independientes del conjunto de prueba. También se puede determinar la exactitud y bondad de ajuste para este modelo. Los modelos lineales y no lineales se pueden ajustar en el análisis de regresión múltiple.

  - Consejo Corto: ejecuta múltiples regresiones lineales y las aplica al conjunto de datos de prueba.

  - Entrada del Modelo: Tipo de Datos C. Se requieren dos conjuntos de variables: una Variable Dependiente y Una o Múltiples Variables Independientes, con por lo menos 5 filas de datos en cada variable y el mismo número de puntos de datos totales o filas por variable.

    - Variable Dependiente de Entrenamiento, Variables Independientes de Entrenamiento (una o más), Variables Independientes de Prueba (igual que de entrenamiento), Dependiente de Prueba (Opcional), Guardar Pronósticos (Opcional):
      - >VAR1
      - >VAR2; VAR3; …
      - >VAR4; VAR5;…

- **Inteligencia Artificial/Machine Learning (AI/ML): Análisis Discriminante Multivariado (Lineal) (Supervisado).** Un Análisis Discriminante Lineal (LDA) clasifica una variable dependiente Y de Entrenamiento categórica utilizando una o más variables características Y de Entrenamiento. Este método supervisado aplica máximos ratios discriminantes lineales (p.ej., el ratio de la varianza entre clases a la varianza dentro de clases), lo que permite una separación clara o agrupamientos de la variable X de Prueba. En otras palabras, las separaciones se obtienen a través de la maximización del ratio de la suma de cuadrados de una combinación lineal. Los resultados del coeficiente optimizado ayudan a identificar la manera cómo cada una de las variables independientes contribuyen en la categorización. La asignación del grupo se basará en los puntajes máximos estimados del impacto.

- Consejo Corto: ejecuta un Análisis Discriminante Lineal LDA para clasificar una variable dependiente de entrenamiento categórica utilizando una o más variables de entrenamiento características.

- Entrada del Modelo: Tipo de Datos C. Múltiples variables.

  - Y de Entrenamiento, X de Entrenamiento, X de Prueba (Opcional), Ubicación para Guardar Pronósticos (Opcional):
    - >VAR1
    - >VAR2:VAR5
    - >VAR6:VAR9
    - >VAR10

- Inteligencia Artificial /Machine Learning (AI/ML): Análisis Discriminante Multivariado (Cuadrático) (Supervisado). El enfoque clasifica la variable dependiente Y categórica utilizando las variables X características vía el Análisis Discriminante Cuadrático (QDA). Este método es similar al LDA, pero la matriz de covarianza se utiliza en la asignación del grupo así como los coeficientes estimados. Esto se debe a que LDA asume una homocedasticidad en la predicción de errores mientras que QDA permite alguna heterocedasticidad. Esto permite aproximaciones de segundo orden y de segundo momento para calibrar las asignaciones a los grupos relevantes.

  - Consejo Corto: Análisis Discriminante Cuadrático QDA para clasificar una variable dependiente de entrenamiento categórica utilizando una o más variables de entrenamiento características.

  - Entrada del Modelo: Tipo de Datos C. Múltiples variables.

- Y de Entrenamiento, X de Entrenamiento, X de Prueba (Opcional), Ubicación para Guardar Pronósticos (Opcional):
  - \>VAR1
  - \>VAR2:VAR5
  - \>VAR6:VAR9
  - \>VAR10

- **Inteligencia Artificial/Machine Learning (AI/ML): Red Neuronal.** Utilizada comúnmente para referirse a una red o circuito de neuronas biológicas. El uso moderno del término *red neuronal* se refiere con frecuencia a las redes neuronales artificiales que consisten de neuronas artificiales, o nodos, recreados en un entorno de software. Dichas redes intentan imitar las neuronas en el cerebro humano en las formas de pensar e identificando patrones y, en nuestro caso, identificando los patrones para pronosticar los datos de series de tiempo.

  - **Lineal.** Aplica una función lineal.

  - **Logístico No Lineal.** Aplica una función logística no lineal.

  - **Coseno No Lineal con Tangente Hiperbólica.** Aplica un coseno no lineal con función tangente hiperbólica.

  - **Tangente hiperbólica No Lineal.** Aplica una función tangente hiperbólica No lineal.

  - Consejo Corto: ejecuta un pronóstico de red neuronal de series de tiempo a través de algoritmos de reconocimiento de patrones (lineal, logístico, coseno, hiperbólico).

  - Entrada del Modelo: Tipo de Datos A. Variable de Datos, Capas, Conjunto de Prueba, Periodos de Pronóstico, y Aplicar Optimización Multifase (Opcional, predeterminada en 0 o no hay optimización).

    - Variable de Datos, Capas, Conjunto de Prueba, Periodos de Pronóstico:
      - \>VAR1
      - \>3
      - \>20
      - \>5
      - \>1

- **Inteligencia Artificial/ Machine Learning (AI/ML): Clasificación Binaria Logística (Supervisada).** Las técnicas limitadas de las variables dependientes se utilizan para pronosticar la probabilidad de que algo ocurra dadas algunas variables independientes (p.ej., predecir si una línea de crédito incumplirá dada las características del deudor tales como su edad, salario, niveles de deuda de la tarjeta de crédito; o la probabilidad de que un paciente vaya a sufrir de cáncer de pulmón con base en su edad y el número de cigarrillos que se fumaba mensualmente, y así sucesivamente). La variable dependiente es limitada (p.ej., binaria 1 y 0 por incumplimiento/cáncer, o limitada a los valores enteros 1, 2, 3, etc.). El análisis de regresión tradicional no funcionará ya que usualmente la probabilidad predicha es menor que 0 o mayor que 1, y muchos de los supuestos de las regresiones requeridas se violan (p.ej., independencia y normalidad de los errores). También tenemos un vector de regresores de variables independientes X, que se supone influyen en el resultado, Y. Un típico enfoque de regresión de mínimos cuadrados ordinarios es inválido porque los errores de regresión son heterocedásticos y no normales, y las estimaciones de probabilidad estimada resultantes retornarán valores sin sentido por encima de 1 o por debajo de 0. Este análisis maneja estos problemas utilizando una rutina de optimizacion iterativa para maximizar la función de log-verosimilitud cuando las variables dependientes son limitadas.

  - Consejo Corto: ejecuta una modelo Logit de Máxima Verosimilitud en Variable Dependiente Limitada cuando la variable dependiente es binaria para pronosticar probabilidades de eventos que ocurren.

  - Entrada del Modelo: Tipo de Datos C. Se requiere una variable dependiente binaria con valores 0 y 1 y múltiples variables continuas o independientes categóricas.

    - Variable Dependiente, Variables Independientes:

      - >VAR1
      - >VAR2; VAR3; …

- **Inteligencia Artificial/ Machine Learning (AI/ML): Clasificación Binaria Normit Probit (Supervisada).** Un modelo Probit (algunas veces también conocido como modelo Normit) es una popular especificación alternativa para un modelo de respuesta binaria. Emplea una función Probit estimada utilizando una estimación de máxima verosimilitud y se llama la regresión Probit. Los modelos de regresión logística y Probit tienden a producir predicciones muy similares donde las estimaciones del parámetro en una regresión logística tienden a ser de 1.6 a 1.8 veces más altas de lo que son en un modelo Probit correspondiente. La opción de utilizar Probit o Logit depende totalmente de la conveniencia, y la distinción principal es que la distribución logística tiene una mayor curtosis (colas más gordas) para explicar los valores extremos. Por ejemplo, supongamos que la decisión que se va a modelar es la propiedad de una casa, y esta variable de respuesta es binaria (comprar o no una casa) y depende de una serie de variables independientes X_i tales como ingresos, edad, y así sucesivamente de manera que $I_i = \beta_0 + \beta_1 X_1 + ... + \beta_n X_n$, donde a mayor valor de I_i, mayor la probabilidad de ser propietario de una casa. Para cada familia, un umbral crítico de I^* existe, donde, si se excede, se compra la casa, de lo contrario no se compra ninguna casa, y asume que la probabilidad del resultado (P) está normalmente distribuida, de manera que $P_i = CDF(I)$, utilizando una función de distribución acumulativa estándar-normal (CDF). Por consiguiente, utilice los coeficientes estimados exactamente como los del modelo de regresión y, utilizando la Y estimada, aplique una distribución estándar-normal para calcular la probabilidad.

- Consejo Corto: ejecuta una modelo Normit Probit de Máxima Verosimilitud en Variable Dependiente Limitada cuando la variable dependiente es binaria para pronosticar probabilidades de eventos que ocurren.

- Entrada del Modelo: Tipo de Datos C. Se requiere una variable dependiente binaria con valores 0 y 1 y múltiples variables independientes continuas o categóricas.

   - Variable Dependiente, Variables Independientes:
      - >VAR1
      - >VAR2; VAR3; …

- Inteligencia Artificial/Machine Learning (AI/ML): Bosque Aleatorizado (Supervisado). En este enfoque, los bootsptraps de los árboles de regresión se ejecutan múltiples veces con diferentes combinaciones de puntos de datos y variables para desarrollar un pronóstico de consenso de asignaciones de grupo. Utilizando un único conjunto de variables de Entrenamiento Y y X, los datos y las variables pasan por un proceso de bootstrap y remuestreo. Cada remuestreo se ejecutará en un CART o modelo de árboles de regresión, y así se genera el consenso de los resultados de categorización. El beneficio del bosque aleatorizado es que proporciona un pronóstico de consenso (sabiduría de la multitud) por medio del remuestreo con reemplazo tanto de las variables como de los puntos de datos. Sin embargo, el modelo CART individual y el proceso de árboles ya no estaría disponible.

- Consejo Corto: se hacen bootstraps de árboles de regresión CART múltiples veces con diferentes puntos de datos remuestreados y variables para los pronósticos de consenso de la asignación de grupos.

- Entrada del Modelo: Tipo de Datos C. Múltiples variables.

  - Y de Entrenamiento, X de Entrenamiento, X de Prueba, Variables Min para Utilizar, Puntos de Datos Min para Utilizar, Ubicación para Guardar Pronósticos (Opcional):
    - \>VAR1
    - \>VAR2:VAR5
    - \>VAR6:VAR9
    - 3
    - 30
    - \>VAR10

- Inteligencia Artificial Machine Learning (AI/ML): Segmentación por Agrupación (No supervisada). Tomando el conjunto de datos original, ejecutamos algunos algoritmos internos (una combinación de la agrupación jerárquica de *k*-medias y otros métodos-de-momentos con el fin de encontrar los grupos que mejor se ajustan o los clústeres estadísticos naturales) para dividir estadísticamente o segmentar el conjunto de datos original en múltiples grupos.

  - Consejo Corto: ejecuta la segmentación por agrupación de un conjunto de datos existente y segrega los datos en varios grupos estadísticos.

  - Entrada del Modelo: Tipo de Datos B. Se requieren una o más variables de entrada con por lo menos 3 puntos de datos o filas de datos. Usted puede solicitar opcionalmente que se muestre un clúster específico en lugar de toda la matriz (recomendable si usted tiene muchos datos).

    - Variables:
      - \>VAR1; VAR2; VAR3;…
      - 1
      - 3

- **ANCOVA (Múltiples Tratamientos con Factor Único).** Realiza ANCOVA o Análisis de Covarianza con múltiples tratamientos repetidos (Grupo 1) que retira los efectos covariables del Grupo 2. Los efectos netos después de explicar las covariables se probarán de contra la hipótesis nula en la que varios de los tratamientos en el Grupo 1 son idénticos entre si después de justificar efectos de las covariables en el Grupo 2.
  - Consejo Corto: análisis de Covarianza con múltiples tratamientos repetidos (Grupo 1) que remueven los efectos covariables del Grupo 2 (H_0: varios de los tratamientos son idénticos).
  - Entrada del Modelo: Tipo de Datos D. Se requieren dos grupos de variables. Ambos grupos deben tener el mismo número de variables. El Grupo 1 tiene las variables principales para probar donde cada variable es un tipo de tratamiento como ANOVA. El Grupo 2 tiene las covariables cuyos efectos del análisis se integrarán en el modelo.
    - Variables Principales del Grupo 1, Covariables Grupo 2:
      - >VAR1; VAR2; VAR3; VAR4; …
      - >VAR5; VAR6; VAR7; VAR8; …
- **ANOVA (MANOVA Modelo Lineal General).** Ejecuta ANOVA(MANOVA) Múltiple con *múltiples* variables dependientes numéricas frente a *una* variable independiente categórica numérica. Amplía los múltiples tratamientos de factor único de ANOVA para incluir múltiples variables dependientes simultáneas. La hipótesis nula probada es que hay una diferencia cero de la media entre todas las variables. Los estadísticos calculados incluyen los estadísticos F estándar tales como la Traza de Pillai, la Lambda de Wilks, y la Traza de Hotelling, que modifican los grados de libertad y las sumas de los cuadrados para ajustar las pruebas simultáneas de las múltiples variables dependientes.
  - Consejo Corto: MANOVA con múltiples variables dependientes numéricas y una variable independiente categórica alfanumérica (H0: no hay diferencia entre todas las variables).

  - Entrada del Modelo: Tipo de Datos C. Se requieren tres o más variables de entrada. Diferentes variables están organizadas por columnas y todas las variables deben tener por lo menos 6 puntos de datos cada una, con el mismo número de puntos de datos totales o filas por variable. También debe tener una variable para las Categorías, que puede ser alfanumérica.

- Categorías, Variables:
  - >VAR10
  - >VAR1; VAR2; VAR3; …

- **ANOVA (Modelo Lineal General de Replicación de Dos Factores MANOVA).** Ejecuta ANOVA (MANOVA) Múltiple con *múltiples* variables dependientes numéricas frente a *dos* variables independientes categóricas alfanuméricas. Amplía el ANOVA de Dos-Vías para incluir múltiples variables dependientes simultáneas. La hipótesis nula probada es que hay una diferencia cero de la media entre todas las variables. Los estadísticos calculados incluyen los estadísticos F estándar tales como la Traza de Pillai, la Lambda de Wilks, y la Traza de Hotelling, que modifican los grados de libertad y las sumas de los cuadrados para ajustar las pruebas simultáneas de las múltiples variables dependientes.

  - Consejo Corto: MANOVA con múltiples variables dependientes numéricas y dos variables independientes categóricas alfanuméricas (H0: no hay diferencia entre todas las variables dependientes comparadas con las variables independientes y sus interacciones).

  - Entrada del Modelo: Tipo de Datos C. Se requieren cuatro o más variables de entrada. Diferentes variables están organizadas por columnas y todas las variables deben tener por lo menos 6 puntos de datos cada una, con el mismo número de puntos de datos totales o filas por variable. También debe tener dos variables para las Categorías, que pueden ser alfanuméricas.
    - Categorías, Variables:
      - >VAR10; VAR11
      - >VAR1; VAR2; VAR3; …

- **ANOVA (Múltiples Tratamientos con Bloques Aleatorizados).** Se supone que la distribución muestral es aproximadamente normal y que existe una variable de bloqueo que controlará ANOVA (p.ej., bloquea los efectos de esta variable al controlarla en el experimento). Este análisis puede probar los efectos de *una* variable dependiente dividida entre *diferentes grupos de tratamiento* así como la eficacia de los diferentes niveles de *una* variable de bloqueo o control. Si el valor-p calculado para el tratamiento o bloqueo es menor que o igual al nivel de significancia utilizado en la prueba, entonces rechace la hipótesis nula y concluya que hay una diferencia significativa entre los diferentes tratamientos o bloqueos.

- Consejo Corto: ANOVA con variables de bloqueo (H_0: no hay diferencia entre todas las variables de tratamiento y no hay efectos de las variables de bloqueo).
- Entrada del Modelo: Tipo de Datos C. Se requieren tres o más variables de entrada. Diferentes variables de tratamiento están organizadas por columnas y las variables de bloqueo están organizadas por filas y todas las variables deben tener por lo menos 3 puntos de datos cada una, con el mismo número de puntos de datos totales o filas por variable.
  - Variables:
    - >VAR1; VAR2; VAR3; …

- **ANOVA (Múltiples Tratamientos de Factor Único).** Una extensión de la prueba-t de dos variables, analiza *una* variable dependiente numérica frente a *una* variable independiente categórica que está separada entre *múltiples grupos de tratamiento*, y cuando supone que la distribución muestral es aproximadamente normal. Una hipótesis de dos colas prueba la hipótesis nula de tal forma que las medias poblacionales de cada tratamiento son estadísticamente idénticas al resto del grupo, indicando que no hay efecto entre los diferentes grupos de tratamiento.
  - Consejo Corto: Ejecuta ANOVA con múltiples tratamientos (H_0: no hay diferencia entre todas las variables de tratamiento).
  - Entrada del Modelo: Tipo de Datos C. Se requieren tres o más variables de entrada. Diferentes variables de tratamiento están organizadas por columnas y todas las variables deben tener por lo menos 3 puntos de datos cada una, con el mismo número de puntos de datos totales o filas por variable.
    - Variables:
      - >VAR1; VAR2; VAR3; …

- **ANOVA (Medidas Repetidas de Factor Único).** Una modificación del modelo ANOVA de factor único que analiza *una* variable dependiente numérica que se *prueba repetidamente*. Estas medidas repetidas se separan dentro de múltiples columnas o grupos de prueba. Una hipótesis de dos colas prueba la hipótesis nula de tal forma que las medias poblacionales de cada tratamiento son estadísticamente idénticas al resto del grupo, indicando que no hay efecto entre los diferentes grupos de medidas repetidas.
  - Consejo Corto: Ejecuta ANOVA con medidas repetidas (H_0: no hay diferencia entre todas las pruebas repetidas).
  - Entrada del Modelo: Tipo de Datos C. Se requieren tres o más variables de entrada. Diferentes valores de pruebas repetidas están organizados por columnas y todas las

variables deben tener por lo menos 3 puntos de datos cada una, con el mismo número de puntos de datos totales o filas por variable.

- Variables:
  - >VAR1; VAR2; VAR3; …

- ANOVA (Análisis de Dos-Vías). Una extensión de los ANOVAS de Factor Único y los Bloques Aleatorizados al examinar simultáneamente los efectos de *una* variable dependiente numérica frente a dos variables independientes categóricas (dos factores junto con los efectos de interacciones entre los diferentes niveles de estos dos factores). A diferencia del diseño de bloque aleatorizado, este modelo examina las interacciones entre diferentes niveles de factores o variables independientes. En un experimento de dos factores, la interacción existe cuando el efecto de un nivel para un factor depende en qué nivel del otro factor está presente. Existen tres hipótesis nulas.

  - Consejo Corto: Ejecuta un ANOVA de Dos-Vías con múltiples tratamientos con una variable dependiente numérica y dos variables independientes categóricas (H_0: no hay diferencia entre todas las variables de tratamiento para cada fila de factor, columna de factor e interacciones entre factores).

  - Entrada del Modelo: Tipo de Datos C. Se requieren tres o más variables de entrada. Diferentes columnas de factor variable están organizadas por columnas y las segundas filas replicadas de factores están organizadas por filas en donde todas las variables deben tener por lo menos 4 puntos de datos cada una, con el mismo número de puntos de datos totales o filas por variable. El número total de filas debe ser divisible por el número de replicaciones de fila. Por ejemplo, las filas de factores se pueden organizar como A1, A1, A2, A2, A3, A3, A4, A4 para 8 filas con 4 factores, lo que implica una replicación de 2.

    - Variables, Replicación:
      - >VAR1; VAR2; VAR3; …
      - >2

- ARIMA. Auto regresivo integrado de media móvil se utiliza para pronosticar los datos de series de tiempo utilizando sus propios datos históricos o con variables exógenas o independientes. El primer segmento es el término auto regresivo (AR) que corresponde al número de valores rezagados del residual en el modelo de pronóstico incondicional. El modelo captura la variación histórica de datos reales a un mejor modelo predictivo. El segundo segmento es el orden de integración (I) correspondiente al número de diferenciación de las series de tiempo que serán pronosticadas para hacer los datos estacionarios. Este elemento da cuenta de cualesquiera tasas de crecimiento no lineales existentes en los datos. El tercer segmento es el término media móvil (MA), que es esencialmente la media móvil de los errores de pronóstico rezagados. Al incorporar este término de errores de pronóstico rezagados, el modelo aprende de sus errores o equivocaciones de pronóstico y los corrige a través de un cálculo de media móvil. El modelo ARIMA sigue la metodología Box-Jenkins en donde cada término representa los pasos que se toman en la construcción del modelo hasta que sólo queda ruido aleatorio.

- o Consejo Corto: ejecuta el modelo Autorregresivo Integrado de Media Móvil (ARIMA) (p, d, q) utilizando series de tiempo históricas y opcionalmente con otras variables exógenas.
- o Entrada del Modelo: Tipos de Datos A y C. Se requiere una variable de entrada, aunque se pueden agregar variables exógenas adicionales que sean necesarias.
  - ▪ Variable Histórica de Series de Tiempo, AR(p), I(d), MA(q), Iteraciones (Opcional, predeterminada en 100), Periodos de Pronóstico (Opcional, predeterminado en 5), Retrospectiva (Opcional, predeterminada en 0), Utilice Variables Exógenas (Opcional, predeterminado en 0):
    - • >VAR1
    - • >1
    - • >0
    - • >1

- • Auto ARIMA. Ejecuta algunas combinaciones comunes de los modelos ARIMA (PDQ bajo-orden) y retorna los mejores modelos.
  - o Consejo Corto: Ejecuta los múltiples modelos de ARIMA (p, d, q) con valores p, d, q de bajo orden, jerarquiza y retorna los mejores modelos.
  - o Entrada del Modelo: Tipos de Datos A y C. Se requiere una variable de entrada, aunque se pueden agregar variables exógenas adicionales según se requieran. Usualmente los modelos ARIMA requieren grandes cantidades de datos (p.ej. 30-50 puntos de datos).
    - ▪ Variable Histórica de Series de Tiempo, Iteraciones (Opcional, predeterminado en 100), Periodos de Pronóstico (Opcional, predeter-

minado en 5), Retrospectiva (Opcional, prede-
terminada en 0), Utilice Variables Exógenas
(Opcional, predeterminada en 0):
- >VAR1

- **Auto Econometría (Detallada y Rápida).** Ejecuta algunas
combinaciones comunes de Econometría Básica y retorna los mejores modelos utilizando diferentes algoritmos.
  - o Consejo Corto: ejecuta la Auto Econometría al probar
    múltiples combinaciones de modelos que proporcionan
    el mejor ajuste para sus datos, incluyendo los modelos
    lineales, no lineales, logarítmicos, y de interacción.
  - o Entrada del Modelo: Tipos de Datos C. Se requieren una
    variable dependiente y una o múltiples variables indep.
    - Variable Dependiente, Variables Independientes:
      - >VAR1
      - >VAR2; VAR3; …

- **Autocorrelación y Autocorrelación Parcial.** Un enfoque muy sencillo para probar la autocorrelación es graficar las
series de tiempo de los residuales de la ecuación de regresión. Si
estos residuales exhiben alguna ciclicidad, entonces existe la autocorrelación. Otro enfoque más robusto para detectar la
autocorrelación es el uso del estadístico de Durbin–Watson, que
estima el potencial para una autocorrelación de primer orden. La
prueba Durbin-Watson que se emplee también identifica la especificación incorrecta del modelo, es decir, si se correlaciona una
variable de series de tiempo a sí misma en un periodo anterior.
Muchos datos de series de tiempo tienden a auto relacionarse con
sus ocurrencias históricas. La autocorrelación es aplicable únicamente a los datos de series de tiempo. Esta relación puede existir
por múltiples razones, incluyendo las relaciones espaciales de las
variables (tiempo y espacio similares), eventos e impactos económicos prolongados, inercia psicológica, suavizamiento, ajustes
estacionales de los datos y así sucesivamente.
  - o Consejo Corto: ejecuta la Autocorrelación y Autocorre-
    lación parcial en sus datos de series de tiempo hasta de
    20 periodos de rezago de tiempo dependiendo de la dis-
    ponibilidad de los datos.
  - o Entrada del Modelo: Tipo de Datos A. Se requiere una
    variable de entrada con al menos 5 puntos de datos o
    filas de datos.
    - Variable:
      - >VAR1

- **Prueba de Autocorrelación AR (1) Durbin–Watson.** Ejecuta la prueba Durbin–Watson para la autocorrelación de un rezago o proceso AR (1).
  - Consejo Corto: ejecuta la prueba Durbin–Watson para autocorrelación de un rezago o proceso AR (1).
  - Entrada del Modelo: Tipo de Datos C. Se requieren una variable dependiente y una o múltiples variables independientes.
    - Variable Dependiente, Variables Independientes:
      - >VAR1
      - >VAR2; VAR3; …

- **Prueba de Bonferroni (Variable Única con Repetición).** La prueba de Bonferroni es un ajuste que se hace a los valores-p cuando se están realizando múltiples pruebas t estadísticas dependientes o independientes de manera simultánea en un único conjunto de datos. Los intervalos de confianza simultáneos se calculan y comparan con múltiples pruebas individuales. Esta prueba de variable única con correcciones de repetición se aplica a un grupo de múltiples variables a la vez.
  - Consejo Corto: corrige los valores-p en múltiples pruebas independientes y ejecuta simultáneamente los intervalos de confianza (H_0: los medios individuales esperados son iguales a los objetivos).
  - Entrada del Modelo: Tipo de Datos C. Se requieren dos o más variables de entrada. Se ordenan diferentes variables por columnas y todas las variables deben tener el mismo número de puntos de datos o filas. El número total de objetivos debe encajar con el número de variables. Alfa es 0.05 por defecto y el usuario lo puede cambiar de manera opcional.
    - Variables, Objetivos Probados, Nivel Alfa (Opcional, predeterminado es 0.05):
      - >VAR1; VAR2; VAR3; …
      - >7; 8; 5; …
      - >0.05

- **Prueba de Bonferroni (Dos Variables con Repetición).** La prueba de Bonferroni es un ajuste que se hace a los valores-p cuando se están realizando múltiples pruebas t estadísticas dependientes o independientes de manera simultánea en un único conjunto de datos. Los intervalos de confianza simultáneos se calculan y comparan con múltiples pruebas individuales. Esta prueba de dos variables con correcciones de repetición se aplica a dos grupos de múltiples variables cada uno. La hipótesis nula que se prueba es que las diferencias individuales esperadas son todas iguales a cero.

- o Consejo Corto: corrige los valores-p en múltiples pruebas independientes y ejecuta intervalos de confianza simultáneos (H_0: las diferencias individuales esperadas son iguales a cero).
- o Entrada del Modelo: Tipo de Datos D. Se requieren dos grupos de variables. En cada grupo, se requieren dos o más variables de entrada con el mismo número de puntos de datos o filas.
  - ▪ Variables del Grupo 1, Variables del Grupo 2, Nivel Alfa (Opcional, predeterminado en 0.05):
    - • >VAR1; VAR2; VAR3; …
    - • >VAR4; VAR5; VAR6; …
    - • >0.05

- **Transformación Normal Box-Cox.** Toma su conjunto de datos existente y lo transforma en datos distribuidos normalmente. El conjunto de datos original se prueba utilizando la prueba de normalidad Shapiro–Wilk (H_0: se supone que los datos son normales), después transformados utilizando el método Box-Cox ya sea utilizando su parámetro Lambda personalizado o la Lambda optimizada internamente. Los datos transformados se prueban para normalidad utilizando Shapiro–Wilk.
  - o Consejo Corto: transforma sus datos existentes en datos distribuidos normalmente que son probados utilizando el Shapiro–Wilk (H_0: se supone que los datos son normales) y visualizados en un Gráfico QQ.
  - o Entrada del Modelo: Tipos de Datos A. Se requiere una variable de entrada con 5 filas de datos por lo menos. Opcionalmente, ingrese un valor Lambda distinto a cero (únicamente valores positivos o negativos, pero no se permiten ceros).
    - ▪ Variable, Lambda (Opcional, predeterminado calculado internamente, pero puede ser invalidado por cualquier valor que no sea cero):
      - • >VAR1
      - • >0.2

- **Prueba de Box para la Homogeneidad de la Covarianza.** Ejecuta la Prueba de Box para la Homogeneidad de la Covarianza de dos grupos de matrices de covarianza de las variables. La hipótesis nula probada es que hay una diferencia de cero entre las dos matrices de covarianza.

- o Consejo Corto: prueba si dos matrices de covarianza son homogéneas (H_0: no hay diferencia entre dos matrices de covarianza)
- o Entrada del Modelo: Tipo de Datos D. Se requieren dos grupos de variables. En cada grupo, se requieren dos o más variables de entrada con por lo menos 5 puntos de datos cada uno y el mismo número total de puntos de datos o filas.
  - ▪ Variables del Grupo 1, Variables del Grupo 2:
    - • >VAR1; VAR2; VAR3; …
    - • >VAR4; VAR5; VAR6; …

- • **Gráficos.** Genera varios gráficos 2D y 3D (área, barras, línea, puntos, y disperso) así como gráficos QQ, gráficos Box-Whisker, y gráficos de Pareto. La mayoría de estos gráficos toma los Tipos de Datos A y C (esto sólo significa que se graficarán ya sea una o múltiples series), con la excepción de Pareto, que únicamente requiere los Tipos de Datos C.
  - o **Área 2D y 3D, Barra, Línea, Punto, Disperso.**
    - ▪ Consejo Corto: genera el gráfico 2D o 3D seleccionado con una, dos, tres o múltiples variables.
    - ▪ Entrada del Modelo: Tipos de Datos A y C. Se requieren una o más variables de entrada con 3 filas de datos por lo menos. Opcionalmente, se agregan otras variables al gráfico.
      - • Variables:
        - o >VAR1; VAR2; VAR3; …
  - o **Gráfico Box-Whisker.** Los diagramas de Box o diagramas de Box y Whisker representan gráficamente los datos numéricos utilizando sus estadísticas descriptivas: la observación más pequeña (Mínima), Primer Cuartil o Percentil 25 (Q1), Mediana o Segundo Cuartil o Percentil 50 (Q2), Tercer Cuartil (Q3), y la observación más grande (Máxima). Un diagrama de Box también puede indicar, cuáles observaciones, de haber alguna, se pueden considerar atípicas.
    - o Consejo Corto: genera un gráfico Box-Whisker con una, dos, tres o múltiples variables.
    - o Entrada del Modelo: Tipos de Datos A and C. Se requiere por lo menos una variable de entrada con3 filas de datos. Opcionalmente, agregue otras variables al gráfico.
      - • Variables:
        - o >VAR1; VAR2; VAR3; …

- ○ **Gráfico de Pareto de 2D y 3D.** Un gráfico de Pareto contiene tanto un gráfico de barras como uno de líneas. Los valores individuales están representados en orden descendiente por las barras y el total acumulado está representado por la línea ascendente. También conocida como el gráfico "80-20", en el cual usted ve que al enfocarse en las pocas variables superiores, ya estamos dando cuenta de más del 80% de los efectos acumulados del total.
    - ▪ Consejo Corto: genera un gráfico de Pareto de 2D y 3D con dos, tres o múltiples variables. Cada variable tiene únicamente un punto de datos.
    - ▪ Entrada del Modelo: Tipo de Dato C. Se requieren por lo menos dos o más variables de entrada con 1 fila de datos exactamente para cada variable. Opcionalmente, agregue otras variables al gráfico.
        - • Variables:
            - ○ >VAR1; VAR2; VAR3; …
- ○ **Gráfico Q-Q Normal.** Este gráfico Cuantil-Cuantil es un diagrama normal de probabilidad que es un método gráfico para comparar una distribución de probabilidad con la distribución normal al graficar sus cuantiles entre sí.
    - ▪ Consejo Corto: genera el gráfico Normal Q-Q donde la distribución CDF se mapea contra los datos brutos del usuario para ver su ajuste.
    - ▪ Entrada del Modelo: Tipo de Datos A. Sólo se requiere una variable de entrada.
        - • Variable:
            - ○ >VAR1

- • **Prueba de Homogeneidad del Coeficiente de Variación.** Retorna los cálculos del coeficiente de variación (CV) para cada una de las variables de entrada (desviación estándar dividida entre la media), como una medida sin unidades y relativa del riesgo y la incertidumbre. Después, se aplica una prueba de Chi-Cuadrado agrupada para probar la hipótesis nula de que estos valores CV son homogéneos y estadísticamente similares, y también se aplica una prueba Shapiro-Wilk para probar la normalidad del conjunto de datos de las variables.
    - ○ Consejo Corto: prueba si el coeficiente de variación de diferentes variables es similar (H_0: todos los CV son iguales u homogéneos).

- o Entrada del Modelo: Tipo de Datos C: se requieren dos o más variables de entrada. Las diferentes variables se organizan por columnas y todas las variables deben tener cada una por lo menos 3 puntos de datos. Se permite un número diferente de puntos de datos totales o filas por variable.
  - Variables: >VAR1; VAR2; VAR3; …

- **Prueba de Cointegración (Engle–Granger).** Ejecuta la prueba Engle-Granger para cualquier cointegración de dos variables de series de tiempo no estacionarias. Si existen dos variables de series de tiempo que sean no estacionarias de orden uno, I (1), y si una combinación lineal de estas dos series es estacionaria en I (0), entonces estas dos variables son, por definición, cointegradas. Muchos datos macroeconómicos son I (1) y los pronósticos convencionales y los métodos de modelación no aplican debido a las propiedades no estándar de los procesos de raíz unitaria. La prueba de cointegración se puede aplicar para identificar la presencia de la cointegración, y si se confirma que existe, entonces se puede utilizar un Modelo de Corrección de Errores para pronosticar las variables de series de tiempo.
  - o Consejo Corto: ejecuta la prueba Engle-Granger para cualquier cointegración de dos variables de series de tiempo no estacionarias.
  - o Entrada del Modelo: Tipo de Datos B. Se requieren exactamente dos variables de entrada. Las variables se organizan por columnas y ambas variables deben tener por lo menos 3 puntos de datos cada una, con el mismo número de puntos de datos totales o filas por variable.
    - Variables: >VAR1; VAR2

- **Lógica Difusa Combinatoria.** Aplica algoritmos de lógica difusa para pronosticar datos de series de tiempo al combinar los métodos de pronóstico para crear un modelo optimizado. La lógica difusa es una lógica probabilística que trata con el razonamiento que es aproximado en lugar de fijo o exacto, cuando las variables de lógica difusa pueden tener un valor verdadero que oscila 0 y 1 grados.
  - o Consejo Corto: calcula los pronósticos de series de tiempo utilizando la lógica difusa, combinando y optimizando múltiples métodos de pronóstico en un pronóstico unificado.
  - o Entrada del Modelo: Tipo de Datos A. Sólo se requiere una variable de entrada.
    - Variable: >VAR1

- **Gráficos de Control: C, NP, P, R, U, X, XMR.** Algunas veces no se establecen los límites de especificación de un proceso; en cambio, los límites de control estadístico se calculan con base en los datos reales recolectados (p.ej. el número de defectos en una línea de fabricación). El límite superior de control (UCL) y el límite inferior de control (LCL) se calculan, así como la línea central (CL), y otros niveles sigma. El gráfico resultante se llama gráfico de control, y si el proceso se sale de control, la línea de defecto real estará por fuera de las líneas UCL y LCL durante un cierto número de veces.

  - **Gráfico C.** La variable es un atributo (p.ej. defectuoso y no defectuoso), los datos recolectados aparecen en número total de defectos (conteo real en unidades), y hay múltiples medidas en un experimento de muestra; cuando se ejecutan múltiples experimentos y el número promedio de defectos de los datos recolectados es de interés; y el número constante de muestras se recolecta en cada experimento.

    - Consejo Corto: Gráfico C de Control representa y mide los niveles de control superiores e inferiores sobre el número de defectos.
    - Entrada del Modelo: Tipos de Datos A. Sólo se requiere una variable de entrada.
      - Unidades Defectuosas
        - >VAR1

  - **Gráfico NP.** La variable es un atributo (p.ej. defectuoso y no defectuoso), los datos recolectados aparecen en proporciones de defectos (o número de defectos en una muestra específica), y hay múltiples medidas en un experimento de muestra; cuando se ejecutan múltiples experimentos y el promedio de proporciones de los defectos de los datos recolectados es de interés; y se recolecta un número constante de muestras en cada experimento.

    - Consejo Corto: Gráfico NP de Control representa y mide los niveles de control superiores e inferiores sobre las proporciones de los defectos.
    - Entrada del Modelo: Tipo de Datos A. Sólo se requiere una variable de entrada, y una segunda entrada numérica manual del tamaño muestral.
      - Unidades Defectuosas, Tamaño de Muestra:
        - >VAR1
        - 20

- ○ **Gráfico P.** La variable es un atributo (p.ej. defectuoso o no defectuoso), los datos recolectados aparecen como proporciones de los defectos (o número de defectos en una muestra específica), y hay múltiples medidas en un experimento de muestra; cuando se ejecutan múltiples experimentos y la proporción promedio de los defectos de los datos recolectados es de interés; y con un número diferente de muestras en cada experimento.
  - ▪ Consejo Corto: el Gráfico P de Control representa y mide los niveles de control superiores e inferiores utilizando unidades defectuosas en comparación con el tamaño muestral.
  - ▪ Entrada del Modelo: Tipo de Datos B. Sólo se requiere una variable de entrada, y una segunda entrada numérica manual del tamaño muestral.
    - • Unidades Defectuosas, Tamaño de Muestra:
      - ○ >VAR1
      - ○ >VAR2
- ○ **Gráfico R.** La variable tiene valores de datos brutos, hay múltiples medidas en un experimento de muestra, se ejecutan múltiples experimentos, y el rango de los datos recolectados es de interés.
  - ▪ Consejo Corto: El Gráfico R de Control representa y mide los niveles de control superiores e inferiores utilizando medidas repetidas de unidades defectuosas.
  - ▪ Entrada del Modelo: Tipo de Datos C. Se requieren múltiples variables de medidas de unidades defectuosas.
    - • Variables de Medición de Unidades Defectuosas:
      - ○ >VAR1; VAR2; VAR3; …
- ○ **Gráfico U.** La variable es un atributo (p.ej. defectuoso o no defectuoso), los datos recolectados aparecen como un número total de defectos (conteo real en unidades), y existen múltiples medidas en un experimento de muestra; cuando múltiples experimentos se ejecutan y el número promedio de defectos de los datos recolectados es de interés; y con un número diferente de muestras recolectadas en cada experimento.
  - ▪ Consejo Corto: Gráfico U de Control representa y mide los niveles superiores e inferiores de control en las unidades totales de los defectos.

- Entrada del Modelo: Tipo de Datos A. Sólo se requiere una variable de entrada, y una segunda entrada numérica manual del tamaño muestral.
  - Unidades Defectuosas, Tamaño Muestral:
    - \>VAR1
    - \>20
- **Gráfico X.** La variable tiene valores de datos brutos, existen múltiples medidas en un experimento de muestra, se ejecutan múltiples experimentos, y el rango de datos recolectados es de interés.
  - Consejo Corto: El Gráfico X de Control representa y mide los niveles superiores e inferiores de control utilizando múltiples medidas de unidades defectuosas repetidas.
  - Entrada del Modelo: Tipo de Datos C. Se requieren múltiples variables de medidas de unidades defectuosas.
    - Variables de medidas de unidades defectuosas:
      - \>VAR1; VAR2; VAR3; …
- **Gráfico XMR.** La variable tiene valores de datos brutos, existe una medición única tomada en cada experimento de muestra, se ejecutan múltiples experimentos, y el valor real de los datos recolectados es de interés.
  - Consejo Corto: Gráfico XMR de Control representa y mide los niveles superiores e inferiores de control sobre las unidades totales de defectos.
  - Entrada del Modelo: Tipo de Datos A. Sólo se requiere una variable de entrada, y una segunda entrada numérica manual del tamaño muestral
    - Unidades Defectuosas:
      - \>VAR1

- **Matriz de Correlación (Lineal y No lineal).** Calcula las correlaciones lineales momento-producto de Pearson (comúnmente conocidas como la R de Pearson) así como la correlación no lineal de rangos de Spearman entre pares de variables y las retorna como una matriz de correlación. El coeficiente de correlación oscila entre −1.0 and +1.0, inclusive. El signo indica la dirección de asociación entre las variables, mientras que el coeficiente indica la magnitud o fuerza de la asociación.

o Consejo Corto: ejecuta las correlaciones no paramétricas de Pearson lineales y no lineales, así como los valores-p significativos (H_0: cada correlación es igual a cero).

o Entrada del Modelo: Tipo de Datos C. Se requieren dos o más variables de entrada. Las diferentes variables se organizan por columnas y todas las variables deben tener cada una por lo menos 3 puntos de datos, con el mismo número de puntos de datos para todas las variables.

- Variables:
  - >VAR1; VAR2; VAR3; …

- **Matriz de Covarianza.** Ejecuta la matriz varianza-covarianza para una muestra y una población, así como la matriz de correlación lineal de Pearson. Para obtener detalles adicionales sobre las correlaciones, ejecute el método de la Matriz de Correlación en lugar de la lineal de Pearson, el rango no lineal no paramétrico de Spearman, y los valores-p significativos de las correlaciones.

  o Consejo Corto: genera varianza-covarianza y matrices de correlación.

  o Entrada del Modelo: Tipo de Datos C. Se requieren dos o más variables de entrada. Distintas variables se organizan por columnas y todas las variables deben tener el mismo número de puntos de datos o filas.

  - Variables:
    - >VAR1; VAR2; VAR3…

- **Regresión de Cox.** Ejecuta el modelo de riesgos proporcionales de Cox para el tiempo de supervivencia y prueba el efecto de varias variables el tiempo en que ocurre un evento especificado.

  o Consejo Corto: Ejecuta el modelo de riesgos proporcionales de Cox.

  o Entrada del Modelo: Tipo de Datos C. Se requieren múltiples variables de entrada. Distintas variables se organizan por columnas y todas las variables deben tener el mismo número de puntos de datos o filas.

  - Variables de Supervivencia, Muerte e Independientes:
    - >VAR1
    - >VAR2
    - >VAR3, VAR4; VAR5; …

- **Spline Cúbico.** Interpola los valores faltantes de un conjunto de datos de series de tiempo y extrapola los valores de los periodos de pronóstico futuros utilizando curvas no lineales. Las curvas spline también se pueden utilizar para pronosticar o extrapolar los valores de periodos de tiempo futuros, más allá del periodo de tiempo de los datos disponibles y los datos pueden ser lineales o no lineales.

- o Consejo Corto: Interpola y extrapola una serie de datos con valores faltantes.
- o Entrada del Modelo: Tipo de Datos B. Se requieren dos variables de entrada. Se organizan diferentes variables en columnas y todas las variables deben tener por lo menos 5 puntos de datos cada una, con el mismo número de puntos de datos totales o filas por variable.
  - Valores conocidos de X, Valores conocidos de Y, Periodo de Inicio, Periodo de Finalización, Tamaño del Paso:
    - \>VAR1
    - \>VAR2
    - \>3
    - \>8
    - \>0.5

- **Modelo Econométrico Personalizado.** Aplicable para pronosticar datos de series de tiempo y transversales y para modelar las relaciones entre variables, y le permite crear múltiples modelos personalizados de regresión. La econometría se refiere a una rama de la analítica de negocios, modelación y técnicas de pronóstico para modelar el comportamiento de o para pronosticar ciertas variables comerciales, financieras, económicas, de las ciencias físicas y otras. El ejecutar los modelos de Econometría Básica es como el análisis de regresión regular excepto que las variables dependientes e independientes se pueden modificar antes de ejecutar una regresión.
  - o Consejo Corto: personaliza su modelo de regresión lineal y no lineal utilizando las variables independientes personalizadas.
  - o Entrada del Modelo: Tipo de Datos C. Se requiere una variable dependiente y múltiples variables independientes.
    - Variable Dependiente, Variables Independientes:
      - \>VAR1
      - \>VAR2; LN(VAR3); (VAR4)^2; LAG(VAR5,1); (VAR6*VAR7)

- **Análisis de Datos: Tabulación Cruzada.** Se utiliza para encontrar valores alfanuméricos (combinaciones de números y palabras) y para encontrar valores únicos y después realizar una tabulación cruzada.

- o Consejo Corto: ejecuta Tabulación Cruzada en valores alfanuméricos únicos o texto.
- o Entrada del Modelo: Tipo de Datos B. Se requieren dos variables de entrada. Ambas variables pueden ser numéricas, alfabéticas, o alfanuméricas.
    - Variable 1 (Alfanumérica), Variable 2 (Alfanumérica):
        - >VAR1
        - >VAR2

- **Análisis de Datos: Únicamente Valores Nuevos.** Se utiliza para encontrar nuevos valores en la Variable Principal que no existen en las Variables de Referencia, y para encontrar los valores que ya existen en la Variable de Referencia así como en los valores que son Duplicados si se combinan ambas variables.
    - o Consejo Corto: Encuentra los datos alfanuméricos en la variable principal que existen o no existen en la variable de referencia, e identifica los duplicados si se combinan ambas variables.
    - o Entrada del Modelo: Tipo de Datos B. Se requieren dos variables de entrada. Las diferentes variables se organizan por columnas y todas las variables deben tener por lo menos 3 puntos de datos cada una, con el mismo número de puntos de datos totales o filas por variable.
        - Variable Principal (Alfanumérica), Variable de Referencia (Alfanumérica), Número de Caracteres (Opcional, predeterminado para todos los caracteres):
            - >VAR1
            - >VAR2
            - >5

- **Análisis de Datos: Subtotal por Categoría.** Se utiliza para encontrar valores de subtotales con base en categorías únicas.
    - o Consejo Corto: calcula los subtotales con base en categorías únicas.
    - o Entrada del Modelo: Tipo de Datos B. Se requieren dos variables de entrada: la Categoría puede ser alfanumérica mientras que los Valores deben ser numéricos.
        - Categoría (Alfanumérica), Valores (Numéricos):
            - >VAR1
            - >VAR2

- **Análisis de Datos: Solamente Valores Únicos.** Identifica los valores que son únicos en cada variable. Los datos pueden ser alfanuméricos, y los primeros caracteres N se pueden utilizar opcionalmente para determinar singularidad.
    - Consejo Corto: busca valores alfanuméricos únicos en cada variable.
    - Entrada del Modelo: Tipos de Datos B y C. Se requieren dos o más variables de entrada. Se organizan diferentes variables por columnas y todas las variables deben tener por lo menos 3 puntos de datos cada una, con el mismo número total de puntos de datos o filas por variable.
        - Variables Principales (Alfanuméricas), Número de Caracteres:
            - >VAR1; >VAR2; VAR3; …
            - >5

- **Estadística Descriptiva de los Datos.** Casi que todas las distribuciones se pueden describir dentro de cuatro momentos (algunas distribuciones requieren un momento, mientras que otras requieren dos momentos y así sucesivamente). Esta herramienta calcula los cuatro momentos y la estadística descriptiva asociada.
    - Consejo Corto: calcula varios momentos y la estadística descriptiva.
    - Entrada del Modelo: Tipo de Datos A. Se requiere una variable de entrada.
        - Variable:
            - >VAR1

- **Desestacionalizar.** Este modelo desestacionaliza y elimina la tendencia de sus datos originales para quitar cualquier componente estacional o de obtención de tendencia. En los modelos de pronóstico, el proceso elimina los efectos de acumular conjuntos de datos de la estacionalidad o tendencia para mostrar únicamente los cambios absolutos en los valores y para permitir identificar patrones cíclicos potenciales al remover la deriva general, la tendencia, los giros, las curvas y los efectos de los ciclos estacionales de un conjunto de datos de series de tiempo.
    - Consejo Corto: desestacionaliza un conjunto de datos de series de tiempo.
    - Entrada del Modelo: Tipo de Datos A. Se requiere una variable de entrada, y un número de periodos por estación.
        - Variable, Periodicidad:
            - >VAR1
            - >4

- **Análisis Discriminante (Lineal).** El LDA (Análisis Discriminante Lineal) se relaciona con ANOVA y con el análisis de regresión multivariada, que intentan modelar una variable dependiente como una combinación lineal de otras variables independientes. El Análisis Discriminante tiene variables independientes continuas y una variable dependiente categórica.
    - Consejo Corto: variables independientes continúas utilizadas para explicar linealmente y modelar una variable dependiente categórica.
    - Entrada del Modelo: Tipo de Datos C. Se requiere una variable dependiente (datos categóricos) y una o múltiples variables independientes.
        - Variable Dependiente Categórica, Variables Independientes:
            - >VAR1
            - >VAR2; VAR3; …

- **Análisis Discriminante (Cuadrático).** El QDA (Análisis Discriminante Cuadrático) se relaciona con ANOVA y con el análisis de regresión multivariada, que intenta modelar una variable dependiente como una combinación no lineal de otras variables independientes. El Análisis Discriminante tiene variables independientes continuas y una variable dependiente categórica. Este QDA es una versión no lineal del LDA (Análisis Discriminante Lineal).
    - Consejo Corto: las variables independientes continuas se utilizan para explicar no linealmente y modelar una variable dependiente categórica.
    - Entrada del Modelo: Tipo de Datos C. Se requiere una variable dependiente (datos categóricos) y una o múltiples variables independientes.

        - Variable Dependiente Categórica, Variables Independientes:
            - >VAR1
            - >VAR2; VAR3; …

- **Ajuste de Distribución.** ¿Qué distribución utiliza un analista o un ingeniero para una variable de entrada en un modelo? ¿Cuáles son los parámetros de distribución relevantes? La hipótesis nula probada es que la distribución ajustada es la misma distribución que la población de la cual provienen los datos de muestra a para ser ajustados.
    - Consejo Corto: realiza varios métodos de ajuste de distribución para identificar la distribución de mejor ajuste.

- o Entrada del Modelo: Tipo de Datos A. Se requiere una variable.
  - ▪ Variable:
    - • >VAR1
- o **Criterio de Información de Akaike (AIC).** Recompensa la bondad de ajuste, pero también incluye una penalidad que es una función creciente del número de parámetros estimados (aunque AIC penaliza el número de parámetros con menor fuerza que otros métodos).
- o **Anderson–Darling (AD).** Cuando se aplica para probar si una distribución normal describe adecuadamente un conjunto de datos, es una de las herramientas estadísticas más poderosas para detectar las salidas de normalidad y también es potente para probar colas normales. Sin embargo, en las distribuciones no normales, a esta prueba le falta potencia cuando se compara con otras.
- o **Kolmogorov–Smirnov (KS).** Una prueba no paramétrica para la igualdad de las distribuciones de probabilidad continua que se puede utilizar para comparar una muestra con una distribución de probabilidad de referencia, que la hace útil para probar distribuciones con forma anormal y distribuciones no normales.
- o **Estadístico de Kuiper (K).** Relacionado con la prueba KS que la hace sensible en las colas, así como en la mediana y es invariante bajo transformaciones cíclicas de la variable independiente. Esta prueba es invaluable cuando se prueben las variaciones cíclicas en el tiempo. Comparativamente, AD proporciona la misma sensibilidad en las colas asó como en la mediana, pero no ofrece invarianza cíclica.
- o **Criterio de Información de Schwarz/Bayes (SC/BIC).** El SC/BIC presenta un término de penalidad para el número de parámetros en el modelo con una mayor penalidad que AIC.
- o **Discreta (Chi-Cuadrado).** La prueba Chi-Cuadrado se utiliza para realizar ajustes de distribución en los datos discretos.
- • **Índice de Diversidad (Shannon, Brillouin, Simpson).** La diversidad mide la distribución de probabilidad de las observaciones o frecuencias entre diferentes categorías y calcula la probabilidad de que cualesquiera dos elementos seleccionados aleatoriamente pertenecerán a la misma categoría. Se calculan tres índices: El Índice de Diversidad de Shannon para una muestra de

datos categóricos (frecuencias de ocurrencia entre diferentes categorías), el Índice de Diversidad de Brillouin para cuando la totalidad de la población está presente, y el Índice de Diversidad de Simpson, para un muestro con reemplazo dentro de una población grande. Cuan más cercanos estén los índices de diversidad al máximo, mayor el nivel de diversidad.

- o Consejo Corto: mide diversidad de un conjunto de datos utilizando frecuencias de varias categorías como entradas. Cuan más cercanos estén los índices al máximo, mayor el nivel de diversidad.
- o Entrada del Modelo: se requiere una variable de entrada con por lo menos 3 filas de datos.
    - ▪ Frecuencia:
        - • >VAR1

- Valores Propios y Vectores Propios *(Eigenvalues/ Eigenvectors)*. Ejecutan y calculan los valores propios y vectores propios de su matriz de datos.
    - o Consejo Corto: calculan los valores propios y vectores propios de su matriz de datos.
    - o Entrada del Modelo: se requieren dos o más variables de entrada. Las diferentes variables se organizan por columnas y todas las variables deben tener por lo menos 3 puntos de datos cada una, con el mismo número de puntos de datos totales o filas por variable. El número total de variables debe encajar con el número de filas, p.ej., los datos ingresados deben estar en una matriz $N \times N$.
        - ▪ Variables:
            - • >VAR1; VAR2; VAR3; …

- Prueba de Endogeneidad con Mínimos Cuadrados en Dos Etapas (Durbin–Wu–Hausman). Prueba si un regresor es endógeno utilizando el método de mínimos cuadrados en dos etapas y aplicando la prueba Durbin–Wu–Hausman. Tanto el Modelo Estructural como el Modelo Reducido (2SLS) se calculan en un paradigma 2SLS, y se administra una prueba de Hausman para probar si una de las variables es endógena.
    - o Consejo Corto: prueba si el regresor es endógeno utilizando el método de mínimos cuadrados en dos etapas y aplicando la prueba de Durbin–Wu–Hausman
    - o Entrada del Modelo: Tipo de Datos C.
        - ▪ Variable Dependiente Estructural, Variable de Prueba, Variables Independientes Estructurales, Variables Independientes de Ecuación Reducida:
            - • VAR1
            - • VAR2

- VAR3
- VAR4; VAR5; VAR6; VAR7

- **Modelo Endógeno (Variables Instrumentales con Mínimos Cuadrados en Dos Etapas).** Ejecuta mínimos cuadrados en dos etapas con variables instrumentales en un modelo bivariado para estimación de pendientes.
  - o Consejo Corto: ejecuta mínimos cuadrados en dos etapas con variables instrumentales para estimación de pendientes.
  - o Entrada del Modelo: Tipo de Datos C.
    - Variable Dependiente, Variable Endógena, Variables Instrumentales:
      - VAR1
      - VAR2
      - VAR3; VAR4; VAR5; VAR6; VAR7

- **Modelo de Corrección de Errores (Engle-Granger).** Ejecuta el modelo de corrección de errores suponiendo que las variables muestran cointegración. Si dos variables de series de tiempo son no estacionarias en el primer orden, I (1), y cuando ambas variables son cointegradas, podemos ejecutar un modelo de corrección de errores para estimar los efectos a corto y largo plazo de una serie de tiempo sobre otra. La corrección de errores viene de la desviación de periodos previos a partir de un equilibrio de largo plazo, en donde el error influye sus dinámicas de corto plazo.
  - o Consejo Corto: ejecuta un modelo de corrección de errores suponiendo que las variables exhiben cointegración.
  - o Entrada del Modelo: Tipo de Datos B. Se requieren exactamente dos variables de entrada. Las variables se organizan por columnas y ambas variables deben tener por lo menos 3 puntos de datos cada una, con el mismo número de puntos de datos totales o filas por variable.
    - Variable Dependiente, Variable Independiente:
      - >VAR1
      - >VAR2

- **Curva-J Exponencial.** Este método genera un crecimiento exponencial en donde el valor del siguiente periodo depende del nivel actual del periodo y el aumento es exponencial. A lo largo del tiempo, los valores aumentarán significativamente de un periodo a otro. Este modelo se utiliza usualmente para pronosticar el crecimiento biológico y las reacciones químicas con el paso del tiempo.

- ○ Consejo Corto: genera un pronóstico de series de tiempo utilizando la Curva-J Exponencial.
- ○ Entrada del Modelo: Tipo de Datos A. Requiere tres entradas manuales simples: el valor inicial del pronóstico, la tasa de crecimiento periódica en porcentaje, y el número total de periodos para pronosticar.
  - ▪ Valor Inicial, Tasa de Crecimiento (%), Periodos de Pronóstico:
    - • >400
    - • >3
    - • >100
- **Análisis de Factores.** Ejecuta un Análisis de Factores para analizar las interrelaciones dentro de grandes números de variables y simplifica dichos factores en un número más pequeño de factores comunes. El método condensa la información contenida en el conjunto original de variables dentro de un conjunto más pequeño de variables de factor implícitas con la pérdida mínima de información. El análisis se relaciona con el Análisis de Componentes Principales (PCA) al utilizar la matriz de correlación y al aplicar el PCA unido con una matriz de rotación Varimax para simplificar los factores.
  - ○ Consejo Corto: ejecuta un Análisis de Factores para analizar las interrelaciones dentro de grandes números de variables y simplifica dichos factores en un número más pequeño de factores comunes.
  - ○ Entrada del Modelo: Tipo de Datos C. Requiere de tres o más variables con por lo menos con igual número de filas.
    - ▪ Variables:
      - • >VAR1; VAR2; VAR3; …
- **Exactitud del Pronóstico: Todas las Medidas de Bondad de Ajuste.** Ejecuta varias medidas para la exactitud del pronóstico y los errores del pronóstico utilizando valores reales y de pronóstico. Los modelos a ejecutar incluyen R múltiple, R-cuadrado, error estándar de estimaciones, Akaike, Bayes, Verosimilitud de Log, Hannan–Quinn, SSE (sumas del cuadrado del error), MAD (desviación media absoluta), MAPE (error porcentual absoluto medio), MSE (error cuadrático medio), RMSE (raíz del error cuadrático medio), MdAE (error absoluto medio), MdAPE (error de porcentaje absoluto mediano), RMSLE (error log cuadrático medio de raíz), RMSPE (error de porcentaje cuadrático medio), RMdSPE (error de porcentaje de la raíz cuadrada de la mediana), sMAPE (error porcentual absoluto simétrico medio), U1 de Theil (medida de exactitud de Theil), y U2 de Theil (medida para calidad de Theil).

- Consejo Corto: Ejecuta varias medidas de exactitud del pronóstico y de errores de pronóstico utilizando sus errores de pronóstico.
- Entrada de Datos: Datos de Tipo B. Variable de datos reales, variable de datos de pronóstico y una entrada manual del número de regresores utilizados para generar su pronóstico y los errores subsecuentes.

- Reales, Pronósticos, Número Total de Variables (Dep. + Indep.):
  - >VAR1
  - >VAR2
  - >6

- Exactitud de los Pronósticos: Akaike, Bayes, Schwarz, MAD, MSE, RMSE. Ejecuta varias medidas de exactitud de pronósticos y errores de pronósticos utilizando sus errores de pronóstico. Los modelos que se ejecutan incluyen: el Criterio de Información de Akaike (AIC), el Criterio de Bayes y Schwarz (BSC), la Corrección de AIC (AIC Aumentado), la Correlación BSC (BSC Aumentado BSC), Desviación Media Absoluta (MAD), Errores Cuadráticos Medios (MSE), Raíz del Error Cuadrático Medio (RMSE).
  - Consejo Corto: ejecuta varias medidas de exactitud de pronósticos y errores de pronósticos utilizando sus errores de pronóstico.
  - Entrada de Datos: Tipo de Datos A. Se requiere una variable de entrada de los errores de pronóstico, como una entrada manual del número de regresores utilizados para generar su pronóstico y los errores posteriores.
    - Errores de Pronóstico, Número Total de Variables (Dep. + Indep.):
      - >VAR1
      - >6

- Exactitud del Pronóstico: Diebold–Mariano (Pronósticos Competidores Duales). Ejecuta las pruebas de Diebold–Mariano y Harvey–Leybourne–Newbold al comparar dos pronósticos para ver si existe una diferencia. La hipótesis nula probada es que no hay una diferencia significativa entre los dos pronósticos.

- o Consejo Corto: prueba si los dos pronósticos son similarmente válidos (H_0: no hay diferencia entre los dos pronósticos).
- o Entrada del Modelo: Tipo de Datos C. Se requieren tres variables: Datos Reales, Primeros Datos Pronosticados, y Segundos Datos Pronosticados, con por lo menos 5 filas de datos para cada variable. Cada variable debe tener el mismo número de filas.
  - Real (=1), Pronóstico 1; Pronóstico 2:
    - \>VAR1
    - \>VAR2; VAR3

- **Exactitud del Pronóstico: Pesaran–Timmermann (Pronóstico Direccional Único).** Ejecuta la prueba Pesaran–Timmermann para ver si el pronóstico puede rastrear adecuadamente los cambios de dirección en los datos. La hipótesis nula probada es que el pronóstico no rastrea los cambios de dirección en los datos.
  - o Consejo Corto: Prueba si el pronóstico rastrea adecuadamente los cambios direccionales en los datos (H_0: el pronóstico no rastrea los cambios direccionales).
  - o Entrada del Modelo: Tipo de Datos B. Se requieren dos variables: los Datos Reales y el Pronóstico, con por lo menos 5 filas de datos para cada variable. Cada variable debe tener el mismo número de filas.
    - Real, Pronóstico:
      - \>VAR1
      - \>VAR2

- **Modelos Lineales Generalizados (Logit con Resultados Binarios).** Las técnicas de las variables limitadas dependientes se utilizan para pronosticar la probabilidad de que algo ocurra dadas ciertas variables independientes (p.ej. predecir si la línea de préstamo se incumplirá dadas las características del deudor tales como la edad, salario, niveles de endeudamiento con la tarjeta de crédito; o la probabilidad de que un paciente tendrá cáncer de pulmón con base en la edad y el número de cigarrillos que se fuma al mes, y así sucesivamente). La variable dependiente es limitada (p.ej. binaria 1 y 0 por incumplimiento/cáncer, o limitada a los valores enteros 1, 2, 3, etc.). El análisis de regresión tradicional no funcionará ya que la probabilidad pronosticada usualmente es menor que cero o mayor que uno, y muchos de los supuestos de regresión requeridos se violan (p.ej. independencia y normalidad de los errores). También tenemos un vector de regresores de variables independientes, *X,* que se supone influyen en el resultado,

Y. Un enfoque ordinario típico de regresión de mínimos cuadrados es invalido porque los errores de regresión son heterocedásticos y no normales, y las estimaciones resultantes de probabilidad estimada retornarán valores sin sentido por encima de 1 o por debajo de 0. Este análisis maneja estos problemas utilizando una rutina de optimización iterativa para maximizar una función de verosimilitud logarítmica cuando las variables dependientes son limitadas.

- o Consejo Corto: ejecuta un modelo de Regresión Logística Binaria con una variable dependiente (0/1) binaria y múltiples variables independientes.
- o Entrada del Modelo: Tipo de Datos C. se requiere una variable dependiente binaria con valores 0 y 1 y múltiples variables continuas o categóricas independientes.
  - Variable Dependiente, Variables Independientes:
    - >VAR1
    - >VAR2; VAR3; …

- **Modelos Lineales Generalizados (Logit con Resultados Bivariados).** Ejecuta la Regresión Logística Multivariada o Modelo Logit con dos variables bivariadas dependientes (Número de Éxitos o Fallas) que dependen de una o más variables independientes. En lugar del Modelo Logit estándar que requiere de datos brutos de 0 a 1 como una variable única, podemos utilizar este Modelo Lineal Generalizado (GLM) Logit con el modelo de Resultados Binarios con éxitos y fallas (conteos de frecuencia) como dos variables separadas.

- o Consejo Corto: ejecuta el Modelo Lineal Generalizado y Regresión Logit con dos variables dependientes (conteos de éxitos y fallas).
- o Entrada del Modelo: Tipo de Datos C. Se requieren dos variables dependientes (Número de Éxitos y Fallas), y se permiten una o más variables independientes, con el mismo número de puntos de datos totales o filas por variable.
  - Variables Independientes, Éxitos, Fallas:
    - >VAR1; VAR2: …
    - >VAR3
    - >VAR4

- **Modelos Lineales Generalizados (Probit con Resultados Binarios).** Un modelo Probit (algunas veces conocido también como un modelo Normit) es una especificación alternativa popular para un modelo de respuesta binaria. Emplea una función estimada Probit utilizando una estimación de probabilidad máxima y se llama regresión Probit. Los modelos de regresión Probit y logísticos tienden a producir predicciones muy similares donde las estimaciones de los parámetros en una regresión logística tienden a ser de 1.6 a 1.8 veces más altos de lo que son en un modelo correspondiente de Probit. La opción de escoger un Probit o Logit depende totalmente de la conveniencia, y la principal distinción es que la distribución logística tiene una curtosis más alta (colas más gordas) para explicar los valores extremos. Por ejemplo, supongamos que la decisión que se va a modelar es la propiedad de una casa, y esta variable de respuesta es binaria (compra o no la casa) y depende de una serie de variables independientes X_i tales como el ingreso, edad y así sucesivamente, de manera tal que $I_i = \beta_0 + \beta_1 X_1 + ... + \beta_n X_n$, donde cuan mayor es el valor de I_i, mayor la probabilidad de tener casa propia. Para cada familia, existe un umbral crítico I^* que en caso de excederse, se compra la casa, de lo contrario, no se compra la casa, y asumimos la probabilidad (P) del resultado como distribuida normalmente, de manera que $P_i = CDF\ (I)$ utilizando una función de distribución acumulada normal estándar (CDF). Por ende, utilice los coeficientes estimados exactamente como el del modelo de regresión y, utilizando la Y estimada, aplique una distribución normal-estándar para calcular la probabilidad.

- o Consejo Corto: ejecuta un modelo de Regresión Probit Binaria con una variable dependiente (0/1) binaria y múltiples variables independientes.
- o Entrada del Modelo: Tipo de Datos C. Se requiere una variable dependiente binaria con valores 0 y 1 y múltiples variables continuas o independientes categóricas.
    - ▪ Variable Dependiente, Variables Independientes:
        - • >VAR1
        - • >VAR2; VAR3; ...

- • Modelos Lineales Generalizados (Probit con Resultados Bivariados). Ejecuta la Regresión Probit Multivariada o Modelo Probit con dos variables bivariadas dependientes (Número de Éxitos o Fallas) que son dependientes en una o más variables independientes. En lugar del Modelo Probit estándar que requiere datos brutos de 0 a 1, podemos utilizar este Modelo Lineal Generalizado (GLM) Probit con el modelo de Resultados Binarios en donde los éxitos y las fallas son conteos de frecuencia.
    - o Consejo Corto: ejecuta el Modelo Lineal Generalizado de Regresión Probit con dos variables dependientes (cuenta los éxitos y fallas).
    - o Entrada del Modelo: Tipo de Datos C. Se requieren Dos Variables Dependientes (Número de Éxitos y Fallas), y

se permiten una o más Variables Independientes, con el mismo número de puntos de datos totales o filas por variable.

- Variables Independientes, Éxitos, Fallas:
  - \>VAR1; VAR2: ...
  - \>VAR3
  - \>VAR4

- **Modelos Lineales Generalizados (Tobit con Datos Censurados).** El modelo Tobit (Tobit Censurado) es un método econométrico y de modelación biométrica utilizado para describir la relación entre una variable Y_i dependiente no negativa y una o más variables X_i independientes. Un modelo Tobit es un modelo econométrico en el que la variable dependiente se censura, es decir, la variable dependiente se censura porque no se observan los valores por debajo de cero. El modelo Tobit supone que hay una variable Y^* latente inobservable. Esta variable es linealmente dependiente sobre las variables X_i, vía un vector de los coeficientes β_i que determinan sus interrelaciones. Adicionalmente, existe un término de error U_i distribuido normalmente para capturar las influencias aleatorias en esta relación. La variable observable Y_i se define como igual a las variables latentes siempre que éstas estén por encima de cero, y se suponga por el contrario que Y_i sea cero. Es decir, $Y_i = Y^*$ por $Y^* > 0$ y $Y_i = 0$ por $Y^* = 0$. Si el parámetro de relación β_i se estima utilizando la regresión ordinaria de mínimos cuadrados de la Y_i observada sobre X_i, los estimadores de regresión resultantes son inconsistentes y producen coeficientes con pendiente sesgada hacia abajo y un intercepto con sesgo hacia arriba.
  - Consejo Corto: ejecuta un modelo de Regresión Tobit con una variable dependiente limitada o censurada y múltiples variables independientes
  - Entrada del Modelo: Tipo de Datos C. Se requiere una variable dependiente censurada y múltiples variables independientes continuas o categóricas.
    - Variable Dependiente, Variables Independientes:
      - \>VAR1
      - \>VAR2; VAR3;

- **Modelo de Ecuación Estructural: Estimación de Ruta (Mínimos Cuadrados Parciales).** El Modelo de Ecuaciones Estructurales (SEM) se utiliza usualmente para resolver las estructuras dependientes de la ruta con variables endógenas. En una regresión multivariada estándar, tenemos una variable Y dependiente y múltiples variables (X_i) independientes, dónde éstas últimas son independientes entre sí. Sin embargo, el

SEM se requiere en situaciones donde las variables independientes están relacionadas (p.ej., variables endógenas). Por ejemplo, si X3 es impactada por X1 y X2, y X4 es impactada por X1 y X3, éstas se deben modelar en una estructura simultánea y resolver utilizando mínimos cuadrados parciales.

- Consejo Corto: ejecuta un modelo de Estimación de Ruta utilizando modelos secuenciales y simultáneos (análisis de ruta utilizando el método de Mínimos Cuadrados Parciales en la Modelación de Ecuaciones Estructurales).

- Entrada del Modelo: Tipo de Datos C. Una o Múltiples Variables Independientes, y Una Variable Dependiente con por lo menos 5 filas de datos en cada variable, con el mismo número de puntos de datos totales o filas por variable.

    - Variables Independientes, Variable Dependiente (repetir para todas las rutas, iniciando con la más corta, y asegurándose de que la última variable sea la variable dependiente).

        - > VAR1; VAR2; VAR3; VAR4; VAR5

        - > VAR1; VAR2; VAR3; VAR4

        - > VAR1; VAR3; VAR4

        - > VAR1; VAR2

- **Causalidad de Granger.** Prueba si una variable de Granger causa otra variable y viceversa, utilizando los rezagos autorregresivos restringidos y los modelos de rezago distributivos sin restricción. La causalidad predictiva en finanzas y economía se prueba midiendo la habilidad para predecir los valores futuros de una serie de tiempo utilizando valores previos de otra serie de tiempo. Una definición más sencilla podría ser que una variable X de series de tiempo de Granger causa otra variable Y de series de tiempo si las predicciones del valor de Y se basan únicamente en sus propios valores previos y los valores previos de X son comparativamente mejores que las predicciones de Y que se basan únicamente en sus propios valores pasados.

    o Consejo Corto: Prueba si una variable de Granger causa otra variable y viceversa, utilizando los rezagos autorregresivos restringidos y los modelos de rezago distributivos sin restricción.

    o Entrada del Modelo: Tipo de Datos B. Se requieren exactamente dos variables de entrada. Las variables están organizadas por columnas y ambas variables deben tener por lo menos 3 puntos de datos cada una, con el mismo número de puntos de datos totales o filas por variable.

- ▪ Variables, Rezagos Máximos:
    - • >VAR1; VAR2
    - • >3

- **Prueba de Grubbs para Atípicos.** Ejecuta la prueba de Grubbs para atípicos con el fin de probar la hipótesis nula de si todos los valores provienen de la misma población normal sin atípicos.
    - o Consejo Corto: prueba los atípicos en sus datos (H_0: no hay atípicos).
    - o Entrada del Modelo: Tipo de Datos A. Se requiere una variable de entrada con por lo menos 3 filas de datos.
        - ▪ Variable:
            - • >VAR1

- **Prueba de Heterocedasticidad (Breusch–Pagan–Godfrey).** Ejecuta la prueba Breusch–Pagan–Godfrey para heterocedasticidad. Utiliza el modelo principal para obtener estimaciones de errores y, utilizando los estimados cuadráticos, se ejecuta un modelo restringido, y se calcula la prueba Breusch–Pagan–Godfrey. La hipótesis nula es que la serie de tiempo es homocedástica.
    - o Consejo Corto: prueba la heterocedasticidad (H_0: serie de tiempo es homocedástica).
    - o Entrada de Datos: Tipo de Datos C. Se requiere una variable dependiente y una o múltiples variables independientes.
        - ▪ Variable Dependiente, Variables Independientes:
            - • >VAR1
            - • >VAR2; VAR3; VAR4; …

- **Prueba de Heterocedasticidad (Multiplicativo de Lagrange).** Ejecuta la Prueba del Multiplicativo de Lagrange para Heterocedasticidad. Utiliza el modelo principal para obtener estimaciones de error y, utilizando las estimaciones cuadráticas, se ejecuta un modelo restringido, y se calcula la prueba del multiplicativo de Lagrange. La hipótesis nula es que la serie de tiempo es homocedástica.
    - o Consejo Corto: prueba la heterocedasticidad (H_0: serie de tiempo es homocedástica).
    - o Entrada de Datos: Tipo de Datos C. Se requiere una variable dependiente y una o múltiples variables independientes.

- Variable Dependiente, Variables Independientes:
  - >VAR1
  - >VAR2; VAR3; VAR4; …

- **Prueba de Heterocedasticidad (Wald–Glejser).** Ejecuta la prueba Wald–Glejser para heterocedasticidad. Utiliza el modelo principal para obtener estimaciones de error, y utilizando las estimaciones cuadráticas, se ejecuta un modelo restringido, y se calcula la prueba Wald–Glejser. La hipótesis nula es que la serie de tiempo es homocedástica.
  - Consejo Corto: prueba la heterocedasticidad (H_0: serie de tiempo es homocedástica).
  - Entrada de Datos: Tipo de Datos C. Se requiere una variable dependiente y una o múltiples variables independientes.
    - Variable Dependiente, Variables Independientes:
      - >VAR1
      - >VAR2; VAR3; VAR4; …

- **Heterocedasticidad (Wald sobre Variables Individuales).** Existen varias pruebas para determinar la presencia de la heterocedastidad, es decir, volatilidades o incertidumbres (la desviación estándar o la varianza de una variable no es constante en el tiempo). Aplicable únicamente a los datos de series de tiempo, estas pruebas también se pueden utilizar para probar las especificaciones incorrectas y las no linealidades. Esta prueba se basa en la hipótesis nula de la no heterocedasticidad.
  - Consejo Corto: ejecuta la prueba de Wald de la heterocedasticidad en cada una de las variables independientes (H_0: cada variable independiente es homocedástica).
  - Entrada del Modelo: Tipo de Datos C. Se requiere una variable dependiente y múltiples variables continuas o categóricas independientes.
    - Variable Dependiente, Variables Independientes:
      - >VAR1
      - >VAR2; VAR3; …

- **Prueba T² de Hotelling: 1 VAR con Medidas Relacionadas.** Ejecuta la Prueba T^2 de Hotelling para un conjunto muestral de características múltiples relacionadas (variables). Por ejemplo, las características tales como utilidad, atractivo, durabilidad, y nivel de interés en un único producto nuevo se recolectan y enumeran como columnas de variables. La hipótesis nula probada es que hay cero diferencias entre todas las características relacionadas (variables) al comparar con sus respectivos objetivos. La Prueba de T^2 de Hotelling para Una Variable con Medidas

Relacionadas es una extensión de la prueba-T para variables independientes y los ajustes de Bonferroni se aplican simultáneamente a múltiples variables.

- o Consejo Corto: prueba simultáneamente las múltiples características de un grupo de múltiples variables. (H_0: no hay diferencia entre las características de la variable frente a sus objetivos).
- o Entrada del Modelo: Tipo de Datos C. Se requieren dos o más variables de entrada. Las diferentes variables se organizan por columnas y todas las variables (características) deben tener por lo menos 5 puntos de datos cada una, con el mismo número de puntos de datos totales o filas por variable. El número de Objetivos ingresados debe encajar con el número de variables.
  - Datos, Objetivos:
    - \>VAR1; VAR2; VAR3; …
    - \>7
    - \>8

- **Prueba T² de Hotelling: 2 Pares Dependientes de VAR con Medidas Relacionadas.** Ejecuta la Prueba T^2 de Hotelling de Dos Grupos Pareados para dos conjuntos de muestra de múltiples características (variables) relacionadas. Por ejemplo, características tales como utilidad, atractivo, durabilidad, y nivel de interés en dos productos nuevos se recolectan y enumeran como columnas de variables. La hipótesis nula probada es que hay cero diferencias entre todas las características (variables) relacionadas comparadas con los dos grupos frente a sus respectivos objetivos. La Prueba T^2 de Hotelling para Dos Variables Dependientes con Medidas Relacionadas es una extensión de la prueba-T para variables dependientes y los ajustes de Bonferroni se aplican simultáneamente a múltiples variables pareadas.
  - o Consejo Corto: prueba simultáneamente múltiples características de dos grupos de variables pareadas. (H_0: no hay diferencia entre las características de las variables de los dos grupos frente a sus respectivos objetivos).
  - o Entrada del Modelo: Tipo de Datos D. Se requieren exactamente dos grupos. Dos o más variables de entrada se requieren en cada grupo. Las diferentes variables se organizan por columnas y todas las variables (características) deben tener por lo menos 5 puntos de datos cada una. Todas las variables en ambos grupos deben tener un igual número de filas de datos. El número de Variables del Grupo 2 debe ser igual al número de Variables del Grupo 1. El número de Objetivos debe ajustarse al número de variables en

el Grupo 1 y son entradas opcionales (la configuración predeterminada es que todos los objetivos son iguales a 0).

- ▪ Variables del Grupo 1, Variables del Grupo 2, Objetivos:
  - • >VAR1; VAR2; VAR3; …
  - • >VAR6; VAR7; VAR8; …
  - • >7
  - • >8

- **Prueba T² de Hotelling: 2 VAR Indep. Igual Varianza con Medidas Relacionadas.** Ejecuta la Prueba T² de Hotelling de Dos Grupos Independientes con Medidas Relacionadas de Igual Varianza para dos conjuntos de muestra de características (variables) relacionadas. Por ejemplo, las características tales como utilidad, atractivo, durabilidad, y nivel de interés en dos productos nuevos se recolectan y enumeran como columnas de variables. La hipótesis nula probada es que hay cero diferencias entre todas las características (variables) relacionadas comparadas con los dos grupos. La Prueba T² de Hotelling para Dos Grupos Independientes con Medidas Relacionadas de Igual Varianza es una extensión de la prueba-T para variables independientes con igual varianza y los ajustes de Bonferroni se aplican simultáneamente a múltiples variables independientes.
  - ○ Consejo Corto: prueba simultáneamente múltiples características de dos grupos de múltiples variables con igual varianza. (H_0: no hay diferencia entre las características de la variable de los dos grupos).
  - ○ Entrada del Modelo: Tipos de Datos D. Se requieren exactamente dos grupos. Se requieren dos o más variables de entrada en cada grupo. Las diferentes variables se organizan por columnas y todas las variables (características) deben tener por lo menos 5 puntos de datos cada una. Todas las variables en cada grupo deben tener igual número de filas, pero el número de filas en el Grupo 1 y el Grupo 2 pueden ser diferentes. El número de las Variables del Grupo 2 debe ser igual al número de Variables del Grupo 1.
    - ▪ Variables Grupo 1, Variables Grupo 2:
      - • >VAR1; VAR2; VAR3; …
      - • >VAR6; VAR7; VAR8; …

- **Prueba T² de Hotelling: 2 VAR Indep. Varianza Desigual con Medidas Relacionadas.** Ejecuta la Prueba T² de Hotelling de Dos Grupos Independientes con Medidas Relacionadas de Varianza Desigual para dos conjuntos de muestra de características (variables) relacionadas múltiples. Por ejemplo, se recolectan las características tales como utilidad, atractivo, durabilidad, y nivel de interés de dos productos nuevos y se enumeran como columnas de variables. La hipótesis nula probada es que hay cero diferencias entre todas las características (variables) relacionadas comparadas en los dos grupos. La Prueba T² de Hotelling de Dos Grupos Independientes con Medidas Relacionadas de Varianza Desigual es una extensión de la prueba-t para variables independientes con igual varianza y los ajustes de Bonferroni se aplican simultáneamente a múltiples variables independientes.

- o Consejo Corto: prueba simultáneamente múltiples características de dos grupos de variables múltiples con varianza desigual (H_0: no hay diferencias en las características de la variable entre dos grupos).
- o Entrada del Modelo: Tipo de Datos D. Se requieren exactamente dos grupos. Se requieren dos o más variables en cada grupo, con más de 5 filas de datos en cada variable. Todas las variables en cada grupo deben tener igual número de filas, pero el número de filas en el Grupo 1 y el Grupo 2 pueden ser diferentes. El número de Variables del Grupo 2 debe ser igual al número de Variables del Grupo 1.
  - ▪ Variables del Grupo 1, Variables del Grupo 2:
    - • >VAR1; VAR2; VAR3; …
    - • >VAR6; VAR7; VAR8; …

- • **Confiabilidad de "Consistencia" Interna: Alfa de Cronbach (Datos Dicotómicos).** El Alfa de Cronbach mide la "Consistencia" interna y la confiabilidad de los datos continuos y no dicotómicos incluyendo datos de cuestionario y la escala de Likert. Un alfa alto mide (> 0.7) implica una confiabilidad fuerte versus la hipótesis nula probada para alfa igual a cero donde no hay "Consistencia" interna ni confiabilidad entre los evaluadores. Cada pregunta se configura como diferentes columnas de variables versus las filas de datos, que son las distintas evaluaciones o respuestas de los evaluadores.
  - o Consejo Corto: revisa la "Consistencia" y confiabilidad de las diferentes respuestas de las personas a las mismas preguntas (H_0: existe fiabilidad de cero Alfa y ninguna "Consistencia" interna).
  - o Entrada del Modelo: Tipo de Datos C. Se requieren dos o más variables de entrada. Las diferentes variables se organizan por columnas y todas las variables deben tener por lo menos 5 puntos de datos cada una, con el mismo número de puntos de datos totales o filas por variable.
    - ▪ Variables:
      - • >VAR1; VAR2; VAR3; …

- **Confiabilidad de "Consistencia" Interna: Lambda de Guttman y Modelo de Mitades Partidas.** La "Consistencia" interna y la confiabilidad implican que las medidas de un experimento serán consistentes a lo largo de pruebas repetidas del mismo sujeto bajo condiciones idénticas. La prueba de Gutman y el modelo de Mitades Partidas toman un conjunto de datos existente y lo dividen en múltiples pruebas internas replicables. Estas pruebas miden la "Consistencia" y confiabilidad de diferentes respuestas a la misma pregunta en donde las bajas correlaciones y puntajes de lambda significan baja confiabilidad y baja "Consistencia", y una lambda más alta y los puntajes de correlación (>0.7) implican un mayor nivel de confiabilidad.
    - Consejo Corto: mide la "Consistencia" y confiabilidad de diferentes respuestas a las mismas preguntas donde las bajas correlaciones y los puntajes de lambda significan baja confiabilidad y baja "Consistencia".
    - Entrada del Modelo: Tipo de Datos C. Se requieren dos o más variables de entrada. Las diferentes variables se organizan por columnas y todas las variables deben tener por lo menos 3 puntos de datos cada una, con el mismo número de puntos de datos totales o filas por variable. El número total de variables debe ser igual.
        - Variables: >VAR1; VAR2; VAR3; …

- **Confiabilidad Entre-Evaluadores: Kappa de Cohen.** La prueba Kappa de Cohen mide la confiabilidad de dos evaluadores independientes al medir sus niveles de acuerdo y teniendo en cuenta las posibilidades aleatorias de desacuerdo. La hipótesis nula probada es que los juicios de dos investigadores independientes son confiables o no tienen una diferencia significativa. Ingrese los datos como una matriz $N \times N$ (filas para las respuestas de un juez a varias preguntas y columnas para las respuestas del segundo juez responde a las mismas preguntas).
    - Consejo Corto: mide la confiabilidad de dos evaluadores independientes y sus niveles de acuerdo (H_0: ambos conjuntos de juicios acuerdan y son confiables comparados entre sí).
    - Entrada del Modelo: Tipo de Datos C. Se requieren dos o más variables de entrada. Las diferentes variables se organizan por columnas y todas las variables deben tener por lo menos 5 puntos de datos cada una, con el mismo número de puntos de datos totales o filas por variable. El número de columnas debe ser igual al número de filas (matriz NxN).

        - Variables: >VAR1; VAR2; VAR3; …

- **Confiabilidad Entre-Evaluadores: Correlación Inter Clase (ICC).** La prueba de Confiabilidad de Correlación Inter clase (ICC) determina la confiabilidad de los puntajes al comparar la variabilidad de varios puntajes del mismo sujeto con la variación total a lo largo de todos los puntajes y todos los sujetos de manera simultánea. Una ICC alta indica un alto nivel de confiabilidad, y el análisis se puede aplicar a las escalas de Likert y a cualesquiera otras escalas cuantitativas. Las columnas de variables corresponden a cada una de las respuestas del juez frente a diferentes sujetos (filas).
    - o Consejo Corto: mide la confiabilidad de diferentes respuestas de los jueces a los mismos sujetos donde las bajas correlaciones significan baja confiabilidad y baja "Consistencia".
    - o Entrada del Modelo: Tipo de Datos C. Se requieren dos o más variables de entrada. Las diferentes variables se organizan por columnas y todas las variables deben tener por lo menos 5 puntos de datos cada una, con el mismo número de puntos de datos totales o filas por variable.
        - ▪ Variables:
            - • >VAR1; VAR2; VAR3; …

- **Confiabilidad Entre-Evaluadores: W de Kendall (Sin empates).** Ejecuta la Medida de Concordancia de Kendall o W de Kendall entre evaluadores. Cada columna es un elemento diferente y cada fila es el valor de cada juez o evaluador. La hipótesis nula probada es que no hay acuerdo entre los distintos jueces (W=0), indicando que no hay confiabilidad entre evaluadores.
    - o Consejo Corto: mide la concordancia entre evaluadores (H_0: hay cero concordancias entre los diferentes evaluadores, indicando W=0 o que no existe una confiabilidad entre evaluadores).
    - o Entrada del Modelo: Tipo de Datos C. Se requieren dos o más variables de entrada. Las diferentes variables se organizan por columnas y todas las variables deben tener por lo menos 3 puntos de datos cada una, con el mismo número de puntos de datos totales o filas por variable.
        - ▪ Variables:
            - • >VAR1; VAR2; VAR3; …

- **Confiabilidad Entre-Evaluadores: W de Kendall (Con empates).** Ejecuta la Medida de Concordancia de la W de Kendall entre evaluadores después de ajustar empates. Cada columna es un elemento diferente y cada fila es un valor del juez o del evaluador. La hipótesis nula probada es que no hay acuerdo entre los diferentes jueces (W=0), indicando que no hay confiabilidad entre los evaluadores.

- o Consejo Corto: mide la concordancia entre evaluadores ajustada para empates (H_0: existe cero concordancias entre diferentes evaluadores, indicando W=0 o ninguna confiabilidad entre evaluadores).
- o Entrada del Modelo: Tipo de Datos C. Se requieren dos o más variables de entrada. Las diferentes variables se organizan por columnas y todas las variables deben tener por lo menos 3 puntos de datos cada una, con el mismo número de puntos de datos totales o filas por variable.
  - ▪ Variables:
    - • >VAR1; VAR2; VAR3; …

- **Correlación de la Tau de Kendall (Sin empates).** La Tau de Kendall es un coeficiente de correlación no paramétrico, que tiene en cuenta la concordancia o discordancia, con base en todas las combinaciones pareadas posibles. La hipótesis nula probada es que hay correlación cero.
  - o Consejo Corto: correlación no paramétrica para la concordancia de la Tau de Kendall (H_0: existe una correlación de cero entre las dos variables)
  - o Entrada del Modelo: Tipo de Datos B. Se requieren dos variables de entrada. Las diferentes variables están organizadas por columnas y todas las variables deben tener por lo menos 3 puntos de datos cada una, con el mismo número de puntos de datos totales o filas por variable.
    - ▪ Variables:
      - • >VAR1; VAR2

- **Correlación de la Tau de Kendall (Con empates).** La Tau de Kendall es un coeficiente de correlación no paramétrico, que tiene en cuenta la concordancia o discordancia, y que corrige los empates, con base en todas las combinaciones pareadas posibles. La hipótesis nula probada es que hay correlación de cero entre las dos variables.
  - o Consejo Corto: correlación no paramétrica para concordancia de la Tau de Kendall corregida para los empates (H_0: existe correlación de cero entre las dos variables)
  - o Entrada del Modelo: Tipo de Datos B. Se requieren dos variables de entrada. Las diferentes variables están organizadas por columnas y todas las variables deben tener por lo menos 3 puntos de datos cada una, con el mismo número de puntos de datos totales o filas por variable.
    - ▪ Variables:
      - • >VAR1; VAR2

- **Interpolación Lineal.** En ciertas ocasiones, las tasas de interés o cualquier tipo de tasas que dependen del tiempo pueden tener valores faltantes. Por ejemplo, las tasas del Tesoro para los Años 1, 2 y 3 existen, y después saltan al Año 5, saltándose el año 4. Podemos, utilizando la interpolación lineal (p.ej. suponemos que las tasas durante los periodos faltantes están relacionadas linealmente), determinar y "completar" o interpolar sus valores.
  - Consejo Corto: completa los puntos faltantes en las series de datos.
  - Entrada del Modelo: Tipo de Datos B. Se requieren dos variables de entrada. Las diferentes variables están organizadas por columnas y todas las variables deben tener por lo menos 3 puntos de datos cada una, con el mismo número de puntos de datos totales o filas por variable.
  - Periodos, Valores, Valor Requerido por Periodo.
    - >VAR1
    - >VAR2
    - 5

- **Curva-S Logística.** La curva-S, o curva de crecimiento logístico, inicia como una curva-J, con tasas de crecimiento exponencial. Con el paso del tiempo, el entorno se satura (p.ej. saturación del mercado, competencia, sobrepoblación), el crecimiento es más lento, y el valor del pronóstico eventualmente termina en una saturación o en un nivel máximo. El modelo de curva-S se utiliza usualmente en el pronóstico de la participación de mercado o crecimiento de las ventas de un nuevo producto desde su introducción al mercado hasta su madurez y declive, las dinámicas de la población, el crecimiento de cultivos bacterianos, y otras variables que ocurren naturalmente.
  - Consejo Corto: genera un pronóstico de series de tiempo utilizando la curva-S Logística.
  - Entrada del Modelo: Tipo de Datos A. Requiere cuatro entradas manuales simples: supuestas tasas de crecimiento (%), valor de inicio del pronóstico, valor de capacidad máxima, y el número total de periodos para pronosticar.
  - Supuesta Tasa de Crecimiento (%), Valor de Base Inicial, Valor de Capacidad Máxima, Periodos de Pronóstico:
    - >10
    - >10
    - >1200
    - >120

- **Distancia de Mahalanobis.** La distancia de Mahalanobis mide la distancia entre el punto X y una distribución Y, con base en las generalizaciones multidimensionales del número de desviaciones estándar X que están lejos del promedio de Y. Esta distancia multidimensional de Mahalanobis es equivalente a la distancia estándar Euclidiana. La hipótesis nula probada es que no hay atípicos en cada una de las filas de datos.
    - Consejo Corto: Verifica los atípicos en cada fila de datos.
    - Entrada del Modelo: Tipo de Datos C. Se requieren dos o más variables de entrada. Distintas variables se organizan por columnas y todas las variables deben tener por lo menos 5 puntos de datos cada una, con el mismo número de puntos de datos totales o filas por variable.
        - Variables: >VAR1; VAR2; VAR3; …

- **Cadena de Markov.** La Cadena de Markov modela la probabilidad de un estado futuro que depende de un estado previo (sistema matemático que experimenta las transiciones de un estado a otro), formando una cadena que al estar vinculados entre si (proceso aleatorio caracterizado por la falta de memoria, p.ej., el siguiente estado depende únicamente del estado actual y no de la secuencia de eventos que le preceden) se revierte en un nivel de estado estable de largo plazo. Utilizado para pronosticar la participación de mercado de dos competidores.
    - Consejo Corto: genera una serie de tiempo de una Cadena de Markov de dos estados de estados alternativos.
    - Entrada del Modelo: Tipo de Datos A. Requiere dos entradas manuales simples, Probabilidad del Estado 1, Probabilidad del Estado 2. Estado 1, Estado 2:
        - >10
        - >10

- **Matriz de Transición de Markov para Riesgos.** La Matriz de Transición de Markov modela la probabilidad de los estados futuros utilizando un sistema matemático que experimenta transiciones de un estado a otro. Es una extensión de la Cadena de Markov de dos estados.
    - Consejo Corto: genera una serie de tiempo de una Cadena de Markov de estados alternantes como una matriz de transición para riesgos.
    - Entrada del Modelo: Tipo de Datos A. Requiere una variable de datos históricos y una entrada manual simple del número de estados para modelar.
        - Variable, Número de Estados:
            - >VAR1
            - >5

- **Regresión Múltiple de Poisson (Población y Frecuencia).** La Regresión de Poisson es como la regresión logit en cuanto que las variables dependientes sólo pueden tomar valores no negativos, pero también que la distribución subyacente de los datos es una distribución de Poisson, que se obtiene de una población conocida.
  - o Consejo Corto: ejecuta una regresión de Poisson con variables dependientes no negativas donde todas las variables siguen una distribución de Poisson con algún tamaño conocido de población.
  - o Entrada del Modelo: Tipo de Datos C. Se permite una Variable Dependiente, un Tamaño de Población o varíale de Frecuencia, y una o más Variables Independientes, con el mismo número de puntos de datos totales o filas por variable.
    - ▪ Variable Dependiente, Población o Frecuencia, Variables Independientes:
      - • >VAR1
      - • >VAR2
      - • >VAR3; VAR4; VAR5

- **Regresión Múltiple (Regresión de Deming con Varianza Conocida).** En las regresiones multivariadas regulares, la variable Y dependiente es modelada y predicha por las variables independientes X, con algún error ε. Sin embargo, en una regresión de Deming, suponemos además que los datos recolectados para Y y X tienen incertidumbres y errores adicionales, o varianzas, que se utilizan para proporcionar un ajuste más relajado en un modelo de Deming
  - ▪ Consejo Corto: ejecuta una regresión bivariada suponiendo que las variables tienen incertidumbres o varianzas adicionales.
  - ▪ Entrada del Modelo: Tipo de Datos B. Se requieren dos variables con por lo menos 5 filas de datos cada una, Variable Dependiente y la Variable Independiente. Igualmente se requieren las varianzas de estas dos variables.
    - ▪ Variable Dependiente, Variable Independiente, Varianza de la Variable Dependiente, Varianza de la Variable Independiente:
      - • VAR1
      - • VAR2
      - • 0.09
      - • 0.02

- **Regresión Múltiple (Lineal).** La Regresión Lineal Multivariada se utiliza para modelar la estructura de relación y las características de una cierta variable dependiente en cuanto que depende de otras variables exógenas independientes. Utilizando la relación modelada, podemos pronosticar los valores futuros de la variable dependiente. La exactitud y la bondad de ajuste también se pueden pronosticar para este modelo. Los modelos lineales y no lineales se pueden ajustar en la regresión múltiple.
  - Consejo Corto: ejecuta una regresión lineal múltiple.
  - Entrada del Modelo: Tipo de Datos C. Se requieren dos conjuntos de variables: una variable dependiente y una o múltiples variables independientes, con por lo menos 5 filas de datos en cada variable, con el mismo número de puntos de datos totales o filas por variable.
    - Variable Dependiente, Variables Independientes:
      - >VAR1
      - >VAR2; VAR3; …

- **Regresión Múltiple (No Lineal).** La regresión multivariada no lineal se utiliza para modelar la estructura de relación y las características de una cierta variable dependiente en cuanto que depende de otras variables exógenas independientes. Utilizando la relación modelada, podemos pronosticar los valores futuros de la variable dependiente. La exactitud y bondad de ajuste también se pueden pronosticar para este modelo. Los modelos lineales y no lineales se pueden ajustar en el análisis de regresión múltiple.
  - Consejo Corto: ejecuta una regresión no lineal múltiple
  - Entrada del Modelo: Tipo de Datos C. Se requieren dos conjuntos de variables: una variable dependiente y una o múltiples variables independientes, con por lo menos 5 filas de datos en cada variable, con el mismo número de puntos de datos totales o filas por variable.
    - Variable Dependiente, Variables Independientes:
      - >VAR1
      - >VAR2; VAR3; …

- **Regresión Múltiple (Regresión Logística Ordinal).** Ejecuta una regresión logística ordinal multivariada con dos variables dependientes y múltiples variables independientes.
  - Consejo Corto: ejecuta una regresión logística ordinal multivariada con dos variables dependientes y múltiples variables independientes. Las variables independientes pueden ser variables ordinales y los puntos de datos son conteos. Por ejemplo, las dos variables dependientes pueden ser categorías de Edad (1-5) y Sexo (0/1), con

cinco variables independientes completadas con el número o frecuencias de personas que responden que están Muy de Acuerdo, de Acuerdo, Neutral, en Desacuerdo, o Muy en Desacuerdo.

o Entrada del Modelo: Tipo de Datos C. Se requieren dos conjuntos de variables: dos variables dependientes y una o múltiples variables independientes, con por lo menos 5 filas de datos en cada variable, con el mismo número de puntos de datos totales o filas por variable.

- Variables Dependientes, Variables Independientes:
  - >VAR1; VAR2
  - >VAR3; VAR4; VAR5; …

- **Regresión Múltiple (A través del Origen).** Ejecuta una regresión lineal múltiple, pero sin un intercepto.
  o Consejo Corto: Ejecuta una regresión lineal múltiple, pero sin un intercepto.
  o Entrada del Modelo: Tipo de Datos C. Se requieren dos conjuntos de variables: una variable dependiente y una o múltiples variables independientes, con por lo menos 5 filas de datos en cada variable, con el mismo número de puntos de datos totales o filas por variable.
  - Variable Dependiente, Variables Independientes:
    - >VAR1
    - >VAR2; VAR3; …

- **Regresión Múltiple (Pruebas de Forma Funcional de Dos Variables).** Ejecuta una prueba de regresión bivariada sobre múltiples formas funcionales incluyendo Lineal, Log Lineal, Recíproca, Cuadrática, Log Lineal, Log Recíproca, Log Cuadrática, Log Doble, Logística.
  o Consejo Corto: Ejecuta una prueba de regresión bivariada sobre múltiples formas funcionales.
  o Entrada del Modelo: Tipo de Datos B. Se requieren dos variables: una variable dependiente y una independiente, con por lo menos 5 filas de datos en cada variable, con el mismo número de puntos de datos totales o filas por variable.
  - Variable Dependiente, Variable Independiente:
    - >VAR1
    - >VAR2

- **Regresión Múltiple de Ridge (Varianza Baja, Sesgo Alto, VIF Alta).** Una regresión de Ridge viene con un mayor sesgo que una regresión múltiple ordinaria de mínimos cuadrados, pero tiene menor varianza. Es más apta para situaciones que tienen factores de inflación con varianza alta y multicolinealidad o cuando existe un alto número de variables en comparación con los puntos de datos.

- o Consejo Corto: regresión múltiple ajustada para un VIF de alta multicolinealidad o cuando hay un alto número de variables independientes en comparación con los puntos de datos disponibles.
- o Entrada del Modelo: Tipo de Datos C. Se requiere una variable dependiente, y se permiten una o más variables independientes, con el mismo número de puntos de datos totales o filas por variable. Lambda es una entrada opcional.
  - ▪ Variable Dependiente, Variables Independientes, Lambda (Opcional, predeterminado en 0.1):
    - • VAR1
    - • VAR2
    - • 0.09
    - • 0.02

- **Regresión Ponderada Múltiple (Método de Regresión para Arreglar la Heterocedasticidad).** Ejecuta una regresión multivariada sobre variables ponderadas para corregir la heterocedastidad en todas las variables. Las ponderaciones utilizadas para ajustar estas variables son las desviaciones estándar de las entradas del usuario.
  - o Consejo Corto: modelación de regresión múltiple sobre variables con ponderación ajustada para corregir la heterocedasticidad.
  - o Entrada del Modelo: Tipo de Datos C. Se requiere una variable dependiente, y se permiten una o más variables independientes, con el mismo número de puntos de datos totales o filas por variable. Finalmente, se requiere una variable de entrada ponderada, que es una serie de desviaciones estándar.
    - ▪ Variable Dependiente, Variable Independiente, Ponderaciones en la Desviación Estándar:
      - • VAR1
      - • VAR2; VAR3; VAR4; …
      - • VAR5

- **Filtro de Hodrick–Prescott.** El filtro de Hodrick–Prescott ayuda a reducir el ruido de los datos y la variación estocástica de una variable de series de tiempo mientras que se mantienen las fluctuaciones y los ciclos de los datos. Los datos filtrados usualmente son más predecibles debido a la reducción del ruido aleatorio. El parámetro Lambda de suavizamiento se puede calibrar para aumentar o reducir el filtro de ruido. Típicamente, lambda se establece en 100 para datos anuales, 1,600 para datos trimestrales, y 14,400 para datos mensuales.

- Consejo Corto: ejecuta el filtro para reducir el ruido de los datos y la variación estocástica de una variable de series de tiempo.
- Entrada del Modelo: Tipo de Datos A. Una variable única y un parámetro de entrada manual.
  - Datos de Series de Tiempo, Lambda:
    - \>VAR1
    - \>100

- **Simulación de la Convolución.** Ejecuta una simulación que complica las frecuencias de eventos de riesgo discretos (p.ej., distribuciones normales discretas y de Poisson) y suma sus severidades de impacto continuo (p.ej., distribuciones log normales, de Frechet, Gumbel Max, normal, Pareto y Weibull). La distribución simulada tiene los mismos valores esperados como la multiplicación estática de los primeros momentos y la multiplicación de dos distribuciones de probabilidad simulada. Sin embargo, la amplitud de distribución del segundo momento es menor y más conservadora, en comparación con una multiplicación simple de dos distribuciones independientes de probabilidad simulada. Este método de convolución es útil para modelar las pérdidas por riesgo operacional.

  - Normal Discreta con Escala Aritmética Log normal
  - Normal Discreta con Escala Logarítmica Log normal
  - Poisson con Frechet
  - Poisson con Gumbel Max
  - Poisson con Escala Aritmética Log normal
  - Poisson con Escala Log Lognormal
  - Poisson con Normal
  - Poisson con Pareto
  - Poisson con Weibull

  - Consejo Corto: ejecuta una simulación que complica las frecuencias de eventos de riesgo discretos y suma sus severidades de impacto continuo.
  - Entrada del Modelo: Tipo de Datos A. Múltiples parámetros de entrada manual.

- Lambda, Media, Stdev, Deducible (Opcional), Pruebas (Opcional), Semilla (Opcional):
  - >6
  - >2
  - >0.8
  - >0
  - >1000
  - >123

- **Red Neuronal.** Se utiliza comúnmente para hacer referencia a una red o circuito de neuronas biológicas. El uso moderno del término *red neuronal* con frecuencia se refiere a las redes neuronales artificiales compuestas por neuronas artificiales, o nodos, recreados en un entorno de software. Dichas redes pretenden imitar las neuronas en el cerebro humano en la manera en que piensa e identifica los patrones y, en nuestra situación, identifica los patrones con el fin de pronosticar los datos de series de tiempo.
  - **Lineal.** Aplica una función lineal.
  - **Logístico No Lineal.** Aplica una función logística no lineal.
  - **Coseno No Lineal con Tangente Hiperbólica.** Aplica un coseno no lineal con función tangente hiperbólica.
  - **Tangente Hiperbólica No Lineal.** Aplica una función tangente hiperbólica no lineal.
    - Consejo Corto: ejecuta una red neural para el pronóstico de series de tiempo a través de algoritmos de reconocimiento de patrones (lineal, logístico, coseno, hiperbólico).
    - Entrada del Modelo: Tipo de Datos A. Variable de Datos, Capas, Conjunto de Pruebas, Periodos de Pronóstico, y la Aplicación de Optimización Multifase (Opcional, predeterminada establecida en 0 o sin optimización)
      - Variables de Datos, Capas, Conjunto de Pruebas, Periodos de Pronóstico:
        - >VAR1
        - >3
        - >20
        - >5
        - >1

- Análisis de Contingencia de los Datos Nominales (Homogeneidad Marginal de McNemar). Ejecuta la prueba de McNemar sobre un par de datos nominales alfanuméricos y crea tablas de contingencia de 2x2 con rasgos dicotómicos. La prueba determina si las probabilidades marginales de las filas y columnas de variables son iguales, es decir, si hay una homogeneidad marginal. La hipótesis nula es de homogeneidad marginal donde las dos probabilidades marginales para cada resultado son las mismas.
  - Consejo Corto: ejecuta la prueba de McNemar en un par de datos nominales alfanuméricos y crea tablas de contingencia de 2×2 con rasgos dicotómicos.
  - Entrada del Modelo: Tipo de Datos B. Se requieren dos variables alfanuméricas, con el mismo número de puntos de datos totales o filas por variable.
    - Variable 1, Variable 2:
      - VAR1; VAR2

Las técnicas no-paramétricas no hacen supuestos sobre la forma específica o distribución de dónde se extrae la muestra. Esta falta de supuestos es diferente de otras pruebas de hipótesis tales como ANOVA o las pruebas-t (pruebas paramétricas) de donde se supone se extrae la muestra de una población que se distribuye normalmente o aproximadamente normal. Si hay un supuesto de normalidad, la potencia de la prueba es mayor debido a esta restricción de normalidad. Sin embargo, si la flexibilidad es necesaria en los requisitos de distribución, entonces las técnicas no paramétricas son superiores. En general, las metodologías no paramétricas proporcionan las siguientes ventajas sobre las pruebas paramétricas:

- o No hay que suponer la normalidad o la normalidad aproximada.
- o Se requieren menores supuestos acerca de la población y las pruebas no paramétricas no requieren un supuesto de población de cualquier distribución específica.
- o Se pueden analizar tamaños de muestra más pequeños.
- o En comparación con las pruebas paramétricas, las pruebas no-paramétricas utilizan los datos de manera menos eficiente.
- o La potencia de la prueba es menor que las pruebas paramétricas
- o Se pueden probar las muestras con escalas de medición nominal y ordinal.
- o Las varianzas de muestra no tienen que ser iguales (requeridas en las pruebas paramétricas).

- **Prueba No Paramétrica de Bondad de Ajuste de Chi-Cuadrado para Normalidad (Datos Agrupados).** La prueba de bondad de ajuste de chi-cuadrado se utiliza para examinar si un conjunto de datos muestrales pudo haber sido extraído de una población que tiene una distribución de probabilidad especificada. La distribución de probabilidad probada aquí es la distribución normal. La hipótesis nula probada es tal que la muestra se extrae aleatoriamente de la distribución normal.
  - o Consejo Corto: prueba no paramétrica para normalidad (H_0: el conjunto de datos se distribuye normalmente)
  - o Entrada del Modelo: Tipo de Datos B. Se requieren dos variables de entrada con por lo menos 3 filas de datos cada una.
    - ▪ Límite Superior de Categoría de Datos, Frecuencia dentro de esa Categoría, Media, Desviación Estándar:

- >VAR1
- >VAR2
- >945
- >145

- **Chi-cuadrado No Paramétrica para Independencia.** La prueba chi-cuadrado para independencia examina dos variables para ver si existe alguna relación estadística entre ellas. Esta prueba no se utiliza para buscar la naturaleza exacta de la relación entre las dos variables, sino sencillamente para probar si las variables probadas pueden ser independientes entre sí. La hipótesis nula probada es tal que las variables son independientes entre sí.
  - Consejo Corto: prueba no paramétrica sobre la independencia entre dos variables (H_0: las variables son independientes y no tienen efectos unas sobre otras).
  - Entrada del Modelo: Tipo de Datos B. Se requieren dos variables de entrada con por lo menos 3 filas de datos cada una.
    - Variables:
      - >VAR1; VAR2

- **Chi-cuadrado No Paramétrica para la Varianza de la Población.** La prueba chi-cuadrado para la varianza de la población se utiliza para probar las hipótesis y la estimación del intervalo de confianza para una varianza de la población. La varianza de la población de una muestra es usualmente desconocida y de ahí surge la necesidad de cuantificar este intervalo de confianza. Se supone que la población está distribuida normalmente.
  - Consejo Corto: prueba no paramétrica sobre la varianza de muestra comparada con una varianza hipotética (H_0: la varianza de muestra es igual a la varianza hipotética).
  - Entrada del Modelo: Tipo de Datos A. Se requieren las variables ingresadas manualmente.
    - Varianza Hipotética, Varianza de Muestra, Tamaño de Muestra:
      - >4
      - >5
      - >20

- **Q de Cochran No Paramétrica (Medidas Repetidas-Binarias).** Ejecuta la prueba de Cochran, que es el equivalente no paramétrico de un ANOVA con medidas repetidas pero donde los valores son binarios 0 y 1. La hipótesis nula probada es que las proporciones de 1s y 0s para todas las variables son equivalentes.

- o Consejo Corto: equivalente no paramétrico de ANOVA con múltiples tratamientos (H_0: las proporciones binarias son equivalentes para todas las variables).
  - o Entrada del Modelo: Tipo de Datos C. Se requieren dos o más variables de entrada. Las diferentes variables están organizadas por columnas y todas las variables deben tener por lo menos 5 puntos de datos cada una, con el mismo número de puntos de datos totales o filas por variable. Los datos deben ser valores binarios 0 o 1 únicamente.
    - ▪ Variables: >VAR1; VAR2; VAR3; …

- **Prueba No Paramétrica de Normalidad D'Agostino–Pearson.** Ejecuta la prueba de normalidad D'Agostino–Pearson para probar la hipótesis nula si los datos están distribuidos normalmente.
  - o Consejo Corto: prueba la normalidad de sus datos (H_0: los datos están distribuidos normalmente).
  - o Entrada del Modelo: Tipo de Datos A. Se requiere una variable de entrada con por lo menos 5 filas de datos.
    - ▪ Variable: >VAR1

- **Prueba No Paramétrica de Friedman.** La prueba de Friedman es la extensión de la prueba de Rangos con Signos de Wilcoxon para muestras pareadas. La prueba paramétrica correspondiente es ANOVA de Múltiples Tratamientos con Bloques Aleatorizados, pero a diferencia de ANOVA, la prueba Friedman no requiere que el conjunto de datos sea muestreado aleatoriamente a partir de las poblaciones distribuidas normalmente con varianzas iguales. La prueba Friedman utiliza la prueba de hipótesis de dos colas donde la hipótesis nula es tal que las medianas de la población de cada tratamiento son estadísticamente idénticas al resto del grupo; es decir, que no hay efecto entre los diferentes grupos de tratamiento.
  - o Consejo Corto: ejecuta la prueba no paramétrica de Friedman, un equivalente de ANOVA con variables de bloqueo.
  - o Entrada del Modelo: Tipo de Datos C. Se requieren dos o más variables de entrada. Las diferentes variables están organizadas por columnas y todas las variables deben tener por lo menos 3 puntos de datos cada una, con el mismo número de puntos de datos totales o filas por variable.
    - ▪ Variable: >VAR1; VAR2; VAR3; …

- **Prueba No Paramétrica de Kruskal–Wallis.** La prueba Kruskal–Wallis es la extensión de la prueba de Rangos con Signo de Wilcoxon que compara más de dos muestras independientes. La prueba paramétrica correspondiente es ANOVA de Una-Vía, pero a diferencia de ANOVA, la Kruskal–Wallis no requiere que el conjunto de datos sea muestreado aleatoriamente a partir de poblaciones distribuidas normalmente con varianzas iguales. La prueba Kruskal–Wallis es una prueba de hipótesis de dos colas en donde la hipótesis nula es tal que las medianas de la población de cada tratamiento son estadísticamente idénticas al resto del grupo; es decir, que no hay efecto entre los diferentes grupos de tratamiento.
  - o Consejo Corto: ejecuta la prueba no paramétrica de Kruskal–Wallis, un equivalente al ANOVA con Múltiples Tratamientos.
  - o Entrada del Modelo: Tipo de Datos C. Se requieren dos o más variables de entrada. Las diferentes variables están organizadas por columnas y todas las variables deben tener por lo menos 3 puntos de datos cada una, con el mismo número de puntos de datos totales o filas por variable.
    - Variables: >VAR1; VAR2; VAR3; …

- **Prueba No Paramétrica de Lilliefors para Normalidad.** La prueba Lilliefors evalúa la hipótesis nula sobre si la muestra de datos fue extraída de una población distribuida normalmente, versus una hipótesis alternativa donde la muestra de datos no está distribuida normalmente. Si el valor-p calculado es menor que o igual al valor de significancia de alfa, entonces rechace la hipótesis nula y acepte la hipótesis alternativa. De lo contrario, si el valor-p es mayor que el valor de significancia de alfa no rechace la hipótesis nula. Esta prueba depende de dos frecuencias acumuladas: una derivada del conjunto de datos de muestra y otra derivada de una distribución teórica basada en la media y la desviación estándar de los datos de muestra. Una alternativa para esta prueba es la prueba de chi-cuadrado para normalidad. La prueba de chi-cuadrado requiere más puntos de datos para ejecutar en comparación con la prueba de Lilliefors.
  - o Consejo Corto: ejecuta la prueba no paramétrica de Lilliefors para normalidad de sus datos (H_0: se supone que los datos están distribuidos normalmente).
  - o Entrada del Modelo: Tipo de Datos A. Se requiere una variable de entrada con por lo menos 5 puntos de datos o filas.
    - Variable: >VAR1

- **Prueba No Paramétrica de Mann–Whitney (Dos Var).** Ejecuta la prueba no paramétrica de Mann-Whitney para dos muestras independientes (relacionadas con la Prueba de los Rangos con Signos de Wilcoxon) y es el equivalente no paramétrico de la prueba-T de dos muestras para variables independientes. La hipótesis nula probada es que hay diferencia de cero entre las dos variables.
  - Consejo Corto: prueba no paramétrica sobre dos variables (H_0: no hay diferencia entre las dos medianas).
  - Entrada del Modelo: Tipo de Datos B. Se requieren dos variables de entrada con por lo menos 3 filas de datos cada una. Las dos variables no necesitan tener el mismo número de filas.
    - Variables:
      - >VAR1; VAR2

- **Prueba No Paramétrica de la Mediana Multivariada de Mood.** Ejecuta la prueba no paramétrica para medianas de Mood sobre múltiples variables de manera simultánea. Es una extensión de la prueba no paramétrica de los Rangos con Signos de Wilcoxon para dos variables extendidas a múltiples variables. La prueba de Mood está relacionada con ANOVA paramétrica con Múltiples Tratamientos y es equivalente a la prueba no paramétrica de Kruskal-Wallis.
  - Consejo Corto: prueba no paramétricamente si las medianas de varias variables son similares (H_0: todas las medianas son iguales u homogéneas), relacionadas con las pruebas Wilcoxon y Kruskal–Wallis.
  - Entrada del Modelo: Tipo de Datos C. Se requieren dos o más variables de entrada. Las diferentes variables están organizadas por columnas y todas las variables deben tener por lo menos 3 puntos de datos cada una. Se permiten diferentes números de puntos de datos totales o filas por variable.
    - Variables:
      - >VAR1; VAR2; VAR3; …

- **Prueba No Paramétrica de Runs para Aleatoriedad.** La prueba de Runs evalúa la aleatoriedad de una serie de observaciones al analizar el número de ejecuciones que contiene. La ejecución es una aparición consecutiva de una o más observaciones que son similares. La hipótesis nula probada es si la secuencia de datos es aleatoria, versus la hipótesis alternativa en la que la secuencia de datos no es aleatoria.

- o Consejo Corto: ejecuta la prueba no paramétrica de Runs para la aleatoriedad de los datos. (H_0: los datos son aleatorios).
- o Entrada del Modelo: Tipo de Datos A. Se requiere una variable de entrada con por lo menos 5 puntos de datos o filas de datos.
  - ▪ Variable:
    - • >VAR1

- **Prueba No Paramétrica para Normalidad de Shapiro–Wilk–Royston.** Ejecuta la prueba Shapiro–Wilk para normalidad utilizando el algoritmo de Royston para probar la hipótesis nula si los datos están distribuidos normalmente.
  - o Consejo Corto: prueba la normalidad de sus datos (H_0: se supone que los datos están distribuidos normalmente).
  - o Entrada del Modelo: Tipo de Datos A. Se requiere una variable de entrada con por lo menos 3 filas de datos.
    - ▪ Variable:
      - • >VAR1

- **Prueba No Paramétrica de Rangos Con Signos de Wilcoxon (Una Var).** La prueba de Rangos con Signos de Wilcoxon de única variable determina si un conjunto de datos de muestra pudo haber sido extraído aleatoriamente de una población cuya mediana está siendo hipotética. La prueba paramétrica correspondiente es la prueba-t de una muestra, la cual se debe utilizar si se supone que la población subyacente es normal, lo que da una mayor potencia a la prueba.
  - o Consejo Corto: ejecuta una prueba no paramétrica de Wilcoxon para una variable (H_0: la mediana es equivalente a cero).
  - o Entrada del Modelo: Tipo de Datos A. Se requiere una variable de entrada con por lo menos 3 filas de datos.
    - ▪ Variable:
      - • >VAR1

- **Prueba No Paramétrica de Rangos Con Signos de Wilcoxon (Dos Var).** La prueba de Rangos con Signos de Wilcoxon para variables pareadas determina si la mediana de las diferencias entre las dos variables pareadas es igual. Está prueba se formula específicamente para probar la misma muestra o similares antes y después de un evento (p.ej. mediciones tomadas antes de un tratamiento médico son comparadas con aquellas mediciones tomadas después del tratamiento para ver si hay una diferencia). La prueba paramétrica correspondiente es la prueba-t de dos muestras con medias dependientes, que se deben utilizar si se supone que la población subyacente es normal, lo que da una mayor potencia a la prueba.

- o Consejo Corto: prueba no paramétrica sobre la igualdad de las medianas (H_0: las dos variables tienen medianas iguales).
- o Entrada del Modelo: Tipo de Datos B. Se requieren dos variables de entrada con por lo menos 3 filas de datos cada una.
  - Variable 1, Variable 2, Diferencia Hipotética de la Mediana:
    - >VAR1; VAR2
    - >0

- **Prueba Paramétrica (T) para la Media de Una Variable.** La prueba-t para la media de una variable es adecuada cuando no se conoce la desviación estándar poblacional pero donde se supone que la distribución muestral es aproximadamente normal (la prueba-t se utiliza cuando el tamaño de la muestra es menor que 30). Esta prueba-t se puede aplicar a tres tipos de pruebas de hipótesis una prueba-t de dos colas, una prueba de cola derecha, y una prueba de cola izquierda-para examinar si la media poblacional es igual a, menor que, o mayor que la media hipotética con base en el conjunto de datos de muestra.
  - o Consejo Corto: ejecuta una prueba-t de una variable para la media (H_0: la media poblacional es estadísticamente igual a la media hipotética).
  - o Entrada del Modelo: Tipo de Datos A. Se requiere una variable de entrada con por lo menos 5 filas de datos.
    - Variable: >VAR1

- **Prueba Paramétrica (Z) para la Media de Una Variable.** La prueba-z de una variable es adecuada cuando se conoce la desviación estándar poblacional, y cuando se supone que la distribución muestral es aproximadamente normal (esto aplica cuando el número de puntos de datos excede de 30).
  - o Consejo Corto: ejecuta una prueba-z de una variable para la media (H_0: la media poblacional es estadísticamente igual a la media hipotética).
  - o Entrada del Modelo: Tipo de Datos A. Se requiere una variable de entrada con por lo menos 5 filas de datos.
    - Variable: >VAR1

- **Prueba Paramétrica (Z) para la Proporción de Una Variable.** La prueba-z de una variable para proporciones es adecuada cuando se supone que la distribución de muestreo es aproximadamente normal (esto aplica cuando el número de puntos de datos excede de 30, y cuando el número de puntos de datos, N, multiplicados por la media de la proporción poblacional hipotética, P, es mayor que o igual a 5, $NP \geq 5$). Los datos utilizados en el análisis deben ser en proporciones y estar entre 0 y 1.
  - o Consejo Corto: ejecuta la prueba-z de una variable para proporciones (H_0: la proporción poblacional es estadísticamente igual a la media hipotética).
  - o Entrada del Modelo: Tipo de Datos A. Se requiere una variable de entrada con por lo menos 5 filas de datos.
    - Variable: >VAR1

- **Curva Paramétrica de Potencia para la Prueba-T.**
  Beta es el nivel aceptable del Tipo II de error (la probabilidad de
  que la hipótesis nula no sea rechazada cuando es falsa) y la potencia es 1 – Beta.
  - o Consejo Corto: calcula el Beta y la potencia de una
    prueba de una única variable.
  - o Entrada del Modelo: Tipo de Datos A. Se requiere una
    variable de entrada con por lo menos 5 filas de datos. La
    media hipotética puede ser cualquier valor numérico, y el
    nivel Alfa debe ser una entrada positiva (usualmente
    0.01, 0.05 o 0.10).
    - Variable de Datos, Media Hipotética, Alfa:
      - \>VAR1
      - \>50
      - \>0.05

- **Prueba Paramétrica F para la Varianza de Dos Variables.** La prueba-f de dos variables analiza las varianzas de dos
  muestras (la varianza poblacional de la Muestra 1 se prueba con la
  varianza poblacional de la Muestra 2 para ver si son iguales) y es
  adecuada cuando la desviación estándar poblacional no se conoce
  pero supone que la distribución de muestreo es aproximadamente
  normal.
  - o Consejo Corto: prueba si las varianzas de dos variables
    son iguales (H_0: las varianzas de dos variables son igua-
    les)
  - o Entrada del Modelo: Tipo de Datos B. Se requieren dos
    variables de entrada con por lo menos 5 filas de datos
    cada una.
    - Variable 1, Variable 2:
      - \>VAR1; VAR2

- **Prueba Paramétrica (T) para la Media de Muestras
  Dependientes de Dos Variables.** La prueba-t dependiente
  de dos variables es apropiada cuando no se conoce la desviación
  estándar poblacional, pero se supone que la distribución de muestreo es aproximadamente normal (la prueba-t se utiliza cuando el
  tamaño de la muestra es menor que 30). Adicionalmente, esta
  prueba se formula específicamente para determinar la misma
  muestra o similares antes y después de un evento (p.ej. las mediciones tomadas antes de un tratamiento médico se comparan con
  aquellas mediciones tomadas después del tratamiento para ver si
  hay una diferencia).
  - o Consejo Corto: prueba si las medias de dos variables son
    iguales cuando las variables son dependientes (H_0: las
    medias de las dos variables son iguales).

- o Entrada del Modelo: Tipo de Datos B. Se requieren dos variables de entrada con por lo menos 5 filas de datos cada una.
  - ▪ Variable 1, Variable 2:
    - • >VAR1; VAR2

- **Prueba Paramétrica (T) Independiente para Dos Variables con Varianza Igual.** La prueba-t de dos variables con varianzas iguales es apropiada cuando no se conoce la desviación estándar poblacional, pero se supone que la distribución de muestreo es aproximadamente normal (la prueba-t se utiliza cuando el tamaño muestral es menor que 30). Adicionalmente, se supone que las dos muestras independientes (varianzas similares).
  - o Consejo Corto: prueba si las medias son iguales para dos variables independientes de igual varianza. (H_0: las medias de las dos variables son iguales).
  - o Entrada del Modelo: Tipo de Datos B. Se requieren dos variables de entrada con por lo menos 5 filas de datos cada una.
    - ▪ Variable 1, Variable 2:
      - • >VAR1; VAR2

- **Prueba Paramétrica (T) Independiente para Dos Variables con Varianza Desigual.** La prueba-t de dos variables con varianzas desiguales (se espera que la varianza poblacional de la Muestra 1 sea diferente de la varianza poblacional de la Muestra 2) es apropiada cuando la desviación estándar poblacional no se conoce, pero supone que la distribución muestral es aproximadamente normal (la prueba-t se utiliza cuando el tamaño de la muestra es menor que 30). Igualmente, se supone que las dos muestras independientes tienen varianzas similares.
  - o Consejo Corto: prueba si las medias son iguales para dos variables independientes con varianza desigual (H_0: las medias de las dos variables son iguales).
  - o Entrada del Modelo: Tipo de Datos B. Se requieren dos variables de entrada con por lo menos 5 filas de datos cada una.
    - ▪ Variable 1, Variable 2:
      - • >VAR1; VAR2

- **Medias Independientes de Dos Variables (Z) Independientes.** La prueba-z de dos variables es apropiada cuando se conocen las desviaciones estándar poblacionales para las dos muestras y se supone que la distribución muestral de cada variable es aproximadamente normal (cuando el número de los puntos de datos de cada variable excede de 30).

- Consejo Corto: prueba si las medias son iguales dos variables independientes con varianzas conocidas (H_0: las medias de dos variables son iguales).
- Entrada del Modelo: Tipo de Datos B. Se requieren dos variables de entrada con por lo menos 5 filas de datos cada una.
  - Variable 1, Variable 2, Diferencia Media Hipotética, Desviación Estándar 1, Desviación Estándar 2:
    - >VAR1; VAR2
    - >5
    - >123.45
    - >87.6

- **Proporciones Independientes de Dos Variables (Z) Paramétricas.** La prueba-Z de dos variables sobre proporciones es apropiada cuando se supone que la distribución muestral es aproximadamente normal (esto aplica cuando el número de puntos de datos de ambas muestras excede de 30). Adicionalmente, todos los datos deben ser proporciones y estar entre 0 y 1.
  - Consejo Corto: prueba si las proporciones son iguales para dos variables independientes (H_0: las proporciones de las dos variables son iguales).
  - Entrada del Modelo: Tipo de Datos B. Se requieren dos variables de entrada con por lo menos 5 filas de datos cada una.
    - Variable 1, Variable 2, Diferencia Media Hipotética:
      - >VAR1; VAR2
      - >5

- **Correlaciones Parciales (Utilizando la Matriz de Correlación).** Ejecuta y calcula la matriz de correlación parcial utilizando su matriz completa de correlación existente $N \times N$.
  - o Consejo Corto: calcula la matriz de correlación parcial utilizando una matriz existente de correlación cuadrada completa $N \times N$.
  - o Entrada del Modelo: Tipo de Datos C. Se requieren dos o más variables de entrada. Se organizan diferentes variables por columnas y todas las variables deben tener por lo menos 2 puntos de datos cada una, con el mismo número de puntos de datos totales o filas por variable. El número total de variables debe encajar con el número de filas, p.ej. los datos ingresados deben estar en una matriz $N \times N$.
    - ▪ Variables:
      - • >VAR1; VAR2; VAR3; …

- **Correlaciones Parciales (Utilizando Datos Brutos).** Ejecuta y calcula la matriz de correlación parcial utilizando datos brutos de múltiples columnas.
  - o Consejo Corto: calcula la matriz de correlación parcial utilizando datos brutos.
  - o Entrada del Modelo: Tipo de Datos C. Se requieren dos o más variables de entrada. Las diferentes variables están organizadas por columnas y todas las variables deben tener por lo menos 5 puntos de datos cada una, con el mismo número de puntos de datos totales o filas por variable.
    - ▪ Variables:
      - • >VAR1; VAR2; VAR3; …

- **Análisis del Componente Principal.** El Análisis del Componente Principal, o PCA, facilita modelar y resumir los datos multivariados. Para entender PCA, suponga que comenzamos con las variables N que son poco probables de ser independientes entre sí, de tal manera que el cambiar el valor de una variable cambiará otra variable. La modelación de PCA reemplazará las variables N originales por un nuevo conjunto de variables M que son menores que la N pero que no están correlacionadas la una a la otra, mientras que al mismo tiempo, cada una de las variables M es una combinación lineal de las variables N originales, para que la mayoría de la variación se pueda tener en cuenta por solamente utilizar menos variables explicativas.

- ○ Consejo Corto: ejecuta un análisis del componente principal sobre múltiples variables.
- ○ Entrada del Modelo: Tipo de Datos C. Se requieren tres o más variables de entrada. Las diferentes variables están organizadas por columnas y todas las variables deben tener por lo menos 5 puntos de datos cada una, con el mismo número de puntos de datos totales o filas por variable.
  - ▪ Variables:
    - • >VAR1; VAR2; VAR3; …

- **Capacidad del Proceso.** Dadas las entradas de usuario de media y sigma así como los límites de especificación inferiores y superiores del proceso, el modelo retorna varias medidas de capacidad del proceso (CP, CPK, PP), defectos por unidad (DPU), defectos por millón de oportunidades (DPMO), rendimiento del proceso (%), y sigma del proceso general.

  - ▪ Consejo Corto: la capacidad del proceso se utiliza para calcular el rendimiento del proceso de fabricación proyectado y los defectos.
  - ▪ Entrada del Modelo: Tipo de Datos A. Media del Proceso, Sigma del Proceso, Límite de Especificación Superior USL, Limite de Especificación Inferior LSL
    - ▪ Variables:
      - • >2.2500
      - • >0.0500
      - • >2.1375
      - • >2.8125

- **Estadística Descriptiva. Valor Absoluto (ABS), Promedio (AVG), Conteo, Diferencia, REZAGO, Adelanto, LN, LOG, Max, Mediana, Min, Moda, Potencia, Rango Ascendente, Rango Descendiente, Retornos Relativos LN, Retornos Relativos, Desviación Semi-Estándar (Inferior), Desviación Semi-Estándar (Superior), Desviación Estándar Muestral, Muestra de la Desviación Estándar, Suma, Varianza (Poblacional), Varianza (Muestral).** Varios estadísticos básicos tales como promedio, desviación estándar, jerarquía, suma, y otras se calculan utilizando un único conjunto de datos de variables.
  - ○ Consejo Corto: ejecuta varios estadísticos básicos tales como promedio, desviación estándar, jerarquía, suma, etc.

- o Entrada del Modelo: Tipo de Datos A. Se requiere una variable de entrada con por lo menos 3 puntos de datos o filas de datos.
  - Variable:
    - >VAR1

- **Curvas ROC, AUC, y Tablas de Clasificación.** Ejecuta las curvas ROC y las Tablas de Clasificación para el número de fallas y éxitos. El área bajo la curva (AUC) se calcula utilizando el modo rectangular (R) y el modo del trapecio (T).
  - o Consejo Corto: ejecuta ROC y las Tablas de Clasificación por fallas o éxitos y calcula el área bajo la curva (AUC).
  - o Entrada del Modelo: Tipo de Datos B. Se requieren dos variables de entrada: Fallas y Éxitos, con al menos 3 filas de datos para cada variable. Cada variable necesita tener el mismo número de filas de datos. La entrada final que se requiere es el valor de punto de corte.
    - Fallas, Éxitos, Punto de Corte:
      - >VAR1
      - >VAR2
      - >5

- **Estacionalidad.** Muchos datos de series de tiempo exhiben estacionalidad donde ciertos eventos se repiten a sí mismos después de algún periodo de tiempo o periodo de estacionalidad (p.ej. los ingresos de las estaciones de esquí son mayores en invierno que durante el verano, y este ciclo se repetirá a si mismo cada invierno). El método prueba múltiples periodos de estacionalidades (número de periodos en un ciclo estacional).
  - o Consejo Corto: ejecuta varios modelos de estacionalidad para determinar el mejor ajuste de estacionalidad.
  - o Entrada del Modelo: Tipo de Datos A. Se requiere una variable de entrada con por lo menos 3 puntos de datos o filas de datos y la estacionalidad máxima a ser probada.
    - Variable:
      - >VAR1
      - >4

- **Técnica de Agrupamiento.** Al tomar el conjunto original de datos, ejecutamos algunos algoritmos internos (una combinación o agrupamiento jerárquico de *k*-medias y otro método de momentos con el fin de encontrar los grupos de mejor ajuste o agrupamientos estadísticos naturales) para dividir estadísticamente o segmentar el conjunto de datos originales en múltiples grupos.
  - o Consejo Corto: ejecuta segmentación de agrupamiento de un conjunto de datos existente y segrega los datos en varios grupos estadísticos.

- o Entrada del Modelo: Tipo de Datos A. Se requiere una variable de entrada con por lo menos 3 puntos de datos o filas de datos.
  - Variable:
    - >VAR1

- **Asimetría y Curtosis: Shapiro–Wilk y D'Agostino–Pearson.** Ejecuta las pruebas de Asimetría y Curtosis para ver si los datos tienen ambos estadísticos iguales que cero (normalidad), y la prueba D'Agostino–Pearson que determina si la asimetría y curtosis son simultáneamente cero. La hipótesis nula es si los datos tienen cero asimetría y curtosis, que se aproximan a la normalidad.
  - o Consejo Corto: prueba si tanto la asimetría como la curtosis son iguales a cero y por ende se aproximan a la normalidad (H_0: asimetría y curtosis son cero y los datos se aproximan a la normalidad).
  - o Entrada del Modelo: Tipo de Datos A. Se requiere una variable de entrada con por lo menos 5 filas de datos.
    - Variable:
      - >VAR1

- **Prueba de Especificación al Cubo (Prueba RESET de Ramsey).** La prueba del error de especificación de la ecuación de regresión de Ramsey (RESET) determina la especificación incorrecta general de su modelo utilizando una variación de la prueba-F y las predicciones cúbicas. El rechazar la hipótesis nula indica algún tipo de especificaciones incorrectas en el modelo. La hipótesis nula probada es que el modelo actual está especificado correctamente.
  - o Consejo Corto: La prueba del error de especificación de la ecuación de regresión de Ramsey (RESET) determina la especificación incorrecta general de su modelo utilizando una variación de la prueba-F y las predicciones al cubo.
  - o Entrada del Modelo: Tipo de Datos C. Se requiere una variable dependiente y una o más variables independientes con modificaciones personalizadas.
    - Variable:
      - >VAR1
      - >VAR2; LN(VAR3); (VAR4)^2

- **Prueba de Especificación Cuadrática (Prueba RESET de Ramsey).** La prueba del error de especificación de la ecuación de regresión de Ramsey (RESET) determina la especificación incorrecta general de su modelo utilizando una variación de una prueba-F y las predicciones cuadráticas. El rechazar la hipótesis nula indica algún tipo de especificaciones incorrectas en el modelo. La hipótesis nula probada es que el modelo actual está especificado correctamente.

- o Consejo Corto: La prueba del error de especificación de la ecuación de regresión de Ramsey (RESET) determina la especificación incorrecta general de su modelo utilizando una variación de la prueba-F y las predicciones cuadráticas.
- o Entrada del Modelo: Tipo de Datos C. Se requiere una variable dependiente y una o más variables independientes con modificaciones personalizadas.
  - Variable:
    - >VAR1
    - >VAR2; LN(VAR3); (VAR4)^2

- **Estacionariedad: Dickey Fuller Aumentada.** Ejecuta la prueba de raíz unitaria para estacionariedad sin intercepto constante y ninguna tendencia lineal utilizando un proceso autorregresivo de orden múltiple AR (p). La hipótesis nula probada es que hay una raíz unitaria y la serie de tiempo no es estacionaria.
  - o Consejo Corto: prueba de raíz unitaria con una constante y tendencia (H_0: los datos exhiben raíz unitaria y la serie de tiempo es una serie no estacionaria AR (p)).
  - o Entrada del Modelo: Tipo de Datos A. Se requiere una variable de entrada con por lo menos 10 filas de datos.
    - Variable:
      - >VAR1

- **Estacionariedad: Dickey Fuller (Constante y Tendencia).** Ejecuta la prueba de raíz unitaria para estacionariedad con un intercepto constante y una tendencia lineal utilizando un proceso autorregresivo de primer orden AR (1). La hipótesis nula probada es que hay una raíz unitaria y la serie de tiempo no es estacionaria.
  - o Consejo Corto: prueba de raíz unitaria con constante y tendencia (H_0: los datos muestran la raíz unitaria y la serie de tiempo es una serie no estacionaria AR (1).
  - o Entrada del Modelo: Tipo de Datos A. Se requiere una variable de entrada con por lo menos 10 filas de datos.
    - Variable:
      - >VAR1

- **Estacionariedad: Dickey Fuller (Constante Sin Tendencia).** Ejecuta la prueba de raíz unitaria para estacionariedad con un intercepto constante y ninguna tendencia lineal utilizando un proceso autorregresivo de primer orden AR (1). La hipótesis nula probada es que hay una raíz unitaria y la serie de tiempo es no es estacionaria.
  - Consejo Corto: prueba de raíz unitaria con una constante, pero sin tendencia (H_0: los datos muestran la raíz unitaria y la serie de tiempo es una serie no estacionaria AR (1).
  - Entrada del Modelo: Tipo de Datos A. Se requiere una variable de entrada con por lo menos 10 filas de datos.
    - Variable:
      - >VAR1

- **Estacionariedad: Dickey Fuller (Sin Constante Sin Tendencia).** Ejecuta la prueba de raíz unitaria para estacionariedad sin intercepto constante y sin tendencia lineal utilizando un proceso autorregresivo de primer orden AR (1). La hipótesis nula probada es que hay una raíz unitaria y la serie de tiempo no es estacionaria.
  - Consejo Corto: prueba de raíz unitaria sin constante o tendencia (H_0: los datos muestran la raíz unitaria y la serie de tiempo es una serie no estacionaria AR (1).
  - Entrada del Modelo: Tipo de Datos A. Se requiere una variable de entrada con por lo menos 10 filas de datos.
    - Variable:
      - >VAR1

- **Regresión por Pasos.**
  - Consejo Corto: ejecuta varios modelos de regresión múltiple lineal por pasos.
  - Entrada del Modelo: Tipo de Datos C. Se requieren dos conjuntos de variables: una variable dependiente y una o múltiples variables independientes, con por lo menos 5 filas de datos en cada variable, con el mismo número total de puntos de datos o filas por variable.
    - Variable Dependiente e Independientes:
      - >VAR1
      - >VAR2; VAR3; …
  - **Regresión por Pasos (Hacia atrás).** En el método hacia atrás, ejecutamos una regresión con Y en todas las variables X y revisando el valor-p de cada variable, elimine sistemáticamente la variable con el mayor

valor-p. Después ejecute de nuevo una regresión, repitiendo cada vez hasta que todos los valores-p sean estadísticamente significativos.

- o **Regresión por Pasos (Correlación).** En el método de correlación, la variable dependiente Y se correlaciona con todas las variables independientes X, y comenzando con la variable X con el mayor valor absoluto de correlación. Después las variables X posteriores se suman hasta que los valores-p indiquen que la nueva variable X ya no es estadísticamente significativa. Este enfoque es rápido y sencillo, pero no contempla las interacciones entre las variables, y cuando se agrega una variable X, ocultará estadísticamente otras variables.

- o **Regresión por Pasos (Hacia Adelante).** En el método hacia adelante, primero se correlaciona Y con todas las variables X, se ejecuta una regresión para Y en el valor absoluto más alto de correlación de X, y se obtienen los errores de ajuste. Posteriormente, se correlacionan estos errores con las variables X restantes y se escoge la correlación del mayor valor absoluto entre este conjunto restante y se ejecuta otra regresión. Se repite el proceso hasta que el valor-p para el último coeficiente de la variable X ya no sea estadísticamente significativo y después se detiene el proceso.

- o **Regresión por Pasos (Hacia Adelante-Hacia Atrás).** En el método hacia adelante y hacia atrás, aplique el método hacia adelante para obtener tres variables de X, y después aplique el enfoque hacia atrás para ver si una de ellas necesita ser eliminada porque es estadísticamente insignificante. Repita el método hacia adelante y posteriormente el método hacia atrás hasta que todas las variables X restantes sean tenidas en cuenta.

- **Proceso Estocástico.** En ciertas ocasiones las variables no se pueden predecir utilizando los medios tradicionales, y se dice que estas variables son estocásticas. No obstante, la mayoría de los fenómenos financieros, económicos, y naturales (p.ej. movimiento de moléculas en el aire) siguen una ley matemática conocida o relación. Aunque los valores resultantes son inciertos, se conoce la estructura matemática subyacente y se puede simular utilizando la simulación de riesgos de Monte Carlo.
  - o Consejo Corto: genera varios pronósticos con procesos estocásticos de series de tiempo.

- Entrada del Modelo: Tipo de Datos A. Se requieren múltiples entradas manuales. Los requisitos específicos de entrada dependen del proceso estocástico seleccionado.
  - Valor Inicial, Tasa de Deriva, Volatilidad, Horizonte, Pasos, Semilla Aleatoria, Iteraciones
    - >100
    - >0.05
    - >0.25
    - >10
    - >100
    - >123456
- **Movimiento Browniano con Proceso de Caminata Aleatoria.** El Movimiento Browniano con Proceso de Caminata Aleatoria toma la forma de $\frac{\delta S}{S} = \mu(\delta t) + \sigma\varepsilon\sqrt{\delta t}$ o una versión más genérica toma la forma de $\frac{\delta S}{S} = (\mu - \sigma^2/2)\delta t + \sigma\varepsilon\sqrt{\delta t}$ para un proceso geométrico. Para una versión exponencial, sencillamente tomamos los exponenciales, y, como ejemplo, tenemos $\frac{\delta S}{S} = exp[\mu(\delta t) + \sigma\varepsilon\sqrt{\delta t}]$, donde definimos S como el valor previo de la variable, δS como el cambio en el valor de la variable de un paso al siguiente, μ es el crecimiento anualizado o tasa de deriva, y σ es la volatilidad anualizada.
- **Proceso de la Reversión a la Media.** Lo siguiente describe la estructura matemática de un proceso de reversión a la media con deriva: $\frac{\delta S}{S} = \eta(\bar{S}e^{\mu(\delta t)} - S)\delta t + \mu(\delta t) + \sigma\varepsilon\sqrt{\delta t}$. Aquí definimos η como la tasa de reversión a la media y $\bar{S}$ como el valor a largo plazo al que revierte el proceso.
- **Proceso de Difusión de Salto.** Un proceso de difusión de salto es como un proceso de caminata aleatoria, pero incluye una probabilidad de un salto en cualquier momento. Las ocurrencias de dichos saltos son totalmente aleatorias, pero su probabilidad y magnitud se rigen por el proceso en sí mismo. Tenemos la estructura $\frac{\delta S}{S} = \eta(\bar{S}e^{\mu(\delta t)} - S)\delta t + \mu(\delta t) + \sigma\varepsilon\sqrt{\delta t} + \theta F(\lambda)(\delta t)$ para un proceso de difusión de salto, y definimos θ como el tamaño del salto de S, $F(\lambda)$ como el inverso de la distribución de Poisson de probabilidad acumulada, y λ como la tasa de salto de S.

o   Proceso de Difusión de Salto con Reversión a la Media. Este modelo es esencialmente una combinación de todos los tres modelos que se presentaron anteriormente (movimiento Browniano geométrico con proceso de reversión a la media y un proceso de difusión de salto).

- Quiebre Estructural. Prueba si los coeficientes en diferentes conjuntos de datos son iguales y el análisis de series de tiempo se utiliza más comúnmente para probar la presencia de un quiebre estructural. Un conjunto de datos de series de tiempo se puede dividir en dos subconjuntos y cada subconjunto se prueba en el otro y en la totalidad del conjunto de datos para determinar estadísticamente si, en efecto, hay un quiebre que inicia en un periodo de tiempo en particular. Se lleva a cabo una prueba de hipótesis de una cola en la hipótesis nula de tal manera que los dos subconjuntos de datos son estadísticamente similares el uno al otro; es decir, que no existe un quiebre estructural estadísticamente significativo.

  o   Consejo Corto: ejecuta una prueba de quiebre estructural en puntos de quiebre específicos utilizando una variable dependiente y una o más variables independientes.

  o   Entrada del Modelo: Tipo de Datos C. Se requieren dos conjuntos de variables: una variable dependiente y una o múltiples variables independientes, con por lo menos 5 filas de datos en cada variable, con el mismo número de puntos de datos totales o filas por variable.

    - Variable Dependiente, Variables Independientes, Puntos de Quiebre Estructural:
      - >VAR1
      - >VAR2; VAR3; …
      - 6; 8

- Tablas de Supervivencia y Peligro (Kaplan–Meier). Kaplan–Meier, el método de la tabla de vida más comúnmente utilizado en la práctica médica, permite hacer comparaciones entre grupos de pacientes o entre diferentes terapias.

  o   Consejo Corto: ejecuta las tablas de supervivencia y peligro de Kaplan–Meier.

  o   Entrada del Modelo: Tipo de Datos C. Se requieren tres variables: Puntos de Inicio del Intervalo, En Riesgo al Final del Intervalo, y Muerte al Final del Intervalo, con por lo menos, 3 filas de datos en cada variable, con el mismo número de puntos de datos totales o filas por variable.

    - Puntos de Inicio del Intervalo, En Riesgo al Final del Intervalo, Muerte al Final del Intervalo:

- >VAR1
- >VAR2
- >VAR3

- **Análisis de Series de Tiempo.** En los datos de series de tiempo de buen comportamiento (p.ej. ingresos por ventas y estructuras de costos de grandes compañías), los valores tienden a tener hasta tres elementos: un valor de base, tendencia y estacionalidad. El análisis de series de tiempo utiliza estos datos históricos y los descompone en estos tres elementos, y los recompone en pronósticos futuros. En otras palabras, este método de pronóstico, igual a otros descritos, primero realiza un retro ajuste (retrospectiva) de los datos históricos antes de proporcionar las estimaciones de los valores futuros (pronósticos).
  - o Consejo Corto: ejecuta varios pronósticos de series de tiempo con optimización utilizando datos históricos, teniendo en cuenta la historia, tendencia, y estacionalidad, y selecciona el modelo que mejor se ajusta.
  - o Entrada del Modelo: Tipo de Datos A. Se requiere una variable de entrada con por lo menos 5 puntos de datos o filas, seguido por entradas manuales simples dependiendo del modelo seleccionado:
    - ▪ Variable:
      - >VAR1
      - 4
      - 4
  - o **Análisis de Series de Tiempo (Auto).** El seleccionar este enfoque automático le permitirá al usuario iniciar un proceso automatizado para seleccionar metódicamente los mejores parámetros de entrada en cada modelo y jerarquizar los modelos de pronóstico del mejor al peor fijándose en sus resultados de bondad de ajuste y las medidas de los errores.
  - o **Análisis de Series de Tiempo (DES).** El enfoque de suavizamiento exponencial doble (DES) se utiliza cuando los datos muestran una tendencia, pero ninguna estacionalidad.
  - o **Análisis de Series de Tiempo (DMA).** El método del promedio móvil doble (DMA) se utiliza cuando los datos muestran una tendencia, pero ninguna estacionalidad.
  - o **Análisis de Series de Tiempo (HWA).** El enfoque del aditivo de Holt—Winters (HWA) se utiliza cuando los datos muestran tanto estacionalidad como tendencia.

- o **Análisis de Series de Tiempo (HWM).** El enfoque del multiplicativo de Holt—Winters (HWM) se utiliza cuando los datos muestran tanto estacionalidad como tendencia.
- o **Análisis de Series de Tiempo (SA).** El enfoque aditivo estacional (SA) se utiliza cuando los datos muestran estacionalidad y ninguna tendencia.
- o **Análisis de Series de Tiempo (SM).** El enfoque multiplicativo estacional (SM) se utiliza cuando los datos muestran estacionalidad y ninguna tendencia.
- o **Análisis de Series de Tiempo (SES).** El enfoque de suavizamiento exponencial simple (SES) se utiliza cuando los datos no muestran tendencia y no hay estacionalidad.
- o **Análisis de Series de Tiempo (SMA).** El enfoque de promedio móvil simple (SMA) se utiliza cuando los datos no muestran tendencia ni estacionalidad.

- **Obtener Tendencias y Eliminar Tendencias.** Los métodos usuales para obtener la tendencia y eliminar la tendencia son: diferencia, exponencial, lineal, logarítmico, promedio móvil, polinómica, potencia, tasa, media estática, y mediana estática. Esta función elimina la tendencia de sus datos originales para obtener los componentes de tendencia. En los modelos de pronóstico, el proceso remueve los efectos de acumular conjunto de datos de la estacionalidad y tendencia para mostrar únicamente los cambios absolutos en los valores y para permitir identificar los patrones cíclicos potenciales después de remover la deriva general, tendencia, giros, curvas y los efectos de los ciclos estacionales de un conjunto de datos de series de tiempo. Por ejemplo, se puede necesitar un conjunto de datos con eliminación de tendencia para descubrir la verdadera salud financiera de una compañía uno puede eliminar la tendencia del aumento en las ventas alrededor de la época de Navidad para ver con más claridad las ventas de la compañía en un año determinado al mover la totalidad del conjunto de datos de una pendiente a una superficie plana y así poder ver mejor los ciclos subyacentes y las fluctuaciones. Los gráficos resultantes muestran los efectos de los datos con eliminación de tendencia frente al conjunto de datos original, el porcentaje de la tendencia que se removió con base en cada método de eliminación de tendencia utilizado, y el conjunto de datos con eliminación de tendencia.
  - o Consejo Corto: ejecuta varias líneas de tendencia de series de tiempo y pronósticos, utilizando datos históricos, teniendo en cuenta la historia, tendencia, y estacionalidad.

o   Entrada del Modelo: Tipo de Datos A. Se requiere una variable de entrada con por lo menos 5 puntos de datos o filas, seguido por entradas manuales simples dependiendo del modelo seleccionado:
    ▪   Variable:
        •   >VAR1
        •   4

- **Valor en Riesgo (VaR y CVaR).** Dados la media y la desviación estándar del retorno, este modelo calcula el Valor en Riesgo (VaR) y el Valor en Riesgo Condicional (CVaR) de los retornos utilizando las distribuciones normales estandarizadas y las distribuciones t.

    ▪   Consejo Corto: retorna el Valor en Riesgo y el Valor Condicional en Riesgo con base en las distribuciones de los retornos utilizando las distribuciones normal y t.
    ▪   Entrada del Modelo: Tipo de Datos A. Media de los Retornos, Sigma de los Retornos, Grados de Libertad
        ▪   Variables:
            •   >100
            •   >20
            •   >8

- **Prueba de Bartlett para la Homogeneidad de Varianzas.** Retorna los cálculos de la varianza de muestra para cada una de las variables de entrada, utilizando la prueba logarítmica combinada de Bartlett. La hipótesis nula probada es que las varianzas son homogéneas y estadísticamente similares.
    o   Consejo Corto: prueba si las varianzas de varias variables son similares (H_0: todas las varianzas son iguales u homogéneas).
    o   Entrada del Modelo: Tipo de Datos C. Se requieren dos o más variables de entrada. Las diferentes variables están organizadas por columnas y todas las variables deben tener por lo menos 3 puntos de datos cada una. Se permiten diferentes números de puntos de datos totales o filas por variable.
        ▪   Variables:
            •   >VAR1; VAR2; VAR3; …

- **Volatilidad: Modelos de GARCH.** El Modelo Autorregresivo Generalizado con Heterocedasticidad Condicional se utiliza para modelar históricos y pronosticar los niveles de volatilidad futuros de una serie de tiempo de los niveles de precios brutos de títulos negociables (p.ej. precios de acciones, precios de *commodities* y los precios del petróleo). GARCH primero convierte los precios en retornos relativos, y después ejecuta una optimización interna para ajustarse a los datos históricos de una estructura de reversión a la media de la volatilidad, suponiendo que la volatilidad es heterocedástica por naturaleza (cambia en el tiempo de acuerdo con algunas características econométricas). Varias de las variaciones de esta metodología están disponibles en el Risk Simulator, incluyendo: EGARCH, EGARCH-T, GARCH-M, GJR-GARCH, GJR-GARCH-T, IGARCH, y T-GARCH. El conjunto de datos debe ser una serie de tiempo que contemple los precios brutos en niveles.

- o Consejo Corto: genera varios pronósticos de volatilidad en series de tiempo utilizando las variaciones del modelo de GARCH.
- o Entrada del Modelo: Tipo de Datos A. Se requiere una variable de datos, seguida de múltiples entradas manuales. Los requerimientos específicos de entrada dependen del modelo de GARCH seleccionado.
  - ▪ Precios de las Acciones, Periodicidad, Base Predictiva, Periodos de Pronóstico, Objetivos de Varianza, P, Q:
    - \>VAR1
    - \>250
    - \>12
    - \>12
    - \>1
    - \>1
    - \>1

- **Volatilidad: Enfoque de los Retornos Logarítmicos.** Calcula la volatilidad utilizando las estimaciones del flujo de caja futuro individual, estimaciones de flujo de caja comparables, o precios históricos, calculando la desviación estándar anualizada de los retornos logarítmicos relativos correspondientes.
  - o Consejo Corto: genera una volatilidad de series de tiempo utilizando el enfoque de los retornos logarítmicos.
  - o Entrada del Modelo: Tipo de Datos A. Se requiere una variable de datos, seguida por la periodicidad (número de periodos por estación).
    - ▪ Datos, Periodicidad:
      - \>VAR1
      - \>250

- **Curva de Rendimiento (Bliss).** Utilizada para generar una estructura de plazos de las tasas de interés y una estimación de la curva de rendimiento con cinco parámetros estimados beta y lambda. Se requieren algunas técnicas de modelación económétrica para calibrar los valores de varios parámetros de entrada en este modelo. Virtualmente cualquier forma de la curva de rendimiento se puede interpolar utilizando estos modelos, los cuales se utilizan ampliamente en los bancos alrededor del mundo.

- o Consejo Corto: genera una curva de rendimiento de Bliss en series de tiempo.
- o Entrada del Modelo: Tipo de Datos A. Se requieren múltiples entradas manuales.
  - Beta 0, Beta 1, Beta 2, Lambda 1, Lambda 2, Año de Inicio, Año de Terminación, Tamaño del Paso:
    - >0.8
    - >0.8
    - >0.1
    - >0.1
    - >1.5
    - >1
    - >10
    - >0.5
    - >1

- **Curva de Rendimiento (Nelson–Siegel).** Un modelo de interpelación con cuatro parámetros estimados para generar la estructura de plazos de las tasas de interés y una estimación de la curva de rendimiento. Se requieren algunas técnicas de modelación econométrica para calibrar los valores de varios parámetros de entrada en este modelo.
  - o Consejo Corto: genera una curva de rendimiento de las tasas interés en series de tiempo utilizando el método Nelson-Siegel.
  - o Entrada del Modelo: Tipo de Datos A. Se requieren múltiples entradas manuales.
    - Beta 0, Beta 1, Beta 2, Lambda, Año de Inicio, Año de Terminación, Tamaño de Paso:
      - >0.03
      - >0.04
      - >0.02
      - >0.25
      - >1
      - >15
      - >1

Se requiere una columna de variables, usualmente con por lo menos 5 filas de datos numéricos. Existen algunos modelos que requieren solamente 3 puntos de datos (p.ej. algunos *Estadísticos Descriptivos*). Algunos modelos sólo requieren entradas simples tales como la Curva J Exponencial (p.ej., 400, 3, 100).

Row	VAR1
1	155
2	125
3	201
4	135
5	220
6	130
7	210
8	125
9	165
10	165

Agrupamiento de Segmentos
Ajuste de Distribuciones: Continua (Anderson–Darling)
Ajuste de Distribuciones: Continua (Criterio de Información de Akaike)
Ajuste de Distribuciones: Continua (Criterio de Schwarz/Bayes)
Ajuste de Distribuciones: Continua (Estadístico de Kuiper)
Ajuste de Distribuciones: Continua (Kolmogorov–Smirnov)
Ajuste de Distribuciones: Discreta (Chi-cuadrado)
Ajuste de Distribuciones: TODOS: Continuo
Análisis de Series de Tiempo (Aditivo de Holt–Winters)
Análisis de Series de Tiempo (Aditivo Estacional)
Análisis de Series de Tiempo (Auto)
Análisis de Series de Tiempo (Multiplicativo de Holt–Winters)
Análisis de Series de Tiempo (Multiplicativo Estacional)
Análisis de Series de Tiempo (Promedio Móvil Doble de (Rezago))
Análisis de Series de Tiempo (Promedio Móvil Doble)
Análisis de Series de Tiempo (Promedio Móvil Simple)
Análisis de Series de Tiempo (Suavizamiento Exponencial Doble)
Análisis de Series de Tiempo (Suavizamiento Exponencial Simple)
ARIMA
Asimetría y Curtosis: Shapiro–Wilk y D'Agostino–Pearson
Auto ARIMA
Autocorrelación y Autocorrelación Parcial
Cadenas de Markov
Curva de Rendimiento (Bliss)
Curva de Rendimiento (Nelson–Siegel)
Curva J Exponencial
Curva Logística S
Datos de Estadística Descriptiva
Desestacionalizar
Estacionalidad
Estacionariedad: Dickey Fuller (Constante Sin Tendencia)
Estacionariedad: Dickey Fuller (Constante y Tendencia)
Estacionariedad: Dickey Fuller (Sin Constante, Sin Tendencia)
Estacionariedad: Dickey Fuller Aumentado
Estadística Descriptiva: Adelanto
Estadística Descriptiva: Conteo
Estadística Descriptiva: Desviación Semi-Estándar (Inferior)
Estadística Descriptiva: Desviación Semi-Estándar (Superior)
Estadística Descriptiva: Diferencia
Estadística Descriptiva: LN
Estadística Descriptiva: LOG
Estadística Descriptiva: Max
Estadística Descriptiva: Mediana
Estadística Descriptiva: Min
Estadística Descriptiva: Moda
Estadística Descriptiva: Muestra de la Desviación Estándar

Estadística Descriptiva: Población de la Desviación Estándar
Estadística Descriptiva: Potencia
Estadística Descriptiva: Promedio (AVG)
Estadística Descriptiva: Rango Ascendente
Estadística Descriptiva: Rango Descendente
Estadística Descriptiva: Retornos LN Relativos
Estadística Descriptiva: Retornos Relativos
Estadística Descriptiva: REZAGO
Estadística Descriptiva: Suma
Estadística Descriptiva: Valores Absolutos (ABS)
Estadística Descriptiva: Varianza (Muestra)
Estadística Descriptiva: Varianza (Población)
Exactitud de Pronóstico: Akaike, Bayes, Schwarz, MAD, MSE, RMSE
Gráficos : Box-Whisker
Gráficos : Q-Q Normal
Gráficos de Control: C
Gráficos de Control: NP
Gráficos de Control: U
Gráficos de Control: XMR
Gráficos: 2D Área, Barra, Línea, de Punto, Disperso
Gráficos: 3D Área, Barra, Línea, de Punto, Disperso
Índice de Diversidad (Shannon, Brillouin, Simpson)
Línea de Tendencia (Curva de Potencia)
Línea de Tendencia (Diferenciada)
Línea de Tendencia (Exponencial con eliminación de tendencia)
Línea de Tendencia (Exponencial)
Línea de Tendencia (Lineal con eliminación de tendencia)
Línea de Tendencia (Lineal)
Línea de Tendencia (Logarítmica con eliminación de tendencia)
Línea de Tendencia (Logarítmica)
Línea de Tendencia (Media Estática con Eliminación de Tendencia)
Línea de Tendencia (Polinómica con Eliminación de Tendencia)
Línea de Tendencia (Polinómica)
Línea de Tendencia (Potencia con Eliminación de Tendencia)
Línea de Tendencia (Promedio Móvil con Eliminación de Tendencia)
Línea de Tendencia (Promedio Móvil)
Línea de Tendencia (Tasa con Eliminación de Tendencia)
Línea de Tendencia Mediana Estática con Eliminación de Tendencia)
Lógica Difusa Combinatoria
Matriz de Transición de Riesgo y Cadena de Markov
No paramétrica: Ejecuta Prueba para Aleatoriedad
No paramétrica: Prueba de Lilliefors para Normalidad
No paramétrica: Prueba de los Rangos con Signo de Wilcoxon (Una Var)
No paramétrica: Prueba de Normalidad D'Agostino–Pearson
No paramétrica: Prueba de Normalidad Shapiro–Wilk–Royston
No paramétrica: Varianza de Población Chi-Cuadrado

Paramétrica: Curva de Potencia para la Prueba-t
Paramétrica: Media de Una Variable (T)
Paramétrica: Media de Una Variable (Z)
Paramétrica: Proporción de Una Variable (Z)
Proceso Estocástico (Difusión de Salto)
Proceso Estocástico (Movimiento Browniano Exponencial)
Proceso Estocástico (Movimiento Browniano Geométrico)
Proceso Estocástico (Reversión a la Media y Difusión de Salto)
Proceso Estocástico (Reversión a la Media)
Prueba de Grubbs para Atípicos
Quiebre Estructural
Red Neuronal (Coseno con Tangente Hiperbólica)
Red Neuronal (Lineal)
Red Neuronal (Logística)
Red Neuronal (Tangente Hiperbólica)
Transformación Normal Box-Cox
Volatilidad (EGARCH-T)
Volatilidad (GARCH)
Volatilidad (GARCH-M)
Volatilidad (GJR GARCH)
Volatilidad (GJR TGARCH)
Volatilidad (Retornos Log)
Volatilidad (EGARCH)

DATOS TIPO B: DOS COLUMNAS DE VARIABLES, MÚLTIPLES FILAS

Se requieren dos columnas de variables de entrada. Se organizan diferentes variables en columnas y todas las variables deben tener 3 puntos de datos cada una como mínimo, usualmente con el mismo número de puntos de datos totales o filas por variable.

All Tests Listed Below

Row	DEP Y VAR1	INDEP X VAR2
1	5.1	5.4
2	5.6	5.6
3	6.8	6.3
4	5.9	6.1
5	4.0	4.7
6	5.6	5.1
7	6.6	6.6
8	6.7	6.8
...	...	...
N	4.5	4.1

*Wilcoxon, Independent T-Tests

Row	VAR1	VAR2
1	78	4
2	78	23
3	60	25
4	53	48
5	85	17
6	84	8
7	73	4
8	78	26
...	78	
N	75	

* Unequal rows are acceptable

Análisis de Contingencia de Datos Nominales
  (Homogeneidad Marginal de McNemar)
Análisis de Datos: Solamente Valores Únicos
Análisis de Datos: Subtotal por Categoría
Análisis de Datos: Tabulación Cruzada
Análisis de Datos: Valores Nuevos Únicamente
Causalidad de Granger
Correlación de la Tau de Kendall (con Empates)
Correlación de la Tau de Kendall (Sin Empates)
Curvas ROC, AUC, y Tablas de Clasificación
Exactitud del Pronóstico: Todas las Medidas de Bondad de Ajuste
Exactitud del Pronóstico: Pesaran–Timmermann (Pronóstico de Una Vía)
Gráficos de Control: P
Gráficos: Área 2D
Gráficos: Área 3D
Gráficos: Barra 2D
Gráficos: Barra 3D
Gráficos: Disperso 2D
Gráficos: Línea 2D
Gráficos: Línea 3D
Gráficos: Punto 2D
Gráficos: Punto 3D
Interpolación Lineal
Modelo de Corrección de Errores (Engle–Granger)
No Paramétrica: Independencia de Chi-Cuadrado
No Paramétrica: Prueba de GOF de Chi-Cuadrado para Normalidad (Datos
Agrupados)
No Paramétrica: Prueba de Mann–Whitney (Dos Var)
No Paramétrica: Prueba de Rangos con Signo de Wilcoxon (Dos Var)
Paramétrica: de Dos Variables (T) de Media Dependiente
Paramétrica: de Dos Variables (T) de Variables Independientes Desiguales
Paramétrica: de Dos Variables (T) de Variables Independientes Iguales
Paramétrica: de dos Variables (Z) de Medias Independientes
Paramétrica: de Dos Variables (Z) de Proporciones Independientes
Paramétrica: Varianzas de dos Variables (F)
Prueba de Cointegración (Engle–Granger)
Regresión Múltiple (Pruebas de Formas Funcionales de Dos Variables)
Regresión Múltiple (Regresión de Deming con Varianza Conocida)
Spline Cúbico

Se requieren dos o más columnas con variables de entrada, y usualmente se inicia con tres variables. Las diferentes variables se organizan en columnas y todas las variables deben tener por lo menos de 3 a 5 puntos de datos cada una, típicamente con el mismo número de puntos de datos totales o filas por variable. En los casos especiales para los Valores Propios y los Vectores Propios (*Eigenvalues/Eigenvectors*), la Confiabilidad Entre Evaluadores: Kappa de Cohen, y las Correlaciones Parciales (utilizando la Matriz de Correlación), el número total de variables también deben encajar con el número de filas, p.ej. los datos ingresados deben estar en una matriz $N \times N$. A continuación, se pueden apreciar varios ejemplos sobre cómo organizar ciertos tipos de variables.

Row	VAR1	VAR2	VAR3
1	2	6	-2
2	6	8	7
3	-2	7	3
N	...	...	...

ANOVA Randomized Block

	Method 1	Method 2	Method 3
Block 1	2	6	-2
Block 2	6	8	7
Block 3	-2	7	3

ANOVA Multiple Treatments

	Method 1	Method 2	Method 3
Person 1	2	6	-2
Person 2	6	8	7
Person 3	-2	7	3

Interclass Correlation

	Judge 1	Judge 2	Judge 3
Wine 1	10	4	1
Wine 2	6	16	2
Wine 3	0	3	8

Cohen's Kappa
Judge 1

Judge 2	Answer 1	Answer 2	Answer 3
Answer 1	10	4	1
Answer 2	6	16	2
Answer 3	0	3	8

ANOVA Two Way

	Factor B1	Factor B2	Factor B3
Factor A1	804	836	804
Factor A1	816	828	808
Factor A2	819	844	807
Factor A2	813	836	819
Factor A3	820	814	819
Factor A3	821	811	829
Factor A4	806	811	827
Factor A4	805	806	835

Cronbach's Alpha, Guttman's Lambda
Kendall's W, Split Half Method

	Question 1	Question 2	Question 3
Person 1	10	4	1
Person 2	6	16	2
Person 3	0	3	8

MANOVA

Row	VAR1	VAR2	VAR3	VAR4
1	loam	76.7	29.5	7.5
2	loam	60.5	32.1	6.3
3	loam	96.1	40.7	4.2
4	sandy	88.1	45.1	4.9
5	sandy	50.2	34.1	11.7
6	sandy	55.0	31.1	6.9
7	salty	65.4	21.6	4.3
8	salty	65.7	27.7	5.3
9	salty	67.3	48.3	5.5
N	...	...	...	...

Custom Econometrics, Multiple Regression

Row	VAR1	VAR2	VAR3	VAR4
1	804	76.7	29.5	7.5
2	816	60.5	32.1	6.3
3	819	96.1	40.7	4.2
4	813	88.1	45.1	4.9
5	820	50.2	34.1	11.7
6	821	55.0	31.1	6.9
7	806	65.4	21.6	4.3
8	805	65.7	27.7	5.3
9	884	67.3	48.3	5.5
N	...	...	...	...

Análisis del Componente Principal
Análisis Discriminante (Cuadrático)
Análisis Discriminante (Lineal)
Análisis Factorial (APC con Rotación Varimax)
ANCOVA (Múltiples Tratamientos de Factor Único)
ANOVA (Medidas Repetidas de Factor Único)
ANOVA (Análisis de Dos-Vías)
ANOVA (Modelo Lineal General MANOVA de Dos-Vías)
ANOVA (Modelo Lineal General MANOVA)
ANOVA (Múltiples Tratamientos con Bloques Aleatorizados)
ANOVA (Múltiples Tratamientos con Factor Único)
ARIMA
Auto ARIMA
Auto Econometría (Detallada)
Auto Econometría (Rápida)
Autocorrelación Prueba de Durbin-Watson AR (1)
Coeficiente de Variación con Prueba de Homogeneidad
Confiabilidad Entre-Evaluadores: Correlación Inter clase (ICC)
Confiabilidad Entre-Evaluadores: W de Kendall (Con Empates)
Confiabilidad Entre-Evaluadores: W de Kendall (Sin Empates)
Confiabilidad Entre-Evaluadores: Kappa de Cohen
Confiabilidad o "Consistencia" Interna : Lambda de Guttman y Modelo de Mitades Partidas
Confiabilidad o "Consistencia" Interna: Alfa de Cronbach (Datos Dicotómicos)
Correlaciones Parciales (Utilizando Datos Brutos)
Correlaciones Parciales (Utilizando la Matriz de Correlación)
Diagramas: Pareto 2D
Diagramas: Pareto 3D
Exactitud de Pronóstico: Diebold–Mariano (Pronóstico en Competencia Dual)
Gráfico de Control: R
Gráfico de Control: X
Matriz de Correlación (Lineal, No Lineal)
Matriz de Covarianza
Modelo Econométrico Personalizado
Modelo Endógeno (Variables Instrumentales con Mínimos Cuadrados en Dos Etapas)
Modelos Lineales Generalizados (Logit con Resultados Binarios)
Modelos Lineales Generalizados (Logit con Resultados Bivariados)
Modelos Lineales Generalizados (Probit con Resultados Binarios)
Modelos Lineales Generalizados (Probit con Resultados Bivariados)
Modelos Lineales Generalizados (Tobit con Datos Censurados)
No paramétrica: Prueba de Friedman
No paramétrica: Prueba de Kruskal–Wallis
No paramétrica: Prueba de la Mediana Multivariada de Mood

No paramétrica: Q de Cochran (Medidas Repetidas Binarias)
Prueba de Bartlett de la Homogeneidad de Varianzas
Prueba de Bonferroni (Variable Única con Repetición)
Prueba de Endogeneidad con Mínimos Cuadrados en Dos Etapas
  (Durbin–Wu–Hausman)
Prueba de Especificación al Cuadrado (Prueba RESET de Ramsey)
Prueba de Especificación al Cubo (Prueba RESET de Ramsey)
Prueba de Heterocedasticidad (Breusch-Pagan-Godfrey)
Prueba de Heterocedasticidad (De Wald sobre Variables Individuales)
Prueba de Heterocedasticidad (Multiplicativo de Lagrange)
Prueba de Heterocedasticidad (Wald-Glejser)
Prueba de T2 de Hotelling: 1 VAR Medidas Relacionadas
Regresión de Cox
Regresión de Poisson Múltiple (Población y Frecuencia)
Regresión Múltiple (Lineal)
Regresión Múltiple (No Lineal)
Regresión Múltiple (Por medio del Origen)
Regresión Múltiple (Regresión Logística Ordinal)
Regresión Múltiple de Ridge (Varianza Baja, Sesgo Alto, Alto VIF)
Regresión Paso a Paso (Correlación)
Regresión Paso a Paso (Hacia Adelante)
Regresión Paso a Paso (Hacia Adelante-Hacia Atrás)
Regresión Paso a Paso (Hacia Atrás)
Regresión Ponderada Múltiple (Arreglo de la Heterocedasticidad)
Tablas de Supervivencia y Peligro (Kaplan–Meier)
Valores Propios y Vectores Propios

Se requieren dos grupos de variables para los Datos Tipo D. En cada grupo, se requieren dos o más columnas de variables con por lo menos 5 puntos de datos cada uno y se requiere el mismo número total de puntos de datos o filas para todas las variables para el Par Dependiente de Hotelling. Las otras pruebas permiten un número desigual de filas entre los grupos, pero deben tener el mismo número de filas dentro el mismo grupo.

GROUP 1 | GROUP 2

Row	VAR1	VAR2	VAR3	VAR4	VAR5	VAR6	VAR7	VAR8	VAR9	VAR10
1	6	8	3	5	19	8	6	5	6	10
2	6	7	3	4	9	8	6	3	6	4
3	5	7	1	4	16	7	5	6	4	17
4	10	9	8	4	4	9	8	6	3	4
5	7	9	7	6	9	8	5	6	8	11
6	6	6	3	9	17	8	7	4	4	13
7	5	8	6	7	6	7	3	6	3	8
8	3	7	3	6	16	6	6	5	8	14
9	8	8	9	3	8	6	9	7	5	12
10	8	6	5	3	13	7	5	9	6	11
11	5	9	5	4	17	7	5	4	6	15
12	8	8	2	3	5	5	7	4	4	6
13	5	8	7	5	8	6	4	6	4	12
14	4	9	10	2	16	8	7	8	5	12
15	2	9	4	10	14	5	6	5	7	12
16	7	5	8	6	15	10	5	7	6	6
17	4	8	8	2	16	9	6	9	5	11
18	5	10	9	3	11	8	7	10	5	5
19	7	7	3	7	12	6	2	5	3	8
20	1	5	2	7	17	5	7	5	5	8
21	5	6	7	7	20	8	4	8	8	10
22	4	3	1	2	15	3	2	4	4	15
23	7	9	6	6	9	8	6	3	6	12
24	4	5	2	4	12	5	4	6	5	9
25	8	9	5	7	18	6	3	4	8	8

ANCOVA (Único Factor Múltiples Tratamientos)
Prueba de Bonferroni (Dos Variables con Repetición)
Prueba de Box para la Homogeneidad de la Covarianza
Prueba de T² de Hotelling: 2 Pares Dependientes de VAR con Medidas Relacionadas
Prueba de T² de Hotelling: 2 Pares Independientes de VAR con Medidas Relacionadas Iguales
Prueba de T² de Hotelling: 2 Pares Independientes de VAR con Medidas Relacionadas Desiguales

Área Parcial (Z) Normal Estándar

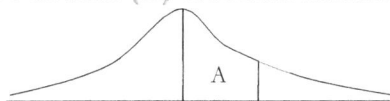

Z	0.00	0.01	0.02	0.03	0.04	0.05	0.06	0.07	0.08	0.09
0.0	0.0000	0.0040	0.0080	0.0120	0.0160	0.0199	0.0239	0.0279	0.0319	0.0359
0.1	0.0398	0.0438	0.0478	0.0517	0.0557	0.0596	0.0636	0.0675	0.0714	0.0753
0.2	0.0793	0.0832	0.0871	0.0910	0.0948	0.0987	0.1026	0.1064	0.1103	0.1141
0.3	0.1179	0.1217	0.1255	0.1293	0.1331	0.1368	0.1406	0.1443	0.1480	0.1517
0.4	0.1554	0.1591	0.1628	0.1664	0.1700	0.1736	0.1772	0.1808	0.1844	0.1879
0.5	0.1915	0.1950	0.1985	0.2019	0.2054	0.2088	0.2123	0.2157	0.2190	0.2224
0.6	0.2257	0.2291	0.2324	0.2357	0.2389	0.2422	0.2454	0.2486	0.2517	0.2549
0.7	0.2580	0.2611	0.2642	0.2673	0.2704	0.2734	0.2764	0.2794	0.2823	0.2852
0.8	0.2881	0.2910	0.2939	0.2967	0.2995	0.3023	0.3051	0.3078	0.3106	0.3133
0.9	0.3159	0.3186	0.3212	0.3238	0.3264	0.3289	0.3315	0.3340	0.3365	0.3389
1.0	0.3413	0.3438	0.3461	0.3485	0.3508	0.3531	0.3554	0.3577	0.3599	0.3621
1.1	0.3643	0.3665	0.3686	0.3708	0.3729	0.3749	0.3770	0.3790	0.3810	0.3830
1.2	0.3849	0.3869	0.3888	0.3907	0.3925	0.3944	0.3962	0.3980	0.3997	0.4015
1.3	0.4032	0.4049	0.4066	0.4082	0.4099	0.4115	0.4131	0.4147	0.4162	0.4177
1.4	0.4192	0.4207	0.4222	0.4236	0.4251	0.4265	0.4279	0.4292	0.4306	0.4319
1.5	0.4332	0.4345	0.4357	0.4370	0.4382	0.4394	0.4406	0.4418	0.4429	0.4441
1.6	0.4452	0.4463	0.4474	0.4484	0.4495	0.4505	0.4515	0.4525	0.4535	0.4545
1.7	0.4554	0.4564	0.4573	0.4582	0.4591	0.4599	0.4608	0.4616	0.4625	0.4633
1.8	0.4641	0.4649	0.4656	0.4664	0.4671	0.4678	0.4686	0.4693	0.4699	0.4706
1.9	0.4713	0.4719	0.4726	0.4732	0.4738	0.4744	0.4750	0.4756	0.4761	0.4767
2.0	0.4772	0.4778	0.4783	0.4788	0.4793	0.4798	0.4803	0.4808	0.4812	0.4817
2.1	0.4821	0.4826	0.4830	0.4834	0.4838	0.4842	0.4846	0.4850	0.4854	0.4857
2.2	0.4861	0.4864	0.4868	0.4871	0.4875	0.4878	0.4881	0.4884	0.4887	0.4890
2.3	0.4893	0.4896	0.4898	0.4901	0.4904	0.4906	0.4909	0.4911	0.4913	0.4916
2.4	0.4918	0.4920	0.4922	0.4925	0.4927	0.4929	0.4931	0.4932	0.4934	0.4936
2.5	0.4938	0.4940	0.4941	0.4943	0.4945	0.4946	0.4948	0.4949	0.4951	0.4952
2.6	0.4953	0.4955	0.4956	0.4957	0.4959	0.4960	0.4961	0.4962	0.4963	0.4964
2.7	0.4965	0.4966	0.4967	0.4968	0.4969	0.4970	0.4971	0.4972	0.4973	0.4974
2.8	0.4974	0.4975	0.4976	0.4977	0.4977	0.4978	0.4979	0.4979	0.4980	0.4981
2.9	0.4981	0.4982	0.4982	0.4983	0.4984	0.4984	0.4985	0.4985	0.4986	0.4986
3.0	0.4987	0.4987	0.4987	0.4988	0.4988	0.4989	0.4989	0.4989	0.4990	0.4990

Normal Estándar (Z) Acumulada

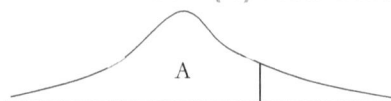

Z	0.00	0.01	0.02	0.03	0.04	0.05	0.06	0.07	0.08	0.09
0.0	0.5000	0.5040	0.5080	0.5120	0.5160	0.5199	0.5239	0.5279	0.5319	0.5359
0.1	0.5398	0.5438	0.5478	0.5517	0.5557	0.5596	0.5636	0.5675	0.5714	0.5753
0.2	0.5793	0.5832	0.5871	0.5910	0.5948	0.5987	0.6026	0.6064	0.6103	0.6141
0.3	0.6179	0.6217	0.6255	0.6293	0.6331	0.6368	0.6406	0.6443	0.6480	0.6517
0.4	0.6554	0.6591	0.6628	0.6664	0.6700	0.6736	0.6772	0.6808	0.6844	0.6879
0.5	0.6915	0.6950	0.6985	0.7019	0.7054	0.7088	0.7123	0.7157	0.7190	0.7224
0.6	0.7257	0.7291	0.7324	0.7357	0.7389	0.7422	0.7454	0.7486	0.7517	0.7549
0.7	0.7580	0.7611	0.7642	0.7673	0.7704	0.7734	0.7764	0.7794	0.7823	0.7852
0.8	0.7881	0.7910	0.7939	0.7967	0.7995	0.8023	0.8051	0.8078	0.8106	0.8133
0.9	0.8159	0.8186	0.8212	0.8238	0.8264	0.8289	0.8315	0.8340	0.8365	0.8389
1.0	0.8413	0.8438	0.8461	0.8485	0.8508	0.8531	0.8554	0.8577	0.8599	0.8621
1.1	0.8643	0.8665	0.8686	0.8708	0.8729	0.8749	0.8770	0.8790	0.8810	0.8830
1.2	0.8849	0.8869	0.8888	0.8907	0.8925	0.8944	0.8962	0.8980	0.8997	0.9015
1.3	0.9032	0.9049	0.9066	0.9082	0.9099	0.9115	0.9131	0.9147	0.9162	0.9177
1.4	0.9192	0.9207	0.9222	0.9236	0.9251	0.9265	0.9279	0.9292	0.9306	0.9319
1.5	0.9332	0.9345	0.9357	0.9370	0.9382	0.9394	0.9406	0.9418	0.9429	0.9441
1.6	0.9452	0.9463	0.9474	0.9484	0.9495	0.9505	0.9515	0.9525	0.9535	0.9545
1.7	0.9554	0.9564	0.9573	0.9582	0.9591	0.9599	0.9608	0.9616	0.9625	0.9633
1.8	0.9641	0.9649	0.9656	0.9664	0.9671	0.9678	0.9686	0.9693	0.9699	0.9706
1.9	0.9713	0.9719	0.9726	0.9732	0.9738	0.9744	0.9750	0.9756	0.9761	0.9767
2.0	0.9772	0.9778	0.9783	0.9788	0.9793	0.9798	0.9803	0.9808	0.9812	0.9817
2.1	0.9821	0.9826	0.9830	0.9834	0.9838	0.9842	0.9846	0.9850	0.9854	0.9857
2.2	0.9861	0.9864	0.9868	0.9871	0.9875	0.9878	0.9881	0.9884	0.9887	0.9890
2.3	0.9893	0.9896	0.9898	0.9901	0.9904	0.9906	0.9909	0.9911	0.9913	0.9916
2.4	0.9918	0.9920	0.9922	0.9925	0.9927	0.9929	0.9931	0.9932	0.9934	0.9936
2.5	0.9938	0.9940	0.9941	0.9943	0.9945	0.9946	0.9948	0.9949	0.9951	0.9952
2.6	0.9953	0.9955	0.9956	0.9957	0.9959	0.9960	0.9961	0.9962	0.9963	0.9964
2.7	0.9965	0.9966	0.9967	0.9968	0.9969	0.9970	0.9971	0.9972	0.9973	0.9974
2.8	0.9974	0.9975	0.9976	0.9977	0.9977	0.9978	0.9979	0.9979	0.9980	0.9981
2.9	0.9981	0.9982	0.9982	0.9983	0.9984	0.9984	0.9985	0.9985	0.9986	0.9986
3.0	0.9987	0.9987	0.9987	0.9988	0.9988	0.9989	0.9989	0.9989	0.9990	0.9990

Distribución T de Student

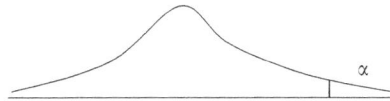

t	0.10	0.05	0.01	0.005		0.10	0.05	0.01	0.005
df 1	3.0777	6.3138	31.8205	63.6567	df 31	1.3095	1.6955	2.4528	2.7440
2	1.8856	2.9200	6.9646	9.9248	32	1.3086	1.6939	2.4487	2.7385
3	1.6377	2.3534	4.5407	5.8409	33	1.3077	1.6924	2.4448	2.7333
4	1.5332	2.1318	3.7469	4.6041	34	1.3070	1.6909	2.4411	2.7284
5	1.4759	2.0150	3.3649	4.0321	35	1.3062	1.6896	2.4377	2.7238
6	1.4398	1.9432	3.1427	3.7074	36	1.3055	1.6883	2.4345	2.7195
7	1.4149	1.8946	2.9980	3.4995	37	1.3049	1.6871	2.4314	2.7154
8	1.3968	1.8595	2.8965	3.3554	38	1.3042	1.6860	2.4286	2.7116
9	1.3830	1.8331	2.8214	3.2498	39	1.3036	1.6849	2.4258	2.7079
10	1.3722	1.8125	2.7638	3.1693	40	1.3031	1.6839	2.4233	2.7045
11	1.3634	1.7959	2.7181	3.1058	41	1.3025	1.6829	2.4208	2.7012
12	1.3562	1.7823	2.6810	3.0545	42	1.3020	1.6820	2.4185	2.6981
13	1.3502	1.7709	2.6503	3.0123	43	1.3016	1.6811	2.4163	2.6951
14	1.3450	1.7613	2.6245	2.9768	44	1.3011	1.6802	2.4141	2.6923
15	1.3406	1.7531	2.6025	2.9467	45	1.3006	1.6794	2.4121	2.6896
16	1.3368	1.7459	2.5835	2.9208	46	1.3002	1.6787	2.4102	2.6870
17	1.3334	1.7396	2.5669	2.8982	47	1.2998	1.6779	2.4083	2.6846
18	1.3304	1.7341	2.5524	2.8784	48	1.2994	1.6772	2.4066	2.6822
19	1.3277	1.7291	2.5395	2.8609	49	1.2991	1.6766	2.4049	2.6800
20	1.3253	1.7247	2.5280	2.8453	50	1.2987	1.6759	2.4033	2.6778
21	1.3232	1.7207	2.5176	2.8314	51	1.2984	1.6753	2.4017	2.6757
22	1.3212	1.7171	2.5083	2.8188	52	1.2980	1.6747	2.4002	2.6737
23	1.3195	1.7139	2.4999	2.8073	53	1.2977	1.6741	2.3988	2.6718
24	1.3178	1.7109	2.4922	2.7969	54	1.2974	1.6736	2.3974	2.6700
25	1.3163	1.7081	2.4851	2.7874	55	1.2971	1.6730	2.3961	2.6682
26	1.3150	1.7056	2.4786	2.7787	56	1.2969	1.6725	2.3948	2.6665
27	1.3137	1.7033	2.4727	2.7707	57	1.2966	1.6720	2.3936	2.6649
28	1.3125	1.7011	2.4671	2.7633	58	1.2963	1.6716	2.3924	2.6633
29	1.3114	1.6991	2.4620	2.7564	59	1.2961	1.6711	2.3912	2.6618
30	1.3104	1.6973	2.4573	2.7500	60	1.2958	1.6706	2.3901	2.6603

DESCARGA & INSTALACIÓN DEL SOFTWARE

Debido a que las versiones actuales del software se actualizan continuamente, les recomendamos muy especialmente que visite el sitio Web de Real Options Valuation, Inc., y siga las instrucciones que aparecen a continuación para instalar las aplicaciones más recientes del software:

- **Paso 1:** Visite **www.realoptionsvaluation.com** y haga *clic* en **Descargas** y en **Descarga de Software** (Gráfico A). Se le solicitará registrarse. Por favor primero regístrese si es un usuario de primera vez (Gráfico B) y de esta manera recibirá un correo electrónico automático en pocos minutos. (Si usted no recibe este correo electrónico de registro después de registrarse, por favor envíe una nota a support@realoptionsvaluation.com). Mientras recibe el correo electrónico automático, explore esta página y vea los videos de iniciación, los estudios de caso y los modelos de muestra, los cuales puede descargar gratuitamente.

- **Paso 2:** Regrese a este sitio e INRESE utilizando las credenciales de ingreso que recibió por correo electrónico. Descargue e instale las versiones más recientes de **Risk Simulator** y de **Real Options SLS** en esta página Web. Los enlaces para la descarga, las instrucciones de instalación y la información de ID del Hardware también aparecen en esta página (Gráfico C).

- **Paso 3:** Después de instalar el software, inicie Excel y verá una cinta de Risk Simulator. Siga los pasos que aparecen en la página Web para obtener las instrucciones y enviarnos un correo electrónico a support@realoptionsvaluation.com con su ID del Hardware. Mencione el código "**MR3E 30 Days**" para recibir una licencia extendida y gratuita por 30 días que podrá utilizar tanto en el software de Risk Simulator como en el de Real Options SLS.

Testimonials FAQ Global Partners Contact Us

🔳 English   ▦ Chinese (Simplified)   🔳 Chinese (Traditional)   ▮▮ French   ▮▮ German   ▮▮ Italian
● Japanese   ⸪ Korean   🔳 Portuguese (Brazil)   ▦ Russian   ▦ Spanish

🔳 🔳 ⏻ ▶

Real Options Valuation

CQRM CERTIFICATE | TRAINING | CONSULTING | SOFTWARE | BOOKS | [...] | PURCHASE |

$0.00

PRODUCT BROCHURES

SAMPLE MODELS

WHITEPAPERS AND CASE STUDIES

DOWNLOAD CENTER

You can also visit our mirror download site if you have problems downloading from this page

Welcome to Real Options Valuation, Inc.'s download center. Here you will be able to download _____ versions of the software you have purchased (license information required to install these full versions), product brochures, case _____ ple training videos to help you get started in using our software, as well as sample Excel models to use with Risk Simulator and Re_____ _____ _ftware.

GETTING STARTED AND MODELING VIDEOS

The following are some live-motion and voice narrated videos which are playable on your computer using Windows Media Player or other video players capable of WMV playback. You can simply click on any of these links below to view the streaming videos.

ROV SOFTWARE GETTING STARTED VIDEOS

We also have some more detailed Risk Analysis and Risk Simulator software getting started videos that you can download and watch. These videos total about 2 hours. For even more detailed training, please check out our set of 12 Training DVDs (over 30 hours) or our hands-on Certified in Risk Management seminars (4 days). The following are updated detailed getting started videos on Risk Simulator, featuring all the new tools such as Auto ARIMA, GARCH, JS Curves, Cubic Spline, Maximum Likelihood, Data Diagnostics, Statistical Analysis, Modeling Toolkit, and more...

Gráfico A: Paso 1 – Sitio para la descarga del Software

DOWNLOAD CENTER

You can also visit our mirror download site if you have problems downloading from this page

Welcome to Real Options Valuation, Inc.'s download center. Here you will be able to download trial versions of our software, full versions of the software you have purchased (license information required to install these full versions), product brochures, case studies and white papers, and sample training videos to help you get started in using our software, as well as sample Excel models to use with Risk Simulator and Real Options Super Lattice Solver software.

YOU ARE REQUIRED TO LOGIN TO VIEW THIS PAGE.

Username

Password

LOGIN   REGISTER

Gráfico B: Registrarse si usted es un visitante de primera vez

Real Options Valuation

English | Chinese (Simplified) | Chinese (Traditional) | French | German | Italian
Japanese | Korean | Portuguese (Brazil) | Russian | Spanish

CQRM CERTIFICATE TRAINING CONSULTING SOFTWARE BOOKS PURCHASE

$0.00

FULL & TRIAL VERSION DOWNLOAD

Download Risk Simulator 2018 – Auto Installer

Download Risk Simulator 2018 – Auto Installer (mirror site)

Download Risk Simulator 2018 – For 32 Bit Excel

Download Risk Simulator 2018 – For 32 Bit Excel (mirror site)

Download Risk Simulator 2018 – For 64 Bit Excel

Download Risk Simulator 2018 – For 64 Bit Excel (mirror site)

Download OLDER version of Risk Simulator 2014 [WIN x64 and Excel x32 edition]

Download OLDER version of Risk Simulator 2014 [WIN x64 and Excel x32 edition] (mirror site)

This is a full version of the software but will expire in 15 days, during which time you can purchase a license to permanently unlock the software. Please first _____ of Risk Simulator before installing this newer version.

To permanently unlock the software, purchase a license and e-mail us your Hardware ID (after installing the software, start ___ click on _____ and e-mail admin@realoptionsvaluation.com the 16 to 20 digit _____ located on the bottom left of the splash screen). We will then e-mail you a permanent license file. _____ this file to your hard drive, start ___ click on _____ and point to the location of this license file, restart Excel and you are now permanently licensed. Installing the license only takes a few seconds.

SYSTEM REQUIREMENTS, FAQ, AND ADDITIONAL RESOURCES:

* Windows 7, 8, and 10 (32 and 64 bits)
* Microsoft Excel 2010, 2013, or 2016
* 2GB RAM Minimum (4 GB recommended)
* 600 MB Hard Drive
* Administrative Rights to install software
* Microsoft .NET Framework 2.0, 3.0, 3.5 or later
* MAC OS users will require either Virtual Machine or Parallels running Microsoft Excel

Gráfico C: Enlaces de Descarga e Instrucciones del ID del Hardware

PREGUNTAS INTEGRALES O DEL EXAMEN ORAL DE MUESTRA

1. De un ejemplo de un planteamiento de un problema. ¿Cuáles son algunos de los elementos y características requeridas de un planteamiento de un problema bien escrito?

2. Proporcione un ejemplo del diseño de una tesis de investigación o disertación. Describa cada una de las secciones o capítulos involucrados.

3. Explique qué es y cómo funciona un análisis Bayesiano. Puede utilizar el Teorema de Bayes como una ilustración del enfoque. ¿Cuáles son los requisitos principales para ejecutar un análisis Bayesiano?

4. ¿Qué es y cómo funciona una probabilidad condicional? ¿Las probabilidades condicionales son importantes en situaciones donde hay dependencia o independencia entre eventos?

5. ¿Cuál es la diferencia entre la estadística descriptiva utilizada en la deducción versus la estadística inferencial utilizada para fines de inducción? ¿De qué manera funcionan las estadísticas inferenciales en términos de utilización de las muestras estadísticas?

6. Explique algunos de los métodos de muestreo (p.ej. muestreo estratificado, muestreo aleatorio) y cómo se pueden controlar o bloquear las variables intervinientes. ¿Qué pasa con la adecuada representación, dispersión, y diversidad de la población?

7. ¿Cuál es la definición de hipótesis? ¿Qué significa y cómo se construye usualmente?

8. Proporcione ejemplos de hipótesis direccionales vs. no direccionales. ¿Qué les ocurre a los niveles de significancia alfa y a los valores de p calculados, cuando pasamos de una prueba de una cola a una de dos colas y viceversa?

9. ¿Cuáles son los cuatro niveles de medición de datos? Proporcione algunos ejemplos. ¿Bajo qué grados de medición se ubican los grados

Fahrenheit, resultados binarios condicionales, ubicación en una carrera, kilogramos, tiempo, y precios de la bolsa?

10. ¿Cuál es la diferencia entre un parámetro y un estadístico de momentos de distribución? ¿Cómo se pueden diferenciar? ¿Cuáles tendrían una mayor incertidumbre?

11. ¿Qué es una desviación estándar? ¿Qué es un coeficiente de variación? ¿Cuándo se usa cada uno? ¿Cuál es una medida relativa, y cuál sería una medida absoluta? Proporcione ejemplos que respalden su respuesta.

12. ¿Cuáles son las diferencias entre media aritmética, media geométrica, media móvil, media ponderada, y media armónica? ¿Cuándo se usa cada una?

13. ¿Cuáles son los supuestos alrededor del uso de una distribución binomial versus una distribución de Poisson? De ejemplos para cada distribución.

14. Proporcione un ejemplo sobre cómo se puede aplicar una distribución hipergeométrica. ¿Esta es una distribución discreta o continua? ¿Esta distribución tiene memoria de evento o se considera sin memoria? ¿Por qué o por qué no?

15. ¿Cuáles son los cuatro momentos de la distribución y qué mide cada uno? ¿Qué son IQR, Beta, y VaR, y qué momentos son estos?

16. ¿Qué implica una curtosis alta en sus datos? ¿Una distribución triangular tiene curtosis positiva, negativa, o cero? ¿Y qué tal una distribución uniforme y normal? ¿Es buena una curtosis alta o sería una inquietud para alguien que trabaja en control de calidad Seis Sigma?

17. ¿Qué utiliza para medir la dispersión de un conjunto de datos? ¿Qué información proporciona la dispersión? ¿Cómo se utiliza la dispersión en las pruebas de hipótesis?

18. ¿Cuál es la principal diferencia entre las combinaciones y permutaciones? ¿Al determinar el número de correlaciones pareadas requeridas de un conjunto de variables, cuál utilizaríamos?

19. ¿Qué representan PDF, CDF, ICDF y cómo se utilizan? Explique cómo puede identificar los cuatro momentos de la forma de curva-S CDF.

20. ¿Cuándo se utiliza una puntuación-Z y cuándo sería apropiada? ¿Cuáles son los supuestos principales requeridos para un modelo de

puntuación-Z? Proporcione un ejemplo sobre cómo funciona un modelo de puntuación-Z.

21. ¿Cuáles son las características principales de una distribución normal y por qué es tan importante la normalidad en los métodos cuantitativos de investigación?

22. ¿Qué son los errores Tipo I, Tipo II, Tipo III, y Tipo IV? ¿Cuáles podemos controlar directamente, y cuáles de estos errores podrían ser falsos positivos o falsos negativos?

23. ¿Cuál es la potencia estadística de una prueba y cómo se calcula? ¿A cuáles tipos de error podría estar relacionada la potencia estadística?

24. ¿Cuál es la diferencia entre exactitud y precisión, y sobre cuál podría usted ejercer control y cómo? Explique las diferencias: exacto y preciso, exacto, pero no preciso, no exacto pero preciso, y no exacto y no preciso.

25. ¿El riesgo lleva a la incertidumbre o la incertidumbre lleva al riesgo? ¿Cuáles con algunas de las medidas de riesgo e incertidumbre?

26. ¿Cuál es el teorema del límite central, cómo funciona, y por qué es importante? Proporcione un ejemplo del muestreo estadístico ya que pertenece al teorema del límite central.

27. ¿Qué es una distribución de muestreo y cómo funciona? De un ejemplo de una muestra a gran escala versus el muestreo estadístico.

28. Explique el significado de los siguientes términos y cómo podrían probarse: fiabilidad de datos, "Consistencia" y credibilidad. ¿Qué es confiabilidad entre evaluadores vs intra-evaluadores?

29. ¿Cómo mediría la validez interna y externa de un modelo? ¿Cuáles son las medidas estadísticas que se pueden usar?

30. ¿Qué es validez predictiva? ¿Cómo se mide o cuantifica?

31. ¿Cuándo y por qué se emplean los no paramétricos? ¿Cuán diferentes son las hipótesis? ¿Cuáles son las fortalezas y debilidades de los métodos no paramétricos versus los paramétricos?

32. ¿Por qué los métodos no paramétricos utilizan medianas en lugar de medias? ¿Cuál tiene mayor poder estadístico?

33. ¿La correlación implica causalidad? ¿La causalidad implica correlación? ¿Cómo se prueba la causalidad?

34. ¿Qué prueba aplica para ver si hay una diferencia estadísticamente significativa de un efecto? Específicamente, si usted quisiera probar el efecto previo y posterior de una nueva vacuna o tratamiento terapéutico viral, ¿Cuál enfoque utilizaría y por qué?

35. ¿Cómo prueba si dos variables son estadísticamente independientes una de otra? ¿La correlación es una buena manera de medir la dependencia o independencia estadística? Si no, ¿Qué otras pruebas o enfoques podrían emplear y por qué?

36. ¿Cuál es la diferencia entre la correlación de Spearman y la de Pearson? ¿Cómo se calcula una correlación de Spearman utilizando el enfoque de Pearson?

37. Compare y contraste los distintos modelos de ANOVA. Específicamente, explique para qué se utiliza cada modelo y bajo qué condiciones.

38. ¿Qué hacen los métodos de Hotelling y Bonferroni? ¿Por qué no sencillamente utilizar pruebas estándar múltiples en lugar de estas pruebas más grandes y voluminosas?

39. De un ejemplo de cómo se podría usar un ANOVA con variables de bloqueo, y por qué podemos enfrentar sesgos en los datos y la modelación si no se utiliza este método. ¿Cuáles son estos bloques de variable?

40. ¿Cómo se ve un modelo ANOVA de dos vías con replicación? ¿Podemos probar las interacciones entre los factores utilizando este método?

41. La regresión multivariada tiene dos usos principales. ¿Cuáles son? ¿Cuáles son los pros y contras de una regresión lineal multivariada?

42. ¿Qué es una raíz unitaria y por qué podría ser importante? ¿Es aplicable a los datos de series de tiempo o transversales o ambos?

43. ¿Las variables independientes necesitan ser independientes de la variable dependiente o de otras variables independientes? ¿Por qué o por qué no? ¿Qué ocurre si se viola es requerimiento?

44. Compare y contraste los siguientes términos: binario, binomial, bivariado, bimodal.

45. ¿Cuáles son algunos ejemplos de las especificaciones del modelo de regresión bivariado?

46. ¿Puede ejecutar una regresión multivariada regular cuando la variable independiente es binaria o truncada? ¿Qué pasa cuando la variable dependiente es binaria o truncada?

47. ¿Cuáles son algunos de los supuestos que se requieren al ejecutar una regresión multivariada ordinaria de mínimos cuadrados? ¿Cuáles son algunos de los errores potenciales en un modelo de regresión?

48. ¿Qué son autocorrelación, multicolinealidad, y heterocedasticidad?

49. ¿Qué son los modelos Logit y Probit y cuándo son aplicables? ¿Cuáles son las diferencias y similitudes entre estos dos métodos?

50. ¿Qué son las caminatas aleatorias, el movimiento Browniano, la reversión a la media y los procesos de difusión de salto? ¿Son estos procesos dinámicos o estocásticos y para qué se utilizan?

51. ¿Cómo mide la exactitud de un modelo de pronóstico? ¿Qué tal la precisión del modelo de un modelo de pronóstico? Compare y contraste estos dos términos.

52. ¿Para que utiliza una prueba de Ejecución y cómo funciona? ¿Es una prueba potente? ¿Cuáles son algunas de las alternativas para la prueba de Ejecución?

53. ¿Para que se utilizan la prueba Alfa de Cronbach y la W de Kendall? De un ejemplo sobré cómo pueden aplicarse los métodos.

54. ¿Por qué es tan importante la normalidad en los datos? ¿Cómo sabe usted si los datos son normales? ¿Si no son normales, entonces qué ocurre? ¿Siguen siendo válidos los resultados estadísticos? ¿Qué hacemos si los datos no son normales?

55. ¿Para qué se utilizan las pruebas de Lilliefors, de Shapiro–Wilk–Royston y D'Agostino–Pearson? ¿Y qué decir del modelo de Kuiper o de Akaike?

56. En una rutina de ajuste de distribución Kolmogorov–Smirnov ¿Cuál es la hipótesis nula probada, y buscaría un valor-p alto y por qué?

57. ¿Cuáles son algunos ejemplos de los errores y los sesgos en sus datos y en su modelo?

58. Si sus datos son no lineales y no-normales ¿Cómo los linealiza o normaliza y por qué lo haría?

59. Explique el significado de lo siguiente: heterocedasticidad, multicolinealidad, no linealidad, atípicos, micro numerosidad, quiebres estructurales.

60. ¿Qué es estacionalidad de datos y por qué es importante saber? ¿Qué problemas pueden resultar y cómo manejaría estos problemas si sus datos son estacionarios versus no estacionarios?

61. ¿Qué es fiabilidad entre evaluadores e intra-evaluadores? ¿Cómo probaría estos?

62. ¿Qué son las pruebas de Kruskal–Wallis y de Friedman?

63. ¿Para qué se utiliza la prueba de Wilcoxon?

64. ¿Cómo identificaría y modelaría la causa y efecto? ¿Cómo identifica y sabe si se encuentra con un *loop* de causalidad? ¿Cómo ayudarían los modelos de causalidad de Granger?

65. Generalmente una hipótesis es una inducción o inferencia a la población a partir de una muestra, contrario a la deducción con constructos y proposiciones. ¿Podría uno verdaderamente con absoluta confianza rechazar o aceptar una hipótesis? ¿Cuál acción es más fácil? ¿Podría dar un ejemplo?

66. ¿Cuáles son algunos ejemplos de los sesgos en los datos y la modelación? Proporcione detalles.

67. ¿Qué miden los cálculos tales como el Criterio de Información de Akaike (AIC), el Criterio de Bayes y Schwarz (BSC) y el Criterio Hannan–Quinn?

68. Explique el sesgo de autoselección y sesgo del superviviente. De ejemplos.

69. Las simulaciones computacionales de Monte Carlo y los modelos estocásticos se realizaron para generar datos a partir de los experimentos y constructos teóricos. De algunos ejemplos en donde usted puede enfrentar la necesidad de hacer esto en una futura investigación.

70. ¿Qué es la causalidad de Granger? Explique los indicadores de adelanto, rezago y coincidentes. ¿Cómo se utiliza uno de esos resultados a partir del modelo de Granger?

71. ¿Cómo funciona un gráfico de control del proceso estadístico (SPC)? ¿Para qué se utilizan estas tablas? ¿Puedo utilizar SPC para identificar eventos de normalidad, atípicos y extremos?

72. Describa algunos ejemplos de datos potenciales y errores de modelación que puedan existir en una regresión multivariada.

73. ¿Cómo se prueba la aleatoriedad de los datos? ¿El enfoque es válido para las series de tiempo, transversal o datos de panel mixtos, o alguna combinación de los anteriores?

74. ¿Cuál es la diferencia entre ARIMA y el modelo de GARCH? ¿Para qué se utilizan cada uno de éstos, qué tipos de datos son los más apropiados, y por qué utilizar estos modelos en comparación con otros métodos? ¿Cuáles pueden ser las limitaciones y ventajas de estos modelos?

75. ¿Cómo modela las interacciones entre varias variables independientes? ¿Los mismos enfoques son aplicables para los datos de series de tiempo y los datos transversales?

76. Si usted encuentra un factor de inflación de alta varianza en su modelo ¿Es algo bueno o malo? ¿Cómo resolvería algún asunto potencial que pueda ocurrir con una VIF alta?

77. Si debe modelar una elección presidencial u otros tipos de resultados de una elección a nivel nacional, describa los pasos y la metodología que escogería.

78. ¿Qué es un modelo de red neuronal y cómo funciona?

79. ¿La heterocedasticidad es crítica tanto en los modelos de series de tiempo y los transversales? ¿Por qué o por qué no? ¿Cómo se organiza la heterocedasticidad?

80. El Criterio de Información de Akaike y el de Bayes Schwartz se utilizan en una variedad de modelos. ¿Qué es lo que estos dos métodos hacen en realidad?

81. Mencione algunos de los distintos tipos de regresión multivariada y cuándo se podrían utilizar cada uno y bajo qué condiciones.

82. ¿Cuándo se utiliza apropiadamente el modelo de reversión a la media?

83. ¿Para qué se utiliza la prueba Kolmogorov–Smirnov? Explique la idea detrás de este método.

84. ¿Cuál es la diferencia entre precisión y exactitud? ¿Cuál puede controlar para un modelo de simulación computacional de Monte Carlo?

85. ¿Para qué se utiliza el valor semilla? ¿Cómo funciona y cómo cambiarán los resultados?

86. Todos los datos de series de tiempo se pueden descomponer en tres elementos fundamentales. ¿Cuáles son estos elementos y cómo funcionan en combinación para ayudar a generar un pronóstico?

87. Compare y contraste entre los siguientes métodos: análisis de Tornado, análisis de Escenario, análisis de Sensibilidad Dinámica, simulación *bootstrap*, simulación Computacional de Monte Carlo y análisis de Araña.

88. Explique las diferencias entre el análisis estático, análisis dinámico y análisis estocástico en términos de la simulación computacional de Monte Carlo y la optimización no lineal.

89. ¿Cuáles tipos de datos y cuáles propiedades de los datos podrían ser más adecuados para un modelo Holt—Winters? ¿Para qué se utiliza este modelo?

90. ¿Qué es un modelo dinámico y qué es un modelo de proceso estocástico? ¿De qué manera son similares o diferentes? ¿Cuándo utilizará cada uno?

91. ¿Bajo qué circunstancias sería más apropiado utilizar una curva exponencial o una curva logística?

92. Comente los distintos tipos de regresión por pasos y cómo funcionan (p.ej. hacia adelante, hacia atrás, hacia adelante-hacia atrás, correlación, y otros).

93. ¿Cuáles son los cuatro parámetros de entrada típicos para ejecutar una optimización estocástica? De ejemplos de una optimización estocástica y cómo obtendría estas entradas.

94. ¿Qué es un modelo 2SLS de mínimos cuadrados en dos etapas y cómo se utilizan las variables instrumentales para modelarlo? ¿Qué es la endogeneidad en este caso?

95. ¿Es más fácil modelar la estacionalidad o la ciclicidad en un conjunto de datos? ¿Por qué? ¿Los datos transversales son susceptibles a estos cambios? ¿Y qué decir del panel de datos?

96. Explique el análisis de factores y el análisis del componente principal. ¿Qué hace cada uno? Explique cómo utilizaría los Valores Propios y los Vectores Propios (*Eigenvalues/ Eigenvectors*) calculados.

97. ¿Cómo funciona una cadena de Markov? ¿Para qué se utilizaría una cadena de Markov multi-estado?

98. ¿Qué es un spline cúbico? De un ejemplo de cómo aplicaría este método.

99. ¿Qué es una lógica difusa combinatoria? En general, ¿Qué es una lógica difusa y por qué alguien utilizaría este método?

100. ¿Qué es un modelo de ecuaciones simultáneas o un modelo de ecuaciones estructurales? De un ejemplo de cuándo podría ser aplicable este método.

www.ingramcontent.com/pod-product-compliance
Lightning Source LLC
Chambersburg PA
CBHW060319200326
41519CB00011BA/1773